厦门大学

哲学社会科学繁荣计划

2011—2021

项目资金资助

厦门大学哲学社会科学繁荣计划

中国博士后科学基金资助项目

厦门大学哲学社会科学繁荣计划
中国博士后科学基金资助项目

阳明心学流衍考

王传龙 著

厦门大学出版社 国家一级出版社
XIAMEN UNIVERSITY PRESS 全国百佳图书出版单位

内容提要

　　阳明心学由明代大儒王守仁创立，从它诞生的那一天起，就迅速传播开来，波及到明代的文坛、政坛、艺术、经济等各个层面。它不但是中国思想史上一重大流派，还逐渐波及到周边国家，产生了广泛而深刻的影响力。阳明心学包含着丰富的生命体验，体现着个体意识的觉醒，是中国古代圣贤智慧的结晶，具有旺盛的生命力。它所倡导的价值尺度，对今天的中国现实仍有重要的借鉴意义。

　　本书首先对阳明学诞生至今的学术研究状况作一较为详细的概述，并阐述笔者自己的研究角度。其次，论述阳明心学的诞生过程，兼对其创始人王阳明的家庭相关事项进行考证，以与钱明先生的若干不同观点相商榷。在此基础上，剖析阳明心学与佛教错综复杂之关系，证明阳明学之核心体系更倾向于佛教而非儒家。王守仁实际上借鉴了佛教之概念、方法（阳明所吸取的道教元素，主要在于养生之类，对于阳明心学的体系构建作用较小），从而对儒学加以改造，使之成为一种最为简易直截、最适合教化民众的道德哲学。兼取儒、佛也让阳明心学自身包含有几种分裂倾向，所以在王守仁去世后，其弟子各得其一端，或归于孔教，或流入禅宗，分裂为宗旨不同的各个派别。随后，本书从阳明后学之代表人物入手,考察王畿、黄绾、欧阳德、王艮等人的生平事迹、著作版本,以及他们的学术思想与阳明心学之关联,进而叙述他们在师门中的影响力,并揭示阳明学派最终趋向分裂之动因。最后,本书尝试分析阳明心学之先天不足,以及对当前社会之价值。

本书之重点,在于考察阳明心学之思想内核及阳明学派之分化过程。每陈述一种观点,除必要的逻辑推理外,还将辅以充分的文献资料以作证明,力求言必有据、事必可稽。另,因阳明门人成员众多,目前学界尚无一份较为完备的名录,乃至大多数后学连字号、籍贯都模糊不清。笔者查考相关资料,特整理出一份目前较为详实的名录清单,作为本书的附录,希望对阳明后学的未来研究有所助益。

序

孙钦善

　　王传龙博士的本书,是据他的同题博士学位论文修订而成的。王阳明心学的内涵及成因是一个复杂的问题,与此相关,王阳明心学之后学的分派、流衍情况也相当复杂,前人对此众说纷纭。本书在认真考察分析海内外阳明学研究概况的基础上,针对学者们对此问题的不同看法,查考了大量的原始材料,提出了自己的独立见解,并加以翔实论证,具有重要的学术价值和创新意义。

　　本书创获之处甚多,概括言之,主要有如下诸端:

　　一是开拓创新。例如,关于阳明心学与佛教的关系问题,作者做了准确而又独到的解释。本书结合王阳明生平论述其心学形成的历程,得出的结论持之有故。针对阳明《传习录》中所存在的若干批判佛教的语句,本书指出其实王阳明所批评的都是小乘佛教,而非大乘佛教,实际上王阳明自始至终都是一个大乘佛教教义的拥护者。书中《阳明对佛教的态度》、《阳明心学与大乘佛教》等章节,能够不拘泥于前贤之成说,通过文献的考证与分析,指明阳明心学的核心其实是"内佛外儒,侧重实用",它对于佛教思想体系的汲取是全方位的,而绝不仅仅是形式上的类似。书中还指出,阳明本人之所以在融儒入佛之后又以儒自居,是因为他创造了"广义儒教"的概念,使之能够完全包容佛教、道教。阳明宣称:"圣人尽性至命,何物不具? 何待兼取? 二氏之用,皆我之用。即吾尽性至命中完养此身,谓之仙;即吾尽性至命中不染世累,谓之佛。但后世儒者不见圣学之全,故与二氏成二见耳。譬之厅堂,三间共为一厅,儒者不知皆我所用,见佛氏则割左边一间与之,见老氏则割右边一间与之,而己则自处中间,皆举一而废百也。"(《王阳明年谱》"嘉靖二年十一月"条)在阳明看来,佛教、道教原本就是儒家圣人的一部分思想,后人不见圣学之全,遂有三教分立之说。他"融儒入佛",或者"以儒改佛",都不过是在恢复儒家圣人之本来面目而已。又如,以王阳明四个门人王畿、黄绾、欧阳德、王艮为代表,分别研究其生平、著作、思想,具体而微,翔实分析四人属于心学的不同流派,堪称心学流衍研究的新成果。附录中的《阳明门人弟子名录》,通过爬梳大量文献,整理出堪称到目前为止最为详明的阳明弟子名录,对于阳明学派的后续研究大有裨益。

二是释疑解惑。例如,针对历代学者对于阳明学之思想内核的不同剖析,作者概括出各种代表性的观点,并逐一做了分析与辨正。尤其对认为阳明学源出孟子、为儒家真血脉之说,作者的辨驳更加具体有据,指出阳明之"良知"与孟子之"良知",除了皆为先天赋予之外,在内容、方法与性质上皆存在明显差别,不可混为一谈。又如,过于的研究者在考察阳明后学的思想特征时,往往失之笼统,忽视其中一些人所经历的长期的、复杂的思想演变过程,取其一点而不及其馀。本书对黄绾、欧阳德等人的思想能够进行分期考察,认真区分他们前后期思想之不同,对于全面认识这些阳明后学代表人物的思想颇有助益。又如,对于王畿的思想,过去的研究者大多强调其趋向于佛教的一面,而对于他独得阳明"向上一路"之真谛的方面缺少肯定。作者认为王畿确有浓厚的佛教修行的体验,但这并非是他偏离阳明学的自发举动,而恰恰是在王阳明授意下的修行法门。至于王畿晚年倾向于"四无说",也已得到阳明本人的认可,阳明甚至要求门人向王畿请教问学。本书肯定了王畿独得王阳明"向上一路"之真传,但同时也看到了王畿在讨论儒、佛差异方面与其师阳明的区别,并做了细致的论证。书中用图表的方式对比佛教禅宗与王畿思想的关键性差异,总结为四个方面:一是人类的来源问题,二是肉体死亡后的归属问题,三是下根人转向上根人的教法问题,四是圣人的功用差别问题。凡此种种,皆足以释疑解惑,证明作者的观点:"阳明、王畿,皆非真正之佛教徒,而仅靠阅读佛典来体悟佛理,是以对于大、小乘之差别未能准确体认,故所论儒、佛差别各有得失。"再如,研究阳明后学的思想,必须以可靠的文本为据。作者考察北大图书馆所藏的《龙溪先生会语》,厘清了此本的流传源流,证明此本是刊刻年代最早且最精的稀见善本,认为研究王畿思想最当以此为据。

三是纠谬辨误。例如,对王阳明家庭事项之考订,指出王阳明并非随其父王华迁居山阴,而是王华为体谅其子苦心,才举家迁居山阴,时间也不在成化十七年,而在正德五年前后,对于前人的错误论断作了辨正。对阳明在五十四岁时"已娶了六房妻妾"的说法,作者也提出了质疑,并以有力的证据说明此事纯属子虚乌有。又如,作者对于王艮著作的版本,共罗列一十八种,分析了它们之间的承继关系,纠正了前人错误认识。对于《欧阳南野先生文集》的版本源流问题,自《四库全书存目丛书》开始,标注已有差错,《明别集版本志》及凤凰出版社点校本《编校说明》均沿其误,未能更正。作者详细考察现存各种刊本,将前人视为同一种版本的刊本,重新区分为四种刊刻时间不同的本子,颇有廓清之功。

如上所述,本书的明显特点是考据与义理兼长,这对治古文献学和古代文史的学者来说,是难能可贵的。

作者的学历和经历也有不凡之处。作者本科毕业于清华大学物理系，获得理学学士学位，接着参加社会工作五年左右，又根据自己的志趣，考入华南师范大学中国古典文献学专业攻读硕士学位深造。该校古典文献专业颇有学术渊源，北京大学中文系古典文献首届（1959级）毕业生（蒙业内学者誉称"黄埔一期"）关立勋老师曾掌门于此。作者以优异成绩取得硕士学位，先后获广东省优秀硕士生和优秀硕士论文奖，继而于2011年考取北大，攻读中国古典文献专业儒家典籍与思想研究方向博士学位。作者仅用三年的时间，就完成了四年制的博士学业，不仅顺利提前一年毕业，还写出了这样出色的学位论文，足可见其勤勉与聪悟兼备。尤为值得称道的是，作者的学习是创造性的，他在攻读博士学位期间，参与了《儒藏》的编纂与研究工作，为《儒藏》编纂审核书稿十几部（包括《王文成公全书》等），并校点出版《欧阳南野先生文集》，另外还发表论文多篇。而他的学位论文选题，也正是从这些学术实践中衍生出来的。

　　这些足以说明作者学养丰富，多经历练，是一位学有专长而又兼通文理的复合型人才，成绩不菲，绝非偶然。因此正值其大著即将面世、作者嘱序之时，我不仅肯定他的书稿，更称道他人才难得，前途可期。愿传龙博士谦虚谨慎，再接再厉，永进无止。

2015 年 7 月 26 日

目　　录

第一章

阳明学研究述略

一、中国阳明学研究述略

(一)肇始奠基期:自阳明学诞生至1840年鸦片战争

从广义上讲,阳明心学诞生的那一刻,对它的研究也就随之展开。因为阳明心学主张简易直截的"良知说",反对朱熹的"支离",这等于向当时的官方意识形态开战。尽管王守仁有意识地弱化了这一对抗性,并多次试图替朱子辩解,甚至编纂《朱子晚年定论》,借朱子之口来维护自己的理论,但仍不足以彻底消除他所遭受到的非议和攻击。毕竟,阳明心学与朱子学说在核心宗旨上不同,这是谁也无从掩盖的事实。除此之外,阳明心学借取了佛、道两家的不少概念、修行方法,这在"正统"儒林看来,也是不可容忍的。明嘉靖元年(1522年),礼科给事中章侨、御史梁世骠上疏请求禁止王学,就是这种作法上升到政治斗争的体现:"三代以下,论正学莫如朱熹,近有倡为异学者,乐陆九渊为简捷,而以朱子为支离,宜严禁以端士习。"①章、梁的这次上疏获得了嘉靖皇帝的批准。嘉靖八年(1529年),礼部尚书兼翰林学士桂萼又上疏攻击王守仁"事不师古,言不称师,欲立异以为名,却非朱熹格致之论。……若勳捕逆濠论功足录,宜免夺伯爵以彰大信,申禁邪说以正人心"。② 嘉靖皇帝于是将王学定性为"伪学",严令禁止传播。桂萼的攻击包含有倾轧政敌的成份,但从他不忘拿"立异"、"邪说"当靶子,既可以看到王学传播之迅猛,也可以感受到"正统"儒林对王学现状的不安与排斥。

在接受或信奉一种理论之前,通常要对这种理论自身的逻辑体系加以研究和评价,以决定它是否值得信赖。同样,要排斥和驳倒一种新理论,也势必要引发对它内容、结构、主旨的相关研究。对一种理论毫无所知而信仰它,这是一种盲目的宗教性的狂热,称不上是真正的信仰;反之,如果对一种理论毫不了解却拼命抵制,这种作法根本无从抓到对方的痛脚,所实施的打击也毫无力度可言。正因为这个缘故,接受和拒绝阳明心学的学者,都难免要对这一体系加以研究。前者多数最终投入阳明门下,后者有罗钦顺、汪俊、杨时乔、张邦奇、吕坤等人,皆对阳明宗旨有针对性的批评,黄宗羲多将其归入"诸儒学案"之中。但是,这一类的研究多针对个别观点、个别概念、个别方法进行辩难,很难称得上是全面的、学术性的研究。中国最早系统研究阳明心学的学者,当非黄宗羲莫属。

黄宗羲天资卓绝,史学造诣尤深,"虽不赴征书,而史局大案必咨于公……史局依之资笔削焉"。③ 对于其品德,马叙伦褒之为秦代以

---

① 夏燮著,沈仲九标点:《明通鉴》卷五十,北京:中华书局,1959年,第1866页。

② 陈建辑,江旭奇补订:《皇明通纪集要》卷二十九,《四库禁毁书丛刊》史部第34册,第325页。

③ 全祖望:《梨洲先生神道碑文》,《鲒埼亭集》卷第十一,同治十一年(1872年)借树山房刊本,第13～14页。

后"人格完全,可称无憾者"。① 正因为黄宗羲能保持公正、客观的学术立场,很少掺杂个人偏见,对于己所宗主以外的学派亦能不掩其长,又有足够的学识支撑他的学术价值判断与学术史创作,所以他晚年倾心编写的《明儒学案》一书,能够系统、完整地剖析有明一代学术脉络,对后世思想史研究的发展有重大影响。《明儒学案》共六十二卷,罗列明儒两百余名,按各家学术宗旨设立学案,如崇仁学案、白沙学案、姚江学案等等,有所授受者、学术倾向接近者则归入一类。黄宗羲师承刘宗周,刘宗周溯源王守仁,黄宗羲述王门学案二十卷,另有源出王门的泰州学案五卷,约占全书的三分之一,可见其宗主之倾向。黄宗羲对于阳明后学②按地域分类,但在任何一个分类下,都能够以简洁之语对具体学者的思想提要钩玄,同时兼顾到他们主张的差异,并剪辑其著作、言语以证之,体系十分完备。要之,黄宗羲能够搜罗并研读明代诸儒(尤其是阳明后学)之载籍,又能查稽其生平、授受、交游相互参证,择取其最有代表性的论点,以见其一生学术之精神。此等功力,非史学大手笔不能为。所以直到今日,《明儒学案》仍然是研究阳明心学的必读书籍。

明朝灭亡后,剧烈的社会动荡令中土的儒家学者遭受巨大震动。他们在总结明亡的教训时,往往将矛头指向王学末流(以李贽为主)之流弊,进而由流溯源,开始唾弃王守仁的阳明心学。如王夫之所称:"白沙起而厌弃之,然而遂启姚江王氏阳儒阴释、诬圣之邪说。其究也,为刑戮之民,为闇贼之党,皆争附焉,而以充其无善无恶、圆融理事之狂妄,流害以相激而相成,则中道不立、矫枉过正有以启之

---

① 马叙伦:《中国民族主义发明家黄梨洲先生传》,《政艺通报》第20号,1903年。

② 有学者主张将"门人"与"后学"分开,但门人亦是后学之一种,故本书中所使用"后学"概念,取其广义,包含亲传门人,再传、多传门人,以及私淑门人在内。概言之,凡能尊奉阳明心学主旨者,皆归入阳明后学之中。

也。"①其实在《明儒学案》中,黄宗羲已论及泰州学派对王学宗旨的乖离,以及所带来的巨大危害。但黄宗羲认为,末流之弊源于对阳明心学的乖离,所以他希望廓清源流之异,以还王学本来面目。黄宗羲"是王学的修正者",②而非叛逆者。尽管有黄宗羲的努力,但王学末流明心任性的空谈,在应对清初种种尖锐的社会问题时,依旧显得软弱无力。经此一役,清代风气遂转移为经世致用之实学、考据辞章之朴学,与王学末流的空疏无用形成了鲜明的对立。是以有清一代,对阳明心学批判者多,赞同者少,能够作系统研究者更是绝无仅有。

(二)酝酿发端期:1840年鸦片战争至1919年五四运动

清末以来,中国社会矛盾加剧,民族危机空前严重,学术风气又开始逐渐转变。面对西方的坚船利炮,有识之士开始明白,无论将四书五经注释得多么详尽,无论将花鸟鱼虫的典故考证得多么精确,都无法抵御西方侵略者的人举入侵。而在中国盛行了千百年的科举制度,也开始变得陈陈相因,了无生气。被历代朝廷尊奉为圣经的儒家经典,在应对近代绝大变局之时,不得不褪去了它神圣的光环,转而向残酷的现实低头。迂腐的八股文人,甚至很难睁开眼睛,去学习被他们一贯唾弃的"奇淫技巧",更何论抛弃专政帝制,信奉民主、自由的进步思想?在这种形势下,阳明心学中"学贵自得"、"兼收并取"、"解放思想"、"知行合一"的精神,更能迎合世界文明史发展的大潮,因而吸引了一大批进步人士的青睐。如徐世昌所云:"清季士夫,恫于内忧外患,知非仅治考据词章者所能拯救,乃思以经世历天下。古愚(刘光蕡)讲学关中,本诸良知,导之经术,欲使官吏兵农工商各明其学,以捍国家。……尤取阳明本诸良知者,归于经世,务通经致用,

① 王夫之:《张子正蒙注·序论》,《船山全书》第十二册,长沙:岳麓书社,1992年,第10页。

② 梁启超:《中国近三百年学术史》,北京:东方出版社,2004年,第52页。

灌输新学、新法、新器以救之。"①刘光蕡历主泾阳、味经、崇实书院，又在咸阳、醴泉、扶风等地创立私塾，皆以阳明心学为基础，而导之于科学。此外，近代启蒙思想家龚自珍、魏源皆究心王学而能开风气之先，魏源甚至称颂陆九渊、王守仁为"百世之师"；严修在贵州创办经世学堂，"以王学为宗旨，以精神为教育"，培养了一大批进步人士，后又与张伯苓一起创办南开大学；维新派中，康有为、梁启超、谭嗣同皆讲王学，梁、谭二人在长沙创办时务学堂，"举的两面旗帜，其一是王学，另一面则是民权思想"；②早期革命派中，陈天华、李大钊、宋教仁、蒋介石、汪兆铭皆服膺王守仁之言，从阳明心学中汲取精神力量。刘师培称："今欲振中国之学风，其惟发明良知之说乎!"③他的这一论断，也是当时绝大多数有识之士的共识。

　　清初在总结明亡教训时，曾归罪于阳明心学之空疏，所以清代学者普遍回归到儒家经典的注释与考据。世易时移，当清末的知识分子阶层，看清楚眼前内忧外患的现实，"非仅治考据词章者所能拯救"时，心学的这种"空疏"，反而成了搭载西方新学的最佳载体。王守仁主张："夫学贵得之心。求之于心而非也，虽其言之出于孔子，不敢以为是也，而况其未及孔子者乎!求之于心而是也，虽其言之出于庸常，不敢以为非也，而况其出于孔子乎!"④这种为学的态度，很容易与西方的科学技术、政治制度相融合，催生出先进的民主启蒙思想，这是陈旧的"以孔孟之是非为是非"的八股学问所无法做到的。例如，刘师培认为《民约论》(旧译名，即卢梭《社会契约论》)中"人生而

---

①　徐世昌等编纂，沈芝盈、梁运华点校：《清儒学案》卷一九一，北京：中华书局，2008年，第7365页。

②　冯契：《王阳明在中国哲学史上的地位》，《浙江学刊》1989年第4期。

③　刘师培：《中国民约精义》卷三《王守仁》，宁武南氏排印本，1936年，第3页。

④　王守仁：《答罗整庵少宰书》，《王阳明全集》，上海：上海古籍出版社，2011年，第85页。

自由与平等"的精神,"与阳明所言,若出一辙",①就是这一作风的体现。总括言之,这一时期研究阳明心学之人士虽数量众多,但多主于经世致用,以救国图存,并就此展开种种讲课、论辩之事,诸人观点多散见于各处,其文辞多属碎金小笺,而缺少严格意义上的学术研究著作。"五四运动"前有关王学的著作,今日所能见者,一为孙毓修所编纂《王阳明》,1914 年由商务印书馆出版,为《少年丛书》系列中一小薄册,配有多幅插图,启蒙普及意义要多于其学术价值;二为孙锵玉辑《王阳明先生传习录集评》,1914 年四明七千卷楼铅印本,为汇集明、清、近代诸人的评论,属于资料整理类图书,并无孙氏的个人创见。

(三)第一次高潮期:自 1919 年五四运动至 1931 年"九一八事变"

1919 年五四运动爆发前后,新文化运动如火如荼地开展起来,西方思潮大肆涌入中国,这也是古老的中国第一次遭受强势文化的冲击。此前中国在军事上有时会逊色于邻国,但在文化上一直处于优势地位,能够游刃有余地同化外来文化,所以儒家文化的核心地位一直屹立不倒。新文化运动以后,随着大量西方著作被翻译成中文,若干出外留学的进步人士重归国内,当时的知识分子不得不承认,这种外来文化并不逊色于中国传统的儒家文化,甚至在不少领域都远远领先了我们。晚清官员们曾提出"中学为体、西学为用"的口号,②认为"中国文武制度,事事远出西人之上,独火器万不能及。"③新文

---

① 刘师培:《中国民约精义》卷三《王守仁》,宁武南氏排印本,1936 年,第 2 页。

② 张之洞的《劝学篇·设学》大力阐发这一概念,最为著名,而实际上他并不是最早使用这一概念的人。沈寿康 1896 年 4 月在《匡时策》一文中云:"中西学问本自互有得失,为华人计,宜以中学为体,西学为用。"

③ 《同治三年四月二十八日总理各国事务衙门奏折附江苏巡托李鸿章致总理各国事务衙门函》,《筹办夷务始末》(同治朝)卷二十五,第 4~10 页。

化运动以后,中国学者已经彻底明白,西学自有其体,不需要借助儒学为体;而儒学要像历史上那样彻底同化掉外来的西学,力有所不及。特别是邻国日本在舍弃儒学而全盘西化后,一跃为世界强国,也给中国的知识分子带来了巨大的震撼。像日本那样施行全盘西化,也成为中国当时不少知识分子的坚定主张。如陈独秀称:"记者非谓孔教一无所取,惟以其根本的伦理道德,适与欧化背道而驰,势难并行不悖。吾人倘以新输入之欧化为是,则不得不以孔教为非。新旧之间,绝无调和两存之余地,吾人只得任取其一。"[①]李大钊亦云:"孔子之道,施于今日社会为不适于生存,任诸自然之淘汰,其势力迟早必归于消灭。吾人为谋新生活之便利,新道德之进展,企于进化之自然进程,稍加之人为之力,冀其迅速蜕演,虽冒毁圣非法之名,亦所不恤也。"[②]然而,这条激进的道路注定难以在中国推行,其原因有三:第一,儒学在中国推行了近两千年,这种漫长的传统已成为中国人根深蒂固的"集体无意识",潜移默化地影响着中国社会的方方面面。儒学虽然在西方科技文明面前败下阵来,但它在社会伦理、个人品德培养等方面,仍然具有巨大的价值。儒学作为一门学问,本身并没有错,过去的错误在于放大了它的适用范围,将它拔高到神圣的地步,企图用它来指导社会经济、政治、科学等等一切现实的事务。只要儒学退回到它应当的位置,它仍然能发挥出巨大的社会作用。第二,传统儒学,是联系我们同千百年前古人的精神纽带,也是中华历史不可分割的一部分。彻底抛弃了儒学,就等于斩断了过去的历史记忆,中华文明的延续性随之中断。绝大多数的中国人,在主观感情上就提前拒绝了这一选择。第三,西学本来自有其体,但当时的中国却并不具备这一基础。中国没有经历过基督教、文艺复兴、蒸汽革命,再加上自身地域开阔、军阀割据现象严重、工业基础薄弱,即使选择全盘

---

① 陈独秀:《独秀文存》,合肥:安徽人民出版社,1987年,第660页。

② 李大钊:《自然的伦理观与孔子》,1917年2月4日《甲寅》,署名"守常"。

西化,也缺少能马上施行的土壤。以上种种缘由,迫切需要中国的有志之士,找到一条能兼收并蓄,中西文化各取所长,而又富有中国特色的道路。这条道路不是由任何一方吞并掉另一方,而是能够将中国的传统儒学与西方的现代文明衔接起来,最终实现双方合流,难分彼此。20世纪所谓的"新儒学",就是朝这一方向的重要尝试,而阳明心学则在其中承担了新、旧儒学之转变枢纽的功用。

现代新儒学产生于20世纪20年代。在五四运动提出"打倒孔家店"的口号之后,有一批学者仍然相信传统的儒家思想中包含有永恒的普世价值,他们企图对儒家文化进行创新和改造,使之能够承载西方先进的民主、文明的时代精神。这些新儒学的代表人物,大多数都主张回到陆、王的心性之学,强调人作为认识主体、道德主体的"文化决定论"观点。如张祥浩所称:"至于现代新儒学,则受守仁和王学的影响更为深刻。现代新儒学有新理学和新心学的区别,而以新心学为主流。在如今为学者所公认的十多位现代新儒学的代表中,只有冯友兰等是属于新理学一派,其余诸人,如梁漱溟、熊十力、唐君毅、牟宗三、贺麟等人,无一例外是属于新心学一派。"[1]以梁漱溟、熊十力为代表的新心学一派,试图在中西文化比较的大背景下,以佛教唯识宗、西方哲学中柏格森生命哲学等理论来重新阐释和架构阳明心学,他们主张"体用不二"的心性本体论,以适应科学与民主的新潮流,期待实现儒家文化的再次复兴。

在中国文化遭遇存亡危机的时候,除了新儒学学者们的努力,还有很多其他主张的学者也都将精力投注到国学研究中去,"整理国故"的风气也开始盛行。"整理国故"的发起人是胡适,他本人倾向于自由主义的西化论,但他同时主张必须"找到可以有机地联系现代欧美思想体系的合适的基础,使我们能在新旧文化内在调合的新的基

---

[1] 张祥浩:《王阳明评传》,南京:南京大学出版社,1997年,第522页。

础上建立我们的科学和哲学。"①胡适主张复兴非儒学派，"重新估定一切价值"，"输入学理，再造文明"。② 胡适的解决方案与新儒家针锋相对，但在采取的方式上，却与新儒家有异曲同工之妙——双方都以整理传统文化、改造传统思想为前提。"整理国故"最终演变为一场规模浩大的文化运动，吸引了庞大数量的学者、文人都参与到国学研究中去。在这种社会大风气下，阳明心学研究同样获得了发展的契机，广度和深度都大为加强。这一时期出版的有关阳明心学著作有：

邵启贤《王学渊源录》（活字排印本，1920 年）

余崇耀《阳明先生传纂》（上海：中华书局，1923 年）

张绵周《陆王哲学》（上海：民智书局，1926 年）

梁启超《王阳明知行合一之教》（1926 年 12 月在北京学术讲演会及清华学校讲演，《国学论丛》第 1 卷第 1 号，即 1927 年创刊号；后又收入《饮冰室合集》之《文集》三十六，上海：中华书局，1936 年）

叶绍钧点注本《传习录》（上海：商务印书馆，1927 年）

倪锡恩详注本《王阳明全集》（上海：扫叶山房，1928 年）

许舜屏《评注传习录》（上海：中原书局，1929 年）

王勉三《王阳明生活》（上海：世界出版社，1930 年）

胡哲敷《陆王哲学辨微》（上海：中华书局，1930 年）

谢无量《阳明学派》（上海：中华书局，1930 年）

贾丰臻《阳明学》（上海：商务印书馆，1930 年）

宋佩韦《王阳明与理学》（上海：商务印书馆，1931 年）

钱穆《王守仁》（据钱穆自序，此书完成于 1930 年 3 月之前。但实际出版于 1933 年，由商务印书馆出版，此后多次再版。此后书又改名《阳明学述要》，由九州出版社 2010 年再版）

上述著作包含文献整理、哲学分析、启蒙普及等各种类型，程度

---

① 胡适：《先秦名学史·导论》，上海：学林出版社，1983 年，第 8 页。

② 胡适：《"新思潮"的意义》，《新青年》第 7 卷第 1 号，1919 年 12 月。

深浅不一,但全部成书于 1920—1931 年间,可见阳明心学研究的密集程度。除此以外,还有不少王守仁的著作被直接影印出版,在传播心学思想方面也起到了一定的促进作用。从研究史的角度来看,这一阶段可以称得上阳明心学研究的第一个高潮期。

(四)步履维艰期:自 1931 年"九一八事变"至 1949 年新中国成立

1931 年"九一八事变"后,中国大片国土沦陷,战火纷起,硝烟弥漫。大量的私立大学被迫关闭,而若干公立大学也相继南迁,加之环境恶劣,物价飞涨,办学条件十分艰苦,图书、仪器严重缺乏。国难当前,许多学者原本的研究被迫中断,阳明心学的研究进程难免也受到了冲击。抗战的前途未卜,大学教授们在教书育人之时,实际上承担着保存中华文化、防止亡国灭种的责任。"战时播迁,需用书籍不备",①教授们往往自己编写教材,油印讲义材料,以向学生们概述中国的思想文化。因此缘故,这一阶段学术史、思想史的教材类著作数量繁多,而针对某个人物、某本著作的具体研究则相对弱化。在冯友兰《中国哲学史》(1934 年)、②范寿康《中国哲学史通论》(1936 年)、容肇祖《明代思想史》(1941 年)、侯外庐《中国古代思想学说史》(1944 年)、嵇文甫《晚明思想史论》(1944 年)以及类似的通史或断代史的著作中,阳明心学均在其中占到一部分章节。但是,纵使这部分章节在书中很有份量,毕竟也并非专门的研究著作,是否应当将其归类入阳明心学的研究史之中,颇值得商榷。

而新儒学之新心学派的重要学者,在这一时期,逐渐从研究阳明心学,走向了构造自己新的哲学体系。熊十力避难四川,任教于马一

---

① 冯友兰:《中国哲学史·自序三》,上海:中华书局,1947 年,第 1 页。

② 冯友兰:《中国哲学史(上)》,于 1931 年 2 月由神州国光社初版。1934 年 9 月,商务印书馆将上册与《中国哲学史(下)》一同出版。与阳明心学有关的内容收在下册。

浮主持的乐山复性书院,讲授宋明理学;贺麟执教于西南联大哲学心理系,继续教授学生们儒家思想。虽然他们仍然研读阳明心学著作,甚至于他们的重要著作(如熊十力《新唯识论》、贺麟《知行合一新论》、《近代唯心论简释》等等)都是受阳明心学的影响而写成,但这一类著作应当视为新的创作,很难视其为研究阳明心学的著作。

抗战胜利以后,国共内战又起,学术研究不得不让位于政权更迭。大部分知识分子都面临着接受共产主义还是资本主义的政治路线选择,经济利益缺乏保障,生活处境也开始日益恶化。"有许多教了二十年以上的教授,到现在不能得到一饱,有的教授家里只有七颗煤球了,有的教授家里还是过旧历年的时候买了一斤糖的,有的教授眼望着自己可爱的儿子死去,却没有钱去医院就医。"①眼前即将到来的政权轮替,让学者对自己的社会地位与前途出路日益焦虑,何去何从未定,学术研究自然无从谈起。概言之,国共内战期间,阳明心学的研究几乎是一片空白。在学术界的其他研究领域,这也是一个普遍的现象。

我们总结一下从 1931 年到 1949 年间,在阳明心学研究史上比较有价值的著作有:

胡越《王阳明》(上海:中华书局,1934 年)

宋云彬《王阳明》(上海:开明书店,1934 年)

嵇文甫《左派王学》(上海:开明书店,1934 年)

王企仁《阳明学大纲》(上海:精一书局,1935 年)

陈建夫《王阳明学说及其事功》(武昌:乡村书店,1938 年)

马宗荣《王阳明及其思想》(贵阳:文通书局,1942 年)

王禹卿《王阳明之生平及其学说》(重庆:正中书局,1943 年)

其中嵇文甫《左派王学》率先将目光投注到在王学研究中备受冷遇的王艮、李贽等人身上,并一反传统之见,对晚明的心学思潮进行

---

① 《罢教与尊师运动》,1946 年 5 月 3 日《大公报》(天津)。

了特别表彰。嵇文甫对阳明后学的两派划分法（左派王学、右派王学），被国内外学者普遍采用，在研究史上颇具影响。除上述著作之外，还有若干文献整理类书籍，如1935年上海东方书店出版谢苇丰校点本《王阳明全书》等，虽然不属于研究著作，但也对阳明心学的研究起到了相当大的促进作用。

（五）各自为营期：自1949年新中国成立至1980年

1949年新中国成立以后，留在大陆的学者绝大多数都主动或被动地接受了马列主义，开始在思想路线上努力地向共产党靠拢，学术研究的风气也为之一变。大陆的学者开始普遍采纳马列主义阶级分析的理论，去批判中国历史上的一切思想流派。除了要严格区分任何一种哲学到底是唯心主义还是唯物主义、其方法是辩证法还是形而上学之外，马列主义还主张，在有阶级的社会里，人的思想意识必然具有阶级特性，因此，一种理论是值得提倡还是应该踏翻在地，要辨明它的出身——站在什么阶级的立场上，以及它的目的——为什么阶级的利益服务。在这种社会大环境之下，王守仁被定性为主观唯心主义的代表人物之一，当年的许多学者都开始调整自己的学术史观，重新对阳明心学进行评价，如侯外庐《中国思想通史》称："王阳明所说的'良知'，并非中世纪末期启蒙思想家所说的'理性'，而是地主阶级手中的精神的鞭子——封建主义道德律。启蒙思想家宣布'理性'为人人皆有，那是具有反封建特权法律而解放个性的斗争的作用的；相反，王阳明要人们在'良知'上用功，以消解社会矛盾而统一于心灵的'无对'，则起着一种反个性斗争的麻痹人民头脑而甘于妥协的奴婢作用。"①文革开始以后，学术政治化、路线化的味道更重，以至于催生出了《论王阳明鼓吹蒙昧主义的反动性》这种奇葩文

---

① 侯外庐：《中国思想通史》第四卷下册，北京：人民出版社，1963年，第905～907页。

章,让人目不忍视:"王阳明所宣扬的蒙昧主义,主张愚昧,反对知识;主张迷信,反对科学;主张黑暗,反对光明;主张倒退,反对前进。它是思想解放的牢笼,科学发展的桎梏,社会前进的羁绊。在中国封建社会,蒙昧主义是封建专制主义思想体系的一个重要组成部分。历代统治阶级对蒙昧主义的宣扬推行,给我国历史的发展造成了巨大的破坏,它是我国封建社会长期发展缓慢、停滞不前的主要原因之一。"①当学术研究沦为政治路线的附庸时,学者们的思想自由遭到剥夺,所研究出的"成果",大抵都是奉命作文,乏善可陈。此期大陆较有价值之王学研究著作,仅朱谦之的《日本的古学及阳明学》(1962年)与杨天石的《王阳明》(1972年)两种而已。而王学左派(泰州学派)之何心隐,由于对帝王专制制度进行过猛烈抨击,《何心隐集》(北京:中华书局,1960年)被率先整理出版,也算是一大异数。

　　这一时期较为重要的研究成果,大都集中在香港、台湾等地。尤其是台湾学者,他们的研究领域之广、研究程度之深、研究成果之丰厚,都远非他地所能媲美。其背后的原因大致有四:其一,台湾学者没有经受过思想路线改造,社会风气较为宽松,享有相当程度的学术自由;其二,台湾学者的经济基础和社会地位有保证,不用担心被押入牛棚接受无休无止地批斗,可以心无旁骛的从事学术研究;其三,蒋介石本人是王守仁的忠实拥趸,为此他不惜将台湾的"草山"改名为"阳明山",甚至亲自为正中书局第五版的《王阳明全书》题写书名,所谓"上有所好,下必甚焉"。其四,第二代新儒学代表人物的兴起。1958年元旦,张君劢、唐君毅、牟宗三、徐复观联名发表《为中国文化敬告世界人士宣言——我们对中国学术研究及中国文化与世界文化前途之共同认识》,主张"心性之学,正为中国学术思想之核心","中国心性之学,乃至宋明而后大盛",这对于阳明心学的研究具有极大

---

① 张显清:《论王阳明鼓吹蒙昧主义的反动性》,《山东师院学报》1979年第1期。

的推动意义。更何况,牟宗三等人本身就是研究阳明心学的力将。

港、台这一时期的著作种类繁多,不能逐一罗列,拣其重要者而言,则有以下几种:

牟宗三《王阳明致良知教》(台北:中央文物供应社,1954 年)

张君劢《比较中日阳明学》(台北:中华文化出版事业委员会,1955 年)

丁仁斋《王阳明教育学说》(台北:复兴书局,1955 年)

胡美琦《阳明教育思想》(台北:中央文物供应社,1957 年)

麦仲贵《王门诸子致良知学说之发展》(香港:香港中文大学出版社,1973 年)

蔡仁厚《王阳明哲学》(台北:三民书局,1974 年)

牟宗三《从陆象山到刘蕺山》(台北:学生书局,1979 年。牟氏自云:"此书实即《心体与性体》之第四册也。此书中关于王学之两章,即第三章与第四章,实早已于一九七二年及一九七三年分别发表于《新亚学术年刊》之第十四期与第十五期。而第三章之附录:《致知疑难》,则更早见于《王阳明致良知教》一小册中。今该小册可作废,而《致知疑难》一段至今不变,故附录于此书之第三章第一节。")

牟宗三、唐君毅、徐复观皆师承熊十力,号称熊氏三大弟子。而牟宗三在哲学研究上的成就要更为突出,被誉为"当代新儒家他那一代中最富原创性与影响力的哲学家"。他的《王阳明致良知教》,有人认为"大概可以说是在现代学术意义上系统、深入研究王阳明思想的第一部著作"。① 坦白说,这一评价未免过誉。若论系统,则在此之前已有多部著作,譬如谢无量的《阳明学派》、王企仁的《阳明学大纲》、钱穆的《王守仁》等等;若论深入,则牟氏的这本著作仅为一小册,内容亦未显其深度,故《从陆象山到刘蕺山》出版之后,牟氏认为

---

① 彭国翔:《当代中国的阳明学研究:1930—2003》,《哲学门》(北京大学哲学系)第五卷第一册,2004 年,第 3 页。

除《致知疑难》一段外，"今该小册可作废"。但放眼当时，牟氏此书确能超出同侪一头，兼开启后辈学者研究之路径（牟氏弟子蔡仁厚的《王阳明哲学》一书，即深受其影响），故此书在阳明心学研究史上仍具重要价值。牟宗三的《从陆象山到刘蕺山》一书，王学部分仅占两章（全书共六章），但因为是牟氏最终自我认可的著作，可以代表他学术定型后的研究成果。第三章论"王学之分化与发展"，涉及阳明学说的思想来源、良知的理解、王学分派等关键问题，第四章则疏解聂豹与王畿的辩论，皆能发前人所未发，于王学研究的推进之力尤巨。盖牟氏能兼取佛学、康德哲学、儒学，既能厘清阳明学说在中国学术史上之脉络，又能在世界哲学史上对其作比较之定位，故所得远较他人为多。

另外，此前的研究著作虽多，但主要集中在王守仁生平、事功、学说、与其他哲学的区别等有限的几个方面。这一时期的台湾学者非但能从阳明哲学体系方面研究，亦开始注意到其教育思想，是相关研究领域拓宽的体现。笔者认为，这一时期可以算是阳明学研究的第二个高潮期，而台湾学者则在其中充当了主力军的角色。

（六）齐头并进期：自 1980 年至现在

这一时期，香港、台湾学者的研究仍然接续以前的脉络，继续向前推进。若从港台的角度出发，将阳明学研究进程按 20 世纪 80 年代前后分为两个阶段，是没有多大必要的。但在这一段时期，大陆的研究状况有了明显的变化，与台湾学者的交流明显增加，并逐渐开始相互影响、相互借鉴。一个明显的例子，就是有些大陆（台湾）学者的著作，率先在台湾（大陆）出版；而同一部著作，也往往由两岸不同的出版社重复出版。再考虑到两岸三地的学者时常会出现在同一次学术交流会上，积极参与讨论，彼此交流意见，因此也不妨将 20 世纪80 年代以后的时期独立为一个阶段。此阶段内港台学者较有价值的研究著作有：

陈荣捷《王阳明传习录详注集评》（台北：学生书局，1983 年）

钟彩钧《王阳明思想之进展》（台北：文史哲出版社，1983年）

戴瑞坤《阳明学汉学研究论集》（台北：学生书局，1988年）

戴瑞坤《中日韩朱子学阳明学之研究》（台北：文史哲出版社，2002年）

吕妙芬《阳明学士人社群：历史、思想与实践》（台北："中央研究院"近代史研究所，2003年）

蔡仁厚《王学流衍：江右王门思想研究》（北京：人民出版社，2006年）

其中陈荣捷的《王阳明传习录详注集评》一书，汇集了中外、古今有关《传习录》的注释和评论，选择极精，是一部水准极高的参考书籍。吕妙芬一书，则能从独特的角度分析阳明学的士人社群，论据充分，发前人之未发。除以上著作外，林继平的《明学探微》（台北：台湾商务印书馆，1984年）一书，虽非王学专著，其中亦颇涉及阳明心学部分，论述颇为精当。

20世纪80年代后，中央政府及时纠正了此前政治方针、路线上的错误，实施改革开放，学术研究的氛围开始逐渐宽松，大陆的学术界重新焕发出生机与活力。由于大陆人口众多，在高等教育大规模普及之后，从事学术研究的学者数量自然要远超过世界其他国家和地区，加之是研究本国的文化，必然更具学术热情。毋庸置疑，大陆学者所面临的认知障碍，也要比国外学者少得多。这一根本性的优势，决定了在阳明心学的研究上，大陆虽然起步较晚，但速度和发展潜力是其他地区难可匹敌的。短短三十余年间，大陆的阳明学研究成果非但在数量上彻底超越了欧美、日韩、港台，即使在质量上也毫不逊色于其他任何一个国家或地区。我们甚至可以这样宣称，大陆正逐渐成为世界阳明学研究的中心。

若对大陆这三十几年的研究成果进行概括总结，大致可以分为以下几个方面：

1. 文献整理及佚文辑佚

吴光、钱明、董平、姚延福编校《王阳明全集》（上海：上海古籍出版社，1992 年），是新中国成立后校点出版的第一部阳明全集类整理著作。此书为研究者提供了一个较为可靠而易获的版本，因此广为流传，对阳明心学的研究颇有助力。《王阳明全集（新编本）》（杭州：浙江古籍出版社，2010 年），校点成员不变，但是增补了一批新发现的语录和佚文，以及明清时人所撰写的阳明传记、序跋、祭文等资料，内容更为详备。《王阳明全集》新版（上海：上海古籍出版社，2011年），校点成员仍然未变，但对 1992 年版的若干疏误、遗漏进行了订正，并放大了字号，更便于阅读。北京大学编纂的《儒藏》项目，《王阳明全集》一书也被列入整理出版计划，校点者仍然是吴光、钱明、董平、姚延福四人。笔者因为承担了《儒藏》中心审核稿件的任务，将此前历次出版的《王阳明全集》与明代底本进行了仔细地对勘，发现各种版本中的误字、错字现象非常严重，标点错误也十分常见（以第二十六卷、第三十六卷为例，笔者共发现误字、漏字、颠倒等错误二十八例，其中严重影响句意者不在少数，皆为历年排印错误而一直未能发现并更正者，标点错误亦发现二十余处），可知这套书对于阳明学研究贡献虽大，但仍有大幅改进之必要。

邓艾民《传习录注疏》（基隆：法严出版社，2000 年）是迄今为止研究《传习录》一书比较好的参考书之一。邓氏是大陆学者，这部著作也几乎代表了大陆学者在文献注释方面的最高水准。但此书在台湾首版，大陆反而不容易获得，令人略觉遗憾。

阳明后学的文集整理，一直是阳明学研究中比较薄弱的一环。其中王学左派（泰州学派），自嵇文甫、侯外庐大力表彰之后，已成为王学研究中的一大热点，因而文献整理状况相对较好。黄宣民标点整理《颜钧集》（北京：中国社会科学出版社，后附《韩贞集》，1996年）、陈祝生主编《王心斋全集》（南京：江苏教育出版社，2001 年），都是在这一时期出版相对较早的几种著作。稍嫌美中不足的是，出版时对底本体例有较大变动，未能展现古本原貌。

万斌主编《阳明后学文献丛书》（南京：凤凰出版社，2007 年），集中了一批当代非常优秀的学者，对王阳明的弟子、再传弟子的重要著作进行校点整理,分批出版,对于研究"阳明学派"的思想和演变历程有重要意义。第一批出版了徐爱、钱德洪、董沄、邹守益、欧阳德、王畿、聂豹、罗洪先、罗汝芳共九人的文集,挑选不可谓不精,选择不可谓不慎。让人遗憾的是,这套书的标点错误太多,令文献价值为之减半。笔者对其中陈永革编校整理的《欧阳德集》一书进行了阅读比勘,共发现版本标识、标点断句、文字校勘等方面的错误一千余条,并撰成《〈欧阳德集〉指瑕》一文,刊登于《儒家典籍与思想研究》第五辑,[①]可供参考。相比之下,北京大学《儒藏》工程所陆续整理出版的王艮、聂豹、邹守益、王畿、欧阳德、颜钧、何心隐、罗洪先、罗汝芳等人的文集(《儒藏》精华编第 258—261 册),无论是在版本选择和标点校对的认真程度上,都要更胜一筹。

余樟华《王学编年》(长春:吉林大学出版社,2010 年),按照时间辑录王学的有关资料,取材源头广,涉及人物生平、后人评价、史料记载等诸多方面,末附《王学研究论著知见录》,是一本内容极为丰富的参考书籍。缺点是内容多为剪裁、罗列他人文字,缺乏细致的考证,舛误众多。譬如弘治二年条下记载"王华以外艰归余姚",而弘治三年条下方载王阳明"祖父王伦卒",凡此类错误正复不少。所附《王学研究论著知见录》,同一著作前后重出者甚多,各书虽以出版年代排序,但因所记出版年代大多并非首版年代,故使用时宜多加留心。

束景南《阳明佚文辑考编年》(上海:上海古籍出版社,2012 年),对历年来发现的王阳明佚诗、佚文(其中陈来、钱明、吴震等人,在辑佚方面贡献尤大)进行了汇编,并佐以编年考证,是一部非常有价值的著作。

张宏敏《黄绾生平学术编年》(杭州:浙江大学出版社,2013 年),能对黄绾的生平事迹予以编年整理,并直接收入黄绾大量文章之原

---

① 王传龙:《〈欧阳德集〉指瑕》,《儒家典籍与思想研究》第五辑,2013 年,第 273~288 页。

文,资料详实而错讹较少,堪称是一本相当不错的整理著作。

2. 研究著作

这一时期的研究著作数量众多,难以一一列举,择其尤为重要者,约有以下几种:

邓艾民《朱熹王守仁哲学研究》(上海:华东师范大学出版社,1989 年)

杨国荣《王学通论:从王阳明到熊十力》(北京:三联书店,1990年)

陈来《有无之境:王阳明哲学的精神》(北京:人民出版社,1991年。此书多次再版,最近一次为三联书店,2009 年)

徐梵澄《陆王学述:一系精神哲学》(上海:远东出版社,1994 年)

杨国荣《心学之思:王阳明哲学的阐释》(北京:三联书店,1997年)

左东岭《王学与中晚明士人心态》(北京:人民出版社,2000 年)

吴震《阳明后学研究》(上海:上海人民出版社,2003 年)

彭国翔《良知学的展开:王龙溪与中晚明的阳明学》(北京:三联书店,2005 年)

吴光主编《阳明学研究丛书》(北京:中国人民大学出版社,2007年。包括董平《王阳明的生活世界》、钱明《浙中王学研究》、徐儒宗《江右王学通论》、吴震《泰州学派研究》、何俊和尹晓宁《刘宗周与蕺山学派》、朱晓鹏《王阳明与道家道教》、陈永革《阳明学派与晚明佛教》、刘宗贤和蔡德贵《阳明学与当代新儒学》、崔在穆《东亚阳明学》、吴光主编《阳明学纵论》共 11 种著作)

钱明《王阳明及其学派论考》(北京:人民出版社,2009 年)

其中陈来《有无之境:王阳明哲学的精神》一书,因为作者哲学思辨与文献考证两方面的功力都很深厚,能从多个角度对王阳明的著作进行分析总结,因此贡献和影响都很突出。徐梵澄则因为对中、西、印三方文化都广为涉猎,强调"精神哲学",能在大陆学者中自成一派,《陆王学述:一系精神哲学》一书颇有启发性。吴光主编的《阳明学研究丛书》,可以视作浙江省阳明学研究系统总结之成果,所出版著作涉及面广,研究深入,在阳明心学的研究史上很有纪念意义。

3. 其他

还有为数不少的学术史、儒学史、思潮史类著作,虽然不是阳明学研究的专著,但其中牵扯到王学的内容也不少,价值不可小视。比如张学智《明代哲学史》(北京:北京大学出版社,2000 年)和《中国儒学史·明代卷》(北京:北京大学出版社,2011 年)、范寿康《中国哲学史通论》(武汉:武汉大学出版社,2008 年)、姜国柱《中国思想通史·明代卷》(武汉:武汉大学出版社,2011 年)等等。

此外,大陆已有数种阳明学研究的期刊开始发行,如张新民主编《阳明学刊》(2009 年创刊,巴蜀书社)、张海晏熊培军主编《国际阳明学研究》(2011 年创刊,上海:上海古籍出版社)、赵平略主编《王学研究》(2013 年创刊,成都:西南交通大学出版社)等,还举行过许多次大规模的阳明学研讨会议,如 1986 年在泰州举行的"泰州学派讨论会",1987 年和 1999 年分别在贵阳举行的"中国古代心学讨论会"、"王阳明国际学术研讨会",1996 年贵阳"王阳明国际学术讨论会",2007 年浙江余姚"王阳明故居开放典礼暨国际学术研讨会"等等,对于研究者之间的沟通与交流,以及传播学术前沿动态方面,都很有帮助。

概言之,这一时期可以算是阳明学研究的第三次高潮期,而且依旧在进行之中,新的成果也正接连不断地涌现出来,前景可以预期。

按:因篇幅所限,在本研究述略中重点讨论针对王阳明或阳明学派之研究专著,而对于数量庞大、价值可圈可点的各种期刊、论文集之内的论文,以及没有正式出版的众多硕士、博士学位论文等项,未能逐一罗列。这几大宗资料中,无疑蕴含有极为丰富的成果,但其中的杰出之作要脱颖而出,尚需一段大浪淘沙的功夫,才可最终盖棺定论。

二、韩、日、欧美阳明学研究述略

(一)朝鲜半岛

学术批判实际上是从反面对一种理论进行研究,而朝鲜国最初对阳明心学的研究,正是在一片批判声中进行的。朝鲜在古代是中国的藩属国,其主流文化也依赖从宗主国输入,然后化为己用。朱熹的学说约在元代时被中国确立为官方学说,但同时并不排斥其他的学说(比如陆九渊的心学)合法流传。而当朱子学传入朝鲜之后,则迅速成为独占儒坛的标准思想,凡与朱子不合者,皆遭到朝野上下一致的唾弃。张维的《溪谷漫笔》称:"中国学术多歧:有正学焉,有禅学焉,有丹学焉,有学程朱者,有学陆氏者,门径不一。而我国则无论有识无识,挟筴读书,皆称颂程朱,未闻有他学。"①文化依赖输入的藩属国,其思想变迁往往具有一定的滞后性。当某种学说在宗主国已经过气,或者有新的不同体系的学说被孕育出来,再次向藩属国传播时,通常会遭遇到先入为主的惯性阻力。所以当阳明学在明朝已经开花结果、大行其道时,朝鲜文人仍然在固守程朱学说,甚至主动对新传入的阳明学大肆批判。阳明学大约在 16 世纪初期传入朝鲜,而朝鲜国的李滉、赵穆、柳成龙、朴世采、韩元震等人,先后对阳明学进行了激烈的批评,指责其为禅学而非正学。李滉甚至专门创作了《传习录论辩》一书,对王阳明的《传习录》逐条批驳,以指证其与朱子学不合之处。在这种大环境之下,即使有个别倾向于阳明学的学者(如南彦经等),也不敢公开表达自己的立场。如郑寅普所言:"朝鲜没有阳明学派,只有朱子学派,而且还没有朱子学派的名称,如果看到桌

---

① 　张维:《溪谷集》附《溪谷漫笔》卷一,《韩国文集丛刊》第 92 册,景仁文化社,1990 年,第 573 页。

子上放有关阳明学的书籍,就被视为异端邪说。"①

时移世易,阳明学在明朝逐渐争取到了合法地位,一度从祀文庙,变成朝廷认可的官方学术流派。消息传到朝鲜,朱子学一统天下的局面逐渐开始松动,朝鲜的阳明学者才获得了一定的话语权,但仍然没有成为主流。随着阳明学在朝鲜传播的逐渐深入,终于催生出了以郑齐斗为代表人物的"江华学派"。郑齐斗既是公认的朝鲜最杰出的阳明学者,又是朝鲜阳明学的集大成者。他所开创的"江华学派"成员众多,学脉绵长,一直到今天仍然传承不绝。郑齐斗的《学辨》《存言》《心经集义》等著作,都可以算是朝鲜对阳明学加以研究的成果。然而,郑齐斗对阳明学的理解,实际上并非阳明学本旨,而是对其加以改造后的理论。郑齐斗认为朱子学"先从万殊处入",阳明学"自其一本处入","如其善用二家,亦自有同归之理,终无大相远者矣"。②郑氏企图调和朱子与阳明的学说,认为阳明学"虽云不同于程朱,其指则固是一程朱也",③二者只有起手路径的不同。这等于泯灭了阳明学"良知当下具足"、"良知是吾心之灵觉"的核心,而只把良知视为世间事物"万殊"之"一本","亦心之天理而已",实际上是通过对程朱理学的改造扩充,而使之能包容阳明心学。这种作法,为阳明学在当时的朝鲜争取到了最大限度的传播机会,但阳明学本身的面目也随之模糊不清。

朝鲜以朱子学为主体,这一学术倾向一致保持到今日之韩国。如金忠烈所云:"有明三百年间,思想界中贡献最大、对程朱反抗最烈的阳明学,在邻国日本成为开导明治维新的宝贵精神,唯在朝鲜,则一直受谤而不见天日。此是阳明学之不幸,也是儒教在朝鲜之失

---

① 郑寅普:《阳明学演论》,三星文化财团,1972年,第148页。
② 郑齐斗:《霞谷全集》上《答闵彦晖书》,丽江出版社,1988年,第31页。
③ 郑齐斗:《霞谷全集》上《拟上朴南溪书》,丽江出版社,1988年,第12页。

败。"①矧论朝鲜的阳明学派又非严格遵守王阳明本意的体系,而是本土化之后的理论。1995 年,韩国创立了阳明学会,但研究的重点仍然在"阳明学的多样化与本土化",或是"江华阳明学派的地位与现代意识"②一类的主题,缺少与中国阳明学的互动。因此缘故,韩国的阳明学可以视作从中国阳明学衍生出的一个分支,格局虽小,但自具体系,自成规模。

关于朝鲜(韩国)的阳明学研究著作,可参考金世贞:《韩国阳明学的研究现状和课题》(《哲学研究》第 93 辑,2005 年)、《关于国内王阳明的研究目次》(《阳明学》第 11、23、13 辑,2003—2005 年)二文,罗列较详细,笔者不再赘述。

(二)日本

日本学者高濑武次郎称:"大凡阳明学含有二元素,一曰事业的,一曰枯禅的。得枯禅元素者,可以亡国。得事业元素者,可以兴国。中日两国,各得其一,可以为事例之证明。"又称:"支那王学者得枯禅元素,失其事业元素。反之,我邦阳明学之物色,在其有活动之事业家,藤树之大孝,藩山之经论,执斋之薰化,中斋之献身事业,及至维新豪杰震天动地之伟业,殆无一不由于王学所赐与。"③中国是否仅得其枯禅可以不论,但日本主要得阳明学勇猛之实践精神,可为确论。

高濑武次郎所称之藤树,即中江藤树(1608—1648),生活在 17 世纪初期,被公认为日本阳明学的开创者。藤树早年笃守朱子学说,

---

① 郑德熙:《王学东传与李滉之排王思想》,《王阳明国际学术讨论会论文集》,贵阳:贵州教育出版社,1997 年,第 598 页。

② 2004 年,韩国阳明学会主持召开了阳明学国际学术大会,"江华阳明学派的定位与现代的意义"即是此次大会的主题。

③ 高濑武次郎:《日本之阳明学》,铁华书院,1899 年,第 32 页。

"又深尊信《孝经》",①称"太虚本体之神灵在方寸者为孝",②"心法不必他求,即全孝之心法也"。③ 三十七岁时,藤树购读《阳明全书》,才真正转入阳明学者之立场。藤树生长于农家,布衣终老,一生唯做里中的童蒙师,"乡党皆熏其德"。④ 藤树实践阳明心学,德行无亏,被时人誉为"近江圣人",可见其风姿感人之深。

1712年,日本学者三轮执斋编注的《标注传习录》刊行,这对于阳明学的普及起到了相当重大的作用。1830年,佐藤一斋编撰《传习录栏外书》,在《标注传习录》的栏外批注自己的见解,又辑录通行本所阙的阳明语录三十七条,极大地丰富了《传习录》一书的价值。日本的阳明学,主要在下层武士之中流行,他们相互之间并无授受源流,而主要通过阅读王阳明的著作而自我体悟。三轮执斋的《标注传习录》注释详尽,对于正确理解文意大有帮助。日本的下层武士,并无高深的学理修养,而且往往受到佛教、神道教之类的宗教习俗影响,所以对于作哲学之思辨无甚兴趣,良知学的简洁易行反而更符合他们的胃口。此外,阳明学有比较包容的特性,并不刻意排斥佛教、道教,而阳明本人又有显赫的武功,在政治上颇有作为,这些也都符合了武士道的价值观。日本军事天才、在日俄海战中大胜俄国的东乡平八郎一生笃信阳明学,相传他随身配有一方印章,上书"一生低首拜阳明",⑤可见阳明在武士阶层心目中的崇高地位。

由于中江藤树等人的倡导,日本下层武士和平民对于忠孝一道尤为注意,而这种忠孝的对象,则自然而然地集中于天皇,而非幕府。

---

① 大木鹿之助:《藤树先生行状》,《藤树先生全集》,岩波书店,昭和十五年(1940年),第71页。

② 大木鹿之助:《藤树先生行状》,《藤树先生全集》卷五,岩波书店,昭和十五年(1940年),第3～5页。

③ 中江藤树:《翁问答》开篇句,此书初刊于1640年。

④ 原善:《先哲丛谈》卷二,第21页。此书初刊于1816年。

⑤ 其事载于姚业鑫《名邑余姚》(浙江摄影出版社,1989年),或为小说家言。要之,东乡平八郎是阳明学的信徒,则是公认之事实。

阳明学强调"知行合一"，既然知其为非，则渐渐生出企望改变社会的愿望。这批深受王学洗礼的武士阶层，最终成为推动日本近代政治变革的中坚力量。日本的"尊王攘夷"、"倒幕"、"王政复古"，"究其实也是以下层武士与市民为主体，以阳明学为其意识形态进行的。"①日本的维新志士，如春日潜庵、梁川星岩、吉田松阴、横井小楠、东泽泻、西乡南洲、高杉晋作等人，都是阳明学的信奉者和履行者。此时日本的阳明学，已"广泛而深入地渗透到社会意识形态的各个领域，变成日本人民精神文化生活中的行动指南，有力地改造了日本民族的国民性。"②

　　日本明治维新以后，一跃成为世界强国，并在随后的甲午中日海战中一举消灭了中国引以为豪的北洋舰队，给中国的官僚、知识分子带来巨大的震动。研究日本、效法日本，成为当时的风尚，朝廷乃至宣称"游学之国，西洋不如东洋"③，派遣留学生赴日求学。而日本此时，阳明学几乎波及到社会的一切角落之中，如蒋介石所称："当我早年留学日本的时候（按，蒋介石1908年初公费赴日留学，共四年），不论在火车上、电车上，或在轮渡上，凡是在旅行的时候，总看到许多日本人都在阅读王阳明《传习录》，且有很多人读了之后，就闭目静坐，似乎是在聚精会神，思索这个哲学的精义；特别是他的陆海军官，对于阳明哲学，更是手不释卷的在那里拳拳服膺。后来到书坊去买书，发现关于王阳明的哲学一类的书籍很多，有些还是我们国内所见不到的。"④不仅如此，甲午战争之后，日本先后有《阳明学》（1896年创刊）、《王学杂志》（1906年创刊，1908年后改名为《阳明学》）、《阳明》（1913年创刊，1918年后改名为《阳明主义》）三种杂志出版，可见阳

---

①　朱谦之：《日本古学及阳明学》，北京：人民出版社，2000年，第209页。
②　毕诚：《儒学的转折》，北京：教育科学出版社，1992年，第395页。
③　其语出自张之洞，光绪帝下诏时采纳此语，故可视为朝廷之公论。
④　《蒋总统言论选集：哲学与科学》，台北：中央文物供应社，1977年，第128页。

明学在日本之热度。日本举国上下对于王学的热衷,让中国知识分子认识到一个事实:"维新以前所公认为造时势之豪杰,若中江藤树,若熊泽藩山,若大盐后素,若吉田松阴,若西乡南洲,皆以王学后辈,至今彼军人社会中,尤以王学为一种之信仰。夫日本军人之价值,既已为世界所共推矣,而岂知其一点之精神教育,实我子王子赐之也。我辈今日求精神教育,舍此更有何物?"①中国的阳明学研究在清代时出现断层,而在近代时重新兴起,孕育出大批救亡图存的爱国志士,实多受日本风气之影响。阳明之学说自明代远渡重洋,一直嘉惠日本民众,又在近代时自日本回馈中国,堪称一桩学林幸事。

日本学者虽然历来重视阳明学的实践之功,但对于学理上的研究也一样非常出色。事实上,日本的阳明学研究,其成果之丰厚,足以与中国大陆、台湾鼎足而三,相较之下毫不逊色。1972 年,日本学界为纪念王阳明诞辰五百周年而推出的《阳明学大系》,共计十二卷,可以算是日本阳明学研究的一个阶段性总结。日本学者能够及时关注中国的研究成果,与中国的学者积极对话,而又能保留本国特色,研究前景十分乐观。

日本阳明学研究之成果数量众多,难以逐一分析罗列,相关目录可参考戴瑞堃《阳明学研究论著目录》(收入《阳明学汉学研究论集》,台北:学生书局,1988 年)、永富青地《近十年阳明学研究日文论著目录(1998—2008)》(《人文社会科学研究》第 49 号,2009 年)。

(三)欧美

欧美之阳明心学研究起步甚晚。1913 年,才有第一部与王学有关的专著出版,由 Frederick Goodrick Henke 著,名为 *A Study in the Life and Philosophy of Wang Yang-ming*。1916 年,《王阳明

---

① 梁启超:《德育鉴》,《饮冰室合集》专集之二十六,北京:中华书局,1989年,第 42 页。

全集》的一部分才被翻译成英文（*The Philosophy of Wang Yang-ming*）。以上两项，较之欧美的朱子学研究，均晚六十余年。截止20世纪80年代，欧美阳明学研究仍处于"尚无中心，亦无专家，著作者仍以东方人为多，著述又大多限于英文"[①]的局面。

近几十年来，阳明学研究在欧美各国逐渐展开，论文和专著数量逐渐增多，但根本状况并未改变。欧美阳明学研究的主力，仍然是在欧美留学的东方人，真正欧美本土的研究专家十分稀少，难成气候。

阳明学难以进入欧美生活的原因，盖在于欧系哲学之发达。如康德、叔本华、尼采之辈，哲学体系严谨，逻辑性强，更适合欧美人之风俗。而中国哲学，尤其是阳明心学，更侧重于对内心的主观感悟，而非对客观世界作理性之分析。阳明学的核心概念"良知"，亦与基督教之客观主宰"上帝"格格不入，故欧美人缺乏研究阳明心学之热情。未来中西文化交融程度渐深，此等状况或逐渐有所改变。

三、本书研究的角度和价值

本书首先将对阳明学诞生至今的学术研究状况作一较为详细的概述，在叙述阳明学研究史的同时，充分展现出历年来学界的重要研究成果。

其次，笔者将论述阳明心学的诞生过程，兼对其创始人王守仁的家庭相关事项进行考证，与钱明先生的若干不同观点相商榷。在此基础上，笔者将剖析阳明心学与佛教错综复杂之关系，证明阳明学之核心体系更倾向于佛教而非儒家。王守仁实际上借鉴了佛教之概念、方法（阳明所吸取的道教元素，主要在于养生之类，对于阳明心学的体系搭建作用较小），从而对儒学加以改造，使之成为一种最为简易直截、最适合教化民众的道德哲学。兼取儒、佛也让阳明心学自身

---

① 陈荣捷：《王阳明与禅》，台北：学生书局，1984年，第165页。

包含有几种分裂倾向,所以在王守仁去世后,其弟子各得其一端,或归于孔教,或流入禅宗,分裂为宗旨不同的各个派别。

随后,本书从阳明后学之代表人物入手,考察王畿、黄绾、欧阳德、王艮等人的生平事迹、著作版本,以及他们的学术思想与阳明心学之关联,进而叙述他们在师门中的影响力,并揭示阳明学派最终趋向分裂之动因。

本书之重点,在于考察阳明心学之思想内核及阳明学派之分化过程。前辈学者对阳明后学之研究,所采用之资料与所陈述之观点,大多不出黄宗羲《明儒学案》之范围。钱穆称:"余少年读黄梨洲《明儒学案》,爱其网罗详备,条理明晰,认为有明一代之学术史,无过此矣。中年以后,颇亦涉猎各家原集,乃时撼黄氏取舍之未当,并于每一家之学术渊源,及其独特精神之所在,指点未臻确切。乃复时参以门户之见,意气之争。……故其晚年所为学案,已仅可为治明代儒学者之一必要参考书而止。"①《明儒学案》对于所列诸人之文集,多为段落节选,内容非常单薄,仅为窥豹一斑而已。无论黄宗羲摘评每一家"独特精神之所在"是否确切,即便个个精妙恰当,也仅能见其代表观点,而无法见其一生学问思想变化之轨迹。要综合考证某人之思想源流,则非从其全集入手,对其生平、学术做一番仔细探究不可。

本书之所以在分析阳明学之诞生过程、思想内核以及与佛教之复杂关系之后,又选取王畿、黄绾、欧阳德、王艮等人进行个案研究,正是看中了他们在阳明后学之中的代表性。王畿承担了阳明学的"向上一路",欧阳德代表着阳明学的"向下一路",黄绾则由阳明学的虔诚信奉者而转变为锐利的攻击者,王艮又开创了独立于阳明学之外的泰州学派……他们中每一位,都可以具体代表阳明后学的一种倾向。他们身上不同的学术观点,不同的人生阅历,不同的性格特

---

① 《钱宾四先生全集》第 21 册,《中国学术思想史论丛》(七),台北:联经出版公司,1993 年,第 351、365 页。

征,不同的追求目标,既推动阳明学继续向前演变创新,也造成了阳明学的派系分裂。本书将对以上诸人的文集版本、学术主张、思想转变状况进行详细考察,从而揭示他们的学术形成过程,以及与阳明本人之脉络关联。每陈述一种观点,除必要的逻辑推理外,还将辅以充分的文献资料以作证明,力求言必有据、事必可稽。阳明学之流衍过程,尤其是后学诸派别最终趋向分裂之状况,也将借助于对上述代表人物的详细剖析而逐渐呈现出来。

最后,本书尝试分析阳明心学之核心属性、分裂动因以及对当前社会之价值,以之为全文作结语。另,因阳明门人成员众多,目前学界尚无一份较为完备的名录,乃至大多数后学连字号、籍贯都模糊不清。笔者查考相关资料,已整理出一份目前较为详实的名录清单,列入附录一中,希望对阳明后学的未来研究有所助益。此外,万历丙午年(1606 年)耿定力、丁宾刊本《重镌心斋王先生全集》卷五所收《门弟子姓氏》、《门弟子配享列传》、《私淑弟子姓氏》,以及宣统二年(1910 年)袁承业所刊行《明儒王心斋先生遗集》后所附《明儒王心斋先生弟子师承表》(一卷),对于研究王艮之泰州学派的传承具有重要价值,而此前均未经整理出版,笔者亦加以校点整理,分别列入附录二、附录三中,以备后来学者参考。

第二章
家世背景与心学创立

一、阳明心学的形成

　　明宪宗成化八年(1472年)九月三十日亥时,一个婴儿于浙江余姚武胜门内、龙山北麓的莫氏楼呱呱坠地。据说婴儿的祖母岑氏在儿媳郑氏分娩当晚,曾梦见五色祥云,有绯衣神人抱婴儿相授,这让祖父竹轩公王伦感到很惊奇,就替这个婴儿取名为王云。① 莫氏楼是王家租来的房子,此时王家尚贫寒,王伦开馆授徒以谋生计,还要养护外家的诸孤弟妹,负担很重。王云的父亲海日公王华还是一介书生,连年赶考不第,落魄不堪,而这个孩子的诞生无疑给他增添了不少喜气。王华望着婴儿红嘟嘟的脸庞,心中想必是充满希望的,这也是天下初为人父者的通性。但王华恐怕不会想到,九年之后,自己将殿试夺魁,以新科状元的身份闻名天下;他更加不会想到,他怀中的这个孩子,无论学识、功业、知名度都将远远的超越自己,成为有明一代最杰出的军事家、哲学家、教育家,影响力更是迈出国门,一直影

---

　　① 岑氏夜梦之事,载于欧阳德《瑞云楼记》、钱德洪《王阳明年谱》等,可作一说。

响到韩、日等邻国,甚至千百年后,人们还在传颂这个孩子的事迹。王家发迹之后,莫氏楼被乡人们改称为"瑞云楼",①因为这是一个传奇的起点,人们总是对于这样的地方满怀敬慕之意。

成化十二年(1476 年),祖父竹轩公王伦因为听从了云游僧人的建议,而易"王云"之名为"王守仁",②并教其诵读诗书。成化十七年(1481 年),王华状元及第,授翰林院修撰,名扬天下。王华迎养其父,次年王伦携王守仁迁往京师。成化十九年(1483 年),王守仁入私塾读书,"遍求考亭遗书读之",③又因路逢相士与语,遂对书练习静坐凝思,并立学做圣贤之志。这是王阳明最早开始接触朱子学说与道家的养生之术,而"学作圣贤"这一志向,也成为了王守仁毕生的追求。王守仁后来学问大进,开宗立派,教授生徒,仍将"立志"视为"吾人为学紧要大头脑",④并认为"从吾游者众矣,虽开说之多,未有出于立志者。"⑤王守仁还曾作《示弟立志说》,对立志以后的为学历程进行了概括:"人苟诚有求为圣人之志,则必思圣人之所以为圣人者安在,非以其心之纯乎天理而无人欲之私欤?圣人之所以为圣人,惟以其心之纯乎天理而无人欲,则我之欲为圣人,亦惟在于此心之纯乎天理而无人欲耳。欲此心之纯乎天理而无人欲,则必去人欲而存

---

① 钱德洪《后瑞云楼记》、邹守益《瑞云楼铭并序》、欧阳德《瑞云楼记》、光绪《余姚县志》卷十四《古迹》皆载此事,经过大略相符。

② 《年谱》谓王阳明五岁不言,有神僧过之曰:"好个孩儿,可惜道破。"竹轩公悟,更今名,即能言。王守仁撰,吴光、钱明、董平、姚延福编校《王阳明全集》,上海:上海古籍出版社,2011 年,第 1346 页。

③ 《年谱》将"遍求考亭遗书读之"列在王阳明二十一岁条下。但前云"始侍龙山公于京师",当为此年入塾读书之事,盖《年谱》所载为追叙之语。《王阳明全集》,上海:上海古籍出版社,2011 年,第 1348 页。

④ 王守仁:《启问道通书》,《王阳明全集》,上海:上海古籍出版社,2011 年,第 65 页。

⑤ 王守仁:《赠郭善甫归省序》,《王阳明全集》,上海:上海古籍出版社,2011 年,第 265 页。

天理。务去人欲而存天理,则必求所以去人欲而存天理之方。求所以去人欲而存天理之方,则必正诸先觉,考诸古训,而凡所谓学问之功者,然后可得而讲,而亦有所不容已矣。"①由此也可看出,王守仁欲学作圣贤,最初选择的是朱熹"存天理、去人欲"的理学路线,而将"正诸先觉,考诸古训"的学问之功,视为必需的途径。考虑到明代早期程朱理学被确认为官方意识形态,更是科举考试的录取标准,他这一选择也是自然而然的事情。

但是,王守仁天性洒脱,性格豪放不羁,自是经书、私塾中缚不住的人物。据邹守益《王阳明先生图谱》:"成化十九年癸卯,龙山公命就塾师,督责过严,先生郁郁不欢,伺塾师出,率同学旷游,体甚轻捷,穷崖乔木攀援,如履平地。公知之,锁一室,令作经书义,一时随所授辄就,窃启钥以嬉。公归,稽课无所缺。"②足可见其顽皮、聪颖之程度。成化二十二年(1486年),王守仁又出京师,游居庸三关,慨然有经略四方之志,经月始返。此后王守仁欲献书策于朝廷,论边关攻守谋略,因遭父亲王华斥责而止。此年王守仁仅十五岁,其胆魄之大、眼界之阔,已令人赞叹不已。此事又不可径以"少年轻狂"而目之,守仁盛年以后,以一文官出身,而能带兵平漳寇,讨赣匪,一个多月平定宁王朱宸濠之乱,晚年征抚广西思田,攻破八寨、断藤峡蛮贼,立下盖世功业,其所运用之权谋兵略,当已在此时播下种子。王守仁出人意表的事迹,尚不仅此,寻常人所默然恪守的规则,他都视若无物,率性而行。弘治元年(1488年)七月,王阳明赴洪都,迎娶江西布政使参议诸养和的女儿,却在成亲当日于铁柱宫与道士谈论养生之说,对坐忘归。这种旁人看来匪夷所思的事情,出现在王守仁身上却显得十分自然,因为他心中有着更高的追求。王守仁正在"思圣人之所以

---

① 王守仁:《示弟立志说》,《王阳明全集》,上海:上海古籍出版社,2011年,第289页。

② 北京图书馆编:《北京图书馆藏珍本年谱丛刊》第43册,北京:北京图书馆出版社,1999年,第9页。

为圣人者安在",并秉持开放的态度,尽情去尝试各种可能。他并没有像传统的儒生那样,大肆排斥道、佛二家,反而敏锐的发现道、佛两家的体系中,似乎有着比"正诸先觉,考诸古训"更为简易直截的功夫。这个时期的王守仁,是充满活力而又动荡不安的,究竟他所寻求的东西在何方、是何种面貌,他自己也并不肯定。

弘治二年(1489 年),王守仁携新婚夫人返家,坐船到达广信时,他特意去拜见了当时的大学者娄谅。娄谅,字克贞,号一斋,广信上饶人,此刻已称病辞官,正居家读书、讲学,在当地名气很大。娄谅曾师事吴与弼(号康斋),尽得康斋真传,又"非仅蹈袭师门者也"。[1] 天顺八年(1464 年),四十三岁的娄谅赴京应试,登会试副榜,授成都府学训导。上任途中,他翻阅特意募人抄写的《朱子语录》,不由赞叹道:"吾道尽在此矣!"[2]由此也可以看出娄谅的治学路径,大抵以主敬穷理为主,恪守朱子门户。吴与弼生前力主"圣贤之必可学",[3]这一立场原封不动地教授给了娄谅,又从娄谅转移给了王守仁。据《王阳明年谱》(以下简称《年谱》)记载,娄谅与王守仁谈论"宋儒格物之学,谓'圣人必可学而至',遂深契之。"娄谅"素豪迈",[4]"聪明性紧",[5]性格与王阳明颇为类似。但此时的娄谅已经形成了自己的学术体系,这对于正在孜孜寻求成圣之路的毛头小伙王守仁,吸引力无疑是巨大的。"圣人必可学而至",对王守仁而言就像一支强心针,更

---

① 黄宗羲著,沈芝盈点校:《明儒学案》,北京:中华书局,1985 年,第 44 页。

② 夏尚朴:《娄一斋先生行实》,《东岩诗文集》文集卷五志铭类,明嘉靖四十五年(1566 年)斯正刻本。

③ 娄谅:《吴康斋先生与弼行状》,明焦竑《国朝献征录》卷一百十四儒林,明万历四十四年(1616 年)徐象橒曼山馆刻本。

④ 黄宗羲著,沈芝盈点校:《明儒学案》,北京:中华书局,1985 年,第 44 页。

⑤ 吴与弼语,原载明夏尚朴《东岩诗文集》文集卷一,明嘉靖四十五年斯正刻本。黄宗羲取而载入《明儒学案》。

加坚定了他从小树立的志向。娄谅指出的成圣路径,是程朱格物之学,即向内以敬存养心灵,向外格物穷理,"至于用力之久,而一旦豁然贯通焉,则众物之表里精粗无不到,而吾心之全体大用无明矣。"①这也成为王守仁此后几年主要的尝试途径。《年谱》称"是年先生(王守仁)始慕圣学",当与娄谅的引导不无关系。黄宗羲谓"姚江之学,先生(娄谅)为发端",②或不为过誉之词。

娄谅的主敬穷理之学,"以收放心为居敬之门,以何思何虑、勿助勿忘为居敬要旨"。王守仁的素日所为,若以朱子学者的立场而言,皆当归入"放心"之类。是以守仁在谒见娄谅之后,逐渐开始了省察克治、自我悔过的行动。弘治三年(1490 年),王华返家为父守丧,闲暇时也开始督导王守仁的功课。王守仁昼夜苦读诸经子史,开始着实用功于前言古训。修行主敬既久,气质为之转移,进入了"端坐省言"的阶段,且称:"吾昔放逸,今知过矣。"③就这样,曾经那个活力四射、冲动单纯的王守仁从众人面前消失了,一个老成练达、端庄持重的王守仁随之诞生。一方面,王守仁的功名之心未息,企图通过科举考试的关卡,获得登上政治舞台的机会,这也是他的父亲王华的企望;另一方面,他也开始努力地践履程朱之道,希望距离心目中圣人的境界越来越近,并最终与孔孟并驾齐驱。这是王守仁距离传统的朱子学者最为接近的时刻,他很努力地将自己的豪情、好奇、疑问都掩藏起来,严格按照前贤长辈的指示而生活,希望做一个世俗人眼中的学者,同时在历史长河中找到自己的一席之地。然而,一个人与生俱来的天性往往是最难改变的部分,王守仁旧日的一切念头并没有因此烟消云散,而是静静的潜伏在冰层之下,寻找着一个合适的突破口,以更猛烈的方式喷发出来。

弘治五年(1492 年),王守仁二十一岁,也正是在这一年,他参加

---

① 《宋本大学章句》,北京:国家图书馆出版社,2010 年,第 12 页。
② 黄宗羲著,沈芝盈点校:《明儒学案》,北京:中华书局,1985 年,第 45 页。
③ 《年谱》,《王阳明全集》,上海:上海古籍出版社,2011 年,第 1348 页。

浙江乡试,考中了举人。对于很多人而言,这都算是一个不小的成就。世俗中功名利禄的大门正在向王守仁开启,他似乎能从其中看到一条光明灿烂的前程。积极用世的念头开始占据上风,必做圣贤的志向被暂时搁置到了一旁。阳明《庐山东林寺次韵》:"远公学佛却援儒,渊明嗜酒不入社。我亦爱山仍恋官,同是乾坤避人者。"或可作为他这一时期的心理写照。

朱熹认为《大学》的"格物致知"部分有缺文,于是依据"程子之意"为之补传:"所谓致知在格物者,言欲致吾之知,在即物而穷其理也。盖人心之灵,莫不有知,而天下之物,莫不有理。惟于理有未穷,故其知有不尽也。是以大学始教,必使学者即凡天下之物,莫不因其已知之理而益穷之,以求至乎其极。至于用力之久,而一时豁然贯通焉,则众物之表里精粗无不到,而吾心之全体大用无不明矣。"①这段话也是朱熹"格物致知"的核心理论。王守仁信奉朱熹学说,于是开始尝试"即物而穷其理",期待到达"豁然贯通"、"众物之表里精粗无不到"、"吾心之全体大用无不明"的境界。他的做法是尝试去"格"亭前的竹子,结果王守仁"早夜不得其理,到七日,亦以劳思致疾。"②这一次实验对于王守仁的打击是巨大的,他开始怀疑"圣贤是做不得的,无他大力量去格物了。"今日很多研究者,都将"格竹"之事,当作王守仁开始质疑朱子学说的转折点,这种观点其实并不准确。王守仁"格竹"失败,并没有动摇他对朱子学说的信心,他只是认为"圣贤有分",③自己并没有像朱熹那样的天份和力量,能够通过这种格物致知的方式,真正达到圣贤的境界。王守仁怀疑的是自己天份不够,而不是朱熹成圣的方法有误。圣贤既然"做不得",世俗的功名利禄

---

① 《宋本大学章句》,北京:国家图书馆出版社,2010 年,第 12 页。

② 王守仁:《传习录》,载《王阳明全集》,上海:上海古籍出版社,2011 年,第 136 页。

③ 《年谱》,《王阳明全集》,上海:上海古籍出版社,2011 年,第 1349 页。

却似乎就在眼前,王守仁"乃随世就辞章之学",①把主要的精力投注到了考取功名的目标上来。

我们还应该特别指出一点,王守仁"格竹"的举动,说明他并没有真正理解朱熹"格物致知"的方法。他似乎将"即物而穷理",理解为"到物跟前去,竭力思索,以通彻物理之极",所以才会做出坐在竹子对面、穷思冥想数日之久的"滑稽"举动,如高攀龙所评价:"(王守仁)因一草一木之言,格及官舍之竹而致病,旋即弃去,则其格致之旨未尝求之,而于先儒之言亦未尝得其言之意也。"②而朱熹的"即物",并非说的是对物端坐;朱熹的"致知",也并非全都穷索物理于心。朱熹称"大抵学问只有两途,致知、力行而已",③"致知、力行,用功不可偏,偏过一边,则一边受病";又称"涵养穷索,二者不可废一,如车两轮,如鸟两翼","涵养中自有穷理功夫,穷其所养之理;穷理中自有涵养功夫,养其所穷之理,两项都不相离"。④ 可知朱熹虽然将知、行分为两端,但是并非割裂知、行为二。朱熹认为物理即天理,这个主张是客观唯心式的,但他的认识论却是朴素辩证的,并不排斥客观实践对于主体认识相辅相成的作用。朱熹这样诠释"格物致知":"致知之道在乎即事观理以格夫物。格者,极至之谓,如格于文祖之格,言穷而至极也。"⑤"上而无极太极,下而至于一草一木一昆虫之微,亦各有理。一书不读,则缺了一书道理;一事不穷,则缺少了一事道理;一物不格,则缺了一物道理。须著逐一件与他理会过。"⑥"积习既多,自当脱然有贯通处。乃是零零碎碎,凑合将来,不知不觉,自然醒悟,其始固须用力,及其得之也,又却不假用力。"⑦由此可以体会到,朱

---

① 《年谱》,《王阳明全集》,上海:上海古籍出版社,2011 年,第 1349 页。
② 高攀龙:《高子遗书》卷十《三时记》,文渊阁四库全书本。
③ 朱熹:《答吕子约》,《晦庵集》卷第四十八,《四部丛刊》影明嘉靖本。
④ 黎靖德:《朱子语类》卷第九,明成化九年(1473 年)陈炜刻本。
⑤ 朱熹:《大学或问》卷一,文渊阁四库全书本。
⑥ 黎靖德:《朱子语类》卷第十五,明成化九年(1473 年)陈炜刻本。
⑦ 黎靖德:《朱子语类》卷第十八,明成化九年(1473 年)陈炜刻本。

熹的格物致知,是一种渐进式的,通过对某一物道理的认识不断深刻化,最终凑合起来,达到"脱然有贯通"境界的方法。朱熹既主张通过读书,去获取前人的间接经验,也主张通过穷事力行,获得个人直接的实践经验,还主张涵养体察,领悟先天赋予的灵知天理。王守仁把朱熹的格物片面地理解成"对物静思",已经违背了朱熹的本义,但却体现出他试图将人的内心知觉与客观世界贯通为一的倾向。王守仁的这一做法,表明他实际上默认"人心具足一切天理"为致知的出发点。这一倾向,与佛教的"万法由心生"、"自性具足万法"非常接近,也或许正是王守仁从佛教所获得的启示。

　　弘治六年(1493 年),王守仁会试下第,但豪情不减,从李东阳之命,援笔立成《状元赋》,以来科必为状元为期。弘治九年(1496 年),王守仁会试再次下第,返余姚,结诗社龙泉山寺,与魏瀚等人对弈联诗,吟风弄月。李东阳是文坛领袖,又是台阁重臣;魏瀚是"浙江四才子"之一,曾任金都御使、雷州府知府等官,也是当地名流。此时的王守仁,既"做不得"圣贤,又科举受挫,所以将精力投注到文坛上,逐渐小有名气。王守仁称:"世以不得第为耻,吾以不得第动心为耻。"①科举落第,对于很多举子而言,都是非同小可的打击,但在王守仁身上,似乎看不到这一状况。推其缘由,大致有三:其一,王守仁年纪尚轻,未来机会很多,乍参加会试就金榜题名,本来就是小概率事件。就算他的父亲王华,在中状元之前,也曾有过连举不第的经历。王守仁自视不低,在他的心目中考中进士是早晚的事情。其二,由于父亲王华的关系,王守仁起点比别人要高,得以与文坛、仕途名流交往唱和,名气日盛,纵然日后仕途不幸,也能在文坛中争得一席之地,不至终生湮没无闻。据李梦阳《朝正倡和诗跋》:"诗倡和莫甚于弘治,盖其时古学渐兴,士彬彬乎盛矣,此一运会也。余时承乏郎署,所与倡

---

　　① 《年谱》,《王阳明全集》,上海:上海古籍出版社,2011 年,第 1349 页。

和,则扬州储静夫、赵叔鸣,……余姚王伯安,济南边庭实。"①可知王阳明(字伯安)参与当世名流倡和,确有其事。其三,恐怕也是最重要的一点,王守仁还是在自觉地、努力地向圣贤的标准靠拢。《孟子》:"公孙丑问曰:'夫子加齐之卿相,得行道焉,虽由此霸王不异矣。如此,则动心否乎?'孟子曰:'否。我四十不动心。'"既然孟子能对"齐之卿相"的高位毫不动心,则区区一个进士,又何足以累吾心? 所以王守仁"以不得第动心为耻",因圣贤所求原不在高官厚禄。

弘治十年(1497 年),朝廷边报甚急,王守仁开始留情武事,"凡兵家秘书,莫不精究。每遇宾宴,尝聚果核列阵势为戏。"②今所存世有阳明眉批《武经七书评》,为弘治十二年(1499 年)阅读兵法书时所作之笔记,其中"无事,则吾兵即吾农;有事,则吾农即吾兵。以佚待劳,以饱待饥,而不令敌人得窥我虚实,此所以百战而百胜"等语,隐含全民皆兵的思想,实为阳明后来用兵之关键。阳明立兵符、定乡约、行保甲之法,大致皆本此意而创用之。成化二十二年(1486 年)的边关游历,再加上此时的精究兵略,终于塑造出一个大将之才。虽然此刻尚无机会施展,但宝剑既在鞘,不愁没有尽展锋芒的那一日。寻章雕句,总无益于济国家之危难;边关示警,男儿欲投笔看取吴钩。王守仁急国家之所急、积极用世的倾向,也由此跃然纸上。

弘治十一年(1498 年),王守仁读朱熹的上疏,看到"居敬持志为读书之本,循序致精为读书之法"一句,大有感触。③ 正如笔者之前所言,王守仁虽然"格竹"不成,但并没有怀疑朱熹的成圣理论。恰恰相反,经此一役,朱熹在王守仁的心目中,变成了一个更加不可逾越的存在。王守仁一直在寻找自己"做不得"圣人的原因,也就是反思自己与朱熹为学差别之所在。在读到朱熹的这段话之后,王守仁"乃

---

① 李梦阳:《空同集》卷五十九,摛藻堂《钦定四库全书荟要·集部》本,第18~19 页。

② 《年谱》,《王阳明全集》,上海:上海古籍出版社,2011 年,第 1349 页。

③ 《年谱》,《王阳明全集》,上海:上海古籍出版社,2011 年,第 1349 页。

悔前日探讨虽博，而未尝循序以致精，宜无所得。"①从王守仁早年的经历也可以看出，王守仁是一个兴趣广泛，甚至可以称得上"见异思迁"的人。到此年为止，王守仁意识到了自己博杂而不精，开始尝试朱熹的"循序以致精"，但仍然苦于"物理、吾心终若判而为二也。沉郁既久，旧疾复作，益委圣贤有分。"②如果我们认真回顾一下朱熹的成圣理论，就会发现朱熹虽然强调渐进式的格物，以企图达到"吾心之全体大用无不明"，但朱熹从来都没有主张过"心物不二"。朱熹认为只要坚持不懈地努力下去，人心终有一日可以领悟到事物所有的道理，但心仍是心，物仍是物。即使心、物都是天理的存在形式，心可以认识物的道理，但心、物究竟不可混为一谈。王守仁的痛苦，在于他默认"人心自然具足万法"，所以追求心、物的融合无间。他努力的方向与朱熹理论的框架并不相容，所以他渐渐地碰触到了朱子学说的壁垒，屡屡挣扎不出。心灵被缚，自然倾向于洒脱，力求卸下物累，所以王守仁"偶闻道士谈养生，遂有遗世入山之意"。这也似乎成了王守仁的通病，每当他在儒家正统学说上受挫，就会向佛、道两家汲取养分。在他的眼界拓宽以后，他就会带着两家的建筑材料回来，重新构建他的理论大厦。

弘治十二年（1499 年），王守仁考中进士，授刑部云南清吏司主事，又奉命审录江北，开始了他的仕途生涯。这一段经历，《年谱》所载不详，仅"多所平反"四字。今考《都公谈纂》载王守仁诛陈指挥一事，颇有趣味：

> 阳明王公为刑部主事，决囚南畿，扬州有陈指挥者，杀十八人，系狱，屡贿当道，十余岁不决。王公至，首命诛之。巡按御史反为立请，而王公竟不从。陈临刑呼曰："死而有知，必不相舍！"公笑曰："吾不杀汝，十八人之魂当不舍吾。汝死何能为乎？"竟

---

① 《年谱》，《王阳明全集》，上海：上海古籍出版社，2011 年，第 1350 页。
② 《年谱》，《王阳明全集》，上海：上海古籍出版社，2011 年，第 1350 页。

斩于市。市人无不啮指称快。①

此事读来豪气迫人，确有守仁行事之风。凡欲跻身圣贤，为百姓立命者，但知从良知、行正义，身后之事、官场安危原不在所计。这一原则，也贯穿了王守仁一生的仕途轨迹。

仕途之余，王守仁游名山、访异人，多有所遇。弘治十五年（1502年）五月，王守仁回京复命，"京中旧游俱以才名相驰骋，学古诗文。先生（守仁）叹曰：'吾焉能以有限精神为无用之虚文也！'"②王守仁也有过泛滥辞章、倾心诗赋的时候，但他很快就领悟到"辞章、艺能不足以通至道"，③又不能拯救国家之危难，此刻守仁更经历仕途，见识远超当年，再看咬文嚼字的儒生，顿觉只能耗散精神，无趣之极。毕竟，舞文弄墨从来都不是王守仁的最终目的，由文入道才是他的最终追求。一切与此追求不合的事物皆可以舍弃，甚至包括仕途本身。同年八月，王守仁告病归越，开始修炼道家的导引之术，颇有所得。久之，王守仁认定："此簸弄精神，非道也。"于是又舍弃了道家的修行。接下来是尝试静坐和遗世，但却因为放不下祖母岑夫人与父亲王华（时祖父竹轩公王伦与生母郑夫人皆已去世），终于幡然悔悟："此念生于孩提。此念可去，是断灭种性矣。"盖儒家主张性本善，即发源于这一点亲情，并由此扩充开去，推己及人，最终实现大同世界的理想。孔子主张"仁者爱人"、"推己及人"，孟子宣称"仁之实，事亲是也"、"老吾老以及人之老，幼吾幼以及人之幼"，皆由此而发。割断父母亲情，就动摇了儒家一切仁义理论的基础，不再对世俗的世界负有某种责任感，从而趋向佛教的超脱尘世，又或是道教的修炼成仙。纵观王守仁的一生，这一"转念"实在是他思想形成的大关键，他从此

---

① 都穆：《都公谈纂》卷下，《明代笔记小说大观》，上海：上海古籍出版社，2005年，第589页。

② 《年谱》，《王阳明全集》，上海：上海古籍出版社，2011年，第1351页。

③ 《年谱》，《王阳明全集》，上海：上海古籍出版社，2011年，第1349页。

"复思用世"，①将成圣的目标确立为一个教化百姓、安世济民的儒家圣人。基于这一出发点，王守仁开始兼容并取儒、释、道三家理论的养分，从而创造自己的学说。也正因为如此，无论王守仁的体系中包含了多少非儒家的元素，无论他的理论内核、方法与佛、道两家多么相近，都不可以否认阳明学的功用仍然是儒家的。前辈学者往往对王守仁在弘治十五年（1502年）的这一"转念"重视不够，而将更多的注意力放在他的"龙场悟道"、"天泉证道"上面，这不能不让人感觉意外。一种学术的形成点（龙场悟道）、总结点（天泉证道）固然十分重要，但决定这种学术去向何方、为谁服务的分岔点，对它的自身定位而言，其关键程度不言而喻。

弘治十七年（1504年），王守仁受巡按御史陆偁之聘，主考山东乡试，"其策问议国朝礼乐之制：老、佛害道，由于圣学不明；纲纪不振，由于名器太滥，用人太急，求效太速。"②从这一策问的题目也可以看出王守仁此时的思想变化。他从原先的泛滥老、佛，亲身修炼，到指其为"害道"，这一观点已经回归了传统的儒学价值观；但他同时认为造成这一结果的原因，是"由于圣学不明"，这等于宣称官方认可的朱子学说，并没有完备的阐释出圣学的真谛，抑或是当世学人并没有真正透彻理解朱子学说，因而误入歧途。从王守仁接下来的表现来看，他更倾向于前者，或者说，他至少已经开始对朱子学说的成圣体系产生了怀疑。

弘治十八年（1505年），王守仁开始授徒讲学。《年谱》云："学者溺于词章记诵，不复知有身心之学。先生首倡言之，使人先立必为圣人之志。闻者渐觉兴起，有愿执贽及门者。"③从王守仁的讲学路径来看，强调身心，必先立志，反对词章记诵，已经呈现出若干非朱子体系的要素。王守仁倡导"立志"，如前所述，这与他自己的为学路径是

---

① 《年谱》，《王阳明全集》，上海：上海古籍出版社，2011年，第1351页。
② 《年谱》，《王阳明全集》，上海：上海古籍出版社，2011年，第1352页。
③ 《年谱》，《王阳明全集》，上海：上海古籍出版社，2011年，第1352页。

一致的。他并非手持前贤的语录、文集讲解他人为学之道,而更多的是现身说法,传授自己的为学经验,这也是他反对词章记诵、强调身心之学的表现方式。此时王守仁的学说体系尚未定型,但这并不等于说他讲授的路径、方法都只是盲目的摸索尝试。因为这些内容皆来自于王守仁亲身体悟,所以真切可靠,远非照搬他人教法可比。直到王守仁晚年学问大成之时,仍然在频频教授立志之法,而《传习录》中谈论立志处亦比比皆是,可知这一方法实在是贯穿王守仁毕生学说的根本法门,正如他自己所称:"区区于友朋中,每以立志为说。亦知往往有厌其烦者,然卒不能舍是而别有所先。诚以学不立志,如植木无根,生意将无从发端矣。"①

还应该值得一提的是,也正是在此年,王守仁遇到了与自己有同样志向的好友、时为翰林院庶吉士的湛若水。《礼记·学记》云:"独学而无友,则孤陋而寡闻。"凡先知先觉,立志拯救颓世风气者,往往同时要承受世人的讥讽、蔑视,同时在不被理解的落寞中孤独前行。在这样的困境之下,能得一二知己互相切磋砥砺,不但能慰藉情感之苦,对于相互取长补短,以完善自己的学术体系,也大有益处。湛若水师从陈献章,此时也处在学术体系尚未完全定型之时,但立志要倡明圣学,此心却与王守仁一般无二。献章之学,"以虚为基本,以静为门户,以四方上下、往古来今穿纽凑合为匡郭,以日用常行分殊为功用,以勿忘、勿助之间为体认之则,以未尝致力而应用不遗为实得。"②较之俗儒的辞章记诵,献章之学自有一份洒脱之气。据陈献章自述其为学经历:"比归白沙,杜门不出,专求所以用力之方,既无师友指引,日靠书册寻之,忘寐忘食,如是者累年,而卒未有得。所谓未得,谓吾此心与此理未有凑泊吻合处也。于是舍彼之繁,求吾之约,惟在静坐。久之,然后见吾此心之体,隐然呈露,常若有物,日用

① 王守仁:《寄张世文》,《王阳明全集》,上海:上海古籍出版社,2011年,第1103页。

② 黄宗羲著,沈芝盈点校:《明儒学案》,北京:中华书局,1985年,第80页。

间种种应酬，随吾所欲，如马之御衔勒也；体认物理，稽诸圣训，各有头绪来历，如水之有源委也。于是涣然自信曰：'作圣之功，其在兹乎！'"①可见陈献章也颇经历了一次由求之书册到求之于心的转折，其出发点也在于"此心与此理未有凑泊吻合处"。他曾经的这一苦恼，也正是王守仁正在经历的苦恼。黄宗羲以"作圣之功，至先生（陈献章）而始明"，②湛若水亲炙于陈献章之门，王守仁可以向其借鉴、受其启发处正多。于此时此地能得此益友，实在是王守仁之大幸。

正德元年（1506 年）二月，王守仁上《乞宥言官、去权奸以章圣德疏》，营救被宦官刘瑾逮击诏狱的南京科道戴铣、薄彦徽等人，被罚廷杖四十，谪贵州龙场驿驿丞。这是王守仁一生所遇大厄之一。六部主事贴近朝廷中央，得睹天颜，进士若能获授此职，要比外放为知县更易升迁。王守仁又是兵部武选清吏司主事，正六品，职掌武职官员的品级与选补、升调、承袭、封赠诸事，在兵部诸司中也属拔尖者。驿丞属于不入流的官职，贵州龙场又是偏远山区，其落差之大可想而知。刘瑾此时权势熏天，朝内无能匹敌者，从某种意义上说，当时王守仁的仕途已被彻底终结，看不到任何翻身的希望。

那么，王守仁为何要赴贵州龙场驿上任呢？孟子云："天将降大任于是人也，必先苦其心志，劳其筋骨，饿其体肤，空乏其身，行拂乱其所为，所以动心忍性，曾益其所不能。"王守仁是信奉孟子学说，而有意铸炼自己心志的么？——至少从他先前的表现来看，他并不是一个特别在意功名利禄的人。为了能够隐居修道，他还称病辞过刑部云南清吏司主事的职位，更何况是一个不入流的驿丞？从逻辑上说，他大可以甩手而去，遁迹山林，独善其身。从现有的史料上分析，笔者确信，这正是王守仁的第一选择。关于这一段经过，《年谱》记载颇有神异之处，反而是过庭训的《本朝分省人物考》，颇为平实可信：

---

① 黄宗羲著，沈芝盈点校：《明儒学案》，北京：中华书局，1985 年，第 80～81 页。

② 黄宗羲著，沈芝盈点校：《明儒学案》，北京：中华书局，1985 年，第 80 页。

（刘）瑾怒犹未释，守仁行至钱塘，度或不免，乃托为投江，潜入武夷山中，决意远遁学道，祈不得道不复出山。……道士曰："如汝所志，将来必有赤族之祸。"因问："何以至此？"道士曰："汝既有名朝野，若果由此匿迹，将来祸发，奸徒必假名以鼓惑人心，朝廷必专究汝家，岂不致赤族之祸？"守仁深然其言。①

并非王守仁不想远遁学道，但他抗疏一上，自然"有名朝野"，若不去赴任，极可能连累家人。所以王守仁不得不从匿迹的武夷山中现身而出，毅然前往龙场驿上任。既然亲情不能割舍，作出这一选择也就是自然而然的事情了。

贵州龙场驿，"在贵州西北万山丛棘中，蛇虺魍魉，蛊毒瘴疠，与居夷人鴃舌难语，可通语者，皆中土亡命。"②在这样的情境之下，王守仁豁达、豪爽的个性开始发挥作用，他非但没有因此抑郁忧愤，反而因此斗志昂扬，呈现出一股凛然不屈的姿态。大量的空闲时间，与繁华世界的隔绝，日日以圣贤自期，正如佛教所谓的"独一静处，专精思惟，不放逸住"，③是证果的大好机缘。王守仁制一石墩，日日端居澄默，"忽中夜大悟格物致知之旨，寤寐中若有人语之者，不觉呼跃，从者皆惊。始知圣人之道，吾性自足，向之求理于事物者误也。乃以默记《五经》之言证之，莫不吻合，因著《五经臆说》。"王守仁自创的"格物致知"的理论体系，至此终于基本完成，这也就是为后世学者津津乐道的"龙场顿悟"。不少学者都主张"龙场顿悟"与孟子学说的内在关联性，如牟宗三称："王阳明于三十七岁时在贵州龙场驿悟良知。……不管其悟良知之主观机缘为如何，其学之义理系统客观地说乃

---

① 过庭训：《本朝分省人物考》卷五十，明天启刻本。

② 《年谱》，《王阳明全集》，上海：上海古籍出版社，2011年，第1354页。

③ 《杂阿含经》中，此等语句比比皆是。盖凡比丘修行证得阿罗汉果者，皆需此一段功夫。

属于孟子学者无疑。"①实际上,这种端居悟道的模式,很显然与孔子"好古,敏以求之"、孟子"善养吾浩然之气"的成圣模式不同,而是一种禅宗顿悟式的直接证得。悟道的内容,"圣人之道,吾性自足",也与佛教的"如来藏"思想以及禅宗六祖慧能的证悟偈子②如出一辙,而与孟子所谓的良知差别甚大。笔者还可以举出更多的证据,来证明自己的这一观点。鉴于阳明心学与佛教的关系,是一个错综复杂、众说纷纭的问题,笔者将在下文另辟单章加以论述。

"龙场顿悟"之后,王守仁的心学体系大厦已经被搭建起来,学问之宗旨也自此确立。究其缘由,在于王守仁身上凝聚着几种不同的性格:一方面,是积极入仕,报国安民、建功立业的世俗渴望;一方面,是看淡名利,超然世外,修佛学道的旷达洒脱;一方面,是倾心儒家,欲与孔孟并肩齐驱,开创教派的宗主情结。以上三种倾向,在中国传统的士大夫阶层中并不罕见,但基本都择一而主,其余则流于表面,未曾深入。王守仁的建功立业,是不计个人私利名节、安危存亡的仗义而行,所以他才有胆气指斥刘瑾为"权奸",为他人挺身而出;王守仁的修佛学道,是"自幼笃志二氏,自谓既有所得"③的着实用功,而并非像大多数的传统士大夫一样,仅是在政事冗杂之余,暂时抛却琐事,赴山林问道、礼佛的"躲清静";王守仁创教的宗主情结,是他自小树立、毕生孜孜以求的志向,其最终目的就是为天下人指出一条成圣的可行之道。最为难能可贵的是,王守仁开创了一套圆融的哲学体系,将这三种看似矛盾的倾向完美兼容到了一起,这也正是阳明心学的奇特魅力之所在。

---

① 牟宗三:《从陆象山到刘蕺山》,长春:吉林出版集团,2010 年,第 137 页。

② 《六祖坛经》:"至'应无所住而生其心',慧能言下大悟,一切万法,不离自性。遂启祖言:'何期自性,本自清净;何期自性,本不生灭;何期自性,本自具足;何期自性,本无动摇;何期自性,能生万法。'"

③ 王守仁:《传习录》,《王阳明全集》,上海:上海古籍出版社,2011 年,第 42 页。

在王守仁的眼中,朱熹的东西太过支离,纵然累积了一堆外物的知识、道理,但物理与内心"判而为二",终难凑合无碍,所以他调整了朱熹对"格物致知"的诠释。王守仁认为"夫物理不外于吾心,外吾心而求物理,无物理矣",而训"格"为"正也。正其不正,以归于正也",解"致知"为"即心之良知更无障碍,得以充塞流行,便是致其知。"①这样一来,朱子学说中的"向外格物以向内致知",就变成了王守仁所谓的"正心以归于正,让心之良知充塞流行"。具体言之,若心之良知欲报国安民,自然可以积极入仕,建功立业;若心之良知认为名利出处有碍,自然能超然世外,从僧道而游;若心之良知欲教化百姓,启发时人,自然应该开宗立派,传播己说。一切行立坐卧,皆从心之良知而行,动亦静,静亦动,即便洒扫应对,抑或是捐躯沙场,都能概"不动心",不减贤圣本色。若有邪念障碍良知,则立时"格"去,"减得一分人欲,便是复得一分天理。"②王守仁的为学法门简易直截,"使人言下即得入手",③黄宗羲谓"作圣之功……至文成而始大",④诚哉斯言。

我们可以比较确定的说,王守仁的理论体系自"龙场悟道"以后,虽然内容还有所细化,但再无任何根本性的改变。然而,一种理论的成功形成,与它的成功传播,是两个完全不同的课题。面对不同根基、不同个性、不同天赋的学生,要如何将自己的心学体系灌输给他们,让他们自觉地依法修行,王守仁仍然需要逐步的探索。因为找不到比较好的教法,而导致学生白耗时光,甚至误入歧途的情况,历史

① 王守仁:《传习录》,《王阳明全集》,上海:上海古籍出版社,2011年,第7页。
② 王守仁:《传习录》,《王阳明全集》,上海:上海古籍出版社,2011年,第32页。
③ 王守仁:《传习录》,《王阳明全集》,上海:上海古籍出版社,2011年,第45页。
④ 黄宗羲著,沈芝盈点校:《明儒学案》,北京:中华书局,1985年,第80页。

上并不少见,就连释迦牟尼在教授比丘修行不净观的时候,也曾出现了比丘因之集体自杀的情形。① 从这个意义上说,王守仁不断变换教法,企图找到最合适的教人宗旨,也就顺理成章了。

王门的大弟子钱德洪,认为王守仁教人宗旨有三变:"居贵阳时,首与学者为'知行合一'之说;自滁阳后,多教学者静坐;江右以来,始单提'致良知'三字,直指本体,令学者言下有悟:是教亦三变也。"②钱德洪的说法流行甚广,但实际上并不准确。首先,"知行合一"并非是一时的教法,而是贯穿阳明心学始终的核心宗旨;其次,有不少学者认为,静坐只是入门功夫,算不上一种教法,如陈来就主张,"教人静坐实际上从来不具有教之一变的意义。……静坐教法根本不构成一个阶段。"③但毋庸置疑的是,王守仁确曾教弟子静坐,以求"收放心"之效,但很快就发现了它的副作用:"若靠那宁静,不惟渐有喜静厌动之弊,中间许多病痛只是潜伏在,终不能绝去,遇事依旧滋长。"④此外,王守仁还尝试过"引接学者多就高明一路,以救时弊",但很快发现这种教法也行不通,"学者渐有流入空虚,为脱落新奇之论,吾已悔之矣。"王守仁不断摸索的结果,是"吾讲学亦尝误人,今较来较去,只是'致良知'三字无病。"⑤可见,将心学教法最终确立为"致良知"三个字,这是王守仁自己给出的答案。

"致良知",看似只比《大学》的"致知"多了一个"良"字,但引发的却是翻天覆地的变化。据王守仁自称:"吾'良知'二字,自龙场已后,

①　《杂阿含经》(八〇九),《大正藏》第 2 册。

②　钱德洪:《刻文录叙说》,《王阳明全集》,上海:上海古籍出版社,2011年,第 1746 页。

③　陈来:《有无之境:王阳明哲学的精神》,北京:三联书店,2009 年,第 369 页。

④　王守仁:《传习录》,《王阳明全集》,上海:上海古籍出版社,2011 年,第 15~16 页。

⑤　《年谱》附录一,《王阳明全集》,上海:上海古籍出版社,2011 年,第 1482 页。

便已不出此意,只是点此二字不出,于学者言,费却多少辞说。……某于'良知'之说,从百死千难中得来,非是容易见得到此。此本是学者究竟话头。"①为何王守仁认为良知是究竟话头?笔者相信,这与"良知说"的核心意义有关。究其根本,王守仁所谓良知共有三层意义:其一是天赋性,人人生来皆有,不会遗失,也不会变质。其二是判别性,此良知合于天理,是善与恶最好的衡量标准,别无更胜者。其三是具足性,世间一切物理天则、圣人之道,吾性自足,既不需要也不可以外求。这三层性质,是良知说的核心,是阳明心学的精、气、神,也是它区别于"知"的关键所在。于"良知"上添一"致"字,则昭示"良知"虽"良",虽然人人皆有、不会遗失,但一样会被私欲、邪念所障碍,不能自然流行,需要人为加以格致之功,以复其本来面目。本体论和功夫论,对一种成熟的作圣理论而言,如同鸟之双翼,车之双轮,缺一则彳亍难行。概言之,从"龙场悟道"到提出"致良知",中间经历了一段比较长的时间,王守仁也实现了从一名优秀学者到一名伟大教育家的转变。

阳明心学诞生以后,迅速传播开来,产生了巨大的影响力。它绝不仅仅是在哲学史上增添了一门新的学说,更直接波及到明代的文坛、政坛、艺术、经济的各个层面。从某种程度上而言,它甚至决定了明王朝的最终命运。《明儒学案》在"姚江学案"以下,罗列"浙中王门"五卷、"江右王门"九卷、"南中王门"三卷、"楚中王门"一卷、"北方王门"一卷、"粤闽王门"一卷,其中凡有小传者大部分都是进士出身,六部以内高官(如徐阶官至首辅,黄绾、顾应祥、欧阳德官至尚书,黄宗明、程文德、王宗沐、杨东明官至侍郎)也不在少数,几乎各省、府、州、县都能发现阳明门人为官、讲学的身影。由阳明心学而直接催生出的"泰州学派",更将王守仁的学说传播到儒林以外的人群,从贩夫

---

① 钱德洪:《刻文录叙说》,《王阳明全集》,上海:上海古籍出版社,2011年,第1747页。

走卒到乞丐囚徒,无人不晓得"良知"二字。阳明心学掀起有明一代思想之大波澜,其余波所及,甚至步出国门,直接影响到了邻国日本、朝鲜的历史进程。

"王文成公为明第一流人物,立德、立功、立言,皆居绝顶。"①王守仁所创立的阳明心学包含着丰富的生命体验,体现着个体意识的觉醒,是古代圣贤智慧的结晶。阳明心学具有旺盛的生命力,它所倡导的价值尺度,对今天的中国现实仍有重要的借鉴意义,也因此一直都是当代学者研究之热点。孔子所谓"民到如今受其赐",王守仁差可当之。

二、阳明家庭事项考辨
——兼与钱明先生商榷

关于王阳明的家庭状况,傅振照、诸焕灿、陈来、王诗棠等若干学者都曾先后进行过探究,其中尤以钱明先生用力颇多,不但寻访王学史迹、王氏后人,还曾汇编阳明全集、搜罗未刊佚文,成果丰硕,沾溉后学已非一日。笔者因研究需要,对阳明心学的诸类原始文献加以研读,却深感钱明先生对于阳明家庭事项误读、误断处甚多,故不揣冒昧,率尔书出,以就教于诸位方家。

(一)迁居山阴考辨

王阳明的先祖前后在山阴、余姚定居者皆有若干代。王阳明随父亲王华出生于余姚,后来又曾长期在山阴居住讲学,其伯爵府也最终选址营建于山阴,故而王阳明与余姚、山阴的关系就成了当代学者热衷探讨的问题。其幕后的推动力,恐怕不仅是阳明心学研究日益深入的结果,还包含了许多学术领域之外的旅游经济、城市形象等方

---

①　王士禛:《池北偶谈》卷九《王文成》,文渊阁四库全书本。

面的复杂因素。关于王阳明一家究竟于何时徙居山阴,也就随之成了争论最多的焦点话题,钱明甚至称之为"牵扯到阳明学之发端的重大学理问题",①并先后撰写《王阳明史迹论考》、《王阳明迁居山阴辨考——兼论阳明学之发端》等论文,对此问题进行辨析,最终得出了他自己的结论。钱明在前篇中声称:"笔者的推测是,成化十七年(按,钱明于括号内标 1484 年,误,应为 1481 年),王华'自布衣魁天下'(《石龙集》卷二十四《祭实翁先生文》),遂退还莫氏住宅,举家北迁,在交通十分便利的越城兴建新居。此时阳明刚满十岁,便随父迁居山阴。"②在后篇的提要部分宣称:"王阳明与余姚、绍兴的关系多年来一直是经常引起两地学者争论的问题。历史的实相应该是:阳明十岁就随父迁居山阴……从某种意义上说,绍兴的地域文化对阳明学派的形成与发展具有更直接的催化作用。"③钱明的文章刊出后,影响甚广,以至于余樟华的《王学编年》在"宪宗成化十七年辛丑 1481 年"条下,就标称"王阳明十岁,随父由余姚迁居山阴",并直接引用了钱明的后一段文字作为依据。④ 而实际上,钱明的这个结论并不可靠,其论证过程也有颇多可以商榷的地方。(按,尽管钱明在两篇论文中的语气发生了明显变化,从"推测"变成了"历史的实相",但核心部分的考证文字基本雷同,故本文中所摘引文字皆以后者为准。)

应当指出,"成化十七年迁居山阴说"并非钱明首创,这点他也是坦然承认的。钱明在文中列举了前人的三种说法:一为傅振照、王诗

---

① 钱明:《王阳明迁居山阴辨考——兼论阳明学之发端》,《浙江学刊》2005 年第 1 期,第 92 页。

② 钱明:《王阳明史迹论考》,《国学研究》第十一卷,北京:北京大学出版社,2003 年,第 59 页。

③ 钱明:《阳明迁居山阴辨考——兼论阳明学之发端》,《浙江学刊》2005 年第 1 期,第 91 页。

④ 余樟华《王学编年》,长春:吉林大学出版社,2010 年,第 15~16 页。

棠的成化十七年(1481年)说；二为诸焕灿的正德十六年(1521年)说；三为陈来的弘治十二年(1499年)或弘治十六年(1503年)说。钱明认为"傅、王二先生都未提出其他有力证据来充分证明"，"诸焕灿先生之说明显有误"，"陈来先生的推论虽有个别论据之支持……但论据略显单薄，甚至有个别误读之处"。① 因此，钱明在文中针对诸焕灿先生正德十六年说的论据进行了逐条批驳，并在论证过程中顺带提出了自己支持成化十七年说的证据。钱明所提论据看似很多，但绝大多数为批评诸先生所认定时间之不确，真正支撑起自己"成化十七年迁居说"的关键论据，实仅钱德洪《后瑞云楼记》一条：

> 瑞云楼者，吾师阳明先生降辰之地也。楼居余姚龙山之北麓，海日公微时，尝僦诸莫氏以居其父竹轩公与母太夫人岑。……及先生贵，乡人指其楼曰"瑞云楼"。他日公既得第，先子复僦诸莫氏居焉。弘治丙辰，某亦生于此楼。及某登进士，楼遂属诸先子。②

文中"海日公"指王阳明之父王华，"竹轩公"为王华之父、王阳明之祖父王伦，"先子"指钱德洪之父钱蒙，而"他日公既得第"，则谓王华于成化十七年中状元之事。钱明据此认定：

> 从瑞云楼租赁人及所有人的变换中，我们更清楚地看到，王华登第前后即举家迁居山阴的推断恐怕最贴近史实。这即使从《阳明年谱》弘治二年(1489年)至弘治十年(1497年)条的记载中也能窥见一斑：弘治二年十二月，阳明"夫人诸氏归余姚"(按：应理解为洪都婚后回娘家省亲)；"明年龙山公以外艰归姚"(按：应理解为王华因父死而回姚奔丧)，命阳明与四位叔姨"讲析经义"；五年阳明"在越"(按：应理解为在越城里第)；明年春"归余姚，结诗社龙泉山寺"；十年"寓京师"。因当时越城已是阳明的

---

① 钱明：《王阳明迁居山阴辨考——兼论阳明学之发端》，《浙江学刊》2005年第1期，第92页。

② 《余姚县志》卷十四《古迹》，光绪二十五年(1899年)本，第14～15页。

居处,故用"在";而余姚是阳明的故乡,故用"归"。笔者认为,这就是何故《年谱》凡说姚者皆用"归",而凡涉越者皆用"在"的原因之所在。据上所述,我们可作出以下推定:成化十七年,王华"自布衣魁天下",遂退还莫氏住宅,举家北迁,在交通十分便利的越城购楼居十数间。此时阳明刚满十岁,便随父迁居山阴。①

钱明论文中的这段核心考证,不但对所据文献之原文进行了过度阐述,其中逻辑有误之处亦不在少数。据《阳明年谱》:"先生讳守仁,字伯安,姓王氏。其先出晋光禄大夫览之裔,本琅琊人,至曾孙右将军义之,徙居山阴;又二十三世迪功郎寿,自达溪徙余姚;今遂为余姚人。……父讳华,字听辉,别号实庵,晚称海日翁,尝读书龙泉山中,又称龙山公。成化辛丑,赐进士及第第一人,仕至南京吏部尚书,进封新建伯。龙山公常思山阴山水佳丽,又为先世故居,复自姚徙越城之光相坊居之。"②则阳明一家迁居山阴,实为王华之意,其缘由为王华"常思山阴山水佳丽,又为先世故居"。今考王家几代贫困,自王伦之父去世时,"环堵萧然,所遗惟书史数箧",王伦又"居贫,躬授徒以养母。母性素严重,而于外家诸孤弟妹,怜爱甚切至。先生每先意承志,解衣推食,惟恐弗及;而于妻孥之寒馁,弗遑恤焉"。③ 王伦又有"弟粲幼孤,为母所钟爱",也需要他一力抚养(按,直到王华官翰林后,这种抚养也未中断,王伦还是将王华所给的赡养费分一半与弟王粲)。④ 可想而知,这种家贫的状况,到王华出生,继而成年娶妻,仍然会一直维持不变,甚至随着家口变多会有每下愈况的情形。因家

---

① 钱明:《王阳明迁居山阴辨考——兼论阳明学之发端》,《浙江学刊》2005 年第 1 期,第 95 页。

② 吴光、钱明、董平、姚延福编校:《王阳明全集》,上海:上海古籍出版社,2011 年,第 1345 页。

③ 吴光、钱明、董平、姚延福编校:《王阳明全集》,上海:上海古籍出版社,2011 年,第 1530 页。

④ 吴光、钱明、董平、姚延福编校:《王阳明全集》,上海:上海古籍出版社,2011 年,第 1530 页。

居简陋,成亲后不便侍奉父亲、祖母,故王华才不得不租借莫氏的瑞云楼"以居其父竹轩公与母太夫人岑"。贸然认定在王华刚中第的当年,王家即有财力在"越城购楼居十数间",进而举家迁居,未免太过粗率。况且,王华因中状元被选为翰林院修撰,照例要三年后始能散馆,所以才有《阳明年谱》所载成化十八年"龙山公迎养竹轩翁,因携先生如京师"之举。① 若成化十七年之说成立,则王华非但擅离翰林院职守,有资财购豪宅于山阴,举家搬迁后,却又购宅不居,返回京师,并于次年迎养其父王伦及其子王阳明于京师,未免太过与事理相悖。

钱明既已站在了"成化十七年迁居说"的立场上,故不得不对《阳明年谱》中与此有所违背的记载进行扭曲,从而对"夫人诸氏归余姚"、"明年龙山公以外艰归姚"的理解也出现了偏差。弘治元年(1488年),王阳明于岳父江西布政司参议诸养和处成亲,并于次年年底携夫人诸氏自南昌返归余姚,《阳明年谱》所载甚明确。钱明认为"应理解为洪都婚后回娘家省亲",恐未得其理。诸养和虽然与王阳明同为余姚人,但他此时居于南昌府衙,阳明与其女成亲于南昌,岳母例无不在之理。诸氏次年返余姚,是婚后与阳明一起返夫家(按,阳明祖父王伦此时病重在床,不久后去世。笔者认为,不能排除阳明选择此时携妻返家兼有探视病情之意),又岂是回娘家省亲?钱明既认为此时王家已徙居山阴,不在余姚,故不得不为此怪论。将"明年龙山公以外艰归姚"理解为"王华因父死而返回故居奔丧",其荒谬之处与此正同。王伦病重,时在京师的王华已然得讯,虽值迁官之时,却闭门不应。《海日先生行状》记载此事甚详:

> 己酉,秩满九载,当迁。闻竹轩疾,即移病不出。当道使人来趣,亲友亦交劝之且出迁官,若凶闻果至,不出未晚也。先生

---

① 吴光、钱明、董平、姚延福编校:《王阳明全集》,上海:上海古籍出版社,2011年,第1346页。

曰："亲有疾，已不能匍匐归侍汤药，又逐逐奔走为迁官之图，须家信至，幸而无恙，出岂晚乎？"竟不出。庚戌正月下旬，竹轩之讣始至，号恸屡绝。即日南奔，葬竹轩于穴湖山，遂庐墓下。①

可知《阳明年谱》所谓"龙山公以外艰归姚"，实为王华自京师返余姚家中经营父亲的丧事，并非自绍兴新宅返旧址奔丧。若此时王家果已迁居绍兴，则当作"龙山公以外艰归越"，在余姚诸位王华兄弟当赴越奔丧，而非反之。钱明至谓"因当时越城已是阳明的居处，故用'在'；而余姚是阳明的故乡，故用'归'。笔者认为，这就是何故《年谱》凡说姚者皆用'归'，而凡涉越者皆用'在'的原因之所在"，逻辑亦不通。《阳明年谱》中用"在"者不知凡几，"在京师"、"在贵阳"、"在吉"、"在赣"云云，比目皆是，岂得皆援此为据？且钱明搜考之未详，《阳明年谱》中用"归越"处凡两见，是以子之矛、攻子之盾矣。

笔者认为，王华举家迁居山阴，当在其致仕之后。以年份论，约在正德五年（1510 年）前后。理由如下：

首先，如前所述，王家曾几代贫困，自王华中状元后，家境始逐渐好转。王华官居翰林修撰时，迎养父亲王伦并其子阳明，自成化十八年至二十二年皆寓居京师。此时余姚之家人始有能力改善处境、扩建居所，退租瑞云楼。此后王华翰林期满散馆，任弥封官，三年后充会试同考官。弘治改元，王华与修宪宗实录，充经筵官。次年，王华秩满九载，因闻父病重，遂闭门不出，至弘治三年正月下旬闻父丧之讣，返归余姚家中结庐守孝三年。此前王华皆寓居京师，固无因"思山阴山水佳丽，又为先世故居，复自姚徙越城之光相坊"之事。服阕后，升右春坊右谕德，充经筵讲官，此后一路宦海沉浮，多不离京师左右。王华既无闲暇纵情山水，更无法擅离职守，营建新居，乃至举家搬迁山阴。至武宗正德改元，刘瑾弄权，王华因触怒刘瑾，于正德二

---

① 吴光、钱明、董平、姚延福编校：《王阳明全集》，上海：上海古籍出版社，2011 年，第 1548 页。

年迁南京吏部尚书,旋被勒令致仕。据《海日先生行状》:"先生既归,即息意邱园,或时与田夫野老同游共谈笑,萧然形迹之外。人有劝之,宜且闭门养威重者。先生笑曰:'汝岂欲我更求作好官邪?'……尝构楼居十数楹,甫成而火,赀积为之一荡。亲友来救焚者,先生皆一一从容款接,谈笑衍衍如平时,略不见有仓遽之色。"[1]据此,则王华游赏山水当在其致仕之后,"构楼居十数楹"亦在此时(按,钱明断章取义,将此购楼之事移至成化十七年)。日本九州岛大学所藏王阳明正德七年《上大人书一》拓片云:"杭州差人至,备询大人起居游览之乐,不胜喜慰。……伏惟大人年近古稀,期功之制,礼所不逮,自宜安闲愉怿,放意林泉,木斋雪湖词老,时往一访;稽山鉴湖诸处,将出一游;洗脱世垢,摄养天和;上以增祖母之寿,下以垂子孙之□庆。"[2]拓片所载,与《海日先生行状》事迹相符,可知王华致仕之后的确放意林泉,其"思山阴山水佳丽,又为先世故居,复自姚徙越城之光相坊"之事,固当在此前后。明代过庭训《本朝分省人物考》卷四十九有王华小传,称"正德初,逆瑾专政,……寻传旨令致仕。晚思山阴为先世故居,又自姚徙越城光相坊居焉",[3]可为确证。

其次,现存王阳明的书信中,明确提到了余姚析产之事。国家博物馆所藏正德六年(1511 年)五月三日王阳明《寓都下上大人书》云:"男迩来精神气血殊耗弱,背脊骨作疼已四五年,近日益盛。欲归之计,非独时事足虑,兼亦身体可忧也。闻欲起后楼,未免太劳心力,如木植不便,只盖平屋亦可。余姚分析事,不审如何?毕竟分析为保全

---

① 吴光、钱明、董平、姚延福编校:《王阳明全集》,上海:上海古籍出版社,2011 年,第 1553 页。

② 吴光、钱明、董平、姚延福编校:《王阳明全集》,上海:上海古籍出版社,2011 年,第 1332 页。

③ 过庭训:《本朝分省人物考》卷四十九,《续修四库全书》第 534 册史部传记类,上海:上海古籍出版社,2002 年,第 337 页。

之谋耳。"①正德七年（1512 年）《上大人书一》拓片云："闻余姚居址
亦已分析各人管理,不致荒废,此亦了当一事。"②因王华自余姚徙居
光相坊,原余姚居址产业随之分析族内叔伯兄弟管理。按,王阳明于
正德六年五月在京师闻得余姚析产事,则王华徙居光相坊当在此前
不久。考虑到营建新居及书信来往都会有所延时,将王华举家迁居
山阴的时间划在正德五年（1510 年）前后,是颇为合适的。此时王阳
明因"时事足虑"、"身体可忧",早有欲归之意,王华因之"欲起后楼",
则越城新居的后期营建已接近收尾之时。钱明误读《上大人书一》的
这段文字,称其"说明阳明随父迁居绍兴的时间很早,以至到正德六
年,已出现余姚居所荒废的迹象,不得已才分别由居姚诸叔伯兄弟代
为管理。"③实际上阳明原文的"不致荒废",指此时分配"了当",故而
未来不会出现荒废状况。钱明似将"不致荒废"误认为"不再荒废",
又加以反推,故而愈推愈错。

还应该强调一点的是,王阳明并非如钱明所说,是随父王华迁居
山阴。恰恰相反,弘治十五年（1502 年）,王阳明就一度在山阴筑阳
明洞,修道家导引之术,事在王华徙居山阴之前。此时的阳明"思离
世远去,惟祖母岑与龙山公在念,因循未决",故此"渐悟仙、释二氏之
非",决意向儒。④ 阳明洞对于王阳明有极为特别的意义,这不仅是
他人生的转折点,也是他后来讲学的主要场所之一。直到阳明晚年,
他还对阳明洞念念不忘,发出了"纵未能遂归田之愿,亦必得一还阳

① 钱明主编:《阳明学新探》,杭州:中国美术学院出版社,2002 年,第 289
页。

② 吴光、钱明、董平、姚延福编校:《王阳明全集》,上海:上海古籍出版社,
2011 年,第 1333 页。

③ 钱明:《王阳明迁居山阴辨考——兼论阳明学之发端》,《浙江学刊》
2005 年第 1 期,第 94 页。

④ 吴光、钱明、董平、姚延福编校:《王阳明全集》,上海:上海古籍出版社,
2011 年,第 1351 页。

明洞,与诸友一面而别"的感慨。① 王华对于其子的这种志向显然是清楚的,正德七年秋他与门人陆深游南镇诸山,休于阳明洞天之下,就曾执陆深手命之曰:"此吾儿之志也。大业日远,子必勉之。"②联系前文所述正德六年《寓都下上大人书》中的文字,可知"吾儿之志"指阳明此时早有辞官归隐、终老阳明洞之念头。王华选在正德五年前后举家迁徙山阴,或亦有成全其子苦心的一层考虑。

(二)兄弟排行考

薛侃《同门轮年抚孤题单》:"先师阳明先生同祖兄弟五人:伯父之子曰守义、守智,叔父之子曰守礼、守信、守恭。同父兄弟四人:长为先师,次守俭、守文、守章。"③钱明认为:"薛侃此文是为处理阳明过世后如何'保孤安寡'之事宜而撰,所以显然不会包括阳明已故的同祖兄弟。后世凡治王学者,对此文未及深究,遂以薛侃'同祖兄弟五人'说为定论,从而使有些问题变得扑朔迷离起来。比如应如何解释阳明书中称呼'九弟、十弟'或'余姚八弟'等现象?又应如何解释古人取名一般有规律可寻,然阳明同祖、同父兄弟之名却只有'仁、义、礼、智、信、恭、俭、文、章'九字,而明显违背儒家道德标准之整体性的问题?"④既然钱明发现了问题,当然要加以解决。他的解决之道,就是表态"完全同意王诗棠关于'守'字辈氏名的排位顺序可能是按照'仁、义、礼、智、信、温、良、恭、俭、让、文、章'这十二字排列的推

---

① 吴光、钱明、董平、姚延福编校:《王阳明全集》,上海:上海古籍出版社,2011年,第1462页。

② 吴光、钱明、董平、姚延福编校:《王阳明全集》,上海:上海古籍出版社,2011年,第1554页。

③ 吴光、钱明、董平、姚延福编校:《王阳明全集》,上海:上海古籍出版社,2011年,第1649页。

④ 钱明:《王阳明史迹论考》,《国学研究》第十一卷,北京:北京大学出版社2003年,第60页。

断",并做了若干条"更正和说明"。① 对于平白多出来的守温、守良、守让,钱明推断他们的排位分别是第六、第七和第十,且守温应属阳明伯父王荣之子,而薛侃之所以不记载他们的名字,"也许因为他(她)们当时已是身故之人,故被薛侃忽略,实属正常","另一种可能,就是未见文献记载的守良和守让是两位女性。阳明殁后的家庭'内政',已出嫁的妹妹们自然无权过问"。② 如此这般,钱明不但替三位文献所不载的阳明兄弟(姐妹)安排好了归宿,而且连阳明的七妹、徐爱妻子的名姓都考证出来了——她就是十二字中排行第七的王守良。

王诗棠曾经根据阳明信中文字猜测,阳明十弟应是守文,但缺少实际的证据,而笔者已找到了切实的证据来支持王诗棠的这一论断。徐爱去世后,王阳明曾使王守文代为祭奠,其祭文收在《衡山遗集》《附录》中:"维正德十二年七月十五日,寓赣州左佥都御使王守仁,使十弟守文,具清酌之奠,哭告于都水司郎中妹婿徐曰仁之柩曰……"③由此可知,守文排行第十为确定无疑之事。既然"文"字排行第十,则十二字排行说不证自伪。当初钱明为了应对王诗棠的这种猜测,曾提出了两种推论,对自己的说法进行修正:一是调整王守良的性别,认为他不再是阳明的七妹,而应是阳明早逝的七弟;二是认为女子均不在兄弟排位之列,阳明所称的"七妹"只是姊妹中的排行第七,名叫王守让(按,其说肇始于王诗棠),故阳明跳过她直接称呼守文为十弟。钱明的两点推论,看似顺理解决了"十弟守文"的矛盾,实际上因为死抱着十二字排行说不放,只能制造出更大的悖论:王阳明所称的"八弟、九弟、十弟",钱明认定是同祖兄弟中排行,则"七妹"

---

① 钱明:《王阳明史迹论考》,《国学研究》第十一卷,北京:北京大学出版社,2003 年,第 60~61 页。

② 钱明:《王阳明史迹论考》,《国学研究》第十一卷,北京:北京大学出版社,2003 年,第 61 页。

③ 钱明编校整理:《徐爱 钱德洪 董沄集》,南京:凤凰出版社,2007 年,第 97 页。

当与此同理。即便阳明之七妹、徐爱之妻真的名为王守让，从而为"十弟守文"顺利腾出位置，但七妹既然在同祖姊妹中排行第七，其六个姐姐又当各为何名？排在十二字中的何处？

笔者认为，实际上问题原本很简单，甚至根本都算不上问题。阳明所谓"八弟、九弟、十弟"云云，指的是整个余姚家族兄弟中的排名，其中不但包括了同祖的兄弟，也包含了从祖祖父（王伦的弟弟王粲）一支的兄弟。"七妹"的排行，与此同理。古人习惯将同族子、女区别开，各自排列顺序，不会出现女儿夹在儿子之间排行的做法。如晚唐的"三十六体"，就是因为段成式、李商隐、温庭筠三人在家族中均排行十六而得名。何况从常理上推断，每次生育性别为男、女的几率各占一半，出现同祖兄弟十一人（占据十二字排行的前九字和第十一、十二字），而只有一名同祖妹妹（占据十二字排行的第十字）的机会也微乎其微。

将"八弟、九弟、十弟"理解为在整个余姚家族兄弟中的排名，不但符合古人的排行习惯，也同时解释清楚了族内"守第、守身、守度、守悌、守城"等其他守字辈兄弟的名字。又，阳明在《与诸弟书》中提到"廿一叔书一封"，[①]在给胤子正宪的信中提到"廿二叔忠信好学"，[②]此类称呼甚多。按此，可知"廿一叔"、"廿二叔"与"余姚八弟"相类，皆为其父辈同族兄弟之排行。"十二字排行说"非但与事实不符，数量恐怕也会很不够用。守温、守良、守让云云，即使真的碰巧存在这几个名字，也应当是同族兄弟的姓名，且其中不可能有女性。阳明之七妹名为"王守良"或"王守让"云云，纯系一厢情愿。而之所以阳明同族兄弟的名字没有出现在薛侃的《同门轮年抚孤题单》中，正是由于前文所述，在王华徙居山阴之时，余姚旧址已析分田产，非同

---

① 钱明主编：《阳明学新探》，杭州：中国美术学院出版社，2002 年，第 295 页。

② 吴光、钱明、董平、姚延福编校：《王阳明全集》，上海：上海古籍出版社，2011 年，第 1087 页。

祖兄弟留在了余姚(按,除"余姚八弟"等称呼可左证之外,正德十三年王阳明《与诸弟书》明确提到了"伯叔母在余姚皆纳福,弟辈亦平安"、"归与诸弟相乐有日……俟我于舜江之浒"、"族中诸叔父集诸弟不能尽书,皆可一一道此意"等语,①亦可为证)。他们既没有随之迁徙山阴,血缘关系又很疏远,对于保孤安寡事宜自然无从置喙(按,同祖兄弟亦有后来淡出此事者,如守文等)。

(三)婚姻状况考

关于王阳明的婚姻状况,《王阳明全集》仅提到阳明于十七岁时迎娶夫人诸氏,后因诸氏无所出又在嘉靖四年(1525年)正月去世,阳明遂于此年续娶张氏夫人,次年得子正聪(后改名正亿)。遍索阳明存世文字,其中并无迎娶其他姬妾的记载。而钱明却先后在其著作《儒学正脉——王守仁传》及论文《王家衰落的过程及其成因——王阳明家事辨考》中,提出"至嘉靖四年诸氏去世时,五十四岁的阳明尽管已娶了六房妻妾,其中有姓氏可考的除诸氏外,还有吴氏和陈氏,但都未使阳明生子。嘉靖五年(1526年),已归越调养五年多的阳明在新娶张氏后不久,终于喜得贵子,此即后来的王正亿。然在阳明的几房妻妾中,张氏属晚辈且为小妾,更无显赫的家庭背景,故王艮等人遂建议立年龄最长的吴氏为主妇,以弥补诸氏去世后王家无主妇的尴尬无序局面。然此建议却被阳明以'德性未定,未可轻立'为由而拒之,后虽经王艮等人'请至再三,先师不以为然'。阳明殁后,其弟子们又'不究先师渊微之意、远虑之道,轻立吴夫人以为诸母之主。'"②钱明先生的这一论断可谓石破天惊,假如所述为真,则阳明非但别有姬妾,而且实不在少数,对于研究其婚姻状况极具价值。

---

① 钱明主编:《阳明学新探》,杭州:中国美术学院出版社,2002年,第294~295页。

② 钱明:《王家衰落的过程及其成因——王阳明家事辨考》,《浙江学刊》2007年第6期,第68~69页。

遗憾的是,钱明的这一结论也是出于误读文献,且误读之处五花八门,远非一点。

误读之一:张氏为小妾

《阳明年谱》谓张氏为"继室",历来无异说。阳明殁后,黄宗明作《处分家务题册》,背景为"因送先生葬回,太夫人及亲疏宗族子弟四方门人俱在,将先生一应所遗家务逐一禀请太夫人与众人从长计处,分析区画",其中也明确称"嘉靖丙戌,继室张氏生子名正聪"。① 可见张氏为阳明继室,是毋庸置疑的事实。继室指元配死后续娶的妻子,多为明媒正娶,间亦有由妾室扶正者。无论为何种情况,继室都与妾室不同,身份为妻不为妾。更可况张氏既为新娶,则由妾扶正的可能性实际上并不存在。万历杨博《会议复爵疏》中云:"今据浙江布政使司咨呈据绍兴府申据余姚县申,内开勘据该图里邻吕本隆等结,称王正亿见年四十三岁,原系南京兵部尚书都察院左都御史新建伯王守仁继妻张氏于嘉靖五年十二月十二日所生嫡长亲男,……案呈到部,看得浙江布政使司查勘过见在锦衣卫副千户王正亿委系新建伯王守仁嫡长亲男,并无违碍。"② 则张氏为继妻,正亿为嫡长子,皆凿凿自明。钱明显然误读"继室"为"侧室",这才得出了"张氏属晚辈且为小妾"的错误结论。

误读之二:阳明有六房妻妾

抛开被钱明误认为妾的张氏不计,钱明声称阳明五十四岁时"已娶了六房妻妾",这也是一桩冤枉官司。钱明的论断依据,来自于王艮《与薛中离》一文:

> 故向尝请先师立夫人以为众妇之主,师曰:"德性未定,未可轻立。"请至再三,先师不以为然者,其微意有所在也。正恐诸母

① 吴光、钱明、董平、姚延福编校:《王阳明全集》,上海:上海古籍出版社,2011 年,第 1648 页。
② 吴光、钱明、董平、姚延福编校:《王阳明全集》,上海:上海古籍出版社,2011 年,第 1677～1678 页。

生子压于主母而不安,则其子之不安可知矣。我辈不究先师渊微之意、远虑之道,轻立吴夫人以为诸母之主,其性刚无容,使正亿之母处于危险之地,无由自安。母固如此,亿弟又何以安哉?遂使亿弟陷于五夫人之手。当时太夫人、伯显因汪白泉惩戒之后,誓不入先师门内。……后陈、吴二夫人送归,各得其所矣。其后吴夫人只可还归原职,盖三从之道,姑叔门人不与焉。①

钱明先认定吴氏、陈氏为阳明之妾,再根据"五夫人"逆推,加上正妻诸氏,也就有了"六房妻妾"的结论。遗憾的是,这个关键的"五夫人"恰恰靠不住,乃是"丑夫人"的文字讹误。钱明所依据之版本,为江苏教育出版社 2001 年所整理的《王心斋全集》本,其底本为宣统二年(1910 年)袁承业所编《明儒王心斋先生遗集》本(以下简称"袁本")。袁本为据嘉庆《淮南王氏三贤全书》本(以下简称"嘉庆本")而重新编辑排序而成,而嘉庆本则是在万历耿定力、丁宾《重镌心斋王先生全集》(以下简称"重镌本")的基础上,又增多王一庵、王东崖两人的集子合刻而成。重镌本实为今整理本之最终源头,故重镌本误作"五夫人",则此系列诸本皆相沿以误。

今考重镌本封面有"镌心斋王先生全集"、"万历丙午冬南京兵部右侍郎耿、操江都御使丁重梓"字样,单鱼尾之上题"心斋王先生全集",而其卷一末尾附有"谋梓遗集尺牍",对于本集的刊刻过程有详细反映,且附有历次刊刻王艮遗集的版本、板藏地、参与刻录者姓名。② 据此可考知,在"五刻今集"(按,指重镌本)之前,按时间先后顺序排列,已有初刻谱录、刻粹语、初刻遗录于江浦、继刻(遗录)于义阳书院、重刻年谱语录、三刻遗录、四刻谱录总共七次刊刻王艮遗作的活动。《续修四库全书》曾影印出版《重刻心斋王先生语录》(以下简称"续修四库本"),题为"据明刻本影印"。经笔者考证,续修四库

---

① 王艮:《王心斋全集》,南京:江苏教育出版社,2001 年,第 60 页。
② 王艮:《重镌心斋王先生全集》,明万历三十四年(1606 年)耿定力、丁宾刊本,北京大学图书馆藏。

本实即为上述之"重刻年谱语录"本。续修四库本卷首有序,序文中称"静不敏,闻言而未悟",卷末署名"隆庆二年己巳岁孟秋之望门人吉永丰□□□□□"。①经与重镌本所附诸本刊刻人名对比,知作序人为聂静,籍贯亦与"吉永丰"相符。笔者查得袁本卷一收有《聂静原序》一篇,袁氏谓"原集(按,指嘉庆本)无斯序,今于王氏族谱中录出",在将其与续修四库本卷首序对比之后,知实为同一篇文字,唯续修四库本之序不全,残去开头一叶两百余字,恰恰这部分残缺文字对于刊刻经过叙述颇详:"先生既殁,斯录乃传,初刻于江浦,继刻于漳南,记忆稍讹,传写或谬,而读者疑焉。今年夏,先生仲子宗顺携先生年谱,过永丰而梓焉。又将语录三复雠校,正讹去谬,与年谱并刻,而是录为完书也。"②文中所谓"斯录""初刻于江浦,继刻于漳南",即前述之"初刻遗录于江浦、继刻于义阳书院",则续修四库本实即为"重刻年谱语录"本,确然无疑。

钱明作为关键证据的那篇《与薛中离》书,即见于续修四库本下卷的"尺牍补遗"中,"五夫人"处正作"丑夫人"。③丑为醜字的俗体字,明清以来常见,《宋元以来俗字谱》亦有收录。续修四库本非但刊刻时间远在重镌本之前,而且是重镌本语录部分的直接源头。另外,语录的前两次刊刻,聂静均为最主要的参订人之一,且在第二次刊刻时"三复雠校,正讹去谬",而遗录却一早就出现了"传写或谬"的状况,可想而知,至第五次重镌本付梓之时,类似的误字现象只怕会更为严重。又,"丑夫人"为确,"五夫人"为讹,还可以从行文语气上判断。前谓吴夫人"性刚无容",迫害正亿母子,则谓"陷于丑(醜)夫人

---

① 参见《重刻心斋王先生语录》卷首序,《续修四库全书》第 938 册子部儒家类,上海:上海古籍出版社,2002 年,第 319～320 页。

② 王艮:《明儒王心斋先生遗集》卷一,清宣统二年(1910 年)袁承业刊本,北京大学图书馆藏。

③ 王艮:《重刻心斋王先生语录》卷下,《续修四库全书》第 938 册子部儒家类,上海:上海古籍出版社,2002 年,第 356 页。

之手"自然顺理成章。若作"五夫人",则前称"吴夫人",后面忽然更换称呼,又无法体现王艮的悔恨愤懑之情,语气不免为之一滞。要之,"五夫人"之说既不成立,则王阳明的六房妻妾自然成了空穴来风。

误读之三:吴氏为阳明之妾

钱明将吴氏、陈氏皆解读为阳明之妾,以凑足无中生有的"五夫人"之数,也颇值得商榷。陈氏数据太少,不详其人,姑且不论。吴氏则显然并非阳明之妾,理由有三:首先,张氏既非钱明所谓的身份卑微的小妾,而是续娶的继室,则吴氏若为阳明小妾,身份相差悬殊,恐极难凌驾于继妻之上。阳明的弟子门人,处处以维护先师幼子为念,更不可能让一个小妾担任众妇之主,这在礼法森严的社会现实下是不可想象的。其次,王艮称吴氏为吴夫人,即使悔恨愤懑,也不过指其为"丑夫人",可知"夫人"一词的确符合吴氏身份。今口"夫人"虽已成为通用称呼,但在当时,小妾例不得尊称"夫人",更何况尊称者为对其不满之人。其三,王艮原文明确提及"吴夫人只可还归原职,盖三从之道,姑叔门人不与焉"。可见吴夫人身份为"姑叔门人"之一,故而没有"夫死从子"的义务和权利,不得名言正顺的赖在阳明家中不走。合此三点,则吴氏的真实身份已呼之欲出,她或者为阳明族内兄弟之妻,或者为阳明族内叔伯之妻。故此,退一步讲,即使较早刻本上的"丑夫人"靠不住,"五夫人"是对的,那也应是族内诸夫人排行第五,而非阳明妻妾中排行。王家是个大家族,田产丰厚,义男众多(按,钱明误将"义男"解为"阳明义子",实际上阳明所谓"义男"为奴仆之别称①),亲友来投靠者不知凡几(按,早在阳明寓京师为官时,即有族内兄弟之妻来投靠生活者。正德七年阳明《上大人书一》:

---

① 钱明:《王家衰落的过程及其成因——王阳明家事辨考》,《浙江学刊》2007 年第 6 期,第 66 页注 3。

"守城妻无可寄托,张妹夫只得自行送回。"①)故需要从众叔伯、兄弟的夫人中选择一名主母,以管理家族的日常事务。至于阳明是否曾纳妾,妾室共几人,阳明去世后她们各自去向又如何,笔者认为言之过早,尚需等待更确切的数据出现。

---

　　①　吴光、钱明、董平、姚延福编校:《王阳明全集》,上海:上海古籍出版社,2011 年,第 1333 页。

第三章

儒与佛，表与里

——论阳明学的双重属性

一、传统儒家对佛教的矛盾心态

黑格尔曾经这样评价孔子："孔子的教训在莱布尼兹的时代曾轰动一时。它是一种道德哲学。他的著作在中国是最受尊重的。他曾经注释了经籍，特别是历史方面的，〔他还著了一种历史〕。他的其他作品是哲学方面的，也是对传统典籍的注释。他的道德教训给他带来最大的名誉。他的教训是最受中国人尊重的权威。孔子的传记曾经法国传教士们由中文原著翻译过来。……我们看到孔子和他的弟子们的谈话，里面所讲的是一种常识道德，这种常识道德我们在哪里都找得到，在哪一个民族里都找得到，可能还要好些，这是毫无出色之点的东西。孔子只是一个实际的世间智者，在他那里思辩的哲学是一点也没有的——只有一些善良的、老练的、道德的教训，从里面我们不能获得什么特殊的东西。……我们根据他的原著可以断言：为了保持孔子的名声，假使他的书从来不曾有过翻译，那倒是更好的事。"①

黑格尔所谓的"莱布尼兹时代"，大致指 17 世纪后半段至 18 世纪初期。此时欧洲刚走出"黑暗中世纪"不久，孔子的思想经传教士带回西方，曾引发了巨大的轰动。以莱布尼兹（1646—1716）为首的西方思想家，盛赞孔子的思想和中国的制度，认为中国社会井然有序，在道德层面上大大超过西方。像伏尔泰（1694—1778）、培尔（1647—1706）、狄德罗（1713—1784）之类的名流，也盛赞中国社会，甚至主张应该派人去学习中国的儒家思想。伏尔泰这样宣称："我钻研过他（孔子）的著作，我还作了摘要，我在书中只发现他最纯朴的道德思想，丝毫不染江湖色彩。"②"世界上曾有过的最幸福、最可敬的时代，就是奉行孔子的律法的时代"，③"中国人在道德和政治经济学、农业、生活必需的技艺等等方面已臻完美境地。……我们却应该做他们的学生了"。④

欧洲最落后、野蛮、绵长的宗教压迫和贵族世袭制度，在中国几乎不见踪影，这让欧洲对于同时代的中华文明倍感新奇。当他们把目光移向遥远的东方时，中国对于宗教信仰的宽容，以及科举制度之完善，都给正处于思想启蒙阶段的西方文明以强烈震撼。但好景不长，随着孔子的著作被翻译成欧洲语言，像黑格尔一样的哲学家，经过仔细的审视原著，发现除了一些"常识道德"外，完全找不到任何"出色之点"。黑格尔的结论，让中国国民在情感上很难接受，但我们若认真看一下黑格尔的逻辑，又不得不承认，他至少说出了一个侧面的事实。从现存的孔子著作来看，无论是《论语》（黑格尔所谓"孔子和他的弟子们的谈话"）还是《春秋》（黑格尔所谓"还著了一种历

① 黑格尔著，北京大学哲学系外国哲学史教研室译：《哲学史讲演集》第一卷，上海：三联书店，1956 年，第 119～120 页。
② 伏尔泰：《哲学辞典》，北京：商务印书馆，1991 年，第 322 页。
③ 伏尔泰：《风俗论》，北京：商务印书馆，2000 年，第 253 页。
④ 伏尔泰：《哲学辞典》，北京：商务印书馆，1991 年，第 323 页。

史"),抑或是相传由他编辑并教授的《诗经》、《尚书》、《易传》等(黑格尔所谓"对传统典籍的注释"),都不成为一个完整的哲学体系。孔子的思想,所留存下来的都只是一些常识道德的片段,甚至谈不上有严密的逻辑性。儒家学说从孔子创立,到最终演变为一个庞大的、能对后世进行指导的思想体系,主要是由后儒对经典的不断阐释和引申而形成的。像董仲舒"天人感应论"之类的唯心哲学,虽然打着孔子、儒家的旗号,恐怕很难说到底有多少符合孔子的本意。后儒所推进之体系,又不断在变动之中,很多与时代不合的儒家理论,都逐渐被尝试后淘汰。王莽迷信儒说,复古改制,结果引发社会动荡,兵败身死,"变法禅贤的政治理论,从此消失,逐渐变为帝王万世一统的思想"。① 东汉以后,直到宋代以前,儒家主要之精力,则用于对经典做注疏,以阐发、疏通先贤之微言大义。儒家的影响力虽然波及到社会的各个层面,但儒教一直未能搭建起完美的哲学大厦,却是铁一般的事实。这一功绩,最终是依靠宋儒完成的,即对后世影响深远的宋代理学。儒学演变为理学,是儒家体系自我完善的结果,而在这一完善的过程中,受道教、佛教影响也极为深刻。

宋代理学,后儒皆推周敦颐为开创者。濂溪之学,其实并无详实、精密之义理分析,其最为可贵之处,在于为儒学提供了一个宏大的框架,可以将后代理学家之理论,尽数包括其中。如黄宗羲所称:"孔孟而后,汉儒止有经传之学,性道微言之绝久矣。元公(周敦颐谥号)崛起,二程嗣之,又复横渠诸大儒辈出,圣学大昌。……若论阐发心性义理之精微,端数公元之破暗也。"②周敦颐所"阐发心性义理之精微",保存在他的《太极图说》、《通书》之中。吕思勉认为:"《通书》与《太极图说》相贯通,《通书》者周子之人生观;《太极图说》则其宇宙

---

① 钱穆:《国史大纲》,北京:商务印书馆,1991年,第153页。
② 黄宗羲著,全祖望补修:《宋元学案》卷十一《濂溪学案(上)》,北京:中华书局,1986年,第482页。

观也。人生观由宇宙观而立。废《太极图说》，《通书》已无根柢。"①
周敦颐在《太极图说》中提出"无极而太极"、阴阳"二气交感，化生万
物"的生成理论，同时主张"唯人也得其秀而最灵……圣人定之以中
正仁义而主静，立人极焉"，等于为圣人的必然存在提供了理论基础；
又在《通书》中指出"诚者，圣人之本"、"性焉安焉之谓圣"、"圣人之
道，仁义中正而已矣"，同时强调"故圣人立教，俾人自易其恶，自至其
中而止矣。故先觉觉后觉，暗者求于明，而师道立矣"，这等于为圣人
下了定义，又指出了圣人立教垂化的合理性和必然性。《论语》称"夫
子之言性与天道，不可得而闻也"，而周敦颐的贡献则恰在于此。周
敦颐并没有具体指出作圣的路径，这就让后世的理学家，都可以将自
己的作圣体系嵌套到里面去。这也是后来无论张载、朱熹、王守仁等
人的理论体系差异有多么大，却都奉濂溪为理学创始人的原因所在。
朱熹作《太极图说解》、《通书解》，将濂溪之理论作为支持自己学说的
依据。朱熹与陆九渊往复辩难，其核心论题之一即在于濂溪的无极
之说。王守仁在推广自己的良知学时，也宣称"无极而太极，是周子
洞见道体，力扶世教，斩截汉儒与佛氏二学断案，所谓发千圣不传之
绝学，朱、陆皆未之悉也"。② 不仅如此，王守仁在驳斥朱子学说时，
甚至将《太极图说》勒石于虔，并作《书周子〈太极图说〉、〈通书〉跋》，
提出了自己的见解，认为"旧注或非濂溪本意，故特表而出之"。③ 可
见不同的学派宗主，眼中就会有不同的濂溪。濂溪之学自身具有的
诠释多样性，让他的地位一直屹立不倒。

　　《宋史·道学传》称："（自孔孟之后）千有余载，至宋中叶，周敦颐

---

　　①　吕思勉：《理学纲要》，上海：商务印书馆，1931 年，第 36 页

　　②　王畿撰，吴震编校整理：《王畿集》，南京：凤凰出版社，2007 年，第 759
页。

　　③　束景南：《阳明佚文辑考编年》，上海：上海古籍出版社，2012 年，第 538
页。

出于舂陵,乃得圣贤不传之学,作《太极图说》、《通书》。"①然而,周敦颐的理论,至少其中的大部分元素,却并非由他率先创造,甚至于其中相当份量的内容,并非出自儒家。今天绝大部分学者,都承认他的《太极图说》受道教影响很深,甚至于他的《太极图》,都可以找到道教的传承。② 儒家盛行千百年,却直到借鉴其他教派的内容,才能搭建起一个相对完整的逻辑体系,这本身就反映出了儒家学说在哲学建构方面的无力。当然,儒家借鉴道家,情感上很容易被当时的儒生所接收,其原因有二:其一,儒家的创始人孔子曾向道家的创始人老聃请教过礼的内容。儒家的风气一向崇古贱今,宗师尚且如此,后辈自然不以为忤。其二,儒家、道家都是发源于中国本土的理论,既然都是炎黄子孙,彼此同气连枝,毋庸太过计较。但是,类似的状况出现在儒家向佛教借鉴的时候,遭遇却大不相同。

佛教与儒教、道教不同,它本身就是一套精密的哲学体系。中国的道教一度与佛教相互龃龉抗衡,但最终仍不得不从佛经中大规模地吸收、借用其概念和修行方法,以构建自己的理论体系。盖神仙越来越被视为虚无缥缈之事,而佛教的轮回转世、极乐世界,皆在今世之后,不易证伪,能给处于中下层的百姓以精神寄托。又,佛教有慈航普度、众生皆可成佛之理论,与儒家的教化百姓、趋向大同世界之理想虽然外形近似,但最终目标却存在直接冲突。出家以后四大皆空,舍弃世俗价值,与儒家的入世精神相互背离,是以儒教所遭受佛教之冲击最为剧烈。相对于佛教庞大、宏伟的哲学体系而言,儒家"只有一些善良的、老练的、道德的教训",而"思辩的哲学是一点也没有的",根基不由相形见绌。

胡适在《中国哲学史大纲》的导言中这样宣称:"自东晋以后,直

---

① 《宋史》卷四百二十七,列传第一百八十六,《道学一》,北京:中华书局,1977年,第12710页。

② 可参考陈鼓应:《论周敦颐〈太极图说〉的道家学脉关系——兼论濂溪的道家生活情趣》一文。

至北宋，这几百年中间，是印度哲学在中国最盛的时代。印度的经典，次第输入中国，印度的宇宙论，人生观，知识论，名学，宗教哲学，都能于诸子哲学之外，别开生面，别放光彩。此时凡是第一流的中国思想家，如智顗、玄奘、宗密、窥基，多用全副精力，发挥印度哲学。那时的中国系的学者，如王通、韩愈、李翱诸人，全是第二流以下的人物。他们所有的学说，浮泛浅陋，全无精辟独到的见解。故这个时期的哲学，完全以印度系为主体。"①韩愈等人的辟佛，与其说是源自道统意识的觉醒，还不如说是在儒家文化遭受到佛教文化的阻击下，而爆发出的本土保护意识。韩愈并不能从思辨的逻辑上摧垮佛教的哲学体系，而只能祭起"华夷之辨"的大旗，声称："佛本夷狄之人，与中国言语不通，衣服殊制，口不道先王之法言，身不服先王之法行，不知君臣之义、父子之情。"这已非学术之论辩，而是政治之倾轧，企图利用世俗权势将佛教连根拔起。而反观佛教，为了便于在中土弘法传播，一向采取的是与主流的儒家文化相合作的态度，甚至片面强调孝的元素，炮制出《佛说父母恩重难报经》、《佛说盂兰盆经》这一类的伪经，以迎合官方意识形态。若打个不恰当的比方，中国的佛教对于儒教是有些脉脉含情的，而儒家则视佛教为洪水猛兽，为败坏孔孟之道的最大异端。

胡适又称："唐以后，印度哲学已渐渐成为中国思想文明的一部分。……印度哲学在中国，到了消化的时代，与中国固有的思想结合，所发生的新质料，便是中国近世的哲学。……平心而论，宋明的哲学，或是程朱、或是陆王，表面上虽都不承认和佛家禅宗有何关系，其实没有一派不曾受印度学说的影响的。"②的确，宋儒、明儒所建立的理学、心学体系，其中明显杂有一定程度的佛教原材料，胡适的这

---

　　①　胡适：《中国哲学史大纲·导言》，上海：上海古籍出版社，1997年，第5页。

　　②　胡适：《中国哲学史大纲·导言》，上海：上海古籍出版社，1997年，第5页。

一立场已被当下的学界所公认。然而,我们又不能不注意到,无论朱熹还是王阳明,都有相当多的排佛言论。为了构建儒家自身的哲学体系,宋明诸儒们不得不暗地向佛教学习、借鉴;而为了儒家体系之生存繁衍,宋明诸儒又不得不极力向佛教开战。宋明诸儒就是这样一边积极汲取佛教养分,一边始终坚持斥佛立场。这种看似扭曲的作风,背后体现着传统儒生在面对佛教时的矛盾心态。

具体到王阳明本人而言,他所受佛教影响程度之深,远远超过宋儒。而他的排佛言论,明贬暗褒,耐人寻味,更像是一种无奈的选择。笔者将在接下来的篇幅,对此详细论述。

二、阳明学的思想源头

关于阳明学的思想内核,历代学者都有不同的解析。有主朱子者,如朝鲜王朝"江华学派"创始人郑齐斗,认为阳明学"虽云不同于程朱,其指则固是一程朱也";[①]有主象山者,如蔡元培称:"陆学自慈湖以后,几无传人。……明之中叶,王阳明出,中兴陆学";[②]有主反本求源、直接孟子者,如牟宗三在书中单列"王学是孟子学"一节,声称:"不管其悟良知之主观机缘为如何,其学之义理系统客观地说乃属于孟子学者亦无疑";[③]有主尽取佛学者,如罗泽南称:"阳明之所谓圣学者,心学也,即禅学也";[④]有主儒释道三家兼取、难分主次者,如吕峥称:"(王守仁)集儒释道三家之大成,创立阳明心学这一剂提

---

① 郑齐斗:《霞谷全集》上《拟上朴南溪书》,丽江出版社,1988 年,第 12 页。

② 蔡元培:《中国伦理学史》,北京:东方出版社,1996 年,第 109 页。

③ 牟宗三:《从陆象山到刘蕺山》,长春:吉林出版集团,2010 年,第 137 页。

④ 罗泽南:《姚江学辨》卷二,清咸丰九年(1859 年)刻《罗忠节公遗集》本。

升自我、拯救时弊的心灵解药"；①有主自行创获者，如《明史》评价："(王守仁)矜其创获，标异儒先，卒为学者讥。"②

郑齐斗的言论，有其独特的背景。朝鲜国内朱子学一统天下，其他学说很难找到立足之地。郑齐斗声称阳明学与朱子学在本质上一致，能够为阳明学挣得生存下去的一席之地。而他本人也一直在尝试将朱子学与阳明学融合为一种新的学说，并由此开创了朝鲜的"江华学派"，成为朝鲜阳明学派之主流(虽然直至今日，韩国学界仍以朱子学为主流，阳明学不占首要地位)。从逻辑上而论，我们要了解一种学说，重点不在看它主张了什么，而在看它反对了什么。阳明学是在反对朱子学"支离"、"求之于外"的立场上建立起来的，它最有价值的理论内核，必然不是源出朱子学。一言以蔽之，阳明学是对朱子学之反动，而不是改良。历代学者也大多认可这一原则，所以像郑齐斗这样，认为阳明学"其指则固是一程朱也"的人，实际上并不多见。

蔡元培认为阳明学源出象山学，可谓言出有因。阳明学与象山学，皆主向内体悟，也都强调心的作用，在外形上的确非常相似。但是考察阳明一生的为学轨迹，他本人并没有经历过信奉象山学的阶段。阳明从迷信朱子学，到杂修佛、老，再到龙场悟道，"其主要问题是对朱子而发则无疑"。③ 阳明为《象山文集》作序之时，《传习录》上卷已经刊刻，其良知学体系已告形成。而在《序》中，阳明虽然对陆九渊有所肯定，但仍认为他"纯粹和平若不逮于二子(周、程)"，可见阳明对于象山之保留态度。阳明每每自述少时为学轨迹，皆未及象山，"若谓王之哲学来自象山，或谓王氏全然拥陆，则并不然。"④阳明与

---

① 吕峥：《明朝一哥王阳明》，长沙：湖南人民出版社，2013年。

② 《明史》卷一百九十五，列传第八十三，《王守仁传》，北京：中华书局，1974年，第5170页。

③ 牟宗三：《从陆象山到刘蕺山》，长春：吉林出版集团，2010年，第137页。

④ 陈荣捷：《王阳明传习录详注集评》，台北：学生书局，1992年，第446页。

象山固多相似之处,但这种相似之处并不存在授受关系,而是有着共同的来源——佛教。陆、王皆受佛教影响甚深,是以在某些观点上殊途同归。笔者后文还将对阳明学与大乘佛教之渊源问题详加论述。

吕峥认为阳明"集儒释道三家之大成",褒奖太过。他的《明朝一哥王阳明》是小说家言,而非严格意义上的学术研究。况且就算阳明兼取儒释道三家,也势必有主有次,断无主次不分、齐头并进之理。

《明史》称阳明"矜其创获",是认可阳明在理学上的开创之功。但世上本无无源之水,一切理论都有它所产生的背景与条件。考察一种新理论的渊源与流变,正是学术研究之职责。

阳明生平杂取儒释道三家,已是不争之事实。而考察阳明心学之体系,可确知三家之中,以道教的影响为最小。阳明早年沉迷道教,主要目的在于养生求仙,不在于学理之建设。《年谱》载其十七岁时,"遇道士趺坐一榻,即而扣之,因闻养生之说,遂相与对坐忘归"。① 二十七岁时,"偶闻道士谈养生,遂有遗世入山之意。"② 三十岁时,又曾与道士尹蓬头"共寝处百余日",求神仙之道,被告知"尔无长生分"。③ 三十一岁时,"筑室阳明洞中,行导引之术"。④ 凡此种种,皆不离修内丹、求神仙之流,绝少理论之探讨。而道家修仙之理论,讲究根骨、鼎炉,非有仙缘者不传,从来无教化天下万民之主张。故阳明心学之中,道家因素所占比重极少。阳明龙场悟道之后,认为"只'养生'二字,便是自私自利,将迎意必之根",⑤ 并对于长生法门

---

① 吴光、钱明、董平、姚延福编校:《王阳明全集》,上海:上海古籍出版社,2011年,第1347页。

② 吴光、钱明、董平、姚延福编校:《王阳明全集》,上海:上海古籍出版社,2011年,第1350页。

③ 顾起元:《客座赘语》卷八,明万历四十六年(1618年)自刻本。

④ 吴光、钱明、董平、姚延福编校:《王阳明全集》,上海:上海古籍出版社,2011年,第1351页。

⑤ 吴光、钱明、董平、姚延福编校:《王阳明全集》,上海:上海古籍出版社,2011年,第75页。

做出了全新的诠释："果能戒谨不睹，恐惧不闻，而专志于是，则神住气住精住，而仙家所谓长生久视之说，亦在其中矣。"①由此亦可见阳明摒弃道教之彻底。

阳明终生以儒生面目行事，但又自称"亦切尝学佛，最所尊信，自谓悟得其蕴奥"，②则其心学理论之源头，当以此二家最为关键。从历史上的争论而言，力主其为真儒者，与指斥其为释家者，代不乏人，这也可以从侧面反衬王学之外在表现，以儒、佛二家特色最为鲜明。王学在功用上导向儒家仁义道德，维护专制时代之礼教纲常，此为无可置疑之事实，而对于王学体系之思想内核，究竟佛、儒二家孰为主、孰为次，则实有仔细分辨之必要。盖阳明着实修行佛教而有得，非泛泛而观者，而后世指其为禅学者（如罗泽南）与证其非禅学者（如黄宗羲），皆对佛教无较深之理解，故所争论之观点，多不着要害。譬如黄宗羲论阳明学与佛教之差别，云："或者以释氏本心之说，颇近于心学，不知儒释界限只一理字。释氏于天地万物之理，一切置之度外，更不复讲，而止守此明觉；……（阳明）先生点出心之所以为心，不在明觉而在天理，金镜已坠而复收，遂使儒释疆界渺若山河，此有目者所共目睹也。"③黄宗羲此论，体现了他对大乘佛教教义缺少了解，而对阳明良知之学说也缺乏深刻体认。阳明认为"心之虚灵明觉，即所谓本然之良知也"，"心之本体，即天理也。天理之昭明灵觉，所谓良知也"，则心之明觉即良知，而良知与天理实为一物，循良知而行即是循天理而行。（刘宗周《重刻王阳明先生传习录序》称王阳明"又曰'良知即天理'"，即为此意。）黄宗羲不解此意，而以"心之所以为心，

---

① 吴光、钱明、董平、姚延福编校：《王阳明全集》，上海：上海古籍出版社，2011 年，第 209 页。

② 吴光、钱明、董平、姚延福编校：《王阳明全集》，上海：上海古籍出版社，2011 年，第 327 页。

③ 黄宗羲著，沈芝盈点校：《明儒学案》，北京：中华书局，1985 年，第 181 页。

不在明觉而在天理"为阳明学与佛教之根本差别,遂无落处。大乘佛教也并非如黄氏所云,"于天地万物之理,一切置之度外,更不复讲,而止守此明觉",而是主张"青青翠竹,尽是真如;郁郁黄花,无非般若",亦即真如遍及三千大千世界,天地万物之理即心之理,一般无二。再进一步讲,三界诸法唯心所造,自性本来具足,能生万法,天地万物之理本未出心外,"置之度外"也就无从谈起。这与阳明主张"心外无物,心外无事,心外无理,心外无义,心外无善",实为相通之理。笔者相信,若对儒学、佛学不能皆有深刻之体悟,则断无成功剖析阳明学、厘清其思想源流主次之可能。现代新儒学的大家,多数都同时精通儒学与佛学,这也是他们在阳明学研究上能获得较大成就之根基所在。

牟宗三认为阳明学源出孟子,为儒家真血脉,此说流行甚广,影响颇大,实有详加分辨之必要。牟宗三的论证过程,保留在《从陆象山到刘蕺山》一书"王学是孟子学"一节中,今择其要点,罗列如下:

(一)王阳明于三十七岁时在贵州龙场驿悟良知。人们对于其悟良知之现实主观机缘虽可根据其生活之发展而加以叙述,并于文献不足征处而加以种种猜测,然根据其所自道,其主要问题是对朱子而发则无疑,因此,不管其悟良知之主观机缘为如何,其学之义理系统客观地说乃属于孟子学者亦无疑。[①]

按,牟氏此结论颇为武断,且不见严密之论证过程。阳明学说诚然是为解决朱子学说之"支离"、"求之于外"而诞生,但"对朱子而发",却不见得就属于孟子学者。举例言之,新文化运动曾激烈批评程朱理学,虽然毫无疑问是"对朱子而发",但并非属于"孟子学者"。我们今天更可以站在佛学、黑格尔逻辑学、马克思主义哲学等等理论体系的层面上,对朱子学进行剖析,指明其不足,并提出解决之道,未

---

① 牟宗三:《从陆象山到刘蕺山》,长春:吉林出版集团,2010年,第137页。

必一定要回归孟子学说。

（二）有人说唐朝圭峰宗密曾说"知是心之本体"，今阳明亦说"知是心之本体"（《传习录》卷一），阳明之悟良知或许是由圭峰宗密而来。此完全是考据家之凑字，不知义理之学之甘苦。思想义理之发展自有其规范与法度，人人皆能实得而自说出，何待假借他人？……王阳明之言良知乃自始即是道德的，故必然是孟子学，与圭峰宗密有何关系？如谓孟子并未说"知是心之本体"，故阳明必不同于孟子。其实孟子亦根本无"本体"字样，然此有何相干？孟子所无者多矣。后人随义立词，展转增加，多不胜举。岂可以此判同异？①

按，宗密语句，与阳明语句文字一模一样，虽然未必能证明二者有因袭关系（若作严格的论证，还需要阳明确实曾读到宗密著作并受其启发的证据），但毕竟是一条较为有力的证据。牟氏反驳，则纯以学力代替逻辑。盖牟氏心中坚信自己对于阳明思想之理解较别人深刻，故别人虽有证据而非，自己虽无证据而是。观牟氏所称："思想义理之发展自有其规范与法度，人人皆能实得而自说出，何待假借他人？"然则阳明既然能实得而自说出，牟氏又何必指其承袭孟子？

（三）阳明言"良知"本于孟子"人之所不学而能者，其良能也。所不虑而知者，其良知也。孩提之童，无不知爱其亲也。及其长也，无不知敬其兄也。亲亲仁也。敬长义也。无他，达之天下也。"（《尽心》）。孟子这样言良知只是就人之幼时与长时而指点，其真实的意指却实是在言人之知仁知义之本心。……阳明即依此义而把良知提升上来以之代表本心，以之综括孟子所言的四端之心。②

---

① 牟宗三：《从陆象山到刘蕺山》，长春：吉林出版集团，2010年，第141页。

② 牟宗三：《从陆象山到刘蕺山》，长春：吉林出版集团，2010年，第138页。

按，阳明之良知，与孟子之良知，其内涵差别颇大，并非一义。首先，孟子之良知，只是孩提之一念，若不加以顾养扩充，则有丧失之可能。如孟子所云："非独贤者有是心也，人皆有之，贤者能勿丧耳。"又云："人之所以异于禽兽者几希，庶民去之，君子存之。"孟子眼中，那些"非贤者"不但可能丧失先天的良知，而且有可能沦为毫无礼义廉耻的衣冠禽兽，而存良知、养浩然之气，则惟君子能之。对比而言，阳明心中的良知同于天理（"吾心之良知，即所谓天理也"），一经赋予，永无丧失之可能（"妄念之发，而良知未尝不在，但人不知存，则有时而或放耳；虽昏塞之极，而良知未尝不明，但人不知察，则有时而或蔽耳，虽有时而或放，其体实未尝不在也"）。圣人与愚夫之区别，在于是否能"致"此良知，而不在于良知是否丧失（"良知良能，愚夫愚妇与圣人同。但惟圣人能致其良知，而愚夫愚妇不能致，此圣愚之所由分也"）。

其次，阳明之良知，自然具足万法，能尽天下万物之理，不待于学（"夫万事万物之理不外于吾心，而必曰穷天下之理，是殆以吾心之良知为未足，而必外求于天下之广，以裨补增益之，是犹析心与理而为二也"）。人之为学，在于去良知之障蔽，复其本体，而良知本身则无损减（"良知即是未发之中，即是廓然大公，寂然不动之本体，人人之所同具者也。但不能不昏蔽于物欲，故须学以去其昏蔽，然于良知之本体，初不能有加损于毫末也"）。若以譬喻言之，良知蔽于物欲，恰如宝珠蒙尘，为学意在拂尘（"一个'尘'字，昏了诸多人，吾辈最忌此'尘'字不去"[1]），让宝珠露出面目，而宝珠本身纵为尘蔽，犹无改易损减，尘去则光芒自发。以用兵为例："或问：'用兵有术否？'夫子（阳明）曰：'用兵何术？但学问纯笃，养得此心不动，乃术尔。'"[2]可知阳

---

① 束景南：《阳明佚文辑考编年》，上海：上海古籍出版社，2012年，第835页。

② 钱德洪：《征宸濠反间遗事》，《王阳明全集》，上海：上海古籍出版社，2011年，第1632页。

明主张，若能复良知本体，自会用兵，自能治国。而孟子之良知，则并非自然具足，而需要下一番扩充之功。孟子所谓"所不虑而知者，其良知也"，意在强调先天之善念。其背后的含义是仍有后天之"虑而知者"，需要从良知之性善而逐渐扩充出去，最终"达之天下"。故孟子云："学则三代共之，皆所以明人伦也。人伦明于上，小民亲于下。有王者起，必来取法，是为王者师也。"在孟子眼中，虽王者起，也需要取法于学，始能明人伦之道，而不能一味依赖于良知本体。

有此两点根本差别，可见阳明之良知，实非孟子之良知。二者的相同之处，仅在于皆承认先天赋予，而其内容（是否本来具足天下之理）、方法（是拂尘去弊还是扩充善念）、性质（后天是否会丧失）皆判若鸿沟，实不可混为一谈。

（四）这样的良知虽可追源于孟子，但王阳明却不必是由于精研《孟子》而得之。若由于精研《孟子》而得之，则是学者之常分，不必是其一生中之大事。……惟由于独悟才是一生中之大事。……故一经独悟而实得，事后一经反省，便觉与往圣所说无不符契，就良知而言，便自然合于孟子也。①

按，牟氏虽然力主"王学是孟子学"，但也承认"却不必是由于精研《孟子》而得之"，可能来自于"独悟"。从牟氏似嫌前后矛盾的言论，也可见他做出"王学是孟子学"这一判断，就在于他认为阳明学"就良知而言，便自然合于孟子也"。牟氏此论证过程，仍是以学力代替逻辑之作风，此亦是通人之弊。牟氏之学力在同侪中出类拔萃，故其所下之论断，虽无有力证据支持，仍被后辈学者广为认可。

凡一成型之理论，欲确定其思想源流，必得着重剖析其内核。其余掩饰涂抹，则仅为其枝叶，不能以之定其归属。阳明学之功用目的，在于维护专制时代之礼教纲常，以教化百姓，则即便其理论核心

---

① 牟宗三：《从陆象山到刘蕺山》，长春：吉林出版集团，2010 年，第 140 页。

并非儒家,也势必要借用儒家概念以作妆点。因此不可循环论证,以为阳明既然采用儒家之概念,则其思想必源出儒家。关于阳明"良知"与孟子"良知"的不合之处,笔者于上文已作论述,亦可见牟氏结论之可商榷。而阳明之"独悟",背后实隐藏有佛教之因缘,笔者将于后文详细论证。

三、王阳明对佛教的态度

从现存的、由阳明亲传弟子钱德洪等人编纂的《阳明先生年谱》、《阳明文录》及隆庆本《王文成公全书》来看,其中对于阳明信佛修行的经历,存在故意弱化和遮掩。以《阳明年谱》为例,虽然载有阳明三十一岁时点化坐关禅僧的记载,但对于阳明此前沉溺于佛教的事迹却付之阙如,反倒是记载了大量与道士的交往及言论。《传习录》中阳明虽然多论及佛教,但大多皆为排佛言论(阳明排佛之缘由颇为复杂,后文将对此详加分析)。所幸从今天保留下来的其他资料中,仍可窥见阳明信佛、修佛程度之深,绝非槛外俗人所能比拟。

阳明幼年即接触佛教,当有家庭影响之原因。祖母"岑太夫人稍崇佛教,(阳明之父王华)则又时时曲意顺从之,亦复不以为累也"。[①]观《阳明年谱》,包括阳明五岁时从"王云"改名为"王守仁",亦由于僧人之因缘,可见一斑。阳明十三岁丧母,十九岁时祖父王伦去世,而祖母岑氏及父亲王华对阳明的成长影响为大。岑氏寿考百岁,王华七十六岁命终,则二人尊长之身份,几乎贯彻了阳明的一生。阳明在山洞修行时,曾"思离世远去,惟祖母岑与龙山公在念,因循未决",并最终抛弃离世之念,可见其二人份量之重。后人撰写行状、墓志等文章时,往往对已故尊长、前辈的缺点曲笔隐讳,而对优点着重宣扬,则

---

① 陆深:《海日先生行状》,《王阳明全集》,上海:上海古籍出版社,2011年,第 1553 页。

"稍崇佛教"、"时时曲意顺从之，亦复不以为累"等语，或可理解为阳明出生于一个佛教气息较为浓厚的家庭。阳明自云："吾亦自幼笃志二氏，自谓既有所得，谓儒者为不足学。其后居夷三载，见得圣人之学若是其简易广大，始自叹悔错用了三十年气力。""自幼"之时间，据束景南考证，"即在阳明八岁上下"，且推测"阳明八岁，即成化十五年在海盐资圣寺受学时，其始好佛老，或即受资圣寺影响耶？"①按，资圣寺为王华及第前携幼子阳明开馆授徒之处，其处是否有僧众教导阳明，无从确考。惟阳明以幼童而好佛，则必与周围环境难脱干系。联系阳明五岁时祖父因僧人语而为之改名之事，则笔者更倾向于源于家庭（尤其是祖母岑氏）之影响。黄宗羲称："先生之学，始泛滥于词章，继而遍读考亭之书，循序格物，顾物理、吾心终判为二，无所得入。于是出入于佛、老者久之。"②从时间顺序上而论，黄宗羲之判断并不确切。阳明最先接触的是佛、老之学，而"谓儒者为不足学"，故有后来"悔错用了三十年气力"之语。

《阳明年谱》载阳明三十岁时："闻地藏洞有异人，坐卧松毛，不火食，历岩险访之。正熟睡，先生坐傍抚其足。有顷醒，惊曰：'路险何得至此！'因论最上乘曰：'周濂溪、程明道是儒家两个好秀才。'后再至，其人已他移，故后有'会心人远'之叹。"《阳明年谱》只云"异人"，而不云僧道，故到几十年后冯梦龙撰《王阳明出身靖乱录》时，遂径称其为道士："游至地藏洞，闻山岩之巅，有一老道，不知姓名，坐卧松毛，不餐火食。先生欲访之，乃悬崖板木而上，直至山巅。老道跷足熟睡。先生坐于其傍，以手抚摩其足。久之老道睡方觉，见先生惊曰：'如此危险，安得至此。'先生曰：'欲与长者论道，不敢辞劳也。'因备言佛老之要，渐及于儒。曰：'周濂溪，程明道，是儒者两个好秀

---

① 束景南：《阳明佚文稽考编年》，上海：上海古籍出版社，2012年，第5～6页。

② 黄宗羲著，沈芝盈点校：《明儒学案》，北京：中华书局，1985年，第181页。

才.'又曰:'朱考亭是个讲师,只未到最上一乘.'先生喜其谈论,盘桓不能舍.次日再往访之.其人已徙居他处矣.有诗为证:'路入岩头别有天,松毛一片自安眠.高谈已散人何处,古洞荒凉散冷烟.'"①而《九华山志》中则记载此人为僧:"弘治十四年,王阳明初游九华,闻地藏洞有异僧,坐卧松毛,不火食,历岩险访之.正熟睡,先生坐抚其足.有顷,醒,惊曰:'路险何得至此?'因论最上乘,曰:'周濂溪,程明道,是儒家两个好秀才.'后正德中,阳明再至,僧已他适.故先生《游化城》诗,有'会心人远'之叹."②今所见存《九华山志》虽为民国重修排印本,但其志肇始于明朝嘉靖时,此后迭经万历、崇祯、康熙、乾隆、光绪等朝递修,所含资料当具有一定的可靠性.按,此事在阳明生平中具备重要意义,阳明称此异人为"会心人",可见彼此观点确有契合之处.从阳明甘冒危险而再访不遇的经历来看,若称此异人对阳明思想颇有影响似不为过.我们可以举出两条证据,证明此人实为僧而非道:第一,地藏洞之"地藏",指佛教之地藏王菩萨,为大乘佛教四大菩萨之一,地位崇高,其传说中的应化道场正在九华山.第二,阳明"会心人远"之感慨,出自《重游化城寺二首》,其中有"会心人远空遗洞,识面僧来不记名"、"山寺从来十九秋,旧僧零落老比丘"等句.③化城寺为九华山开山祖寺,相传也是地藏王菩萨化身金乔觉的修行之所.阳明多年后重游,追忆昔日往事,不见当年异僧,"会心人远"之语由是而发.而钱德洪等人撰《阳明年谱》之时,既知"会心人远"之语,为何却不明言此人为僧? 与僧人谈论,必非只论儒家,又

① 墨憨斋新编:《阳明先生出身靖乱录》卷上,日本弘毅馆刊本,第12～13页.
② 释德森重修:《九华山志》,民国二十七年(1938年)排印本,收入白化文、张智主编《中国佛寺志丛刊》第13册,扬州:广陵书社,2006年,第178～179页.
③ 吴光、钱明、董平、姚延福编校:《王阳明全集》,上海:上海古籍出版社,2011年,第851～852页.

何以不载别语，而只称赞周、程？这种安排到底是文献不足还是有意为之，颇可引人深思。

王阳明与九华山僧人的交往尚不仅如此。民国《九华山志》："明实庵，为长生庵僧。明弘治间，王阳明来游，实庵与语，有契。阳明题赠曰：'从来不见光闪闪气象，也不知圆陀陀模样。翠竹黄花，说什么蓬莱方丈。看那九华山地藏王，好儿孙，又生个实庵和尚。噫！那些妙处，丹青莫状。'"然此诗、此事《王文成公全书》俱不载。又，"明周金，正德间太平山僧也。游少林寺，还居九华东岩。值王阳明复游九华，金访之，相与谈心，甚契。阳明书偈曰：'不向少林面壁，却来九华看山。锡杖打翻龙虎，支履蹋破巉岩。这个泼皮和尚，如何容在世间。呵呵，会得时，与你一棒，会不得，且放在黑漆桶里偷闲。'后书'正德庚辰，三月八日，阳明山人王守仁到'。此偈刻于宴坐岩悬石倒覆处。更有赠周金和尚诗，见艺文。"[①]艺文之诗，即："《送周经和尚》（经，一本作金。）：岩头有石人，为我下嶙峋。足曳破履五千两，身披旧衲三十斤。任重致远香象力，餐霜坐雪金刚身。夜寒猛虎常温足，雨后毒龙来伴宿。手握顽砖镜未成，舌底流泉梅渐熟。夜来拾得遇寒山，翠竹黄花好共看。同来问我安心法，还解将心与汝安。"后记："岩僧周经，自少林来，坐石窦中，且三年。闻予至，与医官陶野来谒。金盖有道行者，野素精医，有方外之缘，故诗及之。"[②]此诗亦收入《王文成公全书·外集》，但诗名《无题》，又无后记，颇似有意为之。观阳明之偈与诗，大有禅意，不但接连化用禅林典故，又将自己与周金的交往拟之拾得与寒山两位名僧，可见阳明与佛门之深洽。

---

① 释德森重修：《九华山志》，民国二十七年（1938年）排印本，收入白化文、张智主编《中国佛寺志丛刊》第13册，扬州：广陵书社，2006年，第179～180页。

② 释德森重修：《九华山志》，民国二十七年（1938年）排印本，收入白化文、张智主编《中国佛寺志丛刊》第13册，扬州：广陵书社，2006年，第337～338页。

　　《阳明年谱》云阳明于三十一岁时"渐悟仙、释二氏之非"。后辈学者多以此为分界，认为阳明此后一心从儒，不再眷恋佛老。实则《阳明年谱》着一"渐"字，足可见其为一个较长的过程。阳明三十五岁时，与湛若水"一见定交，共以倡明圣学为事"。（《年谱》载其事于三十四岁，今从湛若水"岁在丙寅"之说。）据湛若水《奠王阳明先生文》："嗟惟往昔，岁在丙寅。与兄邂逅，会意交神。……言圣枝叶，老聃、释氏。予曰同枝，必一根柢。同根得枝，伊尹、夷、惠；佛于我孔，根株咸二。……奉使安南，我行兄止。兄迁太仆，我南兄北。一晤滁阳，斯理究极。兄言迦、聃，道德高博，焉与圣异，子言莫错。我谓高广，在圣范围；佛无我有，《中庸》精微；同体异根，大小公私；敷叙彝伦，一夏一夷。"[①]按此，则阳明三十五岁时，主张老聃、释迦牟尼可视为圣人枝叶，湛若水则认为佛教与孔教"根株咸二"，不可混为一谈。至湛若水奉使安南时，阳明已然四十岁，仍宣称老聃、释迦牟尼"道德高博"，与圣人不异，而湛若水则认为儒家、佛家同体异根，《中庸》要比佛理更为精微。因此，阳明三十六岁谪居贵州龙场，从而并发明良知学时，他显然仍处于肯定、褒扬佛教的阶段。

　　阳明"龙场悟道"之因缘，实亦由于佛教之启发，而非儒教之熏陶。盖阳明遭贬谪，孤身一人上路，为避刘瑾派人追杀，"乃讬言投江以脱之"，行船又遇飓风，未曾随身携带任何儒家典籍。龙场在贵州西北万山丛棘中，当地夷人语言难通，阳明在此地所能见者，惟方外之书而已。今《卍续藏经》有王阳明所作《药王菩萨化珠保命真经序》一篇（此文《王文成公全书》亦失载），对此经历言之甚详："予谪居贵阳，多病寡欢，日坐小轩，捡方书及释典，始得是经阅之。其妙义奥旨，大与虚无之谈异，实予平生所未经见。……予既名还携归，重刻此本而家藏之，并为之序。正德庚午，阳明王守仁识。"可见阳明谪居

---

　　①　湛若水：《奠王阳明先生文》，《王阳明全集》卷四十，上海：上海古籍出版社，2011 年，第 1682 页。

贵阳期间，所阅之书除祛病医方之外，尽为佛教典籍。至阳明龙场悟道之后，"乃以默记五经之言证之，莫不吻合，因著《五经臆说》"。之所以要"以默记五经之言"，正因为手头别无任何儒家书籍之故。又据阳明《五经臆说序》："龙场居南夷万山中，书卷不可携，日坐石穴，默记旧所读书而录之。意有所得，轧为之训释。"由此亦可确证，阳明在龙场谪居期间，曾大量阅读佛经，而他的"独悟"，盖因佛理而催生，而非直接从五经之言（尤其是《孟子》之"良知"）得到启发，待其理论体系形成之后，才"以默记《五经》之言证之"。故其思想之逻辑链条，应该是以佛理为核心，又兼容儒家，而非反之。一言以蔽之，良知学的诞生，不是阳明悔佛向儒的结果，而是融儒入佛的结晶。

阳明对于《药王菩萨化珠保命真经》（今名《佛说化珠保命真经》，下题"药王菩萨化理流布"）的评价十分高，认为"其妙义奥旨""实予平生所未经见"，甚至"重刻而家藏之"，除其中包含的祛痘法门外，还应该有义理方面的因素。查考此经正文：

> 唯摩尼珠，是历劫来诸佛之所凝结，虚空直阳，主持世界中有情无情，皆被普照。在人身中，性水精明，珠现其中，如万川月，非一非多。……佛告王子：真性不坏，生生不减。缘众生心，妄起善恶，善气轻清，恶气重浊，轻清为阳，重浊为阴。阳清珠明，性以制命，仍居阳界；阴浊珠暗，命与性离，仍还阴界。非摩珠有明有暗。而彼众生自别明暗。……一切惟心，更复何疑。

佛教所谓有情，指含识众生，如男女老幼、牛马虫鸟等等；所谓无情，指无识万物，如山河大地、草木砖瓦等等。这段经文，陈述了无论有情、无情，皆由摩尼珠主持普照。具体到人身，摩尼珠则位于性命之中，如明月映于万川，非一非多。摩尼珠的真性不坏，生生不减。众生之心虽然妄起善恶，有清气、浊气之分，外在表现为好人、坏人，但非摩尼珠有明有暗。我们若将此"摩尼珠"的概念替换为阳明之"良知"，则阳明学之大致轮廓已基本具备。这种义理上的吻合之处，已很难用巧合来解释。阳明《题温日观葡萄次韵》亦有"瞿昙卧起面秋岩,一索摩尼挂空宅"之句,①瞿昙即释迦牟尼佛,摩尼即摩尼珠(此处借喻葡萄),也可见阳明对摩尼珠的概念并不陌生。

阳明亲佛,不仅是听闻了解而已,而是颇有实际修行的体验。阳明自云:"臣亦切尝学佛,最所尊信,自谓悟得其蕴奥。"②此非虚语。据记载,"阳明先生寓辰州龙兴寺时,主僧有某者方学禅定,问先生。先生曰:'禅家有杂、昏、惺、性四字,汝知之乎?'僧未对,先生曰:'初学禅时,百念纷然杂兴,虽十年尘土之事,一时皆入心内,此之谓杂。思虑既多,莫或主宰,则一向昏了,此之谓昏。昏愦既久,稍稍渐知其非,与一一磨去,此之谓惺。尘念既去,则自然里面生出光明,始复元性,此之谓性。'"③此虽寥寥数语,亦绝非修禅无得者所能道出。牟宗三所谓阳明之"独悟",实即此类。又,"吴伯诗问阳明先生:'寻常见美色,未有不生爱恋者,今欲去此念未得,如何?'先生曰:'此不难,但未曾与着实思量其究竟耳。且如见美色妇人,心生爱恋时,便与思曰:此人今日少年时虽如此美,将来不免老了,既老则齿脱发白面皱,人见齿脱发白面皱老妪,可生爱恋否? 又为思曰:此人不但如此而已,既老则不免死,死则骨肉臭腐虫出,又久则荡为灰土,但有白骨枯髅而已,人见臭腐枯骨,可复生爱恋否? 如此思之,久久见得,则自然有解脱处,不患其生爱恋矣。'"④若对佛教有一定程度之了解,则一望即知,阳明指点吴伯诗之戒色法门,实为佛教之不净观与白骨观。佛门亦谓之对治,即以种种不洁之相,生厌离心,舍弃人生来之

---

① 此诗载雍正《山西通志》卷二百二十二,《王文成公全书》不载,为集外佚诗。束景南的《阳明佚文稽考编年》将此诗系年为弘治五年(1492 年),证据似显不足,可作参考。

② 王守仁:《谏迎佛疏》,《王阳明全集》,上海:上海古籍出版社,2011 年,第 327 页。。

③ 湛若水:《泉翁大全》卷七十七《金台答问录》,嘉靖十九年(1540 年)刻、万历二十一年(1593 年)修补本。

④ 湛若水:《泉翁大全》卷七十七《金台答问录》,嘉靖十九年(1540 年)刻、万历二十一年(1593 年)修补本。

本能欲望。此显为佛门之法，绝非《中庸》"君子之道，造端乎夫妇"、孟子"王如好色，与百姓同之"之意。阳明此类法门、言论，《传习录》、《王文成公全书》亦俱不载。据王畿称："（阳明）乃始究心于老佛之学，缘洞天精庐，日夕勤精修，炼习伏藏，洞悉机要，其于彼家所谓见性、抱一之旨，非惟通其义，盖已得其髓矣。自谓尝于静中，内照形躯如水晶宫，忘己忘物，忘天忘地，与虚空同体，光耀神奇，恍惚变幻，似欲言而忘其所以言，乃真境象也。"①若此语不虚，则阳明所修持之佛教"内观"法门，已臻至相当圆融之境界。

阳明融儒入佛，又以儒改佛。他对于儒、佛的兼容，并不简单的停留在二者的相似性上面，而是以佛教核心统辖儒家概念，形成一严密的理论体系，而将之导向教化百姓之日常功用。阳明融儒入佛，却又创造了"广义儒教"的概念，使之能够完全包容佛教。阳明宣称："圣人尽性至命，何物不具？何待兼取？二氏之用，皆我之用。即吾尽性至命中完养此身，谓之仙；即吾尽性至命中不染世累，谓之佛。但后世儒者不见圣学之全，故与二氏成二见耳。譬之厅堂，三间共为一厅，儒者不知皆我所用，见佛氏则割左边一间与之，见老氏则割右边一间与之，而己则自处中间，皆举一而废百也。"②在阳明看来，佛教、道教原本就是儒家圣人的一部分思想，后人不见圣学之全，遂有三教分立之说。"融儒入佛"也罢，"以儒改佛"也罢，在阳明本人看来，都不过是恢复儒家圣人之本来面目。从这个角度出发，阳明学从一诞生，就是一个相对开放的体系。无论是佛是道，凡有助于正本清源、体悟良知，皆不妨化而用之；若不利于培养社会道德、教化百姓向善，则不妨斥而排之。是以阳明虽然内核用佛，却又公开排佛，其中缘由下文当详而论之。

---

① 《王畿集》卷二《滁阳会语》；《王阳明全集》，上海：上海古籍出版社，2011年，第693页。

② 《王阳明年谱》"嘉靖二年十一月"条，《王阳明全集》，上海：上海古籍出版社，2011年，第1423页。

四、阳明心学与大乘佛教

阳明心学自诞生之日始,已蒙受当世所谓"禅学"之讥,后世继起而抨击其涉足释氏者更是代不乏人。顾东桥遗书王阳明称:"但恐立说太高,用功太捷,后生师传,影响谬误,未免坠于佛氏明心见性、定慧顿悟之机,无怪闻者见疑。"①王阳明本人显然也意识到了这一点,故在《重修山阴县学记》一文中,指出:"圣人既没……人心日炽而不复知有道心之微。间有觉其纰缪而略知反本求源者,则又哄然指为禅学而群訾之。"②其弟子钱德洪编《阳明先生年谱》、薛侃刻《阳明先生则言》,均将这一段文字收入,《明史》亦称其"矜其创获,标异儒先,卒为学者讥",③可知阳明生前所蒙受之众多抨击确有其事。后世抨击者如吕留良,宣称"凡以心学为圣学者,即禅学也";④罗泽南著《姚江学辨》一书,专事对阳明心学进行批判,认为"阳明之所谓圣学者,心学也,即禅学也。禅家溺心,空虚求道,于恍惚窈冥之域,如有一物悬空而在,炯炯光明,非有非无,遂自以为明心见性。阳明惑于其说,因见喟然一叹、高坚前后、恍惚不可为状,如有所立卓尔,似莫罄其形容之妙,即谓道之全体尽见,而为圣学之正派。颜子以后诸贤,其语无类于禅机者,遂不得而与焉"。⑤近世学者多谓其"援佛入儒"、"佛儒交融",邓艾民则干脆称之为受禅学影响的"唯心主义泛神论"。⑥

与此同时,也有很多人继阳明之后,为心学而辩护。陈龙正就认

---

① 邓艾民:《传习录注疏》,基隆:法严出版社,2000 年,第 152 页。
② 王守仁:《王文成公全书》卷之七《文录》四,《四部丛刊》景明隆庆本。
③ 张廷玉等:《明史》,北京:中华书局,1974 年,第 5170 页。
④ 吕留良:《四书讲义》卷十八《论语》十五,清康熙天盖楼刻本。
⑤ 罗泽南:《姚江学辨》卷二,清咸丰九年(1859 年)刻《罗忠节公遗集》本。
⑥ 邓艾民:《朱熹王守仁哲学研究》,上海:华东师范大学出版社,1989 年,第 130 页。

为指责阳明的人是出于私心："先生存日，曾觉门弟子有空谈玄悟病端，颇为致戒；乃以此过讥前贤，殊非前贤所应受。则毋乃微挟胜心，良知犹有或掩之处欤？"①李绂则是从阳明心学的实际用途上加以肯定："然谓阳明之学不足以修身、齐家、平均天下，虽童子知其不然也。不考之实事，而漫为心性之空言，使异端之徒得驾其谬悠恍惚之说，假心性以相欺诳，至吾儒之躬行实践有得于心学，实可以见之修齐治平者，则反推而远之以为近禅，甚且辞而辟之以为害道，岂不悖哉！"②类似的言论，以曾与阳明相交多年的湛若水最具代表性："阳明公初主格物之说，后主良知之说，甘泉子一主随处体认天理之说，然皆圣贤宗旨也。而人或舍其精义，各滞执于语言，盖失之矣。"③

历史上出现这种针锋相对的辩论，其中确有情之必然处。如笔者前文所述，阳明生平确曾"泛滥二氏学"，④对佛、道二家有所钻研，尤其是佛学。他在《谏迎佛疏》中称："臣亦切尝学佛，最所尊信，自谓悟得其蕴奥。后乃窥见圣道之大，始遂弃置其说。"⑤由此亦可知，阳明自谓弃佛取儒，其讲学之风格、修心之方法，与禅宗在外观上若有相似之处，实在不足为奇。若单凭形式上的相似就指责心学为禅学，则窃恐宋、明两代理学都难免此讥，亦实在未能服先贤之心。论争的关键，其实在于心学的核心思想、内容上，而不在与方法、风格层面。只有从根本上理清阳明心学与佛学的关系，才可能真正把握住二者的渊源继承，而不会拘于窥豹一斑、各执一词的纷杂之见。《传习录》一书，由阳明众多亲传弟子参与汇编，不但记载了阳明言论之精华，也是最权威可信的资料。笔者拟以此书为据，结合相关文献，着重分

---

① 陈龙正：《几亭外书》卷一，明崇祯刻本。

② 李绂：《穆堂类稿》初稿卷十八，清道光十一年（1831 年）奉国堂刻本。

③ 湛若水：《甘泉先生续编大全》卷之十一，明嘉靖三十四年（1556 年）刊，万历二十三年（1595 年）修补本。

④ 张廷玉等：《明史》，北京：中华书局，1974 年，第 5168 页。

⑤ 王守仁：《王阳明全集》，上海：上海古籍出版社，2011 年，第 327 页。

析阳明心学与佛学在思想和内容上的同异，进而对于阳明"援佛入儒"的观点加以论证及评价。

（一）阳明的排佛

凡主张阳明心学与佛教有深切关系者，将不得不直接面对《传习录》中所记载的、出自阳明本人的大量排佛言论。盖阳明本人，并不认为他的"心学"脱胎于"禅学"或"佛学"，而将其视为上承儒家"圣人之学"为一脉。如陈龙正所称："夫所谓致良知者，非创见也，不过'明明德'之别名。尧典言'明峻德'，言'峻'，恐未见虚灵之即为德性。夫子易'峻'以'明'，使骁然知此德不过吾心之知觉也。其功则言致知即明德，致即明之耳；不言良，良可知矣。孟子以不虑为良知，而未及于致，阳明就致知之中，补一'良'字于良知之上，加一'致'字，融孔、孟之意而为言，非创见也，不过明明德之别名也。"①实际上，阳明的"致良知"之说本身是一个相当圆融的体系，它非但能与《尚书·尧典》、《大学》相联系，甚至可以与一切孔、孟乃至后世儒家的说法关联起来。《传习录》一书中，类似的例子比比皆是，如《传习录》（上）第十四条论"五经"、第十五条论程颐"主一"、第二十四条论"下学而上达"、三十七条论陆象山"在人情事变上做工夫"、四十条论孟子"集义"等等。

阳明曾多次力辟佛教，指出自己的心学与佛氏的不同之处，据《传习录》所载，大致可归纳为以下几条：（1）佛氏弃人伦天理，而心学不弃。阳明称："佛氏不着相，其实着了相。吾儒着相，其实不着相。……佛怕父子累，却逃了父子；怕君臣累，却逃了君臣；怕夫妇累，却逃了夫妇。都是为了个君臣、父子、夫妇着了相，便须逃避。如吾儒有个父子，还他以仁；有个君臣，还他以义；有个夫妇，还他以别。何

---

① 陈龙正：《几亭外书》卷一，明崇祯刻本。

曾着父子、君臣、夫妇的相？"①（2）佛氏不可以治天下，而心学则可。阳明称："佛氏着在无善无恶上，便一切都不管，不可以治天下。圣人无善无恶，只是'无有作好'，'无有作恶'，不动于气。然'遵王之道'，会其有极，便自一循天理，便有个裁成辅相。"②又称："吾儒养心，未尝离却事物，只顺其天则自然就是功夫。释氏却要尽绝事物，把心看到幻相，渐入虚寂去了，与世间若无些子交涉，所以不可治天下。"③（3）佛氏有自私自利之心。阳明称："随物而格，是致知之功，即佛氏之'常惺惺'，亦是常存他本来面目耳。体段工夫大略相似，但佛氏有个自私自利之心，所以便有不同耳。今欲善恶不思，而心之良知清静自在，此便有自私自利、将迎意必之心，所以有'不思善、不思恶时，用致知之功，则已涉于思善'之患。"④（4）佛氏非真正"虚无"，于本体有碍。阳明称："佛氏说'无'从出离生死苦海上来，却于本体上加却这些子意思在，便不是他虚无的本色了，便于本体有障碍。圣人只是还他良知的本色，更不着些子意在。良知之虚，便是天之太虚。良知之无，便是太虚之无形。"⑤

此四条犹是阳明分而言之，其实归根到底只有一条，就是王阳明认为佛氏谈空说无，其实不虚不无，因为他们只求自己"清净自在"，而舍弃了人伦天理，有自私自利之心。除此根本分别之外，阳明对于佛氏的"无所住而行其心"、"方便法门"、"常提念头"、"心印"、"本自具足"等等概念方法，都多所肯定。阳明称"大抵二氏之学，其妙与圣人只有毫厘之间"，⑥其所谓"毫厘之间"，即谓佛、道二家修心而舍弃人伦天理而言。阳明对于佛氏的认知，可参考他自己的总结："专事

① 邓艾民：《传习录注疏》，基隆：法严出版社，2000 年，第 312 页。

② 邓艾民：《传习录注疏》，基隆：法严出版社，2000 年，第 113 页。

③ 邓艾民：《传习录注疏》，基隆：法严出版社，2000 年，第 347～348 页。

④ 邓艾民：《传习录注疏》，基隆：法严出版社，2000 年，第 214 页。

⑤ 邓艾民：《传习录注疏》，基隆：法严出版社，2000 年，第 347 页。

⑥ 邓艾民：《传习录注疏》，基隆：法严出版社，2000 年，第 139 页。

无为,不能如三王之因时致治,而必欲行以太古之俗,即是佛、老的学术。"①

阳明看似不遗余力地批判佛教,这一作风直接误导了后世很多学者对心学的认识。坚持"阳明排禅"的这一派学者,陈荣捷可作为代表,他曾宣称:"阳明之批评禅宗思想,在学理方面,比宋儒尤甚。盖阳明专意攻击禅家关于心之见解,此其与程朱之所不同。朱子评佛,乃从社会、伦理、历史、哲学各方面着手。程颐亦侧重实际方面。惟阳明集其全力于禅家基本观念,指出禅家心说之无理与其'不著心'说之自相矛盾。如是阳明攻击禅宗之中心学说,视宋儒为进一步。"②

(二)弃小乘,取大乘

应该指出,佛教有小、大乘的分别,小乘一心超脱生死,以出离心为助缘,追求自我解脱,不以度脱世人为念,正是阳明所批判的"着在无善无恶上,便一切都不管"。③ 大乘则以慈悲心为助缘,希望获得圆满、究竟的佛果,即使已证得不退转的果位,仍然主张倒驾慈航,普度众生,因此大乘也对小乘有所批判,而将度己不度人的修行者称之为"自了汉",这与阳明的评价如出一辙。但是,大乘佛教则从来都是讲究入世而非出世的,甚至在入门修行之初就要发四弘誓愿:"众生无边誓愿度,烦恼无尽誓愿断,法门无量誓愿学,佛道无上誓愿成。"④其中"众生无边誓愿度"一条,也就证明对于佛教"一切都不管"的指责其实是一种误解。中土佛教以大乘为主,阳明借批判小乘而否定佛氏,实在有以偏概全的作风。大乘佛教非但不弃世,而且入

---

① 邓艾民:《传习录注疏》,基隆:法严出版社,2000年,第41页。
② 陈荣捷:《王阳明与禅》,台北:学生书局,1984年,第77页。
③ 邓艾民:《传习录注疏》,基隆:法严出版社,2000年,第113页。
④ 澄观述:《大方广佛华严经随疏演义钞》,《大正藏》第36册 No.1736。

世调心，所谓"佛法在世间，不离世间觉。离世觅菩提，恰如求兔角"，①这与阳明的"人须在事上磨，方立得住，方能静亦定，动亦定"，②实在一脉相承；佛家要求"若见一切法，心不染着，是为无念。用即遍一切处，亦不着一切处"，③与阳明心法之"人心本是天然之理，精精明明，无纤介染着，只是一无我而已"④也有异曲同工之妙。

阳明称佛氏弃人伦天理，对大乘佛教而言，这也同样并非实情。大乘主张饶益众生，要求"若得人身，多饶财物兼得自在，先应供养父母师长和上耆旧持法之人，供给远至初行之人疾病所需"。⑤ 只不过阳明心学强调的人伦天理，更侧重于伦理纲常、忠君爱民，是一种带有阶级性的仁爱，而非佛家众生平等的博爱。阳明称"还父子以仁、还君臣以义、还夫妇以别"，故"未曾着父子、君臣、夫妇之相"，实际上是将封建的伦理道德上升到天理的层面，号召百姓去自觉体认服从。阳明将伦理纲常解读为"良知的本色"，是出于社会道德功能的考虑，要用心学去治理天下。在维护封建伦理方面，阳明心学与董仲舒、朱熹等人的出发点是一致的。

阳明赞同孟子的主张，"人皆可为尧舜"，而大乘佛教主张"众生皆可成佛"，都揭示了普通人可以通过自己的努力踏上圣人之路的过程。儒佛虽皆称圣人可成就，但方式却有根本差别。孔孟之道，虽然承认人性本善，但却是要通过礼、乐、射、御、书、数的研习，和"志于道、据于德、依于仁、游于艺"的熏陶，才能让自己的一举一动都"随心所欲不逾矩"，合乎圣人之辙。假如人放弃了这种"集义"的修养，那么善良的天性很容易泯灭，而被认为"非人"，"违禽兽不远"。禅宗认为众生皆有如来佛性，但这种境界却是无始以来就存在于人心的，是

---

①　慧能：《六祖大师法宝坛经》，《大正藏》第 48 册 No. 2008。

②　邓艾民：《传习录注疏》，基隆：法严出版社，2000 年，第 53 页。

③　慧能：《六祖大师法宝坛经》，《大正藏》第 48 册 No. 2008。

④　邓艾民：《传习录注疏》，基隆：法严出版社，2000 年，第 429 页。

⑤　昙无谶译：《优婆塞戒经》，《大正藏》第 24 册 No. 1488。

本来具足的,一切智慧都备之于心,而一切后天的求恶乃至求善的妄念,都只会熏染和掩盖掉这颗妙明本心。而妙明本心、真如佛性,本身却是不增不减、不垢不净的,只要能消除后天的"无明",就能呈现出来,如同宝珠蒙尘,无论尘之厚薄,都不影响宝珠本身的形态和价值。一语以蔽之,儒家强调外在的修为,禅宗则更注重向内寻求,二者同归于圣(按,儒家、佛家之"圣",内涵也有区别),但殊途于修。从《传习录》本身所表现出来的思想来看,阳明更注重的是心的本来具足,称"心外无物,如吾心发一念孝亲,即孝亲便是物"。① 阳明还宣称:"只存得此心常见在,便是学。过去未来事,思之何益?徒放心耳!"②孔子奉守周礼、孟子力复井田、儒门弟子研习六艺,正是琢磨"过去的事情";"温故知新"、"履霜,坚冰至",则又是思虑于未来。阳明教授弟子,抛弃了传统儒学"博我以文,约我以礼"的做法,而要求弟子们"致良知",于"心之本体"上做存养功夫,从"静坐思虑"到"省察克治"再到"何思何虑",③这很显然是择取了佛学的内核。至于阳明宣称"若解向里寻求,见得自己心体,即无时无处不是此道,亘古亘今,无终无始,更有甚同异?"④则表述得更加清楚明白。

"心之本体"是阳明学说中的核心概念,有时亦混称"天性"、"理",佛教则称"本来面目"、"真如"等等。阳明将二者通过"良知"为媒介划上了等号:"'不思善、不思恶时认本来面目',此佛氏为未识本来面目者设此方便。本来面目即吾圣门所谓良知。"⑤乍看起来,似乎能够"知善知恶"的"良知"与佛教"不思善、不思恶时"的"本来面目"相差较大,但"良知"在阳明心学的体系中,仍然是"不假外求"的:"知是心之本体,心自然会知。见父自然知孝,见兄自然知弟,见孺子

---

① 邓艾民:《传习录注疏》,基隆:法严出版社,2000 年,第 99 页。

② 邓艾民:《传习录注疏》,基隆:法严出版社,2000 年,第 97 页。

③ 邓艾民:《传习录注疏》,基隆:法严出版社,2000 年,第 68 页。

④ 邓艾民:《传习录注疏》,基隆:法严出版社,2000 年,第 87 页。

⑤ 邓艾民:《传习录注疏》,基隆:法严出版社,2000 年,第 214 页。

入井自然知恻隐。此便是良知，不假外求。"①致良知的目的，在于达到"至善"，而"至善者，性也，性元无一毫之恶，故曰至善。止之，是复其本然而已。"②佛教的真如是无善无恶、非善非恶的，阳明在这里只强调了至善无一毫恶念，并非代表他认为至善是纯粹善念的，只不过他为了教授普通根器之人，而仅强调了其中的一半。阳明在指点薛侃去花间草时，就提道："无善无恶者，理之静；有善有恶者，气之动。不动于气，即无善无恶，是谓至善。"③可见在阳明心中，他其实一直都信奉至善是无善无恶的，但此种说法只有大根器人才能领悟，不可以教授普通民众。关于这一点，在"天泉证道"的公案中，体现得最为透彻：

> 是月初八日，德洪与畿访张元冲舟中，因论为学宗旨。畿曰："先生说知善知恶是良知，为善去恶是格物，此恐未是究竟话头。"德洪曰："何如？"畿曰："心体既是无善无恶，意亦是无善无恶，知亦是无善无恶，物亦是无善无恶。若说意有善有恶，毕竟心亦未是无善无恶。"德洪曰："心体原来无善无恶，今习染既久，觉心体上见有善恶在，为善去恶，正是复那本体功夫。若见得本体如此，只说无功夫可用，恐只是见耳。"……德洪请问。先生曰："有只是你自有，良知本体原来无有，本体只是太虚。太虚之中，日月星辰，风雨露雷，阴霾饐气，何物不有？而又何一物得为太虚之障？人心本体亦复如是。太虚无形，一过而化，亦何费纤毫气力？德洪功夫须要如此，便是合得本体功夫。"畿请问。先生曰："汝中见得此意，只好默默自修，不可执以接人。上根之人，世亦难遇。一悟本体，即见功夫，物我内外，一齐尽透，此颜子、明道不敢承当，岂可轻易望人？二君已后与学者言，务要依我四句宗旨：无善无恶是心之体，有善有恶是意之动，知善知恶

---

① 邓艾民：《传习录注疏》，基隆：法严出版社，2000 年，第 105 页。

② 邓艾民：《传习录注疏》，基隆：法严出版社，2000 年，第 101 页。

③ 邓艾民：《传习录注疏》，基隆：法严出版社，2000 年，第 113 页。

是良知，为善去恶是格物。以此自修，直跻圣位；以此接人，更无差失。"①

若认真剖析一下这个在后世影响很大的心学公案，我们就可以很清楚的发现，在阳明的心中，不仅心体无善无恶，甚至于意动、良知、格物上升到本体层面，都是"原来无有"的，"有只是你自有"；而若能悟透本体无善恶，则"一悟本体，即见功夫，物我内外，一齐尽透。"这种表述很明显是禅宗六祖慧能的"顿悟"功夫，由于对于修行者的根器要求很高，故阳明认为"此颜子、明道不敢承当"，"不可执以接人"。禅宗历史上有慧能"顿悟"和神秀"渐修"之争（详见后文），前者主张"一念顿悟"，后者主张"点滴累修"，而阳明此处实际上是对二者进行了折衷，认为根据修行者的根器可以选择不同的法门。顿悟适合默默自修，而上根之人举世罕有；渐修则可以日日为善去恶，直跻圣位，适合用来教授接人。再进一步而论，阳明借助为善去恶的"格物"功夫，去复原无善无恶的心之本体，实即佛家以"诸恶莫作、众善奉行"的修行功夫，去证得无善无恶的心体之真如。故王夫之评述："王龙溪、钱绪山天泉传道一事，乃摹仿慧能、神秀而为之，其'无善无恶'四句，即'身是菩提树'四句转语。"②

值得提起注意的是，阳明弃小乘、取大乘的实际行动，是以对佛教小乘教义的激烈批判为外在特征的。阳明将所批判的论点一概称为"佛氏"、"佛家"，客观上模糊了佛教小乘、大乘的区别，加深了部分学者对于阳明心学大力斥佛的误解。考虑到当时儒林对于佛教、道

---

① 《王阳明全集》，上海：上海古籍出版社，2011年，第1442～1443页。
② 王夫之：《俟解》，《船山全书》第十二册，长沙：岳麓书院，1996年，第488页。

教的态度，认为"佛、老为天下害"，①则阳明类似的排佛言论，客观上为心学争夺到了一席生存的空间，这可能也是他心中一层很重要的考虑。

（三）内佛外儒，侧重功用

阳明的核心概念皆不出佛家之外，而为了维护这种源出佛家的核心体系，阳明就不得不对儒学的诸多重要概念进行修正，改变它们原来的范围和含义。以"博文"、"约礼"为例，阳明认为"随他发见处，即就那上面学个存天理，这便是'博学之于文'，便是'约礼'的功夫。'博文'即是'惟精'。'约礼'即是'惟一'"。② 阳明的这种阐释，与儒家本来的概念内涵相去何啻千里之别！但是，经过阳明这一番有意的曲解，儒家原本要求博通名物、恪守礼制的外修功夫，就都变成了（向内）求取"至精至纯"的唯一天理的注脚，不再与心学及其背后的禅学相矛盾了。类似的还包括将儒家的施教礼乐改变为"必须心中

---

①　此语出自弘治十七年（1504 年）山东乡试考题，全文为："佛老为天下害，已非一日，天下之讼言攻之者，亦非一人矣，而卒不能去，岂其道之不可去邪？抑去之而不得其道邪？将遂不去，其亦不足以为天下之患邪？夫今之所谓佛老者，鄙秽浅劣，其妄初非难见，而程子乃以为比之杨、墨，尤为近理；岂其始固自有说，而今之所习者，又其糟粕之余欤？佛氏之传，经传无所考，至于老子，则孔子之所从问礼者也，孔子与之同时，未尝一言攻其非，而后世乃排之不置，此又何欤？夫杨氏之为我，墨氏之兼爱，则诚非道矣，比之后世贪冒无耻，放于利而行者，不有间乎？而孟子以为无父无君，至比于禽兽，然则韩愈以为佛老之害甚于杨、墨者，其将何所比乎？抑不知今之时而有兼爱、为我者焉，其亦在所辟乎？其将在所取乎？今之时不见有所谓杨、墨者，则其患止于佛老矣；不知佛老之外尚有可患者乎？其无可患者乎？夫言其是，而不知其所以是，议其非，而不识其所以非，同然一辞而以和于人者，吾甚耻之，故愿诸君之深辨之也。"按，此科王阳明任主考官，所中选者，大率皆主"天下之道一而已矣"之义，认为佛、老非害，要之在于是否"善学之"。

②　邓艾民：《传习录注疏》，基隆：法严出版社，2000 年，第 36 页。

先具礼乐之本",①将"知人论世"、"以意逆志"改变为"盖《四书》《五经》,不过说这心体"等等,②诸如此类,不胜枚举。阳明牵扯经书、重新诠释圣人之言,乃至修正宋代理学家的各种说法,其根本原因实不外乎内佛外儒这一根本立场。如赖永海所称:"阳明之学,实多以儒家术语、范畴去阐发禅学的佛性、心性理论,是儒学其表,禅学其里。"③

阳明声称:"只说明明德而不说亲民,便似老佛。"④阳明这一观点实际上在《传习录》中有过多次重申。阳明内佛,是为了寻求天下之道,体悟人生的智慧;外儒,则是为了亲民、治天下,推重其社会实用性。阳明的这种矛盾性,与他早年迷恋朱熹学说,以及其士大夫阶层的身份都脱不开关系。大乘佛教非不用世,但普度众生的目的是为了众生最终皆成佛果;阳明用世之心不息,其意图却在于能治世、理世,教化百姓。心学自觉向官方意识形态靠拢的倾向非常明显,这也是他与佛家的最根本分歧所在。纵观《传习录》一书,阳明所批判佛家处,几乎都集中在批判其缺乏社会责任感和实用性,而对佛家的核心概念、修行方式多所肯定,亦可佐证此点。

其实在阳明心学形成的最初期,亦即所谓的"龙场悟道",本身就洋溢着浓厚的佛教色彩。时王阳明"自计得失荣辱,皆能超脱,惟生死一念,尚觉未化。乃为石椁,自誓曰:'吾惟俟命而已。'日夜端居澄然,以求静之。久之,胸中洒洒。而从者皆病……因念圣人处此,更有何道?……始知圣人之道,吾性自足,向之求理于事物者,误也。乃以默记《五经》之言证之,莫不吻合"。⑤ 这段富有传奇色彩的经历,由其亲传弟子事后旁听记叙,真实性当无疑问。"龙场悟道"与佛

---

① 邓艾民:《传习录注疏》,基隆:法严出版社,2000 年,第 84 页。

② 邓艾民:《传习录注疏》,基隆:法严出版社,2000 年,第 61 页。

③ 赖永海:《佛学与儒学》,杭州:浙江人民出版社,1992 年,第 185 页。

④ 邓艾民:《传习录注疏》,基隆:法严出版社,2000 年,第 101 页。

⑤ 王守仁:《王文成公全书》卷之三十二附录一,《四部丛刊》景明隆庆本。

教禅宗"顿悟"在形式上的相似无庸赘述，而阳明所谓"得失荣辱皆能超脱，惟生死一念尚觉未化"，实即禅宗所谓"破初关"境界。禅宗修行的三个阶段，分别为破初关、破重关、破牢关，又有"不破初关不闭关，不破重关不住山"之说。破初关之后，虽然见到本性，但并没有了脱生死，亦即"见惑虽断，思惑未断"，遇缘又起现行，遇境又会生尘心。故而破初关之后，仍需要闭关潜修，力图达到破重关的境界。阳明造为石椁，日夜端居澄然，以求了脱生死，实图为堪破重关。依禅宗之说，破重关之后，习气基本除净，心已不随境转，一片空明，无内无外，但尚有法执。阳明所谓的"致良知"境界，即此破重关境界："习气基本除净"，即心学所谓"恐怕有一毫人欲间杂，只是讲求得此心"；[1]"心已不随境转，一片空明"，即心学所谓"圣人之心如明镜。只是一个明，则随感而应，无物不照"；[2]"无内无外"，即心学所谓"心何尝有内外？即如惟澄今在此讲论，又岂有一心在内照管？这听讲说时专敬，即是那静坐时心。功夫一贯，何须更起念头？"[3]"尚有法执"而未臻佛道，与其说是心学的缺陷不足，毋宁说是心学主动而自觉的追求。阳明所创心学，本为用世，故在破除法执这一点上与佛教分道扬镳。阳明心学虽然宣称己心能观照外在世界，但并不主张外在的世界虚幻不实，故不似佛教那样将其当成"法执"而破除。

传统的儒家汲汲以求拯救百姓于乱世水火，但他们成圣的途径却是渐进的，靠不断积累自己的学识和修养，熟悉外在的制度与时事，最终能把握先王之道，以教化百姓。阳明的心学另辟蹊径，他本人以禅宗顿悟的方式达到了佛家"破重关"的境界，但因为不图堪破尘世，故拈出了"致良知"三字以教化百姓，以求人人可为儒家之圣人。阳明自称："我这个话头，自滁州到今，亦较过几番，只是'致良

---

①　邓艾民：《传习录注疏》，基隆：法严出版社，2000 年，第 24 页。

②　邓艾民：《传习录注疏》，基隆：法严出版社，2000 年，第 50 页。

③　邓艾民：《传习录注疏》，基隆：法严出版社，2000 年，第 282 页。

知'三字无病。"①阳明最终选择以"致良知"三字贯穿他所有的修身、治世理论,究其根本原因,是因为他发现儒家理论发展到明代之后,无论皓首穷经还是格物致知都耗时耗力,难有所得。穷经无尽头,格物无量数,要用这种方式寻觅往圣之道,就算真有收获,也必定垂垂老矣,难以济世。济世教化之道必须简便易行,而且要日取不尽,方是去病良方。禅宗自六祖慧能以后在修行方式上大行简易之风,但教理之深邃却并未因此消解,虽愚夫愚妇入门亦有所得,随修为愈深而所见愈多。禅宗这种导人向佛的模式,很可能有意或无意地给了阳明某种启示,如其所称:"某于此良知之说,从百死千难中得来,不得已与人一口说尽,只恐学者得之容易,把作一种光景玩弄,不实落用功,负此知耳!"②阳明以"良知"代替佛家的"心性",等于在所追求的核心价值上增加了一层道德的性质;他又用儒家的概念对佛家的修行方法进行再诠释,教导门徒弟了用此方式去"致",所得到的终极结果必然是一个停留在儒家世间的佛家圣人。如前所述,在阳明心中,佛家与儒家的差别,就在于是否舍弃人伦天理、是否可以教化百姓,除此之外,阳明并不觉得二者有何差别,这也是他既辟佛又取佛之矛盾做法的根本原因。

《楞严经》云:"理则顿悟,乘悟并销;事非顿除,因次第尽。"③修行者在觉悟心性之后,无始以来的习气并不会因此顿时消除,仍然需要一点点的逐次去掉,禅宗一般谓之"悟后起修"。这一大乘佛教的修行过程,阳明实际上完全继承了下来,如其所称:"但吾人凡心未了,虽已得悟,仍当随时用渐修工夫。不如此不足以超凡入圣,所谓上乘兼修中下也。"④心学虽以大乘佛教的修行方式修心修己,却又

① 邓艾民:《传习录注疏》,基隆:法严出版社,2000 年,第 340 页。
② 邓艾民:《传习录注疏》,基隆:法严出版社,2000 年,第 434 页。
③ 殷刺密帝译:《大佛顶如来密因修证了义诸菩萨万行首楞严经》,《大正藏》第 19 册 No.0945。
④ 邓艾民:《传习录注疏》,基隆:法严出版社,2000 年,第 397 页。

用儒家的纲常伦理概念来诠释外在尘世。从这个意义上说，阳明更像是一个不羡慕出世、不希望成佛，反而希望根植于儒家伦理世界的证果禅师。

概言之，阳明心学"内佛外儒，侧重实用"，其对于佛教思想体系的汲取是全方位的，绝不仅仅如前辈学者所云只是形式上的类似。刘宗周云："文成似禅而非禅，故不妨用禅，其失也玄。"[①]此语可谓得之精髓。阳明"用禅"，正是取其理论核心，而将其导入儒家之功用。说得夸张一点，谓阳明心学从概念、内容到修行方法皆多取自佛教，也不会偏离事实太远。假如我们换个角度，从佛教的体系来阐释阳明心学，它其实走的是大乘方便法门，批判的是小乘空寂观，折衷禅宗顿、渐二门，认为非大根器者不能从"空"义悟入，常人必得从"有"中起修，故说有良知、有世情，以觉悟终不离世间故。

最后，还应该指出的一点是，心学中个别承袭佛家的概念，若溯其源并非自阳明始，而实从二程、朱熹一脉相承，阳明特沿用而已。限于篇幅，此点不再一一赘述。

五、阳明后学的分派

禅宗自慧能与神秀南北分立宗派后，遂分为南宗禅、北宗禅两支。南宗慧能主顿悟，北宗神秀主渐修，因为教法上的区别与对立，后世弟子又各自多先入为主、党同伐异之士，矛盾逐渐开始激化。最初声势浩大的是北宗禅，神秀采取了"不依国主，则法事难立"（道安语）的路线，受武则天之诏而居洛阳，深得女帝敬重，当时的名流宋之问、张说等皆拜入门下，至中宗即位后声望弥隆，时人遂有"两京法主，三帝门师"之誉。而慧能，则因为五祖弘忍衣钵之事，遁迹怀集与四会两县之间森林中十余年，与猎户杂居，基本与世隔绝。严格而

---

① 《刘宗周全集》第二册，台北：中研院文哲所，1996年，第394页。

论,此时的慧能并未受具足戒,甚至不能算真正的出家人。慧能在法性寺(今广州光孝寺)因吟出"不是风动、不是幡动"的偈子而声名大振时,才真正剃发出家,跻身佛林高僧的行列。此后慧能选择在民间弘法,并主动拒绝了朝廷的征召。今日大乘佛教皆奉慧能为六祖,但考之当日,此事实为未定之数。慧能、神秀并立之时,并无谁为六祖之定说。五祖弘忍虽然因《见性偈》而传法于慧能,但并非全然否定神秀之教法,而称:"不如留此偈,令迷人诵。依此修行,不堕三恶。依法修行,有大利益。……凡夫依此偈修行,即不堕落。作此见解,若觅无上菩提,即不可得。"此数语为通行本《坛经》所载,出自慧能弟子之手,真实性或可存疑。通行本中不乏对神秀的贬低之词,关于神秀作偈经过,书中既云"人尽不知",却连其内心活动都刻画入微,一望即知是文学创作笔法。盖后世弟子欲抬高己师,自不能不将对手境界作适当之压低。但即便依照通行本《坛经》现存文字,弘忍仍然对神秀之法门较多肯定之意。单从偈子来看,慧能之偈要比神秀之偈境界更高,[①]但二人之法并不矛盾。佛教从资粮道、加行道直到无学道,本有修行次第,神秀之偈能接引凡夫,使不堕落,自有其重要之价值。慧能之偈子见解虽高,但若不对慧根深厚之人讲说,恐闻者难悟。如慧能自云:"小根之人,闻说此顿教,犹如草木根性自小者,若被大雨一沃,悉皆自倒,不能增长。"故仅从弘法的意义而言,渐修法门之重要程度,不在顿悟之下。

慧能得法一事,据通行本《坛经》所载,颇多神奇色彩。然而持敦煌本和通行本相对勘,慧能大量的奇异事迹(如死后预言之类)在敦煌本中都不存在。五祖弘忍开东山法门,既是佛门大德,又身为方

---

① 慧能之偈,敦煌本与通行本文字有差异,其中差异最大的为第三句,敦煌本一作"佛性常清净",一作"明镜常清净",而通行本则作"本来无一物"。从佛教宗旨而言,通行本似伪。大乘佛教虽然主张"三界唯心"、"万法皆空",但多言"空"而不言"无"。空谓诸法之中没有恒常不变的主宰,一切皆为因缘和合而成,皆属假名安立,若执有则生恒常见,执无则生断灭见。

丈,他若选择传法之人,又何必刻意夜半避人、偷偷摸摸? 他传法于慧能之后,并未立时圆寂,而是仍然健在了十几年之久,他的弟子竟会不尊重方丈的决定,而明火执仗地追杀慧能么? 即便弟子们成功抢回袈裟,又能如何,莫非要逼弘忍交出方丈之位,然后对神秀"黄袍加身"么? 胡适同样对这段历史存疑,他经过详细的考证后认为:"在那时候,并没有袈裟传信的法统说,也没有神秀与慧能作偈明心,而弘忍半夜传衣法与慧能之说。"①据《宋僧传》:"时黄梅(弘忍)谢缘去世,谓弟子玄赜曰:'后传吾法者,可十人耳。'"则弘忍所认可的传法弟子,并不只慧能一人,神秀亦在其列,同样程度者尚有其余八人。慧能之所以被捧上六祖的神坛,一是从现存资料来看,他的修为境界的确比神秀要高,而神秀的资料存世不多,已无从窥其思想之全貌;二是历史的际遇,安史之乱后,洛阳寺院多毁于战火,神秀弘法之基地遭到重创,而扎根民间的慧能一脉则躲过一劫;三是后世弟子神会等人的大力弘扬。神会凭借度僧税钱(香水钱),替朝廷筹集到巨额军饷,因此功而被唐德宗敕封为七祖,由是慧能的六祖身份也被官方正式认可。经胡适考证,包括敦煌本《坛经》在内的现存所有《坛经》版本,皆源出自神会一系之手,并称神会是"举起革命的大旗,推翻了神秀一宗的法统"。② 无论胡适之结论是否确凿无疑,但《坛经》显然有一个逐渐渲染改造的过程,此事当可盖棺定论。

之所以叙述这一段禅门的典故,主要欲指出其核心一点:顿悟和渐修的法门,在慧能和神秀身上表现出了明显的对立,但在弘忍的身上,却是能够相互包容的。弘忍不仅肯定了慧能的顿教,也同样肯定了神秀的渐教,慧能与神秀或许有境界之高低,顿、渐法门却并无高下之别,针对不同的对象,就会有最适合他们的法门。对下根人教

① 欧阳哲生编:《胡适文集 5 · 胡适文存四集》,北京:北京大学出版社,1998 年,第 184 页。

② 欧阳哲生编:《胡适文集 5 · 胡适文存四集》,北京:北京大学出版社,1998 年,第 184 页。

授顿悟,有拔苗助长之害;对上根人教授渐修,会令其徒费光阴。弟子各得其一端,并不妨碍师傅身为通人,能够针对不同的对象而应机指说顿渐。而同样的,正因为师傅的法门中本身就包含了顿、渐这两种有所区别的教法,他的后世弟子们也就含有了趋向分裂之必然性。

同样的情形,也出现在阳明后学的派系分裂之中。阳明学既以佛教理论为内核,而又希望在融合儒家概念之后,导向纲常教化的功用性,也导致它内在不但存在顿悟与渐修的矛盾,也存佛教与儒家的矛盾,其分裂程度之强烈、方向之多元化,要比禅宗的分派更为复杂。阳明本人天纵奇才,尚有能力完美地包容这些错综复杂的矛盾,并灵活的运用儒、释、道三家的理论为自己的阳明学辩护,故难觅其纰漏。王门后学无此能力,或偏于儒,或陷于佛,或迷于道,自然不能不偏于一端,而沿着某一个教法越掘越深,愈久愈惑,已不复能睹王学之全体。

关于王学的分派问题,迄今为止学者们仍然众说纷纭,难以达成统一意见。最早在《明儒学案》中,黄宗羲大致按籍贯分派,如徐爱、钱德洪、王畿等归入浙中王门,邹守益、欧阳德、聂豹、罗洪先、刘文敏等归入江右王门,唐顺之、徐阶等归入南中王门,又有楚中王门、北方王门、闽粤王门等等,虽源出王门而又已独立宗旨者,则单列为止修学案、泰州学案。以籍贯分类,简便易行,可操作性强,但同时缺点也很明显。不同宗旨的学者(如钱德洪与王畿、欧阳德与聂豹)因为籍贯相同而被强行归类到一起,不利于稽考其思想差别。此外,很多门人一生四处游学,或是赴各地为官,并不长期呆在其籍贯之地,而如"北方王门"这种概念,所包含省份过多,也不适合清晰定位。后起的学者企图对黄宗羲的分派理论进行改进,遂各张其说。民国时期,嵇文甫分阳明后学为王学左派、王学右派两大类,并着重论述了李贽的思想,从而让"王学左派"这一概念深入人心,获得了广泛的认可。朱谦之同样划分为左、右两派,但与嵇文甫的划分有所区别:"左派主动,右派主静。左派主张本体即是工夫,近顿悟的。右派主张由工夫达到本体，主渐修的。"①朱谦之的两派划分，侧重于学问宗旨，而非思想倾向，与其说是划分为左、右两派，倒不如说是分为顿、渐两派，这也与禅宗慧能与神秀的宗派对立如出一辙。但是左派、右派的分法太过笼统，很多门人并没有这么强烈的倾向性，或者在一生不同的时期，摇摆于左、右之间。这种非左即右的二元逻辑，很难用于分析一种持续时间长久、成员众多的思潮，更谈不上对于个体思想的准确定位。日本学者冈田武彦，受嵇文甫的影响，而将阳明门人划分为左派现成派、右派归寂派和正统派修证派三种。这种划分方法结合了左、右、正统的倾向性，以及现成、归寂、修证的各派学术宗旨，算是颇为巧妙的一种区分方法，因而影响也较大。钱明分阳明后学为现成和工夫两大系统，前者包括虚无派、日用派，后者包括主静派、主敬派、主事派；杨国荣分为现成派、归寂派和工夫派三类；陈来分为正统派、自然派和中间派三类，而中间派又细分为主有、主无、主动、主静四派。从上述三人的划分方式中，都不难看到冈田武彦的影子。当然，划分派别的目的，就在于以准确而简练的语句，概括出不同派别的学术宗旨及特征差别，以更好的进行分析比较、解读研究。从冈田武彦、钱明等人的分类来看，归寂亦可谓修证之一法，现成派也并非无功夫可用，主静者也多主敬，主有者或同时而主动，类似的概念含糊而难以定位。以现成派的代表王畿为例，他也主张："盖圣学以寂为宗。若修道之功不专于归寂，则寂之外将复有功可用乎？寂是感之体，感有未通，正是寂有未至，终涉思为。在感上察识寂体，正是用那寂的功夫。"②由此而论，则现成派之王畿又何尝不主张归寂？只不过王畿之良知通于内外，归寂的功夫要在外在感发上用，而聂豹的归寂则要向内求取，使寂而常定，方感无不通。他们不但都主张归

---

① 缪天绶：《明儒学案选注·新序》，台北：台湾商务印书馆，1968 年，第 25 页。

② 王畿撰，吴震编校整理：《王畿集》，南京：凤凰出版社，2007 年，第 801 页。

寂,而且都有功夫,只是做功夫的向内、向外有所不同而已。笔者认为,王学分派划分一事,不妨缓行。将不同的成员划归为一系,虽然是一个简便的分析方式,但也很容易泯灭同系成员之间的思想差别。目前对于阳明后学的思想研究,尤其是对个体成员前后思想的分期变化,仍然研究得很不充分。随着未来研究的进一步深入,相关成员的授受源流、思想演变轨迹必将逐渐清晰起来,分派归类也自会水到渠成。

第四章

天泉兆始，不修而修

——王畿的“向上一路”

一、王畿生平

阳明受佛教影响之深，前文已详述之。阳明之教法，亦能根据门人之不同根器而应机教诲，王畿谓之“因人根器，随方开示，令其悟入，惟不失其宗而已。”①孔门素有“因材施教”之议，能根据弟子品性而有所剪裁，如阳明所评：“圣人教人，不是个束缚他通做一般，只如狂者便从狂处成就他，狷者便狷处成就他。人之才气，如何同得！”但孔门所施之教义则皆为君子之教，未有自污其身以诱人入门者。阳明收王畿入门，其事与高僧玄奘收窥基入门相类似，颇有佛门应机点化之风。而窥基接玄奘衣钵，王畿延阳明学脉，皆能不负厚望，也颇可见二师识人之明。

王畿（1498—1583），字汝中，别号龙溪，浙江山阴（今绍兴）人，与阳明为同郡宗人。明正德三年（1508 年），阳明于贵州龙场悟道时，王畿年仅十一岁。约在正德五年（1510 年）前后，阳明之父王华举家

---

① 王畿撰，吴震编校整理：《王畿集》，南京：凤凰出版社，2007 年，第 681 页。

从余姚迁徙山阴，①此后阳明亦归省至越，讲学日兴。阳明此时声誉鹊起，四方来学之士甚众，王畿身为诸生，居所与阳明相邻，且与阳明同宗，却刻意避而不见，足可见王畿之狂傲。据《白苏斋类集》载：

> 王龙溪妙年任侠，日日在酒肆博场中，阳明亟欲一会，不来也。阳明却日令门弟子六博投壶，歌呼饮酒。久之，密遣一弟子瞰龙溪所至酒家，与共赌。龙溪笑曰："腐儒亦能博乎？"曰："吾师门下，日日如此。"龙溪乃惊，求见阳明，一睹眉宇便称弟子矣。②

此事黄宗羲《明儒学案》亦采之，而谓文中弟子为魏良器，但并未明言为阳明所授意：

> 龙溪为诸生，落魄不羁，每见方巾中衣往来讲学者，窃骂之。居与阳明邻，不见也。先生（魏良器）多方诱之。一日先生与同门友投壶雅歌，龙溪过而见之曰："腐儒亦为是耶？"先生答曰："吾等为学，未尝担板。汝自不知耳！"龙溪于是稍相昵就，已而有味乎其言，遂北面阳明。③

王畿"居与阳明邻"，则阳明当知晓王畿此人。良器之作为，或出阳明之授意。既云"多方诱之"，则势必不只投壶一事，赌博对语或为不虚。退一步而言，纵是良器自作主张，引诱王畿入门，也必然赏识王畿之聪颖，兼确信阳明门下能容得此人。又据《龙溪王先生墓志铭》："阳明之学以良知为宗，而一洗世儒支离之见，学者乍闻其说，疑不能信。而其时，元老宿儒又多视为异物，而攻之惟恐不力。当是时，求士可与语者，盖千百不能一二，不啻空谷之足音也。先生（王畿）英迈天启，颖悟绝伦，阳明以为法器，故其欲得先生也，甚于先生

---

① 关于王华一家迁徙山阴的时间及经过，学者们存在不同的意见。笔者对此有所考证，详见本书第二章第二节。

② 袁宗道著，钱伯城标点：《白苏斋类集》卷二十二杂说类，上海：上海古籍出版社，1989年，第307页。

③ 黄宗羲著，沈芝盈点校：《明儒学案》，北京：中华书局，1985年，第464页。

之欲事阳明。"①按此，则阳明爱惜王畿才干，确有可能诱之来学，以企其作为弘扬良知学之法器。王畿妙年任侠，狂放不羁，非世俗之腐儒，这与阳明少时作风类似，阳明难免惺惺相惜，寄以厚望。

正德十年（1512年），王畿领乡荐。但自从归入阳明门下，王畿为学之心渐盛，为宦之心转薄。嘉靖二年（1523年），王畿会试落第，叹曰："学贵自得，吾向者犹种种生得失心，然则仅解悟耳。"②于是立取京兆所给路券而焚之，以示决意仕途。此后王畿请终身受业于阳明，阳明"为治静室，居之逾年，遂悟虚灵寂感，通一无二之旨"。③按，则王畿悟入之机缘，为先去得失心，而后自静坐中顿悟。此等修行之法，已非儒家本色，而是偏重于方外之法门。王畿作有《调息法》一文，称：

> 息有四种相：一风，二喘，三气，四息。前三为不调相，后一为调相。坐时鼻息出入觉有声，是风相也；息虽无声，而出入结滞不通，是喘相也；息虽无声，亦无结滞，而出入不细，是气相也；坐时无声，不结不粗，出入绵绵，若存若亡，神资冲融，情抱悦豫，是息相也。守风则散，守喘则戾，守气则劳，守息则密。前为假息，后为真息。欲习静坐，以调息为入门，使心有所寄，神气相守，亦权法也。调息与数息不同，数为有意，调为无意。委心虚无，不沉不乱。息调则心定，心定则心愈调。真息往来，而呼吸之机，自能夺天地之造化。含煦停育，心息相依，是谓息息归根，命之蒂也。一念微明，常惺常寂，范围三教之宗。吾儒谓之燕息，佛氏谓之反息，老氏谓之踵息，造化合辟之玄枢也。以此征学，亦以此卫生，了此便是彻上彻下之道。

① 赵锦：《龙溪王先生墓志铭》，《王畿集·附录四》，南京：凤凰出版社，2007年，第828页。

② 徐阶：《龙溪王先生传》，《王畿集·附录四》，南京：凤凰出版社，2007年，第823页。

③ 徐阶：《龙溪王先生传》，《王畿集·附录四》，南京：凤凰出版社，2007年，第823页。

　　王畿的《调息法》与佛教天台宗智顗的《修习止观坐禅法要·调和第四》存在大面积文字雷同，沿袭的痕迹相当明显，①究其本源则皆为佛教的"安般守意"法门。王畿谓之三教所同之法，其实则本于佛教，为无可置辩之事。王畿曾云："吾儒未尝不说虚，不说寂，不说微，不说密，此是千圣相传之秘藏，从此悟入，乃是范围三教之宗。自圣学不明，后儒反将千圣精义让与佛氏，才涉空寂，便以为异学，不肯承当。不知佛氏所说，本是吾儒大路，反欲借路而入，亦可哀也。"②王畿此种作风亦极类阳明，概以为佛教之精义，为吾儒所本有。吾虽汲取佛教之教理，然非沦入佛教，而是复千古圣学之明。俗儒排佛之心炽盛，视之为洪水猛兽，为败坏儒学之公敌；阳明、王畿则心态豁达，凡能发明良知之理论，无论是佛是道，一概取为己用，而认为（儒家）圣人之心本自具足，圣人之法本包含此种道理。

　　嘉靖五年（1526 年），王畿二十九岁，又到会试之期。王畿已专意于良知之学，无意赴京应试。阳明令其前往，称："吾非欲以一第荣子。顾吾之学，疑信者犹半，而吾及门之士，朴厚者未尽通解，颖慧者未尽敦毅。觐试，仕士咸集，念非子莫能阐明之，故以属子，非为一第也。"③此可佐证阳明视王畿为"法器"之说，亦可见王畿年纪虽轻，但已隐然有阳明首席弟子之势。按，王畿之学来自静中顿悟，又有阳明从旁指点，故直得阳明学之内核，为阳明学中最上一路。阳明希望王

---

　　①　关于王畿《调息法》与智顗的《修习止观坐禅法要》文字雷同之事，前辈学者已有所叙及，而观点仍有所分歧。或认为王畿对个别字词有所改易，是除佛教外尚有兼受道教影响之痕迹。详情可看林惠胜《试论王龙溪"三教合一说"——以〈调息说〉为例》，台北《中国学术季刊》第 14 期，1993 年，第 161～179 页；彭国翔：《王畿与佛教》，《台大历史学报》第 29 期，2002 年 6 月，第 29～61 页。

　　②　王畿撰，吴震编校整理：《王畿集》，南京：凤凰出版社，2007 年，第 15 页。

　　③　徐阶：《龙溪王先生传》，《王畿集·附录四》，南京：凤凰出版社，2007 年，第 823 页。

畿能在都城弘扬师门之旨，亦在情理之中。王畿与阳明相约："此行仅了试事，纵得与选，当不廷试而归卒业焉。"①由是，王畿在赴京途中绝口不谈科场时艺诸事，一心以良知学为念；在考场中亦直抒己见，不顾八股程式。惟在都城时，欧阳德、魏良弼等师门同志争迎王畿，往复辩证良知之说。欧阳德等人已有官职在身，他们对于王畿之看重，亦令王畿名盛一时。本次会试科考，王畿与钱德洪同时考中，但仍守当日与阳明之约，不赴廷试而还。阳明闻之欣然："吾设教以待四方英贤，比之店主开行以集四方之货。奇货既归，百货将日积，主人可无乏行之叹矣。"②阳明比王、钱二人为可居之"奇货"，足可见对二人才干之看重。阳明的这一番苦心安排没有白费，此后来就学者果然日益众多，阳明因不能一一指授，遂令王畿、钱德洪等高第弟子分而教之。

真正让王畿确立阳明门人之领袖地位者，为天泉证道一事。盖王畿在阳明门人之中，论资历不及薛侃、魏良器一众早期投入阳明门下之弟子，论亲疏不及徐爱、黄绾等与阳明为姻亲之弟子，论岁齿则不及董沄、冀元亨等年长之弟子，论官职则不如欧阳德、顾应祥等位至尚书之弟子，而王畿能在阳明去世之后，以同门领袖之身份多年主持会讲者，则根源于他能独得阳明之"向上一路"真传，为他人所不能及。王畿去世后，其弟子周怡、查铎在汇编《王龙溪先生全集》（以下简称《全集》）时，亦将《天泉证道纪》列于卷首，足可见此事在王畿一生中之地位。此事在《传习录》中的记载，上章已叙及，《全集》中之记载略有不同，今摘录如下：

> 时夫子将有两广之行，钱子谓曰："吾二人所见不同，何以同人？盍相与就正夫子？"晚坐天泉桥上，因各以所见请质。

---

① 徐阶：《龙溪王先生传》，《王畿集·附录四》，南京：凤凰出版社，2007年，第 823 页。

② 王畿撰，吴震编校整理：《王畿集》，南京：凤凰出版社，2007 年，第 584页。

夫子曰:"正要二子有此一问。吾教法原有此两种:四无之说为上根人立教,四有之说为中根以下人立教。上根之人,悟得无善无恶心体,便从无处立根基,意与知物,皆从无生,一了百当,即本体便是工夫,易简直截,更无剩欠,顿悟之学也。中根以下之人,未尝悟得本体,未免在有善有恶上立根基,心与知物,皆从有生,须用为善去恶工夫随处对治,使之渐渐入悟,从有以归于无,复还本体,及其成功一也。世间上根人不易得,只得就中根以下人立教,通此一路。汝中所见,是接上根人教法;德洪所见,是接中根以下人教法。汝中所见,我久欲发,恐人信不及,徒增躐等之病,故含蓄到今。此是传心秘藏,颜子、明道所不敢言者,今既已说破,亦是天机该发泄时,岂容复秘?然此中不可执着。若执四无之见,不通得众人之意,只好接上根人,中根以下人无从接授。若执四有之见,认定意是有善有恶的,只好接中根以下人,上根人亦无从接授。但吾人凡心未了,虽已得悟,仍当随时用渐修工夫。不如此不足以超凡入圣,所谓上乘兼修中下也。汝中此意,正好保任,不宜轻以示人。概而言之,反成漏泄。德洪却须进此一格,始为玄通。德洪资性沉毅,汝中资性明朗,故其所得亦各因其所近。若能互相取益,使吾教法上下皆通,始为善学耳。"

自此海内相传天泉证悟之论,道脉始归于一云。

阳明指王畿见解为"传心秘藏"、"天机发泄"、"只好接上根人",又认为"德洪却须进此一格,始为玄通",虽然主张二者需要相互资取,但显然已分出了境界高下。钱德洪之优势在于教法,可接中根以下人,但其前进之方向,却是王畿所悟得之"玄通"境界。以佛教之修行次第喻之,钱德洪仍在资粮道、加行道之地步,王畿则已臻至见道、修道、无学道之层次。遗憾的是,此后阳明门人并没有像阳明期待的那样,互相取益、上下皆通,而是钱、王二人各执己见,渐成分裂之势。阳明之于钱德洪、王畿,如弘忍之于神秀、慧能,教众既分为上根人、中根以下人二类,教法对应有"保任"、"渐修"二种,后人无开山宗师之气魄，则学脉势不得不一分为二。

天泉证道，虽是儒林事，究其实则是佛家语。王夫之称："阳明天泉付法，止依北秀、南能一转语作葫芦样，不特充塞仁义，其不知廉耻亦甚矣。"[①]贬抑虽过，但也道出部分实情。天泉证道之事，别有后文。据徐阶《龙溪王先生传》："既而有叩玄理于文成者，文成以'有心无心、实相幻相'诏之。公（王畿）从旁语曰：'心非有非无，相非实非幻。才着有无、实幻，便落断、常二见。譬之弄丸，不着一处，不离一处，是谓玄机。'文成亟俞之。文成至洪都，邹司成东廓暨水洲、南野诸君，率同志百余人出谒。文成曰：'吾有向上一机，久未敢发，近被王汝中拈出，亦是天机该发泄时。吾方有兵事，无暇为诸君言，但质之汝中，当有证也。'"[②]此事周汝登《王畿传》亦载，而谓"既而有叩玄理于文成者"为"龙溪与绪山追送严滩，复扣问玄旨"，谓"有心无心、实相幻相"为"佛家'实相幻相'之说"，谓"同志百余人"为"同门三百余人"，其余文字基本一致。按，此则王畿之悟得与阳明"向上一机"，其义皆出佛家，当无可疑。佛门要义，不可执幻相以为实相，又不可离幻相而别求实相，若放下分别心与执着心，则立时可见实相般若。若认为心、相实有，即落常见；若认为心、相皆无，则落断见。"不着一处，不离一处"，方是真实见。若具体到阳明"四句教"，王畿所得为"即寂而感在焉，即感而寂行焉"，[③]即心体本无善恶，而舍善恶外，亦别无心体可觅。此理最为纯粹，亦最洽佛理。

阳明忙于兵事，但令高足邹守益、欧阳德等人皆去王畿处求质，足可见阳明对于王畿之偏重。阳明去世后，王畿经纪丧事，服丧守孝，抚助遗孤，立祠祭祀，多有所得力之处，于弟子之品行无亏。王畿

---

① 王夫之：《船山全书》第十二册，长沙：岳麓书社，1996 年，第 625 页。

② 王畿撰，吴震编校整理：《王畿集》，南京：凤凰出版社，2007 年，第 824～825 页。

③ 聂豹撰，吴可为编校整理：《聂豹集》卷十一《答王龙溪》，南京：凤凰出版社，2007 年，第 376 页。

为官不满十年,因为不肯逢迎上司而被除名,此后毕生精力皆用于各处讲学,传播阳明的良知学说。王畿在阳明生前获得"印证",以后亦自居为正宗嫡传,一直在"保任"之中,未曾再变改自己的观点和立场。阳明之后,王畿很快获得了领袖同门之地位。嘉靖二十八年(1549年)孟夏,同门六邑之士大会于水西,"凡二百三十人有奇",王畿作《水西会约题词》,称:"诸友不以余为不肖,谬欲以北面之礼相加。"①聂豹讥王畿"称祖师三十年",虽非善语,但也从侧面反映了王畿在阳明门人中之地位。王畿以八十六岁高龄去世,此时师门第一流人才(钱德洪、邹守益、罗洪先、王艮等人)凋零殆尽,客观上他也成为领袖王门的不二之选。然而,由于王畿的思想和教法都过于近禅,后期遭到若干士人不同程度的抵制,"致多口之憎",②"吾乡(越)之人每不能无疑于其迹",③或斥之以伪学,或目之为禅学,所以他实际上并不具备兼容各派、重归一统的能力,反而加剧了王门的分裂程度。隆庆五年(1571年),王畿集阳明门人于白云山房,"来会不过二三十人,越中豪杰如林,闻有指而非之者,有忌而阻之者,又闻有欲来而未果、观望以为从违者",④足可见其寥落之状。

阳明生前为何对此"向上一路"法门多所顾忌、"藏而不发",王畿显然并没有领悟到这一层深意。三教圣贤传心之学,或颇有相通之处,相互取益借鉴本来也并不无可。但当儒家掌握了制度上的话语权,而且并不欢迎佛学"入侵"的时候,任何儒家学者若公开宣扬佛教的长处、援引佛教的典籍及教法,都会被儒林视为异己。阳明借助儒家概念对汲取的佛教养分进行包装,并公开批评佛教舍弃了人伦物理,是智者之守礼有度;王畿公开援引佛教概念、经文,甚至宣扬"(生

---

① 王畿撰,吴震编校整理:《王畿集》,南京:凤凰出版社,2007年,第679页。
② 王畿撰,吴震编校整理:《王畿集》,南京:凤凰出版社,2007年,第733页。
③ 王畿撰,吴震编校整理:《王畿集》,南京:凤凰出版社,2007年,第789页。
④ 王畿撰,吴震编校整理:《王畿集》,南京:凤凰出版社,2007年,第747页。

死轮回)儒者以为异端之学，讳而不言，亦见其惑也矣"，^①是达者之狂放不拘。阳明之高明，是通上通下，各有教法；王畿之高明，是力主自悟，勉下而上。就学理而论，阳明、王畿皆能参透向上一路；就世俗而论，二者的应对之策相去不可以道里计。

二、《龙溪先生会语》版本及思想

2007 年，凤凰出版社出版《王畿集》一书，由吴震编校整理，这也是新中国成立后第一次对王畿的著作进行校点整理，对于王畿的思想研究贡献颇大。遗憾的是，此书校勘不精，不能不让人略觉遗憾。卷首吴震的《编校说明》，对于王畿的著作版本，罗列甚详，可作参考。然《编校说明》亦有不少舛误，如描述《王畿集》所用校本《龙溪王先生会语》系"采用日人稻叶岩吉于 1532 年刊行的影印本"，实为 1932 年。盖稻叶岩吉生于 1876 年，时在三百多年后。且考此校本原件，封面题签《龙溪会语》，目录题《龙溪先生会语》，皆无"王"字，是书名亦误。《编校说明》又称《卓吾先生批评龙溪王先生语录钞》为"《四库全书存目丛书》集部第九十八册所收"，实为第九十九册。凡此种种，皆当订正。

《龙溪先生会语》(一作《龙溪会语》，下文即以此称之)，北京大学古籍部藏，编号 NC/1319/1836，是记载王畿思想最为可靠的版本，也是年代最早、刊刻最精、存世最稀的善本。《龙溪会语》之于《王龙溪先生全集》，如《传习录》之于《王文成公全书》。据王宗沐《龙溪王先生集序》记载，王畿曾云："余平生不能为文，然一生心精，皆在会语。相从缙绅士大夫以及受业之英，相与往复问答者，而吾师之微旨在焉。我死，子其为我序而传之。"^②可见王畿对于会语之重视。《龙溪会语》由王畿门人贡安国、查铎"共谋裒录，编为成书"，约在万历四

---

① 王畿撰，吴震编校整理:《王畿集》，南京:凤凰出版社，2007 年，第 165 页。
② 王畿撰，吴震编校整理:《王畿集》，南京:凤凰出版社，2007 年，第 1 页。

年(1576年)付梓,时王畿仍然在世。《龙溪会语》并没有汇编所有存世的会语,而谓"先生之《会语》甚多,此其十之二三耳",①当曾有一个精炼、择选的过程。

北大所藏《龙溪会语》,为传世孤本,除自身的珍贵价值外,还因为流传过程中的传承有绪,而增添了很多附加价值,并可由此考见王畿思想在韩日的流传状况。经笔者目验,此书原件一函三册,每册两卷,共六卷。书皮题"龙溪会语",下钤"君山遗品"印章;封面题"龙溪会语 万历刊本",下钤"君山"印。目录页未见,而有收藏者毛笔所书目录页,较为潦草。卷前有毛笔字所书"王龙溪妙年任侠……"一段文字,与上节所引《白苏斋类集》一段文字相同,后多跋语一行:"才如龙溪,阳明必欲收之。然非阳明亦何能得龙溪乎?"此后为贡安国万历三年所撰《龙溪先生会语序》,首页有毛笔字"先生姓名王畿"六字,并有钤印"君山修史在韩"、"满洲正蓝旗乌肃氏"、"琢研山馆"、"燕京大学图书馆珍藏"四方。继之为查铎万历四年所撰《龙溪先生会语后序》。其后为卷一正文,首页上有"满洲国立中央图书馆藏书印"、"穆民瞻印"、"公望"、"不必子孙世守,愿时远代湮,尽归识者"四方印章,下有"稻叶岩吉"、"郑氏厚弌之章"、"燕京大学图书馆珍藏"三方印章。各册末页,皆有"君山精玩"印一方。全书尾页有毛笔跋语:"此书应系郑霞谷(齐斗)家旧藏。齐斗之子厚一有印记证之。卷衣所记文字,即宁斋李建昌之笔也。王学东来之百年于今,郑氏古学使不得失传,亦可奇矣。按《会语》内外书目未见,盖孤本也。昭和丙子十一年正月十日。"下钤"君山"印。

由上述证据可考知,此书约在万历四年刊行,后传入朝鲜国,为郑霞谷家旧藏,曾为霞谷长子郑厚弌所有。郑霞谷开创朝鲜阳明学最大的宗派"江华学派",并由其子孙及亲属、门人代代传承(如长子郑厚一、孙婿申大羽、孙婿次子申绰、玄孙郑文升等等),是为郑氏古

---

① 王畿撰,吴震编校整理:《王畿集》,南京:凤凰出版社,2007年,第678页。

学。《龙溪会语》一书，或对郑氏古学核心思想之形成发挥过重要作用。约在乾嘉时，此书又重归清朝，被孔继檊（一作继瀚）"琢研山馆"所收藏。孔继檊是孔子后人（第六十九代孙），与桂馥、翁方纲、袁枚等名流有所交往，生平最爱考藏金石书画，善本归入其家，亦非异事。"琢研山馆"篆文田黄印章，是桂馥为孔继檊所制，2012 年曾出现在匡时秋季拍卖会中，印文与此正合。此书后又转入满洲正蓝旗乌肃氏之手，乌肃氏后改为穆姓，主要居所在东北，穆民瞻（字公望）即其后人。日军侵华前夕，曾在辽东大肆搜罗中国古书，此书遂被贩至日本本土。稻叶岩吉（号君山）在京都购得此书，因见前有郑厚式之印，遂误认为此书经朝鲜郑氏世代相传，至江华学派末期代表人物李建昌时散出。稻叶岩吉曾任朝鲜史编纂委员，"君山修史在韩"之印，即云此事。1932 年，稻叶岩吉曾将此书加以影印，并附后记，称"卷首表里帖纸一叶，疑为宁斋亲笔"，此即今京都大学附属图书馆所藏本。四年后，稻叶岩吉复在原书后题跋，即上文所述毛笔跋语，乃径云"卷衣所记文字，即宁斋李建昌之笔也"，实则纯为臆测。日军侵华之后，成立伪满洲国，稻叶岩吉出任伪满洲建国大学教授，此书遂归入满洲国立中央图书馆。此后又流入燕京大学图书馆，今遂为北京大学图书馆古籍部所有。《龙溪会语》一书，由中国传入朝鲜，又从朝鲜重归中国，再由中国传入日本，最后从日本回归中国，其经历可谓一波三折。自刊刻至今，已逾四百三十年，接连沾溉中、韩、日三国学人，良知学脉赖以维系传播，今孤本尚存于天壤之间，亦可谓学林一大幸事。

　　《龙溪会语》虽名"会语"，但体例并不严谨，如《南谯别言》、《别周顺之漫语》等为赠别之言，《水西会约题词》为题词之语，《答吴悟斋掌科书》为书信体，《自讼问答》为自我对答体，皆非严格之会语体例。但《龙溪会语》既出王畿高足之手，又在王畿生前刊刻，自非寻常书铺、书匠一力经营者可比。《龙溪会语》中的很多内容，在稍后刊行的《王龙溪先生全集》中并未收录。较之《王龙溪先生全集》之兼收杂取，《龙溪会语》虽简而精，基本已将王畿之主要思想、言论囊括殆尽。

今若从中拣取王畿之思想主旨,大致可概述如下。

(一)论心体

王畿眼中之心体,存于人心之中,是人身之灵气,本与天地互为流通。此心体之灵知,亘古长存,永无灭尽之时。纵使人身陷于功名利禄、心困于意必之私,灵知亦不曾损失一丝一毫,恰如宝珠蒙尘,然宝珠无损,光华潜在。此灵知是先天赋予,众人皆有,并非始生于孩提时代,而仁义礼智皆本此而生。因后天熏习渐染,非圣贤之人必有私欲,本来面目遂淆乱不明,宝珠之光华遂为尘所蔽。如《龙溪会语》所云:(按,南京:凤凰出版社,2007 年《王畿集》已将《龙溪会语》全文收入《附录二》中。笔者下文所引用文字均据《王畿集》录入,句末标明页码,恕不再一一脚注)

> "所幸灵知之在人心,亘千百年而未尝亡,故虽利欲腾沸之中,而炯然不容昧者,未尝不存乎其间。譬诸宝鼎之沦于重渊,赤日之蔽于层云,而精华光曜初未尝有所损污也。"(P689)

> "良知是人身灵气,医家以手足痿痹为不仁,盖言灵气有所不贯也。故知之充满处即是仁,知之断制处即是义,知之节文处即是礼。"(P717)

> "人心本自和畅,本与天地相为流通,才有一毫意必之私,便与天地不似;才有些子邪秽渣滓搅此和畅之体,便有所隔碍而不能乐。"(P723)

王畿所论良知,为是非之心,为天之则,原是无中生有,无知而无不知。此良知先天具足诸法,有不能自已之生机,能生天地万物,既无须依赖于后天的学习、思虑,也本无修证可言。良知自然能知是知非,自然能极广大而尽精微,其功能为先天本有,而非后天积累之功。天则无大小,人之见地因为受根器所限,所成功业高低不同,遂有圣贤、小人之分,此非良知之过。真心、妄心,皆是同一颗心,俗人之心本与尧舜之心不异。

> "盖良知原是无中生有,无知而无不知。"(P694)

"虚寂原是良知之体，明觉原是良知之用，体用一源，原无先后之分。"（P694）

"良知不假学虑，生天、生地、生万物，不容自已之生机。"（P710）

"良知，是非之心，天之则也。"（P711）

"良知不学不虑，本无修证。"（P712）

"昭昭之天即广大之天，容隙所见则以为昭昭，寥廓所见则以为广大，是见有所梏，非天有小大也。齐王觳觫堂下之牛，特一念之昭昭耳，孟子许其可以保民而王，此岂有所积累而然哉？"（P726）

"良知不学不虑，本来具足，众人之心与尧舜同。"（P787）

王畿所论心体，合内外、有无、虚实、寂感、动静之道，已深得阳明之真谛。究其根本，良知之体本虚寂，所谓知是知非，亦即无是无非。人之感应对接，而虚寂之心体即存于感应之中。离却感应，亦别无心体可觅。凡能淡于世情，则天机自然流露，天德自然现前。

"先师提掇'良知'二字，乃是千圣秘密藏，虞廷所谓'道心之微'。一念灵明，无内外、无寂感。"（P681）

"良知是虚，格物是实，虚实相生，天则乃见。"（P682）

"淡原是心之本体，有何可厌？惟心体上淡得下，便无许多劳攘，便自明白，便能知几，可与入德，直入至无喜无怒、无声无臭。只是淡到极处，立心为己，便是达天德根基。"（P684）

"虚寂者，心之本体。良知知是知非，原只是无是无非，无即虚寂之谓也。即明而虚存焉，虚而明也；即感而寂存焉，寂而感也；即知是知非而虚寂行乎其间，即体即用，无知而无不知，合内外之道也。"（P726）

王畿认为物是意中之物，知是意之本体，是良知之镜照。意处于"良知之无"与"格物之有"中间，是沟通知与物之媒介。良知之知乘于意而发为照，格物之物由意感之而为物。良知之虚，与格物之实，互为相生。至诚者无欲，立本知化。不诚者若能悟得至诚之理，通晓根因之故,则转识成智,一言一行、一举一动,自然由人欲之私而转为天机发见。

"物者,意之用,感之倪也;知者,意之体,寂之照也;意则有无之间,寂感所乘之机也。"(P730)

"悟得时,谓心是常静亦可,谓心是常动亦可,谓之天根亦可,谓之天机亦可。心无动静,动静,所遇之时也。"(P765)

"至诚也者,无欲也。以无欲应世,立本知化而无所倚,此千古经纶手段,天德之良知也。……苟能察于根因之故,转识成知,识即良知之用,嗜欲莫非天机,阴阳合德矣。"(P726～727)

以上言论,大致可见王畿所论"心体"之要旨,已与孔孟之道有较大差异。王畿之说,与阳明有明显的承继关系,但又有所拓展。王畿认为"良知生天地万物",比阳明之"(良知)与天地万物为一体",更加递进了一步。前者是本源问题,后者则是同源问题。良知既然是万物源头,良知又存于人心,则可以很自然的过渡到"心生万物"、"三界唯心造"的大乘佛教教义。然而王畿又不仅仅强调"灵知之在人心",还同时主张"灵知是人身灵气",其中又可见"乾坤一气"的朴素唯物主义残留。盖王畿不只精通释典,又精研《周易》,曾作《大象义述》以诠释六十四卦卦辞。他在乾卦下云:"天地灵气,结而为心。无欲者,心之本体,即所谓乾也。"由此可见,王畿虽然主张心具万法,但心也是由天地灵气结成,实际上还是"天地一气"的万物生成理论。王畿这一企图混并三教生成理论的尝试,实际上让他处在了一个相当尴尬的境地。既然灵气在天地间流通,心和外物都是灵气所化成,那么将"物"理解为"意之用",就失去了法理依据。心、物虽然同源,皆为灵气,但物不由心生,而是与心并存。当阳明的"心外无物"蜕变成了王畿的"心物一气","本来具足"也就成了一句托辞。唯心主义的"三界唯心造",与唯物主义的"天地一气",实际上并不能互相兼容。王畿的才力略逊色于阳明,他虽然汲取的佛教概念、理论要比阳明更多、更明显(如"转识成智"之类,纯系佛语),但因为放不下儒、道两家的世界生成理论,企图彻底沟通三教、左右逢源,反而导致自身的理论呈现出一种不严密性，这也是他后期遭受到其他门人抨击的主要原因所在。

（二）论工夫

王畿论工夫修证，在阳明门人之中最为精纯，最能得阳明真传。若抛开本体论，单以工夫论言之，在王学门人之中实不作第二人想。王畿论工夫之言论甚多，此不能一一遍举，只得略述其大要。

王畿之工夫论，简易直截，无先后次序，亦无学问次第，"只是不昧此一念灵明，便是致知；随时随物，不昧此一念灵明，便是格物。"[①]良知存于人心，人人皆有，自能知是知非。若能顺从良知之是非，则言行举动，莫非天机流露。"致良知工夫原为未悟者设，为有欲者设。"[②]至诚者无欲，无欲者即无工夫可言。凡人若能不以私欲掩蔽良知，自然跻身圣贤。

王畿之致良知，其核心在于以良知而致良知。良知不学不虑，而能知是知非，本身即有不能自已之生机。以譬喻言之，则王畿心目中之良知恰知如源头活水，自能纵横四溢，自能冲刷泥污。凡人若不沦于私欲，横加壅阻，则此活水自然一路畅通，奔赴大海。今既水路不畅，欲用力致之，亦无需加圆木、巨石，为之修建堤坝，但能水至之处，即去其阻隔，则河道自成，水流自远。若人工修建堤坝，而欲令活水改道从之，是不依水性，反成其碍。"盖工夫不离本体，本体即是工夫，非有二也。"[③]

王畿反对泥于言语，帮补凑合。"圣贤立教，言人人殊，而其宗旨所在，一言便了。"[④]阳明能因人根器，随方开示，但不失其宗而已。是以阳明之言论，有究竟法（佛教所谓圣义谛），有权法（佛教所谓世

---

① 王畿撰，吴震编校整理：《王畿集》，南京：凤凰出版社，2007年，第682页。
② 王畿撰，吴震编校整理：《王畿集》，南京：凤凰出版社，2007年，第694页。
③ 王畿撰，吴震编校整理：《王畿集》，南京：凤凰出版社，2007年，第682页。
④ 王畿撰，吴震编校整理：《王畿集》，南京：凤凰出版社，2007年，第682页。

俗谛),不可执虚以为实。门人根器不同,原有上根、下根(一说"中根以下人")两种,教法遂分为顿悟、渐修二途。"上根之人悟得无善无恶心体,使从无处立根基,意与知物皆从无生,无意之意是为诚意,无知之知是为致知,无物之物是为格物,即本体便是功夫,只从无处一了百当,易简直截,更无剩欠,顿悟之学也。下根之人未曾悟得心体,未免在有善有恶上立根基,心与知物皆从有生,一切是有,未免随处对治,须用为善去恶的工夫,使之渐渐入悟,从有以归于无,以求复本体,及其成功一也。……有此二法,不使从心体上悟入则上根无从而接,不使从意念上修省则下根无从而接。"①此顿悟、渐修二法,实本于阳明天泉证道之言,而王畿阐而发之。此上根、下根之人,对应圣人分、学者分。"自圣人分上说,只此知便是本体,便是工夫,便是致;自学者分上说,须用致知的工夫,以复其本体,博学、审问、慎思、明辨、笃行五者,废其一,非致也。"②概言之,若能悟得心体,则本体便是功夫;若不能悟得心体,则一切皆有,遂有实在工夫可言。

良知不学不虑,本来具足,上根者专任良知,自然无病;下根者为学,亦不过复其不学之体而已。致知在格物,物皆因感应而始有。"物是天下国家之实事,由良知感应而始有。'致知在格物',犹云欲致良知,在天下国家实事上致之云尔。知外无物,物外无知。"③若能收心养性,立定根本,则随时随地皆可从事于学,皆可致知格物;俗儒薰染于物利私欲,全副精神奔放在外,虽读书穷理,而终非真学。王畿反对朱熹"以穷理之要在读书",认为这"是专以穷理为知","不惟与大易穷理之旨未尽明透,其于所传于杨、罗诸贤之旨,亦若有所未契","则考亭又何学耶?"④王畿指责朱熹,不仅沿袭了阳明批评的"支离"之说,还径指朱熹于自己师门一系(杨时、罗从彦、李侗)之旨

① 王畿撰,吴震编校整理:《王畿集》,南京:凤凰出版社,2007年,第721页。
② 王畿撰,吴震编校整理:《王畿集》,南京:凤凰出版社,2007年,第682页。
③ 王畿撰,吴震编校整理:《王畿集》,南京:凤凰出版社,2007年,第700页。
④ 王畿撰,吴震编校整理:《王畿集》,南京:凤凰出版社,2007年,第701页。

亦未领悟，言语不可谓不严厉。阳明在批评朱熹时，颇为慎重，尚时时顾忌学林之议；王畿之批评，则率心而发，此是王畿真性情处，也是王畿无忌惮处。

王畿虽主本体即工夫，但并未全然废书、废言，而只是将书籍、言语皆视为下根人致良知之工具，并一再警告不可泥于读书、言谈。王畿称："读书为入道筌蹄，束书不观则游谈无经，何可废也？……其未得也，有触发之义；其既得也，有栽培之义；其得而玩之也，有印正之义。鱼兔由筌蹄而得，滞于筌蹄而忘鱼兔，是为玩物丧志，则有所不可耳。"①又云："书虽是糟粕，然千古圣贤心事赖之以传。……但泥于书而不得于心，是为《法华》所转，兴游谈无根之病。"②然而王畿所未废之书，又仅指六经而言，亦可见其取径之窄，乃至称："祖龙焚书亦暗合删述之意，不合焚了六经。道脉却未尝坏。"③可见除了公认的儒家典籍，诸子百家之书，皆在王畿摈弃之列，而庄子"得鱼忘筌，得兔忘蹄"、六祖"迷时《法华》转，悟时转《法华》"等语，皆王畿主张之来处。同样的，王畿对于言语的评价也不甚高，只是不得已而用之。王畿云："吾人今日讲学，未免说话太多，亦是不得已。只因吾人许多习闻旧见缠绕，只得与剖析分疏。譬诸树木被藤蔓牵缠，若非剪截解脱，本根生意终不条达。但恐吾人又在言语上承接过去，翻滋见解，为病更甚。须知默成而信。"④又云："从言语入者，感动人处至言语而止。"⑤

盖王畿从静中顿悟，故力主"圣贤传心"，以期后来者独悟己心，了知自性，此非学问、言语所能道得。王畿云："佛氏以见性为宗，吾

---

①　王畿撰，吴震编校整理：《王畿集》，南京：凤凰出版社，2007年，第714页。

②　王畿撰，吴震编校整理：《王畿集》，南京：凤凰出版社，2007年，第757页。

③　王畿撰，吴震编校整理：《王畿集》，南京：凤凰出版社，2007年，第757页。

④　王畿撰，吴震编校整理：《王畿集》，南京：凤凰出版社，2007年，第683页。

⑤　王畿撰，吴震编校整理：《王畿集》，南京：凤凰出版社，2007年，第683页。

儒之学亦以见性为宗。致良知,见性之宗也。"①致良知,为见性之宗,但良知之致法,离言语,离意想,离解悟,"若能离此数者,默默从生机而入,感动人处方是日新。以机触机,默相授受,方无止法"。②可见,王畿之工夫法门,非师教,非友谈,非讲论,非读诵,而是默默独悟,"如人饮水,冷暖自知"。王畿所谓"见性"之"性",即"本体原是变动不居,不可以为典要,虽终日变化云为,莫非本体之周流",③故不可执以为常。本体变动不居,却又无处不在,只能以机触机,默默独悟,此与佛教真如、佛性之顿悟、勘破,已别无二致,故王畿云佛氏、儒学皆以见性为宗。王畿论佛氏、儒氏之差异,不在为学功夫,而在致用差异,此观点大致沿袭阳明一路,而王畿所述则更为精到(详见下节)。

王畿称:"君子之学贵于得悟,悟门不开,无以证学。"④良知既然必得自悟,则各种立教话头,只是提点路径,"但得一路而进,皆可以入道"。⑤ 从这个角度出发,王畿认为《大学》的"格物致知",本自完备无缺,若再添加"敬"字为格、致之本,便是赘说;若加"志"字以致其知,便是臆见。同理,若说个"诚意",也已经完足,诚意即是"主一",即是"敬",格、致皆是诚意的功夫,并非二事。此处亦可见王畿之圆融豁达,任何先贤的立言法门皆可以导向致良知,而任何圣贤法门亦皆不出致良知之外。阳明"致良知"的话头已具足一切法门,不需要后学再添补其他词语。由此出发,聂豹强调"归寂",黄绾主张"艮止",皆为多事之举。

"致良知工夫原为未悟者设",但顿悟本体之后,并非一了百了。

---

① 王畿撰,吴震编校整理:《王畿集》,南京:凤凰出版社,2007年,第799页。
② 王畿撰,吴震编校整理:《王畿集》,南京:凤凰出版社,2007年,第683页。
③ 王畿撰,吴震编校整理:《王畿集》,南京:凤凰出版社,2007年,第683页。
④ 王畿撰,吴震编校整理:《王畿集》,南京:凤凰出版社,2007年,第740页。
⑤ 王畿撰,吴震编校整理:《王畿集》,南京:凤凰出版社,2007年,第682页。

王畿云：“真见本体之贞明，则行持保任自不容已，不复为习染之所移。”①此义本出阳明，天泉证道之时，阳明对王畿云：既然悟得此意，“正好保任”。“保任”一词，最早见于《左传·襄公二十一年》，为保持、守成之义，后被佛教借用，成为禅宗顿悟之后的重要修行法门。禅门宗旨，认为人之自性虽然清净，但无始以来即被各种习气所熏习。顿悟自性本来清净，是解脱第一要义，但“理则顿悟，乘悟并销；事非顿除，因次第尽”（《楞严经》语）。如虚云所称：“理即虽说众生是佛，佛性人人具足，但不是一步可即。古德几十年劳苦修行，于理虽已顿悟，还要渐除习气，因清净本性染了习气就不是佛，习气去了就是佛。”②阳明、王畿所谓的保任工夫，意在驱除习气所染，其义源自佛氏，当无可疑。此工夫又非可以实际用力之工夫，王畿强调良知有“不容自已之生机”，“不假学虑”，则既悟良知之后，若能从良知之行，无处无时非在保任。“苟不得其机，虽日从事于行持保任、强勉操励，自信以为无过，行而不著，习而不察，到底只成义袭之学。”③可见王畿之保任，重在得良知之机，而不在于依据世俗的道德标准来强勉而行。若某人心中恶念未除，但慑于舆论压力，所勉行皆众人眼中之善事，此仍为义袭之法；若某人悟得良知之义，参透善恶之机，则所行皆无不善，才真为保任之功。盖后者由心而发，前者则义袭而取，有内外之别。王畿称“敦行者未必皆悟，未有悟而不敦于行者”，④即为此理。

　　既悟之后，一切工夫法门，皆在于不昧良知，而非能于良知上加得分毫。王畿云：“大人之所以为大人，惟在不失之而已，非能有加毫

① 王畿撰，吴震编校整理：《王畿集》，南京：凤凰出版社，2007 年，第 709～710页。

② 净慧主编：《虚云和尚全集》第二分册《开示》，河北禅学研究所，2008年，第 198、197、98 页。

③ 王畿撰，吴震编校整理：《王畿集》，南京：凤凰出版社，2007 年，第 710 页。

④ 王畿撰，吴震编校整理：《王畿集》，南京：凤凰出版社，2007 年，第 683 页。

末也。"①若在良知上横加任何个人意见，即是致良知工夫之大敌。王畿对此尤为破斥："吾人今日致知功夫不得力，第一意见为害最重，意见是良知之贼。"②若认为良知不能具足，不能察照，而需要别有后天工夫以得之、复之，即是戕害良知。致良知工夫之核心，在于以良知致良知，详言之，即以良知不能自已之生机、察知善恶之功用，以复良知原本不学不虑之体。"若信得良知及时，意即良知之流行，见即是良知之照察，彻内彻外，原无壅滞，原无帮补，所谓'丹府一粒，点铁成金'。"③

既然良知"彻内彻外，原无壅滞"，则将俗事、俗务与致良知对立起来的作法，自然失之偏颇。王畿此见极为高明，颇能对治俗儒之弊："今人讲学，以神理为极精，开口便说性说命；以日用饮食声色财货为极粗，人面前便不肯出口。不知讲解得性命到入微处，一种意见终日盘桓其中，只是口说，纵令婉转归己，亦只是比拟卜度，与本来性命生机了无相干，终成俗学。若能于日用货色上料理经纶，时时以天则应之，超脱得净，如明珠混泥沙而不污，乃见定力。极精的是极粗的学问，极粗的是极精的学问。"④良知之发见，并非仅在圣贤性命根基上，亦流行于百姓日用货色中，极粗中蕴含有极精的学问。良知之学，是一门实用之学，绝非空谈高调，而是践行于百姓日用之中。王艮之"百姓日用即道"，与此同理，皆为阳明学真血脉。然王畿此意，与晚明王学左派之肯定百姓物欲不同，其根本出发点在于对境调心，以抛弃心中得丧利害，睹见良知之本体。王畿肯定日用货色，并非要肯定背后的世俗人欲，而在于将日用货色视为磨练定力、根除人欲的练习场，即所谓"吾人心镜被世情嗜欲尘垢昏蔽，亦只在应感上刮磨，

---

① 王畿撰，吴震编校整理：《王畿集》，南京：凤凰出版社，2007年，第726页。

② 王畿撰，吴震编校整理：《王畿集》，南京：凤凰出版社，2007年，第682页。

③ 王畿撰，吴震编校整理：《王畿集》，南京：凤凰出版社，2007年，第682页。

④ 王畿撰，吴震编校整理：《王畿集》，南京：凤凰出版社，2007年，第683页。

务令光明透露，非是离了应感世情，逃诸虚空做得。"①甚至包括读书人寻求仕进的科举制度，王畿亦将之归入"嗜欲尘垢"之类，称："诸君既业举子，只此举业便是对境火坑，种种得丧利害世情，尽向此种潜伏依傍，本来真性反被凌轹晦蚀。"②王畿强调"至诚者无欲"，可见他仍然是将人身本能的欲望与圣人之至诚心境相对立的，他肯定日用货色有其用处，根本原因在于若舍弃应感世情，则别无去欲之场所。概言之，要行良知保任工夫，只能在世情习染上刮磨。一味静坐调息，看似心静已无尘垢之累，然才离坐应接之时，嗜欲随之又起，而只有对境炼心，"一切世情淡得下"，③"转识成知"，方是究竟的解脱之道。

工夫之先，莫先于立志。阳明对此宣扬甚多，并曾作《示弟立志说》以教诲其弟守文。王畿亦承阳明之教法，对此颇多强调："夫学，一而已矣，而莫先于立志。惟其立志不真，故所用之功未免于间断；用功之不密，故所受之病未免于牵缠。"④又云："夫学在立志，行不越其所思，志定而后可以言学。"⑤复云："夫学莫先于立志，先师有《立志说》。志犹木之根也，水之源也。……吾人一生经营干办，只是奉持得此志，故志立而学半。"⑥王畿论立志，不离阳明教法，虽无甚发明新创，而能守师门精义不失。盖若无求为圣贤之志，则遇难则止，遇险则厄，遇宠则骄，遇迷则转，终不能主一持敬，以臻于圣境。是以立志之义，实为阳明门下之通教，非仅王畿主之，欧阳德等人亦弘扬不懈，此不赘述。

---

① 王畿撰，吴震编校整理：《王畿集》，南京：凤凰出版社，2007年，第706页。

② 王畿撰，吴震编校整理：《王畿集》，南京：凤凰出版社，2007年，第686页。

③ 王畿撰，吴震编校整理：《王畿集》，南京：凤凰出版社，2007年，第684页。

④ 王畿撰，吴震编校整理：《王畿集》，南京：凤凰出版社，2007年，第685页。

⑤ 王畿撰，吴震编校整理：《王畿集》，南京：凤凰出版社，2007年，第723页。

⑥ 王畿撰，吴震编校整理：《王畿集》，南京：凤凰出版社，2007年，第746页。

三、王畿论儒佛

阳明后学之中,从佛教中悟得路径者,不在少数。除王畿外,唐顺之、周汝登、陶奭龄、杨起元等一批人,皆深受佛教之影响,诚如刘宗周遗言所称:"良知之说,鲜有不流于禅者。"[1]阳明学与佛教之源流关系,前章已论之。盖良知学内核源出于佛氏,而又导向儒家之功用,其理论体系中自然流露出禅门特色。然良知学与佛学毕竟并非一家,其差异虽然仅"相去毫厘"(阳明语),但此毫厘之异,却当仁不让地成为分割两家学问之关键。阳明对此虽然颇有言论,但往往多所避讳,故为曲语。纵观阳明门人之中,能对此有炯然之洞见,而能作精辟论断者,舍王畿之外,实别无他人。这跟王畿特殊的个人经历有关,也与他终生信奉良知之学,而能独得阳明之秘脱不开关系。

儒、佛之理论,经濂溪之后,已有相融难分之趋势。儒之高明者,虽借用佛氏之理论、教法而讳之不言,甚至反戈一击,以儒辟佛;儒之拙笨者,虽借用佛氏之理论、教法而懵懂不知,而以为此法门缘自高明之儒,甚或持华夷之辨,认为佛氏为儒学之大害。辟佛者多对佛门教旨缺乏深入之体悟,大抵执佛教空寂、厌世、断人伦、离物欲而立论,全然不解大乘非空非有、心净即佛土净、普渡众生、转识成智之教义。是以俗儒辟佛言论虽多,全然不着痛处,佛教仍然大行其道,信徒日众。宋儒之后,能对儒、佛两家有全面、清醒之认识者,实不多见。王畿少年修佛,自天台宗"调息法"起手,经唯识宗"转识成智"、法华宗"三乘归一"之途,至禅宗"顿悟见性"而止,曾下过一番着实功夫。其修行路径之纯正,佛理识见之高远,实与佛门大德不异。

---

① 《明史》卷二五五《列传》第一百四十三《刘宗周传》,北京:中华书局,1974年,第6592页。

（一）静坐调息

阳明在为学的过程中，曾有过多年静坐的经历，"自谓尝于静中内照形躯如水晶宫，忘己忘物、忘天忘地，与空虚同体，光耀神奇、恍惚变幻，似欲言而忘其所以言，乃真境象也"。[1] 若依佛教修行次第，在修行观禅的过程中，的确会出现观照自身躯体变得透明且散发强光的状况（如水晶宫），甚至会在透明躯体之中发现迅速生灭的色聚（光耀神奇、恍惚变幻），这是接近于近行定的刹那定，属于四禅中的初禅。王畿评论阳明，认为他"究心于佛、老之学，筑洞天精庐，日夕勤精修，炼习伏藏，洞悉机要，其于彼家所谓见性、抱一之旨，非惟通其义，盖已得其髓矣"。[2] 钱德洪等人撰《阳明年谱》，甚至记载阳明静坐修行，已达到了未卜先知、神秘莫测的程度。阳明既然于静坐中颇有体悟，故亦将此作为法门，教授给门人修习。嘉靖初年，王畿受业阳明时，阳明即"为治静室，居之逾年"。静坐作为教法之一，在王门之中流行甚广，不仅王畿，就连钱德洪、聂豹等人也都是从静坐中悟入。[3] 假如再往前追溯，则会发现周敦颐、朱熹、陆九渊、陈白沙、湛若水等人，皆有过长期静坐的经历。在宋明理学之中，静坐实为一重要的基础法门。然而，同样是静坐修行，能像王畿一样，对其本身有清醒认识的人，却并不多见。王畿称：

> 孔门教人之法见于礼经，其言曰：辨志、乐群、亲师、取友，

---

① 王畿撰，吴震编校整理：《王畿集》，南京：凤凰出版社，2007 年，第 693 页。

② 王畿撰，吴震编校整理：《王畿集》，南京：凤凰出版社，2007 年，第 693 页。

③ 钱德洪静坐之事，见于《刻文录叙说》："德洪自辛巳冬始见先生于姚，再见于越，于先生教若恍恍可即，然未得人头处。同门先辈有指以静坐者。遂觅光相僧房，闭门凝神净虑。倏见此心真体，如出蔀屋而睹天日，始知平时一切作用，皆非天则自然。习心浮思，炯炯自照，毫发不容住著。"聂豹静坐之事，载黄宗羲《明儒学案》："狱中闲久静极，忽见此心真体，光明莹彻，万物皆备。乃喜曰：'此未发之中也，守是不失，天下之理皆从此出矣。'及出，与来学立静坐法，使之归寂以通感，执体以应用。"

谓之小成；强立而不反，谓之大成。未尝有静坐之说。静坐之说起于二氏，学者殆相沿而不自觉耳。古人自幼便有学，使之收心养性、立定基本，及至成人，随时随地从事于学，各有所成。后世学绝教衰，自幼不知所养，薰染于功利之习，全体精神奔放在外，不知心性为何物。所谓欲反其性情而无从入，可哀也已！程门见人静坐便叹以为善学，盖使之收摄精神，向里寻求，亦是方便法门，先师所谓"因以补小学一段功夫也"。①

王畿不但指出静坐起于佛老，学者相沿而不自觉，而且对于静坐的功用，也做了清醒的分析。静坐只不过是一种方便法门，阳明教授此法，只不过欲"因以补小学一段功夫"。同门聂豹等人也立"静坐法"，但云："初学之士……其功必始于静坐。静坐久，然后气定，气定而后见天地之心，见天地之心而后可以语学。"聂豹所谓"坐久气定，而后见天地之心"，已失佛门精义，得其形不得其神，成为枯坐。如《坛经》所斥："又有迷人，空心静坐，百无所思，自称为大；此一辈人，不可与语，为邪见故。"又云："迷人著法相，执一行三昧。直言坐不动，妄不起，心即是一行三昧。作此解者，即同无情，却是障道因缘。"复云："又有人教坐，看心观静，不动不起，从此置功，迷人不会，便执成颠。如此者众，如是相教，故知大错。"王畿之论静坐，却深契佛理：

> 今人都说静坐，其实静坐行持甚难，非昏沉则散乱，念有所着即落方所，若无所着即成顽空。此中须有机窍，不执不荡，从无中生有，有而不滞，无而不空，如玄珠罔象，方是天然消息。②

昏沉、散乱，是佛教认为业障重者在打坐时所遇到的两大困难。打坐是若念有所着，则心识妄动；若无所着，即同木石。所谓有而不滞，无而不空，方是真坐禅。佛教坐禅，讲究止、观双运，多行安那般

---

① 王畿撰，吴震编校整理：《王畿集》，南京：凤凰出版社，2007年，第720页。
② 王畿撰，吴震编校整理：《王畿集》，南京：凤凰出版社，2007年，第118页。

那法门,由止入观。① 安那般那法门,其典籍依据为《安般守意经》、《增一阿含经·安般品》等,即静坐时先抛弃私心妄想,专注于出息、入息,进而由数息而随息,修止、行观。王畿之静坐,即行此法。观其所作《调息法》一文,其法门与天台宗坐禅法门一脉相承。王畿在指点王慎中静坐时,亦称:"子欲静坐,且从调息起手。息调则神自返,神往则息自定。"②盖王畿既能透知静坐法来源于二氏,故其行静坐法之时,依佛教之理论指导,得其"机窍",取径堪称最纯,与他人之为求静而久坐不同。

佛教之静坐,是禅修精进之法,也同时可以宴坐休息。而睡眠则在佛教中被视为五盖之一,因其能障蔽圣道,令善法无法升起。所以真正意义上的佛教静坐,与睡眠相互对立,待修行到一定境界,必完全舍弃睡眠,佛教称之为"睡眠盖不食"。《杂阿含》云:"何等为睡眠盖不食?彼明照思惟,未生睡眠盖不起,已生睡眠盖令灭,是名睡眠盖不食。"③据说阳明在军中之时,戎马倥偬,曾四十日未尝睡眠。阮鹗以此询问王畿,问是否属实。王畿答道:

> 然。此原是圣学。古人有息无睡,故曰:"向晦入燕息。"世人终日扰扰,全赖后天渣滓厚味培养,方觳一日之用。夜间全赖一觉熟睡方能休息。不知此一觉熟睡,阳光尽为阴浊所陷,如死人一般。若知燕息之法,当向晦时,耳无闻,目无见,口无吐纳,鼻无呼吸,手足无动静,心无思累,一点元神与先天清气相依相息,如炉中种火相似,比之后天昏气所养,奚啻什百?是谓通乎昼夜之道而知。④

又,阳明关于睡眠的陈述:

---

① 20世纪以来,缅甸小乘教派流行纯观禅修,以马哈希尊者为代表。此类坐禅不侧重修止,而倾向于由观得定。但中土历来盛行大乘,小乘绝少,仅在云南一带有残存,且明代时并无此法。

② 王畿撰,吴震编校整理:《王畿集》,南京:凤凰出版社,2007年,第703页。

③ 《杂阿含经》(七一五),《大正藏》第2册 No.0099。

④ 王畿撰,吴震编校整理:《王畿集》,南京:凤凰出版社,2007年,第704页。

问通乎昼夜之道而知。先生曰："良知原是知昼知夜的。"又问人睡熟时良知亦不知了。曰："不知何以一叫便应？"曰："良知常知，如何有睡熟时？"曰："向晦宴息，此亦造化常理。夜来天地混沌，形色俱泯，人亦耳目无所睹闻，众窍俱翕，此即良知收敛凝一时。天地既开，庶物露生，人亦耳目有所睹闻，众窍俱辟，此即良知妙用发生时。可见人心与天地一体，故上下与天地同流。今人不会宴息，夜来不是昏睡，即是忘思魇寐。"曰："睡时功夫如何用？"先生曰："知昼即知夜矣。日间良知是顺应无滞的，夜间良知即是收敛凝一的，有梦即先兆。"①

若对比二人对于睡眠的描述，可发现王畿此意与阳明所述颇为类似，应该有明显的承继关系，但亦有几处关键差异。王畿和阳明都肯定宴（燕）息之功效，但王畿是从根本上否定睡眠的，要求人主动以息代睡；而阳明则认为良知昼知夜，之所以向晦宴息，是因为良知到了要"收敛凝一"的时刻。阳明所谓的"耳目无所睹闻"，是因为夜晚天暗之自然缘故；王畿所谓"耳无闻，目无见，口无吐纳，鼻无呼吸，手足无动静，心无思累"，则是宴息法门之主动要求。又，"君子以向晦入宴息"，语出自《易经·随卦》之象辞。《说文》："宴，安也。"宴息在先秦文本中，本为休息之意。阳明与王畿皆以佛教之工夫论重新诠释"宴息"，使之与一般意义上的"休息"对立，是汲取佛教之理论化入良知学体系中。而相比之下，王畿的佛教味道更为明显，路径也更为符合佛门要义。

颇为难得的是，王畿并没有盲目夸大静坐的功用，而是恪守阳明之教诲，仅将静坐视为"权法"，这要比聂豹等人的主张更为冷静客观。王畿称：

> 吾人未尝废静坐，若必藉此为了手，未免等待，非究竟法。

---

① 《王阳明全集》卷三《语录三》，上海：上海古籍出版社，2011年，第105～106页。

圣人之学,主于经世,原与世界不相离。古者教人,只言藏修游息,未尝专说闭关静坐。若日日应感,时时收摄,精神和畅充周,不动于欲,便与静坐一般。况欲根潜藏,非对境则不易发,如金体被铜铅混杂,非遇烈火则不易销。若以见在感应不得力,必待闭关静坐养成无欲之体,始为了手,不惟差却见在功夫,未免喜静厌动,与世间已无交涉,如何复经得世?①

由上述文字可知,王畿认为静坐非究竟法,其原因有二:其一,闭关静坐,隔离世事,未免喜静厌动,与儒家经世之目的不合;其二,欲根潜藏,对境易发,便于省察克治。若不经此役,终无见在功夫。王畿批评的这两点,可谓切中肯綮,最能发他人之未发。盖大乘佛教,悟道之后往往另有证道工夫,需要入世炼心,定慧等持。大乘坐禅悟道之目的,在于转识成智,慈航起用,而非如小乘一般厌世而取涅槃。良知之学亦如是,顿悟体无善恶之后,要以之经世济用,仍然不能脱离世情人欲,物我应感。王畿称:"苟能察于根因之故,转识成知,识即良知之用,嗜欲莫非天机,阴阳合德矣。"按,"转识成知(智)"为大乘唯识宗专有名词,意为将杂有熏习染污的业力种子,转为清净智慧之种子,从而八识转成四智,前五识(眼、耳、鼻、舌、身识)转为成所作智,第六识(意识)转为妙观察智,第七识(末那识)转为平等性智,第八识(阿赖耶识)转为大圆镜智。禅宗修行的三重境界②:愚痴众生见山是山、见水是水,实际上识见中杂有虚妄分别,沉迷色相,有种种贪欲、执取;顿悟之后,见山不是山,见水不是水,山河粉碎,大地陆沉,明了一切色相皆虚妄不实,不可执以为常,是悟道;悟道之后,入世炼心,对境而心不生虚妄分别,见山仍是山,见水仍是水,感应交

---

① 王畿撰,吴震编校整理:《王畿集》,南京:凤凰出版社,2007年,第10~11页。

② 三重境界说源自青原禅师,原话为:"三十年前未参禅时,见山是山,见水是水。及至后来,亲见知识,有个入处。见山不是山,见水不是水。而今得个休歇处,依前见山只是山,见水只是水。"

接,自然清净不染。所以参禅修行的过程,实际上也就是一个转识成智的过程,王畿所谓"嗜欲莫非天机"、"极粗的学问是极精的学问",既是良知之大用,又是禅修之证果。而王畿所谓"见在功夫",即如禅宗六祖慧能所云:"本性自净自定,只为见境思境即乱。若见诸境心不乱者,是真定也。"

(二)佛语玄谈

王畿对于大乘诸宗派多有涉猎,非泛泛而观、道听途说者。考王畿生平,此类证据甚多,王畿本人亦不曾讳言。如王畿《法华大意题词》称:

> 今观太虚所疏《法华大意》,若有以启予者。太虚为白沙先生方外交,予昔游江浦,访太虚故居,得此卷于石洞中,见其词近而旨远,意在扫去葛藤,欲人于言前直取向上一机,以悟为则,可谓全身领荷矣。因持归,出示月泉,月泉读而珍之。经凡若干品,原疏缺末后三品,略为诠补,付玉徒刻布丛林,而索予题词,以道其所因。予惟经中大意须从言外悟入,譬之因指见月,非执指以为月也。①

《妙法莲华经》(简称《法华经》)为大乘法华宗重要典籍,阐述"三乘归一"之道,在大乘佛教中地位崇高,一向被尊为"众经之首"。王畿寻访太虚,而得《法华大意》于石洞中,称"若有以启予者",可见王畿研读佛经的兴趣之浓厚。月泉即僧人法聚,与王畿过从甚密,已经到了相互研讨佛理的程度。类似的僧人好友,在王畿的交往中并不乏见。王畿又称"《经》中大意须从言外悟入,譬之因指见月,非执指以为月也",其意则本自《圆觉经》:"修多罗教,如标月指。若复见月,了知所标毕竟非月。"②禅宗主张"不立文字,教外别传",与此义正

---

① 王畿撰,吴震编校整理:《王畿集》,南京:凤凰出版社,2007年,第422页。

② 《大方广圆觉修多罗了义经》,《大正藏》第17册 No.0842。

同，故禅宗有《指月录》《续指月录》等书，辑录历代高僧的言行传略。

禅宗素来重心悟而不重文字记载，王畿领受此意，并以此作为最核心的教法。王畿赴新安六邑之会时，绩溪葛文韶、张懋、李逢春追谒斗山，叩请曰："某等深信阳明夫子良知之学，誓同此心，以此学为终始。惟先生独得晚年密传，窃愿有以请也。"王畿答道："有是哉？苟能发心求悟，所谓密在汝边，凡有所说即非密也。"①王畿之答语，本自慧能"与汝说者，即非密也；汝若返照，密在汝边"，②可见王畿身上的佛教烙印之重。王畿在讲学之时，又时常借用慧能"迷时《法华》转，悟时转《法华》"之语，来批评"泥于书而不得于心"的做法，是深得法华三昧。

王畿通透佛教义理，所以若方外友人在读经时遇有疑问，也往往前来求教。而王畿所答，亦纯是佛理，不杂他义。如：

> 友人看《圆觉经》，举"地火水风，四大假合而生，四大分离而死"请问。予谓："不待生死界头始知，即见在一念便可证取。世人妄认四大为身，故有生死相，一念逼塞便是地来碍，一念流浪便是水来浸，一念躁妄便是火来焚，一念掉举便是风来飘。若一念明定，不震不惊，当下超脱，不为四大所拘管，本无离合，宁有生死之期？方不负大丈夫为此一大事出世一番也。"③

上条亦见于他处所载，可确考此友人为陆光祖。陆光祖出身仕林，累官至吏部尚书，《明史》有传。光祖晚年倾心佛法，自号五台居士，不仅集资修佛殿，刊印佛经，又与名僧紫柏真可等从游，修习念佛三昧，病卧之中仍口诵真言、手执法相，可见其信仰之坚定。《续藏经》之《居士传》收入陆光祖，认可其为佛门居士。陆光祖在研读佛经之时，对王畿多所咨询，王畿能以纯正之佛理应之，自归因于其遍阅佛典，化而用之。"为此一大事出世一番"之语，王畿亦多次叙之，如

① 　王畿撰，吴震编校整理：《王畿集》，南京：凤凰出版社，2007 年，第 115 页。

② 　《六祖大师法宝坛经·自序品第一》，《大正藏》第 48 册 No. 2008。

③ 　王畿撰，吴震编校整理：《王畿集》，南京：凤凰出版社，2007 年，第 765 页。

《留都会纪》所称："此是吾人究竟法，到此方是大豪杰作用，方不负为此一大事因缘出世一番也。"此义实本于《法华经·方便品》：

> 诸佛世尊唯以一大事因缘故出现于世。舍利弗，云何名诸佛世尊唯以一大事因缘故出现于世？诸佛世尊，欲令众生开佛知见，使得清净故，出现于世。欲示众生佛之知见故，出现于世，欲令众生悟佛知见故，出现于世。欲令众生入佛知见故，出现于世。舍利弗，是为诸佛以一大事因缘故出现于世。

王畿所期，为令众生皆得独悟，故《法华经》之语对其触动极大，以致他每以此一大事因缘激励师门同志，认为"此是吾人究竟法，到此方是大豪杰作用"，可见其思想主旨，实承阳明佛学一路。然而王畿与阳明一样，希望将此源出佛教之良知体系，导向儒家经世济用之途，故终有所扞格不入处。王畿既认为"灵知是人身灵气"，又认为"妄认四大为身，故有生死相"，则此色身岂非归入虚妄，而灵知同于法身真如？身既妄认，则经世济用果做何事业？岂非终归入佛门空义？故陆光祖评论王畿："公舍不得致良知，四五十年精神流注在此，已有师承，且了世间法，干经世事业。若要了生死，出世间事，必须看话头，方是大超脱勾当。二者不相和会，君请择于斯二者。"[①]陆光祖已感觉到"致良知"之经世，与佛门"了生死"的目的不相容，故希望王畿能选择其一。而王畿则认为"世、出世法，本非二事，在人自信自悟，亦非和会使之一也。……且持话头只为要见般若本觉真心，良知即是智慧，无有二法。若教舍了良知，所持又何事耶？"[②]

光祖之语，不为无见，要出离生死，则不能倾心于经世事业，故他建议王畿舍弃致良知，从看话头起修纯正佛法。王畿之答语，则更为高妙，认为持话头的目的在于获得般若（梵语，意为"智慧"），而良知即此智慧，最核心的智慧只此一法，别无二法。故持佛教话头，即是

---

① 王畿撰，吴震编校整理：《王畿集》，南京：凤凰出版社，2007年，第148页。
② 王畿撰，吴震编校整理：《王畿集》，南京：凤凰出版社，2007年，第148页。

持良知，舍弃良知，则别无所持。王畿已深悟阳明良知之说，其内核与佛教不异，故敢作此语而不疑。大乘佛教有入世、出世两义，光祖只能见取出世义，而不能领悟"以入世为出世"（即六祖"佛法在世间，不离世间觉，离世觅菩提，恰如求兔角"之义）的究竟义，故对立入世、出世二法。王畿见得出世、入世不二，故能针对光祖之二相对立进行驳斥。但佛教之入世，其目的仍在于了生死，其义与儒家经世之目的在于维护纲常礼法毕竟不同。可惜光祖对佛教的理解程度不及王畿，故未能针对此点予以反驳。

王畿对于佛教修行法门之深研，还颇见于他与僧人之机锋。

> 达摩尝谓："金鳞脱网，离不得水。"予讶曰："还有这个在？果能飞腾变化，何论离与不离乎？"一日自然颠跃放歌跳舞，纵口骂人，若狂若痴。予戏曰："好个禅定头陀。"已而忽收膝枯坐若木偶人，复戏曰："何作此散乱伎俩耶？"[1]

禅门机锋，往往舍弃语言上的逻辑，而采取一种与常识对立的方式，借以振聋发聩，启人疑情，以让闻者解悟未受后天染熏之前的真实面目。王畿深明此道，所以与小达磨、风自然二人应机对答，不滞于外相。此数语虽类文字游戏，然若非对禅宗"参话头"法门有所涉猎，皆不能轻易道得。昔口阳明点化坐关多年而不语不视之僧人，谓之曰："这和尚终日口巴巴说甚么？终日眼睁睁看甚么？"即与此同理。然此处非王畿承自阳明，而是王畿与阳明皆浸润禅宗有所得，而发乎己心之语。

据《兴浦庵会语》载：

> 泗源与莲池举禅家察与观之旨相辨证。莲池谓须察念头起处，泗源谓察念不离乎意，如涤秽器，须用清水，若以秽水洗之，终不能净。佛以见性为宗，性与意根有辨。若但察念，只在意根作活计，所谓泥里洗土块也。须用观行，如曹溪常以智慧观照自

---

[1]　王畿撰，吴震编校整理：《王畿集》，南京：凤凰出版社，2007年，第593页。

性，乃究竟法。若专于察念，止可初学觅路，非本原实用处也。莲池谓察即观也，察念始不落空。不然，当成枯寂。泗源谓无观始不免落无记空，若觉观常明，岂得枯寂？惟向意根察识，正堕虚妄生灭境界，不可不慎也。辨久不决，阳和请为折衷。予谓二子所见，本不相戾，但各从重处举扬，所以有落空之疑。譬之明镜照物，镜体本明，而黑白自辨，此即观以该察也。因黑白之辨，而本体之明不亏，此即察以证观也。但泗源一向看得观法重，谓天地之道贞观者也。盥而不荐，有孚颙若，乃形容观法气象，故曰观天之神道，圣人以神道设教，即是以此观出教化也。西方奢摩陁三观，乃观中顿法，二十五轮，乃观中渐法。若无观行，智慧终不广大，只成弄精魂。然莲池所举察念之说，亦不可忽。不察则观无从入。皆良工苦心也。以吾儒之学例之，察即诚意，观即正心，所谓正者，只在意根上体当，无有一毫固必之私，非有二也。

据彭国详考证，莲池即莲宗八祖袾宏，可从。莲宗即净土宗，以念佛往生为修行法门。但佛教诸宗，本出一源，所谓的宗派分别，往往只是修行法门上的差别，而并非截然之对立。莲池弘法，主要强调老实持戒，一心念佛，故对于禅宗的纵论高谈不甚赞同。《净土疑辩》载莲池言论："归元性无二，方便有多门，晓得此意，禅宗净土，殊途同归。……若一味说无相话以为高，则资性稍利者，看得两本经论，记得几则公案，即便能之，何足为难？"因此缘故，莲池主张于念头起处察知，念起遂有善恶，是以此处可以着实用功。泗源则认为察念不免用意，意则已有后天染污，是以"泥里洗土块"，终不得清净。泗源主张如像禅宗六祖慧能那样，用智慧观照自性，才是究竟法门。莲池主渐修，观其圆寂之时，仍叮嘱弟子"老实念佛，莫换题目"，可知其一生功夫皆在增上精进之途；泗源主顿悟，认为莲池之说只是初学觅路，要径从本原觉观，才是真正实用工夫。莲池认为泗源枯寂落空，泗源认为莲池仍坠虚妄，遂相争成讼。王畿之论，则融合顿、渐二途，认为奢摩陁三观是观中顿，二十五轮是观中渐，观行法门原有顿、渐二义。

（按，王畿语本于《圆觉经》。奢摩陁，今译"奢摩他"。奢摩他三观又称"《圆觉》三观"，即奢摩他观、三摩钵底观、禅那观三种。三观依顿渐而修，可再细分为二十五种，即所谓二十五清净定轮。《圆觉经》载释迦偈子称："无碍清净慧，皆依禅定生。所谓奢摩他，三摩提、禅那，三法顿渐修，有二十五种。十方诸如来，三世修行者，无不因此法，而得成菩提。"）王畿虽然称莲池之"察"说不可忽视，"不察则观无从入"，但实际上王畿认为"观"法已含顿、渐，"若无观行，智慧终不广大"，是以察法为及门，而以观法为入室，高低昭然自判。莲池之错在于认为必须着意施加助力，方可察知善恶，而不明本体如镜，自能照物；泗源之错在于过分强调观之本体，而不明白本体之明，正因察知善恶而得复。王畿之论，佛理高妙，确能针砭二人之弊，但王畿仍然不忘将此纯佛理之研讨，与儒家传统典籍相牵合，以《中庸》之诚意、正心诠释佛门察、观二法，其内佛外儒之特色，亦不辩自明。

（三）儒佛同异

阳明是良知学的开创者，他心内晓知自己所立之法门与宋儒前贤不侔，亦清楚良知学与佛门教理之相近，故每每有所疑虑。为了弘扬良知学，阳明不得不借助三条路径，来对抗如日中天的朱子学：一是借助朱熹自己之口，编纂《朱子晚年定论》，声称朱子晚年已有悔意，准备舍外取内，趋向心学。平心而论，此书取证并不严密，不少朱子语句并非晚年所云，而对朱熹一时之语亦颇有放大扭曲之处。陈建评此书"颠倒早晚，以弥缝陆学而不顾矫诬朱子，诳误后学之深"，[①]用词虽过于严厉，但也颇道出个中真相。但在当日，此书影响颇大，令很多对良知学有所怀疑的儒生，因之信奉良知之学，可谓建功甚巨。二是重新诠释儒教前贤之语，借以对抗朱子。譬如上章所

---

①　此语载于陈建《学蔀通辨提纲》。顾炎武《日知录》卷十八加以引用，并对陈建之书大力称赞。

提及的《书周子〈太极图说〉、〈通书〉跋》，以及《大学古本序》之类，皆为此意。或指责朱熹曲解濂溪之语，或不满朱熹改窜典籍文本，以喻示朱子学并非圣学。三是拔高儒家圣人之学问，声称圣人之学原包涵儒、释、道三教，故释、老二家原是儒门圣人之旧家当，后儒不明，遂割裂三教，将三分之二割弃与人。良知学虽然杂取佛、道两家，但原是复圣人之教，而非淆乱儒道。此条为援佛入儒提供了法理依据，毫无疑问，它面临的阻力也最大。是故阳明在肯定佛教理论之价值时，又往往有所保留，适时加以破斥，强调佛氏遗弃人伦纲常，不可以之治天下。

王畿是良知学的继承者。由于阳明生前不遗余力地宣扬良知学，主动承担并消除了大部分阻力，所以王畿所面临的阻力要小很多。阳明军务繁重，又功高招忌，半生陷于政治漩涡之中，故对于良知学"向上一路"隐忍不发。王畿服膺阳明之教，认定良知学为圣学无疑，兼之为宦日短，失官后四处云游讲学，所顾忌之处远较阳明为少。王畿所得良知学"向上一路"，其实则源出佛门义理，亦即王畿几十年讲学之核心教法。王畿对于佛理之体悟，在王门中无他人可及。王畿亦并不讳言良知学与佛门之关联，但他既未因自居儒士而盲从众论，视佛教为害道之说，又未因倾心佛理而皈依佛门，从此四大皆空，故王畿对于二者同异，能以客观、公正之态度分析之，言辞鞭辟入里，发前人所未发，有明一代堪称难得。

阳明所创之良知学，最大的敌人并非老、佛，而是俗儒之学。为了破斥俗儒之学，阳明、王畿皆或明或暗借助释、道两家，而借助释教尤重。（按，道家体系之建立，亦多借助佛教理论、概念、法门、鬼神等要素，此为不争之事实。盖《道德经》、《庄子》本为政治学或哲学著作，并无建立宗教之意。后世道教之起，本以成仙、长生为目的。社会演进，百姓渐知神仙之说虚妄，道教为欲维持自身之存在，势不得不大量借取佛教内容以进行宗教改革，又借助《易经》八卦之类，以重建形而上学之逻辑体系。察明代之道教，其实已杂收儒、释两家，早非汉唐时面目。）究其原因，则在于释、道二家皆主张向内求取（简化而论之，道教可分为外丹、内丹两大派。外丹企图炼化药石，以合成仙丹，并非向身内求取。但"服食求神仙，多为药所误"，故唐末之后，内丹说遂成为主流，并与佛教开始融合。阳明、王畿所论之道教，除老、庄外，均为内丹法门），与俗儒向外经营相反。故王畿沿袭阳明之观点而详论之：

> 吾儒之学自有异端，老氏学道德，佛氏学性命，蒙庄宗老而任狂，过于矫与诞则有之，今日所病却不在此，惟在于俗耳。先师有云："世之人苟有究心虚寂，学道德、性命而不流于俗者，虽其陷于老、释之偏，尤将以为贤。"盖其心求以自得也。世之儒者不此之病，顾切切焉，惟彼之忧亦见其过计也已。①

上述文字出自《龙溪会语》所收之《三山丽泽录》。而在十几年后刊行的《王龙溪先生全集》中，虽然同样收录有《三山丽泽录》，但篇中的对应文字处，却删去了王畿所引之阳明语，其用意颇可玩味。依阳明、王畿之见解，俗儒之病在于其心不能求以自得，其为害儒学远胜于老、佛。良知学与佛教在理论体系上的相似性，让阳明、王畿皆承认释氏之学与良知学，其差异"惟在于几微毫厘之间而已"。② 学佛而能不流于俗，纵然不能无此毫厘差异，尤将以为贤。

对于佛教与良知学的"毫厘"之异，阳明归纳为佛教只欲出世，以远离生死苦海，而舍弃了人伦纲常。如笔者上章所辩，这种表述只适合小乘佛教，而不能指斥大乘。大乘佛教传入中土之后，明确提出了"上报四重恩，下济三途苦"③的口号，以普度众生为根本目的。是以阳明所论，颇有以偏概全的嫌疑。相比之下，王畿的论述则要精准

---

① 王畿撰，吴震编校整理：《王畿集》，南京：凤凰出版社，2007 年，第 697 页。

② 本自阳明语。阳明曾多次宣布此义，如："释氏之学，亦自有同于吾儒，而不害其为异者，惟在于几微毫厘之间而已。亦何必讳于其同而遂不敢以言，扭于其异而遂不以察之乎？"又如："大抵二氏之学，其妙与圣人只有毫厘之间。"

③ 四重恩，据《心地观经》，为父母恩、师恩、国王恩、三宝恩。三途苦，谓轮回地狱道、恶鬼道、畜生道众生之苦。

得多：

> 昔人以吾儒之学主于经世，佛氏之学主于出世，大略言之
> 耳。佛氏普度众生，尽未来际，未尝不以经世为念。但其心设
> 法，一切视为幻相，看得世界全无交涉处，视吾儒亲民一体、肫肫
> 之心终有不同。此在密体而默识之，非器数言诠之所能辨也。①

王畿此语，可谓从根本上点明了儒、佛（大乘）之差异。盖儒、佛
两家，皆主经世，教化并利益苍生。但儒家以世界为生生不息之实有
场所，佛家则认为万法由心而生，一切皆虚妄不实，归于空义。以究
竟法言之，佛教远离人、我分别，既无人相、我相，又无众生相、寿者
相，故诸菩萨虽"灭度无量无数无边众生，实无众生得灭度者"。（《金
刚经》语）故佛教之经世，是幻中说幻，慈悲心本由空中升起。而儒、
佛心体之差异，王畿别有言语论之：

> 佛氏虽上报四恩，终是看得与众生平等。只如舜遇瞽瞍，号
> 泣怨慕，引咎自责，至不可以为人，佛氏却便以为留情着相。天
> 地絪缊，万物化生，此是常道。佛氏虽乐有妻子，终以断淫欲为
> 教门。若尽如佛教，种类已绝，何人传法度生？所谓贤知者之
> 过也。②

舜因其父而"号泣怨慕，引咎自责，至不可以为人"，亦即王畿所
谓儒家"亲民一体、肫肫之心"。儒家之仁心，自孝而起，由齐家直至
平天下，有等级、次序之差别。先"老吾老"，而后才"及人之老"。佛
家则视众生平等，因六道轮回不休，今日之路人，甚或牛马畜生，或前
世为我父母，为我妻儿，故而不可有分别心。王畿所云"种类已绝"，
则是不明佛教教义之语。佛教之种类，包含六界众生，三圣（阿罗汉、
菩萨、佛）尚不在此列。六界除人界外，尚有天、阿修罗、地狱、恶鬼、
畜生五界，若人人皆断淫欲，或因素日福德往生天界、阿修罗界，或因

---

① 王畿撰，吴震编校整理：《王畿集》，南京：凤凰出版社，2007 年，第 699 页。
② 王畿撰，吴震编校整理：《王畿集》，南京：凤凰出版社，2007 年，第 752
～753 页。

素日作恶坠入地狱等下三途,是不须患人界无人。甚或六道众生皆证得涅槃空性,无一众生再入六道中轮回受苦,是佛教之最终目的达成,又何须担忧苦海无人?何况佛教之世界,由人心识所生,若去心识,则名色皆无缘得生。

如前所述,王畿放不下儒、道两家的世界生成理论,故有"天地絪缊,万物化生,此是常道"之语,指责佛教"一切视为幻相,看得世界全无交涉处"。在这一点上,阳明则要比王畿更倾向于释家。阳明主张"心外无物",又称"天地鬼神万物离去我的灵明,便没有天地鬼神万物了。我的灵明离却天地鬼神万物,亦没有我的灵明",与佛教"万法由心造"、"识缘名色,名色缘识"同理。王畿认为佛教"惟本觉无为真性,万劫常存,无有变减。大修行人作如是观,即有为而证无为,世、出世法。若外有为别求无为,是二乘见解,非究竟法"。[①] 可见王畿必然明白佛教之求取无为真性不离有为之意。但王畿同时又宣称"佛氏行无缘慈,虽度众生,同归寂灭,与世界冷无交涉",[②]是颇为自相矛盾。寂灭之无为真心,不离有为世界而求取,岂可谓之"冷无交涉"?若认为归于寂灭之后,乃与世界冷无交涉,亦不符合大乘教义。小乘阿罗汉之寂灭,为有余涅槃,或可谓与世界无交涉;大乘佛果之寂灭,为无余涅槃,一样法身常存,可以含摄三千世界之众生。阳明、王畿,皆非真正之佛教徒,而仅靠阅读佛典来体悟佛理,是以对于大、小乘之差别未能准确体认,故所论儒、佛差别各有得失。

隆庆四年(1570 年),王畿已七十三岁,家中忽遭火灾,所蓄器物"或攘或毁,一望萧然"。王畿反躬自省,撰《火灾自讼长语示儿辈》、《自讼问答》两文,以检讨自己生平,并对若干存在争议的焦点问题作出了回复。在谈到儒学与禅学、俗学的差别时,王畿这样总结:

---

① 王畿撰,吴震编校整理:《王畿集》,南京:凤凰出版社,2007 年,第 754 页。

② 王畿撰,吴震编校整理:《王畿集》,南京:凤凰出版社,2007 年,第 753 页。

因此勘得吾儒之学与禅学、俗学，正只在过与不及之间。彼视世界为虚妄，等生死为电泡，自成自住，自坏自空，天自信天，地自信地，万变轮回，归之大虚，漠然不以动心，佛氏之超脱也。牢笼世界，桎梏生死，以身狥物，悼往悲来，戚戚然若无所容，世俗之管带也。修愿省愆，有惧心而无戚容，固不以数之成亏自委，亦不以物之得丧自伤，内见者大，而外化者齐，平怀坦坦，不为境迁，吾道之中行也。古今学术毫厘之辨，亦在于此，有识者当自得之。①

这段文字，可以视为王畿论述儒学（良知学）与佛学、俗学差异的最后定型性文字，也是浓缩后的纲领性文字。俗学"以身狥物"，"戚戚然若无所容"，无最终之归宿，在三学中为最下。佛氏"漠然不以动心"，而儒学亦"无戚容"、"不以物之得丧自伤"、"不为境迁"，是另一种形式上的"不动心"，即孟子之"不动心"。儒家之不动心处，佛氏必定不动心，然则二者差异即在于儒家之动心处。是以王畿认为儒、佛之根本差异，在于儒学"有惧心"，能"修愿省愆"，行中庸之道。析而言之，儒、佛两家均认可心体无善无恶，而佛家志在证得此心体，从此永远处于无善无恶、不生不灭的涅槃境界之中，除此之外，天地万物皆无一毫留恋，包括个体的身心也要舍弃，以臻至无我；儒家则在于利用此心体之功用，常怀惧心，每发一念即能知善知恶，从而可修愿省愆，中道而行，同时这也是恢复心体之唯一途径。以佛氏立场而言，良知学仅得心体之用，终未能泯善恶，了生死；以良知学立场而言，佛氏所谓"证得心体"之了生死，乃是舍弃世界，不与天地同此心。

若以图表阐释良知学与禅学之差异（如图 4-1），可以清晰的看出，王畿的良知学体系，亦即阳明的"向上一路"，与大乘禅宗存在非常高的相似度。二者的差别，实际上主要集中在四个方面：一是人类

---

① 王畿撰，吴震编校整理：《王畿集》，南京：凤凰出版社，2007 年，第 734 页。

大乘佛教
（禅宗）

良知学
（王畿）

缺乏慧根 ——→ 前世修行

缺乏慧根 ——→ 灵气化育

慧根深厚

慧根深厚

下根人 ←持戒禅修（资粮道）→ 上根人

下根人 ←四有法（渐法）→ 上根人

机缘

机缘

顿悟见性

顿悟见性

理须顿悟，乘悟并销

理须顿悟，乘悟并销

保任

保任

事则渐修，因次第尽

四无法（顿法）

梵行已立所作已办

私欲去尽工夫成片

我生已尽，不受后有

戒慎恐惧，不为境迁

涅槃成佛

心同尧舜

教化百姓，直至死亡

［清净常存］［圆满受用］［应机教化］

天地灵气

法身 报身 化身

流通

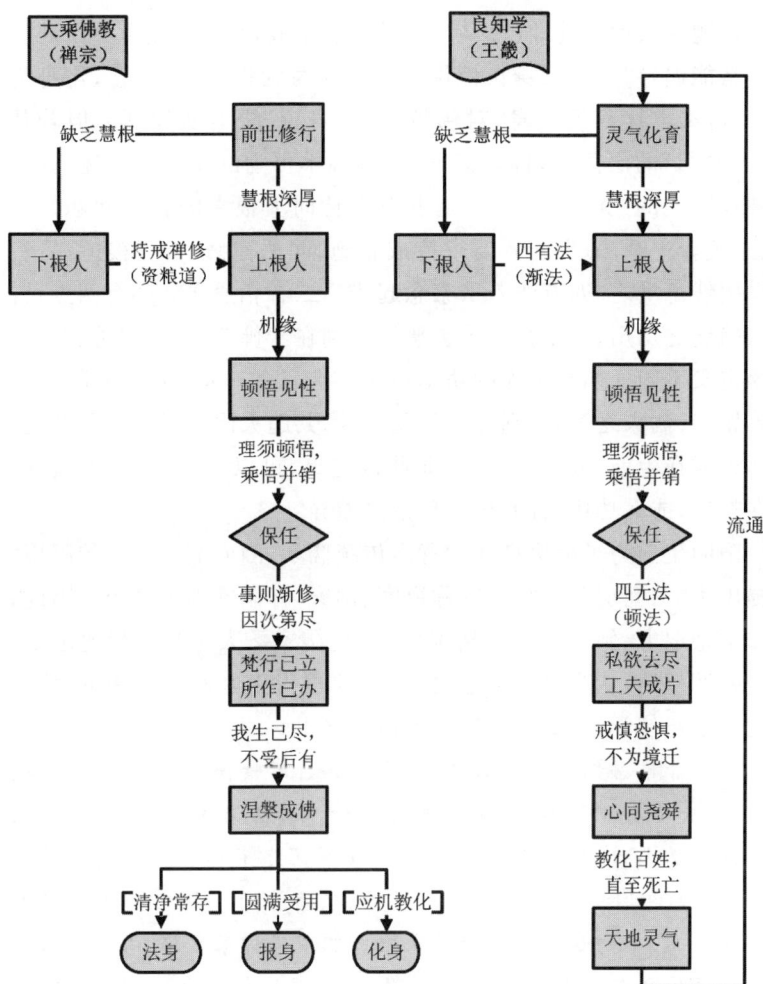

图 4-1　良知学与禅学比较图

的来源问题。王畿主灵气化育说，而佛教主六道轮回说。二是肉体死亡后的归属问题。王畿认为圣人死后重归天地灵气，与万物流通；佛教圣人涅槃之后，则不入轮回。王畿指责佛教"同归寂灭，与世界冷无交涉"，并不准确，成佛后仍可以化身示现，应机教化。据《法华经》,释迦在久远劫前即已成佛,为教化众生故,来此婆婆世界示现灭度。慧能倡导"一体三身自性佛",主张法身为性,报身为智,化身为行,不可离本性而说三身,对佛教之"三身说"更有所发展。但若从"不入轮回"的层面说,佛教涅槃后,的确不再为红尘俗世所迷,算是某种程度上的"无交涉"。三是下根人转向上根人的教法问题。佛教、王畿皆主渐法,但前者要求持戒布施、闻法禅修,行资粮道;后者则采用钱德洪之"四有法",从察念起步。二者相通之处亦有两点:皆承认静坐之功用,皆主张为善去恶。区别在于佛、儒二家之善、恶,其内涵定义不同。四是圣人的功用不同。佛家之圣人,意在超脱生死,不入轮回;儒家之圣人,则在于教化百姓,共趋大同。以上四种差别,前两种或在生前,或在死后,皆非此世之事,可以不论;后两种差异,或在教法,或在功用,皆非核心理论之差异。

阳明生前为了解决良知学背离传统儒学,因而遭到攻击的困境,曾提出了"三间房"的说法,宣称道家、佛家,皆儒家本来家当。因此,良知学杂取老、佛实际上是括本清源,复儒家圣人之教。相比之下,王畿强调顿悟,认为书籍不过是糟粕,要求得于心而不泥于书,故宣扬良知学与佛学皆独悟自得、互不借路之说:

> 非惟吾儒不借禅家之路,禅家亦自不借禅家之路。昔故曰:"丈夫自有冲天志,不向如来行处行。"昔香岩童子问沩山"西来意",沩山曰:"我说是我的,不干汝事。"终不加答。后因击竹证悟,始礼谢禅师。当时若与说破,岂有今日?故曰:"丈夫自有冲天志,不向如来行处行。"岂惟吾儒不借禅家之路,吾儒亦自不借吾儒之路。今日良知之说,人孰不闻?却须自悟,始为自得。自得者,得自本心,非得之言也。圣人先得我心之同然,印证而已。若从言句承领,门外之宝终非自己家珍。人心本虚寂,原是入圣真路头。虚寂之旨,羲黄姬孔相传之学脉,儒得之以为儒,禅得之以为禅,固非有所借而慕,亦非有所托而逃也。若夫儒释

公私之辨，悟者当自得之，非意识所能分疏也。①

依此论说，则虚寂之旨"儒得之以为儒，禅得之以为禅"，皆自悟始为自得。儒教、佛教之同，同于自悟，非但互相不借路，即使在同一教内，后人亦不借前人之路。此说颇为通脱，然本身即大有禅意，又承认儒、佛主旨皆为"虚寂"，实际上取消了二者的独立性，从侧面承认了二者核心体系的同一。若同主自悟，悟得二理，始分二教；若同主自悟，皆悟得"虚寂"，说甚分别？末句"公私之辨"，王畿以之为儒佛差异所在，其语本自阳明，亦即上述第四种差异。良知学之功用性属于儒家，确与佛教有别，笔者此前已多次论及，此不赘述。

四、小 结

良知学能够内采佛教（禅宗为主）之核心体系，外取儒教之教化功用，又能最大程度地融合儒释道三教的核心概念，并加以重新诠释，形成一种充满活力、简便易行的新哲学，其贡献不可谓不巨。对于良知学与禅学在核心主旨上的一致性，阳明生前亦曾亲口承认："'不思善不思恶时认本来面目'，此佛氏为未识本来面目者设此方便。'本来面目'即吾圣门所谓'良知'。今既认得良知明白，即已不消如此说矣。'随物而格'，是'致知'之功，即佛氏之'常惺惺'，亦是常存他本来面目耳。体段工夫，大略相似。但佛氏有个自私自利之心，所以便有不同耳。"②王畿悟得此义，故点破"无善无恶心之体"，而良知之根本义，实际上同于佛教之空性。此义阳明实际上早已主之，但隐忍不发。湛若水与王阳明书信辩论时，即提及此义："昨叔贤

---

① 王畿撰，吴震编校整理：《王畿集》，南京：凤凰出版社，2007 年，第 760页。

② 《王阳明全集》，上海：上海古籍出版社，2011 年，第 67 页。

到山间,道及老兄,颇讶不疑佛、老,以为一致,且云'到底是空',以为极致之论。"①后又再复阳明:"手论中间不辟佛氏及'到底皆空'之说,恐别有为,不肖顽钝,未能领高远之教。"②然至阳明去世,阳明也未改变此义,故湛若水在《奠王阳明先生文》中再申此义:"谓兄有言,学竟是空。求同讲异,责在今公。"③以湛若水之才识,犹对阳明此论耿耿于怀,不能信服。而阳明不点明此"向上一路",不公开宣扬"到底是空",确有现实中的考虑。天泉证道之时,王畿自行悟得此理,阳明印可之后,又叮嘱他"不宜轻以示人",可谓慎之又慎。

而王畿之个性决绝,甚少顾忌外界舆论压力。其语云:"贤者自信本心,不动情于毁誉。自信而是,举世非之而不顾;自信而非,得天下有所不为。"又称:"君子为善有所顾忌,则不能成大善。"④是以虽有阳明之告诫在前,王畿亦未能自秘;兼之王畿又以良知学传承为己任,故非但宣说此义,且又公开援引佛语,以为助力。王畿自云:"不肖于师门晚年宗说,幸有所闻,不忍自秘。三数十年来,皇皇焉求友于四方,岂惟期以自辅,亦期得一二法器,相与共究斯义,以绵此一脉如线之传。"⑤王畿的这种做法,逐渐遭到了同门的普遍反对,钱德洪、聂豹、黄绾等人反对尤力。王畿显然也意识到了这一点,自称"动憎众口"。但王畿既经阳明印证,又自信超绝,故概不认为自己学说有误漏,而归因于同门之根器不够。商廷试评之,"尝斥之以伪学而

---

①　湛若水:《湛甘泉先生文集》卷七《寄阳明》,《四库存目丛书》集部第56册,第561页。

②　湛若水:《泉翁大全文集》卷九《答王阳明书》,嘉靖十九年(1540年)刻、万历二十一年(1593年)修补本。

③　湛若水:《湛甘泉先生文集》卷三十《奠王阳明先生文》,《四库存目丛书》集部第57册,第220页。

④　王畿撰,吴震编校整理:《王畿集》,南京:凤凰出版社,2007年,第714页。

⑤　王畿撰,吴震编校整理:《王畿集》,南京:凤凰出版社,2007年,第714—715页。

不惧，或目之为禅学而不疑，混迹尘俗而玩心高明"，①刻画十分逼真。

黄宗羲云："泰州、龙溪时时不满其师说，益启瞿昙之秘而归之师，盖跻阳明而为禅矣。然龙溪之后，力量无过于龙溪者；又得江右为之救正，故不至十分决裂。"②此语似真而伪。阳明自云"吾教法原有此两种"，黄宗羲不能尽信，又称"四无句""于阳明平日之言无所考见，独先生（王畿）言之耳"，③故暗责王畿污师，跻师入禅。盖宗羲所见文献未广，又有先入为主之观念，力图为阳明开脱禅学之讥，自不免归谬泰州、龙溪二家。实则王畿取径佛、道二家，路径与阳明大致相似，故能领悟阳明"向上一路"，独得其秘。王畿所讲说，其义多承阳明，而究其本源，皆归佛氏。王畿终生服膺阳明良知学，虽得阳明禅学一路，而能导入儒家功用，较之其余门人，最为符合阳明本义。王畿之后，良知学或偏于向下一路，只谈经世，归于传统儒学；或流入纯禅，空论心体，不复关心儒家之功用。王畿所云"极精的是极粗的学问，极粗的是极精的学问"，后人或论其精，或事其粗，良知学断为两截，其全体之圆融已不复存。

宋明理学宗派内外，甚喜对体系中的相关哲学问题进行争论，并由此衍生出各种各样的派别。其热点问题有理与气，无极与太极，动与静，内与外，寂与感，义与利，佛与儒，良知与知觉，先天与后天……诸如此类，不胜枚举。而究其争论之起因，则往往由于双方对于同一概念内涵、外延的认识并不一致。譬如湛若水批评良知，认为遗弃外物，却不知阳明主张"意念所及即是物"，对"物"之定义与其不同。罗钦顺批评良知学，以为误认知觉为本性，却不知阳明学之良知是先天灵明，而非后天的器官知觉。诸如此类，不胜枚举。良知学取法禅学，深明佛家"不一不异"之道，故体系内罕少有二元对立之概念。此

---

① 王畿撰，吴震编校整理：《王畿集》，南京：凤凰出版社，2007年，第732页。

② 黄宗羲著，沈芝盈点校：《明儒学案》，北京：中华书局，1985年，第703页。

③ 王畿撰，吴震编校整理：《王畿集》，南京：凤凰出版社，2007年，第238页。

可谓之良知学之方法论,而阳明门人之中,尤以王畿之领悟最透。庄渠与阳明对语,力主"心常静"之说,阳明则云:"我道心是常动的。"庄渠不解此论,遂拂袖而去。盖禅宗之破我执,有对治之法,你说静我便说动,你说动我则说静,以之启人疑情。阳明去世后,庄渠请教王畿,王畿始为解之:"悟得时,谓心是常静亦可,谓心是常动亦可,谓之天根亦可,谓之天机亦可。心无动静。动静,所遇之时也。"①王畿所论,深契阳明之旨,合于禅法宗传。同理,王畿之"四无说"与钱德洪之"四有说",也并非截然对立。心体之无,在外物感应时方能察之,若无感应,则心体亦无从安立。黄宗羲亦不解此理,故举王畿他日之说"至善无恶者心之体,有善有恶者意之动,知善知恶者良知也,为善去恶者格物也",以证其自相矛盾。实则至善无恶即是无善无恶,善与恶为对立二法,若无恶则亦无善可云。意动有善恶,是未悟得时语;意动无善恶,是悟得时语。历代以来,对阳明学擅加褒贬之人尤多,大多皆因缺少对佛教的透彻认识,所以对此体系中的若干概念辨识不清,纷争愈久愈繁。阳明、王畿所论,儒家所谓"道心之微",即孔子所罕谈之"性与命"之事,而非"向下一路"多闻阙疑、博学审思之事。此理实本于佛教,而阳明、王畿皆以其为圣人本义,千古一理,后人不察遂归为佛家尔。

天泉证道之后,黄宗羲认为"自此印正,而先生(王畿)之论,大抵归于四无"。详考王畿几十年讲学之言论,王畿实并主顿、渐二法,持论接上接下,本身无病。但钱德洪等人既力主为善去恶,宣扬"四有说",企图斩断良知学与禅学之血脉关联,王畿自不免多强调"向上一路",援引师说、佛理为证,意图启发下根门人。单以境界论,王畿确得阳明之上乘,但学问教法当"不愤不启,不悱不发",后辈门人中能有几人可臻至顿悟之地?王畿强行接引,不能应机,遂转致非议。兼之王畿"素性好游","少避形迹",云游讲学时托宿"必欲近城市,劳官

---

① 王畿撰,吴震编校整理:《王畿集》,南京:凤凰出版社,2007年,第765页。

府力，犯人言"，①此等不拘小节处若落在常人眼中，自然逊于严持己身、风节高操之士。王畿一悟本体，任心而行，自认上根，认为"别立戒门，只为下根众生"。②盖儒家所谓圣人之最高境界，"不勉而中，不思而得"，③本无须勉力而行，处处持戒守礼，而一举一动无不自然合乎天地中庸之道。王畿体悟到这一良知天然的境界，因此相信只要护持这一境界，自然能够大公顺应，能够随心所欲而不逾矩。然而圣人本为理想之模范，凡人终因存有形体，纵使确为上根之人，也不能绝无人欲之私，率性而行与自命不凡仅有一线之隔。以禅宗类比之，则尽管顿悟"众生本来成佛"，却并不等于"众生已经成佛"，是以禅宗在悟道之后，往往加以"悟后起修"之语，强调觉悟之道理虽明，素往之习气却需要逐渐消磨，方可真正圆觉无碍。从根本意义上说，悟后起修，本为幻上修幻，究竟无佛可成、无法可得，但若无这一段修行功夫，则终不能契入空性，证得正果。阳明悟得此理，故平时以"四句教"（无善无恶是心之体，有善有恶是意之动，知善知恶是良知，为善去恶是格物）教人，认为它是"彻上彻下语，自初学以至圣人，只此功夫。初学用此，循循有入，虽至圣人，穷究无尽"，而反对以"四无说"为教法，并提醒王畿"只好默默自修，不可执以接人"。谆谆之诲，足见良帅呵护高足之苦心。

王畿"自信而是，举世非之而不顾"，半生云游说法，时或举独得之秘以示人，难免失之于谨言慎行，虽然狂狷近道，但距离宗师气象毕竟仍差一线。直至晚年家院遭火，王畿始有戒惧反省之意："自今思之，君子独立不惧与小人之无忌惮，所争只毫发间。察诸一念，其机甚微，凡横逆拂乱之来，莫非自反以求增益之地，未可概以人言为

---

① 罗洪先著，徐儒宗编校整理：《罗洪先集》卷六《答王龙溪》，南京：凤凰出版社，2007年，第212页。
② 王畿撰，吴震编校整理：《王畿集》，南京：凤凰出版社，2007年，第808页。
③ 《中庸》："诚者不勉而中，不思而得，从容中道，圣人也。"

尽非也。"①此后,王畿对于讲学时援引佛法所引发的后果,也开始逐渐反省。万历元年(1573 年),王畿七十六岁,与陆光祖等人谈论学问异同,称:"今日良知学原是范围三教宗盟,一点灵明充塞宇宙,羲皇、尧、舜、文王、孔子诸圣人皆不能外此别有建立。灵性在宇宙间,万古一日,本无生死,亦无大小。圣学衰,佛氏始入中国,主持世教。时有盛衰,所见亦因以异,非道有大小也。谓孔子之道大于佛,固不识佛;谓佛之道大于孔子,尤不识孔子。吾世契崇信孔氏,复深于佛学,一言轻重,世法视以为向背。自今以后,望专发明孔氏以上诸圣大宗,立心立命,以继绝学而开太平,弗多举扬佛法,分别大小,以骇世听。非有所避忌,随时立教,法如是故也。圣学明,则佛学不待阐而自明矣。若夫同异毫厘之辨,存乎自悟,非可以口舌争也。"②此时的王畿虽然立场观点未改,但已能劝诫他人"弗多举扬佛法"、"随时立教",以免骇世,足证其修为渐趋质朴,退藏于密。

阳明得王畿,是阳明之大幸,亦是王畿之大幸。王畿讲学半生,却不能觅得一合适根器沿此学脉,是龙溪之不幸,也是良知学之大不幸。黄宗羲谓"龙溪之后,力量无过于龙溪者",此语得之。

---

① 　王畿撰,吴震编校整理:《王畿集》,南京:凤凰出版社,2007 年,第 733 页。
② 　王畿撰,吴震编校整理:《王畿集》,南京:凤凰出版社,2007 年,第 763 页。

第五章

登堂入室，操戈以伐

——黄绾的"反叛之路"

黄绾（1480—1554），字宗贤，号久庵，又号石龙，浙江台州府人。官至礼部尚书，兼翰林学士。在阳明门人之中，黄绾是一位非常特殊的人物。其一，黄绾曾经与王阳明、湛若水共同以讲明圣学为志向，彼此为默契之交近二十年，晚年他却毅然拜入阳明门下，其服膺王学之心不可谓不诚。其二，在阳明功高招忌、学异招讥，乃至在朝廷中备受诸臣弹劾的危急关头，黄绾能够挺身而出，接连上奏章为阳明辩护，并公开宣称阳明之学源出孔孟圣学，而自己也已拜阳明为师，其守卫阳明之志不可谓不坚。其三，阳明去世之后，家事烦扰难定，为了挽救阳明遗孤，黄绾将其女许配给王正聪（时正聪才四岁，后改名为正亿），并抚养正聪在自己家中长大，其护卫王门之力不可谓不巨。然而，就是这样一位在阳明门人之中威望甚高的学者，在阳明去世后不久，忽然一反常态，撰《明道编》一书对良知学大加抨击，认为其空疏而不切实用。时人（如王世贞、李绍文等）皆谓黄绾对阳明"生称师、殁称友"，①个中情由，实在启人疑窦，颇有详细研究之必要。

---

① 王世贞:《弇州四部稿》卷一百八十说部；李绍文:《皇明世说新语》卷七。

一、黄绾为学经历及著作版本

黄绾旧无年谱,虽《明史》、《明儒学案》、《黄岩县志》等处有传,而颇简略,皆仅数百字,于其生平事迹多未及。今所知最早试图对黄绾生平加以详细梳理者,为容肇祖先生所著《王守仁的门人黄绾》一文,刊于民国二十九年(1940年)《燕京学报》第27期。前贤筚路蓝缕,功劳诚不可没,但或因当日历史条件所限,其舛漏仍多。譬如容先生花了很大力气推测黄绾的卒年,实则其卒年月日明确见于《明世宗实录》,而所推测之黄绾生年,亦有三年之误差。凡此种种,不一而足。笔者为撰写此章,曾搜考所能目见之文集、史料,特为黄绾编写年谱,本拟附在全书之末,以备后来学者参考。然笔者年谱完稿后数月,而张宏敏所著《黄绾生平学术编年》一书已告出版,资料详实,更胜笔者旧作。以此故,笔者下文不再一一赘述其生平年月,而仅对黄绾为学经历及著作版本作一简要说明。

黄绾生长于官宦之家。祖父黄孔昭为为明代名臣,官至南京工部右侍郎,弘治四年(1491年)卒于任,嘉靖中赠礼部尚书,谥文毅,《明史》有传。外祖父鲍恩曾任夷陵、颍州知州,弘治元年(1488年)卒。父亲黄俌弘治十七年(1504年)致仕,终官吏部文选司郎中。因祖、父皆在仕途,幼年的黄绾由已致仕在家的外祖父鲍恩抚养长大。黄绾自称"予少年天资颇美,外祖简庵公教之亦有方",[①]可见鲍恩对于黄绾的启蒙颇有助力。鲍恩去世后,黄绾的母舅为其择师,而前后一二人皆市井浮薄之徒,故黄绾自云"美质亦为之坏,久而始觉其非"。祖父黄孔昭去世后,父亲黄俌归家丁忧,开始亲自督导黄绾,使知举子业,时黄绾十六岁。至黄绾弱冠之年时,已精通诗义,尤善古

---

① 黄绾著,刘厚祜、张岂之标点:《明道编》,北京:中华书局,1959年,第23页。

诗文。因祖父之故，黄绾循例可得袭荫入国子监，故面临的科举压力要比出身贫寒的儒生小得多。一日，黄绾偶然读到宋代张载等人对于荫袭的评价："世禄之荣，王者所以录有功、尊有德，爱之厚之，示恩遇之不穷也。为人后者，所宜乐职劝功以服勤事任，长廉远利以嗣述世风。而近世公卿子孙，方且下比布衣，工声病，售有司，为不得已为贫之仕，诚何心哉？……自非学至于不动心之固，不惑之明，莫不降志辱身，起皇皇而为利矣。求口实而朵其颐，为身谋而屈其道，习久风变，固不知求仕非义，而反羞循理为不能；不知荫袭为荣，而反以虚名为善继。"[1]张载的语句对黄绾震动极大，他不再以"工声病，售有司"为人生目标，而立志要"学至于不动心之固，不惑之明"，遂毅然舍弃举子业，而以圣贤自期，并于所坐处置一木牌，正书"穷师孔孟，达法伊周"，背书"勤敏自强，研精抑气"，朝夕观警。

约在此时，黄绾拜同县的谢铎为师。谢铎博通经史，宗法程朱，与李东阳为同为茶陵诗派的领袖人物，也同为黄绾祖父生前的至交好友。谢铎此时已自南京国子祭酒任上致仕，闲居在太平县家中。黄绾得与谢、李二先生识交，并隐居紫霄山中十余年，勤读苦思，学益充裕。这一时期，也是黄绾沉迷孔孟之学，立志求作圣贤的时期。弘治十七年，黄绾随父黄俌居于京师，有乡亲告之科场关节事，黄绾遂不赴科举，作《有感》诗以明志："万死或可轻，一节终自持。我性本疏拙，滞通真乃宜。今谁为此谋，所谋非我知。古有洗耳翁，见此将焉嗤？"类似的自述志向高洁的诗篇，在其存世诗集《石龙集》中屡见不鲜。次年黄俌致仕，于正寝之北建业书楼，藏历代所蓄书卷。好友夏鍭登楼观书，黄俌请以五子为记，夏鍭云："盖五子俱贤，皆能读其父祖书，绍、绎、绾、约、纷，而绾独为可畏。"[2]可知此时之黄绾，才华已

---

① 张载：《策问二首》；吕祖谦：《宋文鉴》皇朝文鉴卷第一百二十四，《四部丛刊》影宋刊本。

② 《黄岩县志》，《中国方志丛书》华中地方第 211 号，据光绪三年（1877年）本影印，第 2577 页。

渐露峥嵘。

黄绾喜好古文辞，又擅诗，故亦以旧文一卷为贽，向李东阳称弟子。然黄绾虽舍弃举子业，却并非一意追求避世隐居，而是时刻关心政局国事，有济世安民之志。目睹当时宦官专政的黑暗，黄绾作《上西涯先生论时务书》、《再上西涯先生书》，指摘时务，建言李东阳以托孤老臣身份，驱除刘瑾等擅政宦官，以整顿朝政。此时李东阳在朝中慑于刘瑾淫威，时时如履薄冰，其处境又岂是黄绾凭一腔书生意气所能体会？太仆寺卿储巏升为都察院右佥都御史，黄绾得知后，又作《寄储柴墟先生书》，并附所寄李东阳书，既盛赞储巏品德，又建言宜多引拔人才。储巏作《与黄绾秀才》，谓"足下超然攻古文词，迈往之气、特立之操间见诸楮墨间。此巏所以敛衽起敬，直以古人期之，非凿空逐影、妄诶后辈以自要誉也"，并推荐他向蔡清、王守仁两人问学："近时士大夫，如蔡君介夫、王君伯安，皆趋向正、造诣深、讲明义理，不专为文字之学。今介夫致仕归泉州，伯安雅有山水之乐，计不久亦归越中。以足下卓识高才，服阕后间出往从之游，所得当益胜矣。"[①]此时黄绾父亲已去世，黄绾正在服丧期间。接到储巏复信，黄绾表示待父亲丧服一除，即当往访之。然蔡清不久后即去世，黄绾终未能相识。

父丧过后，母亲强命黄绾出仕。黄绾寄书谢铎告别，谢铎复书勉之曰："夫事君匡时，莫大于学真儒，虽千言万语，不过如此而已。然忠孝廉节，亦皆其中事，舍此别无余事矣。惟神明扶祐以见于行，则天下之福也。"黄绾自云："夜分书到，烧灯起床读之，恨不能面语，梦寐中颇有说话。"正德五年（1510 年），黄绾袭祖荫，补国子生，并于此年以官生身份赴部听选，获授后军都督府都事。因出仕并非黄绾自愿，故其反而视之，"得一官若负秽"，心态彷徨不定。十一月，王守仁入觐，馆于大兴隆寺。时黄绾为后军都督府都事，因储巏请见。守仁

---

① 储巏：《柴墟文集》卷十四，明嘉靖四年（1525 年）刻本，第 22～23 页。

与黄绾语，喜曰："此学久绝，子何所闻?"对曰："虽粗有志，实未用功。"守仁曰："人惟患无志，不患无功。"明日引见湛若水，订与终身共学。黄绾自云："予三人者自执事之外，稍暇，必会讲，饮食起居，日必共之，各相砥砺。"这一段时间，既是黄绾与王守仁、湛若水相识的开端，也是他们相互促进、取长补短的关键时期。以程度而论，王守仁、湛若水皆已有所用力处，而王守仁虽经龙场悟道，但学说、教法尚未彻底完善，受湛若水启发较多；黄绾则尚无自我之体系，故受二人影响皆多，其中又以受王守仁影响为深。因此时王守仁已察觉程朱学之弊端，故言语多切中其弊，加之有储罐先前的推荐，故黄绾对阳明深信不疑。王守仁告诉黄绾："学者欲为圣人，必须廓清心体，使纤翳不留，真性始见，方有操持涵养之地。"王、黄二人往复辩论讨儒、释之异，阳明援佛入儒，令黄绾眼界大开。三人志同道合，相交莫逆，遂相约共隐，以钻研圣贤之道。不久之后，湛若水奉使安南，王守仁调任南京，三人于是天各一方。黄绾三年任满，疏乞养病，在获准后，卸任归隐于灵岩山中，修习道教的辟谷之术，以求祛病养生。其诗《病习辟谷寄阳明、甘泉二公》云："伏疴久弗愈，乃试辟谷方。……终朝未一粒，三咽充我肠。神爽觉超越，肝肺忽已香。从兹谢荤秽，并遣人间粮。"黄绾还于山中结二草亭，各题王守仁、湛若水之名以相待，后又将二草亭合并为一，题为"二公"，且寄书王守仁、湛若水以告之。王守仁接书之后，复信："宗贤之思，靡日不切！又得草堂报，益使人神魂飞越，若不能一日留此也，如何如何!"然而世事难料，王守仁此后戎马倥偬，平叛建功，湛若水寻丁母忧，服阙后又宦海浮沉，皆未能来觅黄绾，以赴共隐之盟。

黄绾在隐居其间，与郑善夫、应良等人相善，又时常以诗词自娱，频赴台州知府顾璘之郡斋宴集，大有文人之气。观此期诗词，除唱和宴饮外，多有力耕言志之作。如《力耕》其一："大道久云丧，举世慕经营。有身不肯贵，但贵身外荣。小大竞奔波，决命毕其生。"又如《山人歌》："山人不出山，白云共孤卧。起居恒自适，朝朝复暮暮。嗟彼役役为谁忙，钟鸣漏尽忘归路。"由此亦可知，洁身自好、闲适自得，成为黄绾这一时期思想的主流。

嘉靖元年(1522 年)，王守仁返家丁父忧，黄绾见之于余姚。王守仁阐发"致良知"之说，黄绾大为推崇："简易直截，圣学无疑，先生真吾师也。尚可自处于友乎？"遂纳贽称弟子。嘉靖帝下诏征访遗逸，御史朱节特疏荐举黄绾，绾此年遂起升南京都察院经历。黄绾在南京，卜居龙广山之麓，结庐以习《易》，故名庐为学易轩，并作《学〈易〉轩记》。此后黄绾连上三疏，赞同张璁、桂萼等人的大礼议，遂开始官运亨通，一路青云直上。为官期间，黄绾参与编纂《大礼全书》，上《论治河理漕疏》、《论刑狱疏》，多有政绩。尤其在王守仁因平宸濠功遭忌时，黄绾上《议江西军功疏》[①]，仗义执言，为阳明辩护。王守仁获知后，寄信黄绾道谢："近得邸报及亲友书，闻知石龙之于区区，乃无所不用其极若此；而西樵、兀崖诸公爱厚勤拳，亦复有加无已，深用悚惧。嗟乎！今求朝廷之上，信其有事君之忠、忧世之切、当事之勇、用心之公若诸公者，复何人哉！"

嘉靖帝下令部院公选翰林官，吏部会同礼部、都察院共推黄绾为首选，由大理寺左少卿改为詹事府少詹事，兼翰林院侍讲学士。黄绾素与张璁相得，璁欲用为吏部侍郎且令典试南京，为杨一清所抑。一清又以黄绾操南音，不令与经筵。八月甲寅，黄绾遂上《论治机疏》，语多讥讽，暗刺杨一清，谓"趋其门者，必可使招权纳贿、吮痈舐痔，方成深交；观其登荐，必能奔竞刺天、贪墨无涯，方在深取。四方将帅，大半为其卖鬻；中外臣僚，每每目其私人。……奸蠹之状，其阴秘者固未尽彰，其败露者犹难悉数。……只论其情状，而不指斥其姓名，盖欲陛下因情状以察群臣之中孰为最似，使群臣亦因情状以求朝堂之间孰为逼真，而知其人。"黄绾声称"君子、小人决不容以并立也"，其自命清流，而将政敌贬斥为奸佞小人，虽然言调高亢、掷地有声，但

---

① 疏名据黄绾《久庵先生文选》，明万历刻本。此疏亦附《王阳明全集》，名《明军功以励忠勤疏》。

亦可见其颇乏容人之量。

嘉靖八年（1529年）二月，王守仁灵柩至越，黄绾等门人至明堂哭祭。时朝中有异议，爵、荫、赠、谥诸典皆不与，且下诏禁伪学。黄绾撰写《阳明先生行状》，又上《明是非、定赏罚疏》，为守仁申辩："臣所以深知守仁者，盖以其功与学。然功高而见忌，学古而人不识，此守仁之所以不容于世也。"黄绾列举"守仁之功，其大者有四"、"其学之大要有三"，希望嘉靖帝"敕下该部，查给恤典赠谥，仍与世袭，并开学禁。"疏入，不报。八月，工科给事中陆粲弹劾张璁、桂萼罔上行私、专权纳贿、擅作威福、报复恩雠，并一一列举其私党，其中谓黄绾"曲学阿世，虚谈眩人"，属"阴厚于璁而阳附于萼者也"。黄绾遂上《沥忠乞休疏》，为自己辩解，并请准致仕。嘉靖帝优诏不允："绾素秉忠诚，其安心于位。"

此后，黄绾抚助阳明遗孤、奉命勘大同事、知乙未科贡举，并为《阳明先生文录》作序，其所为人气节不亏、为官亦颇有政绩。嘉靖十八年（1539年），嘉靖帝欲令黄绾赍诏往谕安南，黄绾未驰赴行在而舟诣京师，帝以之为大不敬，兼之黄绾又为其父母请赠，帝遂大怒，令其以原职闲住，毋复起用。黄绾落职归家之后，举家迁居翠屏山中，杜门谢客，口事注述，于未尝释卷。嘉靖二十一年（1542年）秋，王畿、沈静夫、杨珂三人访黄绾于澄江之浒，相与讲论绝学未明之旨，畅谈数日。从后来的结果来看，黄绾在此时已逐渐开始怀疑良知学，并形成了自己的学术观点。

黄绾晚年家风不严，家仆侵民夺地，乡誉不佳。东盘山本为黄绾所自择墓地，并为之自铭。但此山据传为邑大姓池氏产业，池家遂致讼黄绾霸占田产。因官司久拖未胜，黄绾最终不得不改葬他处。考诸文献所载，黄绾之家仆横行乡里，高材为黄岩令，略止之。黄绾所自择之东盘山墓地，亦由高材判归池家。据高攀龙《高子遗书》：

> 我高氏之起于儒也，自黄岩公始矣。黄岩公，雪楼公长子也，讳材，字国文，号静成。……既令黄岩，有尚书黄绾，有才名，家累巨万，侵细民，又为良知家言，令至即称门生，惟所颐指纪纲

之,仆至令庭令为设便坐,讼狱以意左右。公初谒尚书,尚书谬引上坐,公即上坐。公亦谓:"尚书何以教令?"尚书曰:"今学者大患好名,如汉之党人、唐之清流是矣。宋之名士,尽于史嵩之一毒,悲哉!"公曰:"固也。即非清流,究竟死,死等耳,以清流死不胜耶?"尚书默然。一日,其仆大帽华衣,直入令庭言事。公曰:"若何为者?"褫其衣笞之。民大喜,皆起暴尚书诸不法事,得数百牍。公亲之,送尚书自为理,尽反侵夺民田地。尚书大窘,令其子橐珍宝、饰美姬至锡,冀饵其家坏之,计卒不行。语具太学公传。

毛宪《毗陵人品记》亦载其事。今考康熙《黄岩县志》有高材传,虽不载此事,但知高材确于嘉靖二十九年(1550年)以举人任黄岩知县,治政清廉有声。县志谓其"性简亢,即权豪不少屈",当有所指。又考李一瀚《礼部尚书兼翰林院学士黄公绾行状》,谓黄绾晚年"凡有事关民瘼者,独慨然言于当道",则知县高材眼中所见"惟所颐指纪纲"之状,或因各人立场不同,而感受各异尔。

今考黄绾著作,约有《明道编》、《石龙集》、《久庵先生文选》、《庙制考义》,以及《四书五经原古》、《中庸古今注》、《思古堂笔记》、《石龙奏议》、《知罪录》、《云中疏稿》、《困蒙稿》、《恐负稿》等十几种。黄绾生平又喜刻石留书,今台州市存世者尚有多处。惜黄绾卒后次年,汪直率倭寇破其家以报私怨,故黄绾著作今多遭毁佚,留存甚稀。中华书局1959年曾点校出版过《明道编》(残存六卷)一书,这也成为大陆学者研究黄绾思想最主要的文献。因为黄绾存世的其余著作,大陆地区罕有流传,也从来没有在任何地区整理出版,故很多学者都以为《明道编》是其存世的仅有作品。侯外庐所撰《明道编序》即称:"其书除《明道编》外,都已经佚失了。"① 今所见绝大多数思想史、学术史,

---

① 黄绾著,刘厚祐、张岂之标点:《明道编》,北京:中华书局,1959年,第13页。

皆沿袭此说，包括最新出版的《中国儒学史》（汤一介、李中华主编）一书，也仅在黄绾的章节中罗列"今存《明道编》"而已。

实际上《石龙集》二十八卷、《久庵先生文选》十六卷仍然存世，且均为全帙。《石龙集》存嘉靖原刻，左右双边，半叶十行，行二十字，单线鱼尾，版心中央题书名、卷数，上方有刻工所统计字数，下方题页码。此本旧归刘承干嘉业堂所藏（据"吴兴刘氏嘉业堂藏书印"、"刘承干字贞一号翰怡"二印），今保存于台湾中央图书馆，为海内孤本（馆内还藏有此种的另一套残本）。大陆地区仅知浙江图书馆历史文献馆藏此本的晚期抄本（28 卷全，馆内著录为清抄本，张宏敏经考证认定为民国抄本）。此外，美国华盛顿大学、密歇根大学、哥伦比亚大学、达特茅斯学院、哈佛燕京学社以及香港大学、台湾中山大学、台湾政治大学均藏有《石龙集》的缩微胶卷，其源头均来自台湾中央图书馆所藏嘉靖原刊本。《久庵先生文选》存万历刊本，四周单边，无鱼尾，版心中央题卷数，上有书名，下为页码，半叶十行，行十九字。严绍璗《日藏汉籍善本书目》、黄仁生《日本现藏稀见元明文集考证与提要》曾著录日本藏本（尊经阁文库藏，万历刻本），严氏称此书系"原江户时代加贺藩主田纲纪旧藏"，①黄氏谓为天下孤本，足见其珍希贵重。今美国普林斯顿大学图书馆、台湾中央图书馆汉学研究中心虽著录藏有此书，而实际上均为日本刻本之复印件。

黄绾所著诗文，基本都保留在《石龙集》之中；所上奏疏，汇集为《石龙奏议》二集，共四十余本。两书皆在黄绾生前成书，然梓行未久，板片即为倭寇所毁，故李伯鸿又挑选二书之精华部分，编纂为《久庵先生文选》，后由刘顺征、汤聘尹等人续成刊刻。而《明道编》（存残本），则主要是黄绾晚年的治学笔记，由其子黄承德编刻，保存了他的若干重要学术观点。今《石龙奏议》虽佚，但合《石龙集》、《久庵先生文选》、《明道编》三书，黄绾的生平及学术思想已大略可以考见。惟

---

①　严绍璗：《日藏汉籍善本书目》，北京：中华书局，2007 年，第 1700 页。

《久庵先生文选》与《石龙集》所收录之同一文章,颇有异文、异字,使用时应当注意其差别。①

二、黄绾之学术思想

(一)早期阶段(1480—1509):遍览泛观,惩遏人欲

今人陈鼓应、辛冠洁、葛荣晋主编的《明清实学简史》,声称黄绾一生治学凡三变,早年"学宗程朱",中年"笃信王学",晚年"又转向实学",并将其思想变化描述为"明代学术思想演变过程的一个缩影"。而实际上,这一概括不但粗率,也不十分准确。黄绾的一生始终都在寻觅孔、孟道统,并主张以自上而下的道德教化,作为实现济世救民的实用手段。王廷相在熟读《石龙集》三月之后,为其作《序》云:"黄子学有三尚,而为文之妙不与存焉。何谓三尚?明道、稽政、志在天下是也。明道而不切于政,则空寂而无实用;稽政而不本于道,则陋劣而非经;术不足以通天下之情,亦不足以协万物之宜。其为志也,得其偏隅而迷其综括,欲周天下之变,难矣!"②王廷相的这一概括,更能精确的定位黄绾一生的学术宗旨,而这一宗旨实际上也贯穿了所谓的"学宗程朱"、"笃信王学"、"转向实学"全部三个阶段。黄绾从来没有完全信奉过朱子学或是阳明学,他所寻找的,只是更有效的修身明道、成为君子儒的方式。黄绾少年时的座右铭"穷师孔孟,达法伊周",才是黄绾一生的理想追求。

黄绾少年时师从谢铎,而谢铎宗朱子学,故前辈学者多据此认定黄绾存在一个"学宗程朱"的阶段。其实自明成祖编定《五经大全》、

---

① 最早提及此事者为张宏敏《今存黄绾诗文集版本略考——兼论浙江省图书馆藏〈石龙集〉抄本非"清抄本"》一文。笔者虽亦独立发现此点,然为避掠美之嫌,故此注出。

② 《石龙集·序》,明嘉靖年间刻本,台湾"中央图书馆"藏。

《四书大全》《性理大全》之后，朱子学已成为官方认定的正统学说，也是科举应试的必由之路。与其说黄绾宗程朱，倒不如干脆说当时的一批儒士皆不得不从朱子学启蒙。经此一役，要么全盘接受朱子学，成为程朱学说真正的信奉者，要么则觉察到朱子学之弊病，全力奋起以纠其偏。黄绾当然也存在一个刻苦为举子业，以希图求售于有司的阶段，而这一阶段所学的内容也当然不外乎程朱，但从他的为学经历而看，我们找不到任何他曾虔诚信奉朱子学的证据。正相反，由于黄绾独特的身份，他可以通过先祖的功劳荫补为官，所以当他读到张载、王安石、周敦颐、张栻、吕希哲等人关于袭荫的言论时，不禁"反复思之，芒背骇愕，以见闻之晚而尝辛勤为举业为悔"。① 所以黄绾在弱冠之年就舍弃了举子业，时间约在拜师谢铎前后。放下科举之后，黄绾隐居紫霄山中读书十年之久，"勤敏自强，研精抑气"，"穷师孔孟，达法伊周"，立志求作圣贤。黄家祖辈蓄书，数量当不在少数，以至于要建业书楼以贮之，而黄绾"能读其父祖书"，可知经过了一个长期的、广泛的阅读阶段。在此期间，黄绾所着重从事的是诗词、古文的创作，八股时文则完全不在考虑之中。我们甚至可以推测，黄绾先后纳贽谢铎、李东阳为弟子，所侧重他们在品德上、文学上的修养，要胜过在思想上、学术上的倾向。储巏称此时的黄绾"超然攻古文词，迈往之气、特立之操间见诸楮墨间"，此可佐证之。

朱子学在被明代朝廷确立为官方学术之后，开始逐渐失去了它的活力，变得非常僵化死板，而且日益脱离现实。很多以朱子学自命的文人、儒士，一方面动辄将圣人之学宣之于口，另一方面个人行动作为往往寡廉鲜耻、言不符实。这一倾向在明成祖"靖难之役"之后，变得尤为明显。黄绾评之云："今士子类窃圣言以利其身面，漓天下之风俗，坏天下之人心，莫此为甚。不必深责异端，即此乃门墙，夷狄

① 《石龙集》卷十五《谢陈御史招应举书》，明嘉靖年间刻本，台湾"中央图书馆"藏。

可以谓学也。"①时至当时,甚至于李东阳这种学界领袖、政界元老,也不得不慑于宦官刘瑾的淫威,"委曲匡持,期于少济,而因循隐忍,所损亦多"。② 黄绾虽然远离官场,但感忧时事,所以才一再寄书业师李东阳,规劝其能以霹雳手段肃清朝政。黄绾之举动凸显他对于官场勾心斗角之复杂缺乏了解,也同时可以看出他以清流、公义自任,心中绝无海纳百川、藏污纳垢之念头。这一作风,实际上在黄绾日后多年的从政生涯中,也体现得淋漓尽致。议大礼时,黄绾公开支持张璁,不惜与百官对抗;在朝中时,他感觉受到压制,于是以极其尖刻之言语讽刺,斥责杨一清;被弹劾时,他名为乞休,实则罗列自己功绩痛斥言官;理边政时,他率先劾罢处事不利的边将刘源清、郤永,又对处理结果不满,多次上书请求严惩。凡此种种,皆可体现黄绾的个人性格和作风。黄绾有一副"君子担道义"、"虽千万人吾往矣"的傲骨,只要他认定是符合孔孟之道的行动,他即会毅然决然的去执行,不计个人代价,甚至也不惜将大多数人推向自己的反面。

黄绾青年为学,追求的是最符合孔孟之道的诠释,而并非是去完美地诠释和践行程朱之学。黄绾从来没有认可程朱之学足以代表乃至取代孔孟的本义,也从来没有赋予程朱本身以圣人的身份。程朱之学,只不过是黄绾所曾经接触过的一种学说而已,甚至于对其评价并不甚高。到黄绾晚年撰《明道编》,检点对宋儒的评价时,仍然宣称:"宋儒之学,其入门皆由于禅,濂溪、明道、横渠、象山则由于上乘,伊川、晦庵则由于下乘。虽曰圣学至宋倡,然语焉而不精、择焉而不详者多矣,故至今日禅说益盛,实理益失。"③足可证黄绾年轻时虽曾泛观宋儒,而诸家之中,程朱并无特别超然之地位。关于此点,笔者

① 《石龙集》卷十五《答王东瀛论学书》,明嘉靖年间刻本,台湾"中央图书馆"藏。

② 《明史》第一百八十一卷《列传第六十九》,北京:中华书局,1974 年,第4824 页。

③ 黄绾著,刘厚祜、张岂之标点:《明道编》,北京:中华书局,1959 年,第12—13 页。

还可以别举一事以证之。黄绾二十二岁时，曾寄书与同乡王启讨论《礼经》：

> 当今经书虽云粗具，而《礼经》特为缺讹，何则？周衰，诸侯放恣而《礼》最为所恶，故未经秦火而《礼》已亡其七八。今之谓《仪礼》、《周礼》及大、小戴《记》者，实皆汉儒掇拾傅会，以为干时进取之资，然多糜文失义，其非周公、孔子制作删定之遗经可知矣。宋紫阳朱子为《仪礼经传》，欲成一家之典，然不过据陈言于尺素，因讹谬以踵袭。及其门人黄勉斋传之吾乡戴大监，至于吴草庐为《三礼考注》等书，亦不过因朱子之旧而略为区别，岂足以尽制作删定之意？故敢忘其僭陋，欲精求二圣经世作述之意，存其同以去其异，别为《礼经》一书。实不敢便谓真足以窥闻奥，但思古人《伐檀》之志，冀以岁月，尚或竢圣人之复生也。①

由此可知，黄绾钻研周孔之道，非但对汉儒的"掇拾傅会"、"糜文失义"很不满意，对朱熹的"据陈言于尺素，因讹谬以踵袭"亦颇有微词，而其自视甚高，欲求周孔"经世作述之意"，"别为《礼经》一书"，"竢圣人之复生也"。观此，则可知黄绾为学，非但不宗程朱，亦且不重汉注，而是企图径趋先秦古学，求觅周、孔之本义。周、孔相去黄绾已逾千百年，而黄绾"欲精求二圣经世作述之意"，势不能不求之己心，以己意为裁断，故其为学有鲜明的、不同于俗儒一面。在这一点上，黄绾很不像王守仁，至少后者生命中曾有过一段清楚的"学宗程朱"的阶段。黄绾所追求的，一直是最符合孔孟原始教义的学说，所谓"孔辙平生志，忧深道转穷"。② 为此黄绾不惜多年隐居山中、读书博览，努力寻求最佳的答案，但收获并不大。如其自云："予欲学亦全夫性之道，知寡闻不足与乎大明，欲其友，三年而不得；求其师，六年

---

① 《石龙集》卷十五《与王东瀛论〈礼经〉书》，明嘉靖年间刻本，台湾"中央图书馆"藏。

② 《久庵先生文选》卷四《感事》(二首)其一，明万历刻本，台湾"中央图书馆"藏。

而不遇，自谓终焉弃德者矣。"①他后来能与湛若水、王守仁两人志同道合、相交莫逆，于此已种前因。

黄绾"年十六始知为举业，又三年乃厌其卑近"，②前后所历仅三年而已。此后拒绝陈诠御史招招举，决意不赴科场，可见其态度之坚定。究其原由，则因黄绾志向远大，"毅然以圣贤自期"，③既能弃举子业不为，则与科举制度绑定的程朱学说，自然也失去神圣地位、褪掉万丈光辉，而仅成为学说之一。此阶段中，对黄绾影响最大者当为谢铎，而所从事之主要修行，则为君子小人、天理人欲之辨。据其《寄谢方石先生书》：

> 久违函丈，无所依归，兼以弱质，杂于末俗颓风，常以不能树立为忧。夫"各言尔志"，固圣人之训也。绾幼负不羁之气，中屹昌大之志，自习句读，凡于书册所载忠臣烈士杀身赴义之伟，未尝不神超骨耸、感激思奋，虽风沙万里、剖心斩首，宁不悔也。既更岁月，稍识道理之方，辄以圣贤为必可学以至，乃于所坐，置一木牌，书曰："穷师孔孟，达法伊周。"其背又书曰："勤敏自强，研精抑气。"朝夕观警。至今学不加进，行不加检，求之愈深，愈知其不易，且鄙拙之性不能谐俗以求欢悦，时或忧思太过，形焦神悴，辄成一疾，只得就闲习静以理血气，人事每多疏忽，故言出谤归，名至毁随。④

又据《明道编》，则黄绾早年励己、制欲之手段，又不仅上述而已：

> 悔恨发愤，闭户书室，以至终夜不寐，终日不食，罚跪自击，无所不至。又以册刻"天理"、"人欲"四字，分两行。发一念由天理，以红笔点之；发一念由人欲，以黑笔点之。至十日一数之，以

---

① 《久庵先生文选》卷六《别甘泉子序》，明万历刻本，台湾"中央图书馆"藏。

② 《石龙集》卷十五《寄刘检讨瑞书》，明嘉靖刻本，台湾"中央图书馆"藏。

③ 李一瀚：《礼部尚书兼翰林院学士黄公绾行状》，焦竑《国朝献征录》卷三十四，明万历刻本，第11页。

④ 《石龙集》卷十五《寄方石先生书》，明嘉靖刻本，台湾"中央图书馆"藏。

视红黑多寡为工程。又以绳系手臂，又为木牌，书当戒之言，藏袖中，常检之以自警。如此数年，仅免过咎，然亦不能无猎心之萌。由此益知气习移人之易，人心克己之难。①

黄绾立志之真诚，导致其履行之急切，又受宋儒影响，将天理与人欲对立，故一味采取压制之手段，故"形焦神悴，辄成一疾"。黄绾虽然没有像王阳明早年迷恋朱子学那样，由"求理于外"到"病其支离"，但亦堕入宋儒俗窠，终日试图尽灭人欲，以成圣贤。当此之时，谢铎在人品修为上的成功，就成为黄绾倾心仰慕的对象。是以谢铎再次出仕之后，黄绾"别逾两载，不复承教，私心忧惧，不能自安"，求"俯赐一言，引阘茸于尘埃之中，使上有以继绝学，下有开来世"，②期盼之情，溢于言表。而谢铎对于黄绾的教诲，不外乎提携后进之言语，以及勉励其求学真儒之志。此等言语虽然不能真正解决黄绾之疑问，但身为长者的谆谆教诲以及素日的磊落举止，皆能慰黄绾之饥渴，令其学有标的。祖、父皆去世之后，母亲强令黄绾出仕，他临行之前，再次寄书谢铎请教。谢铎复信勉之云："夫事君匡时，莫大于学真儒，虽千言万语，不过如此而已。然忠孝廉节，亦皆其中事，舍此别无余事矣。惟神明扶祐以见于行，则天下之福也。"黄绾自云："夜分书到，烧灯起床读之，恨不能面语，梦寐中颇有说话。"③可见谢铎之风姿，对于黄绾性格影响之深、之大。而谢铎不久后即去世，这也成为他最后的教诲。

谢铎之外，对黄绾影响颇大的要属张元祯、李东阳二人。三人皆为前辈名宿，故黄绾多所请教。黄绾甚至将三人答复之诗文汇编为《恐负卷》，足显其尊重之情。夏鍭跋曰："予读此卷，见东白、西涯、方

①　黄绾著，刘厚祜、张岂之标点：《明道编》，北京：中华书局，1959年，第23页。

②　《石龙集》卷十五《寄方石先生书》，明嘉靖刻本，台湾"中央图书馆"藏。

③　《石龙集》卷七《读方石先生书有感》，明嘉靖刻本，台湾"中央图书馆"藏。

石三先生其所望于宗贤,虽不同其为说而意同,盖非圣贤远业,亦无所望于宗贤。"①黄绾师从三先生,所探讨皆为"圣贤远业",这对于一个布衣之身的儒生,也是极为难能可贵的。黄绾《赘西涯先生书》云:"平生立志,不屑卑小,惟思圣人之道,载之方策,存之吾心,譬如源泉行地,凿井而有可求之理。将以此求之,亦不知天之所以生之、任之为何如。生不生,天也;任不任,人也。我但尽我所能而已,彼我又何暇论哉?"②正是由于黄绾一早就确立了远大的志向,此后毕生都在不懈地追求圣人之道,所以他才会接触并尝试任何有新鲜见解的理论,并最终建立起自己的思想体系。黄绾早期这一段特殊的人生经历,对于他中年倾心阳明学说,晚年又以《易经》为载体,创立"艮止"学说,并走向阳明学之反面,关系都非常重大。

(二)中期阶段(1510—1528):倾心阳明,"无弗入也"

人欲与天理的对立,最早也可以追溯到《礼记》。《礼记·乐记》云:"好恶无节于内,知诱于外,不能反躬,天理灭矣。夫物之惑人无穷,而人之好恶无节,则是物至而人化物也。人化物也者,灭天理而穷人欲者也,于是有悖逆诈伪之心,有淫泆作乱之事。"但是,这种对立强调的是若不去节制人的本能欲望,终日只管穷奢极欲,才导致天理泯灭。换言之,人欲与天理并非截然不兼容、判若冰火。《礼记·礼运》强调:"饮食男女,人之大欲存焉。死亡贫苦,人之大恶存焉。故欲恶者,心之大端也。人藏其心,不可测度也,美恶皆在其心不见其色也,欲一以穷之,舍礼何以哉?"可见,以礼法限制人的欲望,使其处于一个适当的程度,才是儒家的本意。孔子主张"己所不欲,勿施于人",孟子主张"王如好货(色),与百姓同之",都是在认可个人私欲的前提下,推己及人,以推动社会形成更好的风气。佛教传入之后,

---

① 夏鍭:《明夏赤诚先生文集》卷二十一《书〈恐负卷〉后》,《四库存目丛书》集部第45册,第445页。

② 《石龙集》卷十五《赘西涯先生书》,明嘉靖刻本,台湾"中央图书馆"藏。

以无明喻父,以贪爱喻母,二者和合而生我执,使众生起惑造业,流转生死,无有出期。贪爱之心一起,自会造业,前因生今果,今果又为后因,业力种子如瀑流,日益增长,永无止息。贪爱,是导致众生不明诸法实相,因而得不到解脱的罪魁祸首,只有彻底摈除贪爱,才可以获得真正的清净解脱。这种尖锐的二元对立,由于佛教的大力弘法,而被真正的建立起来,并成为信众普遍认知的常识。宋儒深受佛教影响,自周敦颐始,即主张"无欲则静虚而动直",并认为孟子的主张"养心莫善于寡欲"仍不足够,而公开宣称:"予谓养心不止于寡焉而存耳,盖寡焉以至于无。无则诚立、明通。诚立,贤也;明通,圣也。"①从寡欲到无欲,虽然只有一字之差,但却彻底取消了人类基本欲望存在的必要性和合理性。到朱熹举起"存天理,灭人欲"的大旗,则更为直截了当,天理与人欲之间不再具有丝毫的兼容性。概言之,将去人欲视为成圣的必备手段,这已是宋儒的共识。乃至于明代中期以对朱子学之反动的面貌而出现的阳明心学,也同样不能避免地认可了这一前提,承认为学之目的就是学习如何去人欲而存天理。王守仁与朱熹的最终目的并无二致,区别只在于实现的手段,亦即格物的手段是向内还是向外,以及具体应该如何实行。

黄绾很早就确立了成圣的目标,所以在早期阶段所从事的核心工作,就是如何彻底摈弃人欲。他使用的手段花样繁多,用功匪浅,但收获却并不算多。根本原因在于他并未形成独立的体系,只能不断重复前贤的功课,强行用力压制欲望,却无法彻底根除,治标不治本。力竭神疲,猎心又起,乃至于身染疾病,几于放弃,"自谓终焉弃德者矣"。当此之时,母亲又强令出仕,以至于黄绾"反而视之,其身常如槁,其意常若失,得一官若负秋"。② 也正是在这样的背景下,黄绾在京城遇到了王守仁,又在后者的介绍下结识了湛若水。王守仁

---

① 周敦颐:《周谦溪集》卷八《养心亭说》,《丛书集成初编》本,第139~140页。

② 《久庵先生文选》卷六《别甘泉子序》,明万历刻本,台湾"中央图书馆"藏。

此时已经历过"龙场悟道",初步建立起了自己的格物去欲的理论体系。阳明心学的体系受佛教影响甚大,对于如何克制贪爱私欲,颇能对症下药,直击要害。而此时的王守仁,也正处于大力弘扬儒、释、道三家本一的阶段。类似的描述虽然在《传习录》、《阳明年谱》中被有意识的弱化乃至删而不录,但通过湛若水、王畿、黄绾等人的记录,仍可窥豹一斑。王守仁此时"言圣枝叶,老聃、释氏",而湛若水则反对这一立场,主张"佛于我孔,根株咸二"。① 黄绾晚年追忆此时情景,所记载更为详细:

> 予昔年与海内一二君子讲习,有以致知为至极其良知,格物为格其非心者。又谓格者、正也,正其不正,以归于正;致者、至也,至极其良知,使无亏缺障蔽。以身、心、意、知、物合为一物,而通为良知条理;格、致、诚、正、修合为一事,而通为良知工夫。又云,克己工夫全在格物上用,克其己私,即格其非心也。又令看《六祖坛经》,会其本来无物,不思善,不思恶,见本来面目,为直超上乘,以为合于良知之至极。又以《悟真篇后序》为得圣人之旨。以儒与仙佛之道皆同,但有私己同物之殊。以孔子《论语》之言,皆为下学之事,非直超上悟之旨。予始未之信,既而信之,又久而验之,方知空虚之弊,误人非细。②

因黄绾此条批评太甚,以及文中提及《六祖坛经》、《悟真篇后序》等处,似将"海内一二君子"贬入佛、道,故唐宇元另辟新说,认为"黄绾批判和反对的对象,主要是针对日益禅化的王龙溪等人","恐怕不是指王阳明,或者说,并不是主要针对王阳明的"。③ 唐氏心中以王守仁为真儒,故接受不了王守仁会有上述的言论,其为阳明辩护之心

---

① 湛若水:《湛甘泉先生文集》卷三十《奠王阳明先生文》,《四库存目丛书》集部第 57 册,第 219 页。
② 黄绾著,刘厚祜、张岂之标点:《明道编》,北京:中华书局,1959 年,第 10～11 页。
③ 唐宇元:《黄绾思想新议》,《齐鲁学刊》1991 年第 3 期,第 19 页。

可谓良苦。然黄绾明言此为"昔年"事，所列举观点皆为阳明主要观点，"以儒与仙佛之道皆同，但有私己同物之殊"亦是阳明对于儒佛的一贯立场。黄绾自云"始未之信，既而信之"，明显是对阳明而言，若此条是针对王畿，则其时黄绾早已拜入阳明门下，过了"始未之信"的阶段。阳明取径佛、道两家为不争之事实，其《与陆元静》书中明确提及："神仙之学与圣人异，然其造端托始，亦惟欲引人于道，《悟真篇后序》中所谓'黄老悲其贪着，乃以神仙之术渐次导之'者。原静试取而观之，其微旨亦自可识。"《答陆元静书》又云："'不思善不思恶时认本来面目'，此佛氏为未识本来面目者设此方便。'本来面目'即吾圣门所谓'良知'。"皆与黄绾此条中所述观点相吻合。况如笔者前文所证，阳明的类似观点，直到他去世也并未改变（阳明晚年犹以"到底是空"以为极致之论，湛若水作祭文时仍对此不能释怀），只不过将此作为"向上一路"而隐忍不发，直到被王畿再次说破并印可其承传此旨。凡此种种，皆可确证此"海内一二君子"，主要即针对王守仁而言。

王守仁的体系，佛、道两家的成分不在儒家之下，这对于专攻儒家的黄绾而言，颇有耳目一新的感觉。阳明学"格、致、诚、正、修合为一事，而通为良知工夫"，"克己工夫全在格物上用，克其私，即格其非心也"，相比黄绾早期的强行压制私欲，高下相去不可以道里计。据黄绾自陈："阳明子坐与我语，归而犹梦之，恍若阳明子临之，而不敢萌一毛于私。于是乃源源而见之，遂不知有我之百骸九窍矣。"①阳明亦称："宗贤于吾言，犹渴而饮，无弗入也，每见其溢于面。今既豁然，吾党之良，莫有及者。"由此可见黄绾对于阳明之由衷信服。阳明所谓"无弗入也"，亦非夸张之语。王阳明、湛若水相约与黄绾归隐，黄绾不久后就辞官隐居，结亭以待；黄绾体弱多病，在听从王阳明的劝导之后，即开始实验修习道教的辟谷之术，以求祛病延年，前述

---

① 《久庵先生文选》卷六《别甘泉子序》，明万历刻本，台湾"中央图书馆"藏。

《病习辟谷寄阳明、甘泉二公》，即作于此期。

王守仁对于黄绾的影响，其最核心之处，在于提供了另外一种克去私欲的方式。此方式简易直截，不需要用力压制，信任良知的知是知非功能，一觉私欲萌生，随即克去，毫不费力劳神。黄绾本非轻信之人，所以才对《礼经》的汉儒之注、朱子之传皆不满意，而企图自行笔删成文。他能在短期内对王守仁的观点由"始未之信"到"既而信之"，一是经由储瓘的大力推荐，还未见面之前已生仰慕之心；二是阳明之说正对其症，他多年来病去欲而未能，一旦眼前豁然展现一个全新的天地，自然难以浅尝辄止。此后阳明剿匪平藩，建立不世之勋，更加令一直渴望建立功业的黄绾倍增仰慕之情。事实上，黄绾一直对于阳明处于一种半崇拜的状态，甚至多次宣称"阳明先生如景星、凤凰"，其不吝赞美之词，于此可见。当阳明最终彻底完善他的体系之后，黄绾见守仁于余姚，闻授"致良知"说，大为拜服："简易直截，圣学无疑，先生真吾师也。尚可自处于友乎？"黄绾因此向阳明纳贽称弟子，也就是自然而然的事情了。

如前所述，阳明重新诠释了儒家经典中的若干核心概念、圣贤言论，藉此对良知学的体系进行了包装修饰，并主张圣人之学原本如此，原本就包含佛、道二家主旨在其中。黄绾信奉阳明之学，正是信奉它为往圣之本义，与孔孟之道无二。为此，黄绾不惜一再与人论战（如与魏校、王道等人），为良知学辩护，乃至于在朝廷质疑阳明学为伪学之时，毅然挺身而出，为阳明正名。从黄绾的辩护文字来看，他认为阳明"其学之大要有三：一曰'致良知'，实本先民之言，盖致知出于孔氏，而良知出于孟轲性善之论。二曰'亲民'，亦本先民之言，盖《大学》旧本所谓亲民者，即百姓不亲之亲，凡亲贤乐利，与民同其好恶，而为絜矩之道者是已。此所据以从旧本之意，非创为之说也。三曰'知行合一'，亦本先民之言，盖知至至之，知终终之，只一事也。守仁发此，欲人言行相顾，勿事空言以为学也"。① 从黄绾此期的大量言论来判断，这几条言论并非黄绾故意牵扯阳明学与孔孟言论而为之，而是体现了他内心的真实立场。黄绾之所以倾心阳明学，并非是信奉一个崭新的理论体系，而是认定它符合孔孟之道的本来面目，是孔孟在当世的代言人。然而，黄绾毕生追求的是孔孟之真义，为此他曾泛观诸家之说，并一再修改自己的选择。阳明学虽然对黄绾之影响最为深远、全面，但当他学力日进之后，依然会发现阳明学与孔孟本义的不合之处，并逐渐产生质疑、动摇，直至最终走向其反面。黄绾的眼光一直在瞄准并找寻先秦的孔孟，而不是后人各自诠释的孔孟。若用今天学界的话语来定义的话，黄绾是一个始终都在努力回归原典的学者。

　　湛若水对于黄绾的影响，在于提供了一个协调点。湛若水由王阳明推荐给黄绾认识，阳明因为学问初成，所以与湛若水辩论较多，其争论核心则在于儒、佛同异。（据湛若水《奠王阳明先生文》、《阳明先生墓志铭》、《寄阳明》、《答王阳明书》等处文字，可知此论题自湛、王二人初遇、再遇乃至终其一生，皆辩论不休。）据阳明自称："晚得友于甘泉湛子，而后吾之志益坚，毅然若不可遏，则予之资于甘泉多矣。甘泉之学，务求自得者也，世未之能知其知者，且疑其为禅。诚禅也，吾犹未得而见，而况其所志卓尔若此。……吾与甘泉友，意之所在，不言而会；论之所及，不约而同，期于斯道毙而后已者。"②王、湛二人皆卓然于世，难觅知己，且所主张之新学问，世人皆目之为禅，故彼此之间碰撞、启发均多。湛若水之似禅，在于继承了其师陈献章主张"静坐观心"的路数，并以"随处体认天理"拓益之，是形式上的相似，他本人仍然严守儒、佛之辩；王阳明之似禅，则是将佛、道视为儒家之本来所有之物，为圣人枝叶，并择取儒、道二家之核心概念，以诠释儒

　　① 《王阳明全集》卷三十五《年谱三》，上海：上海古籍出版社，2011 年，第1465 页。

　　② 《王阳明全集》，上海：上海古籍出版社，2011 年，第 245～247 页。

家经典之言语,是核心上的一致,他本人则主张三家本一。黄绾在处于二人之间,则明显更倾向于王阳明,而对湛若水保持着一定的距离。其原因也如前所述,阳明之学虽更倒向佛老,但仍然以诠释儒家经典文本的面貌出现,并主张"要在事上磨",而不废弃俗世功业,黄绾执着于儒家原典,故其心易从。湛若水则主静坐澄心,与典籍文本关系不大,黄绾虽敬其人品,然对于其学说则汲取为少。三人分别后,黄绾有《寄湛甘泉书》(之二),其中云:

> 夫释、老以生死为事,一切不染,然犹极其勇猛、竭其精勤,然后有得。吾儒为教,只在人伦之中,仰事俯育,何所不关?恶得顿然无事,一切无染于心?苟非笃志,日用事物,各求当理,徒事静坐,心能真定、性能真定者鲜矣。惟先生精造日新,必有独得之见,便中不惜示及。①

黄绾对于静坐之怀疑,虽然言语委婉,但已清晰可见。与之相对应的,是黄绾对于阳明学重新诠释儒家经典之认可。据《明儒学案》载:

> 予(季本)尝载酒从阳明先师游于鉴湖之滨,时黄石龙亦与焉。因论戒慎不睹、恐惧不闻之义,先师举手中箸示予曰:"见否?"对曰:"见。"既而隐箸桌下,又问曰:"见否?"对曰:"不见。"先师微哂。予私问之石龙,石龙曰:"此谓常睹常闻也。"终不解。其后思而得之。②

阳明之教法,纯为禅门公案之开示,强调个人自悟,而不说破,是以季本对此不得其解。而黄绾则能一语道破,指出教法背后之文本概念,既足以见其悟性之高,又可见他此期对于阳明学"本先民之言"之笃信不疑。黄绾寄信阳明则多为求益学问,或陈述自己对于阳明教诲之理解,或叙述自己在治学中所遭遇到的疑难,如"不知是如此

① 《石龙集》卷十七《寄湛甘泉二首》,明嘉靖刻本,台湾"中央图书馆"藏。
② 《明儒学案》卷十三《浙中王门学案三》,北京:中华书局,1985年,第277页。

否"、"但不知向后又如何耳"之类，①与寄信湛若水之口气明显不同。

阳明对于黄绾之影响，又不仅仅在学问方面。黄绾此后再次出仕，沉浮宦海几十年，每遇朝廷大事，都会详述其经过情形，寄书阳明请教。黄绾在政治上主张自上而下的教化，认为嘉靖帝"分明尧舜之资，但惜无人辅翼、扩充此心，以为苍生之福"，②故身承此任，凡帝意所向，甘愿为之前驱。黄绾以议大礼深受帝知，自此荷蒙圣眷，青云直上。然当时清流之所向，在于反对嘉靖帝试图尊显其本生父母，甚至于阳明门下邹守益等人也因为疏谏忤旨，而被下诏狱拷掠。黄绾自信己意合于古代礼法，故将自己所上议礼诸疏转寄阳明，以求认可。阳明赞同黄绾之议论立场，但他更敏锐地发现大礼之是非并不是关键，其背后的权力争夺、官场角力才是重点，所以并没有公开表态。黄绾当时面临的舆论压力很大，所谓"人心大异予"。③（时至清代，阎若璩《潜邱札记》卷一仍然称其为"依附揣合，以致贵显"。）阳明这种有保留性的支持，对黄绾而言已非常难得。其后黄绾获荐参与纂修《明伦大典》，"又令人持书质诸阳明"，④阳明《与宗贤书》详细的分析了不应推辞的理由。类似情形，不一而足。可见阳明之于黄绾，非但是学问之导师，也是官场之导师。

概言之，湛若水、王守仁、黄绾这一批人，都自觉地体会到了当时世事之弊端，也都拥有拯救人心之抱负，但三人的路径却有所差别。湛若水的作法是在朝则忠于君事、一心为公，离任则教授生徒、颐养天年，这是一条唐宋以来传统儒士的处世之道。王守仁企图从根本上拯救人心，让人人皆得有简捷、可行的修身之道，日日从事于实践，风俗重新转为纯朴良善，这是一条全新的自我教育之路。黄绾则寄

---

① 《石龙集》卷十八《寄阳明先生书》，明嘉靖刻本，台湾"中央图书馆"藏。

② 《石龙集》卷十八《寄阳明先生书》，明嘉靖刻本，台湾"中央图书馆"藏。

③ 涂山：《明政统宗》卷二十一："时（桂）萼已趋命发，南京附朝议者益怀疑忌。黄绾、黄宗明送之曰：'人心大异予。行慎之，无负吾君也！'"

④ 《石龙集》卷十八《寄胡秀夫诸兄书》，明嘉靖刻本，台湾"中央图书馆"藏。

希望于君子的个人修为,并借助个别君子的督导、示范以辅导国君,自上而下的教化百姓,以共趋大同,这是一条严守孔孟原始教义的儒家之路。是以黄绾《再上西涯先生书》云:"古之大臣,知治乱之机在于一人。一人之机,本诸一心,故必先勉其君以为学。夫学所以去人欲、全天理,不学则人欲之萌如奔流,谁得制之?"[①]与湛、王二人的根本差异在于,黄绾更强调君子的感化模范作用,而非个人的自我觉醒,如其《入治朝德日进论》称:"人贵自立,又贵遇其时也。自立固难,获时之遇尤难。故曰:朝廷有教化,则士人有廉耻;士人有廉耻,则天下有风俗。"从这个立场出发,黄绾更看重个人适时而起、建功立业,为仕林确立风向标杆;纵然隐居不仕,亦应当点评时事、抨击奸邪,维护清流名誉,而极其反感空谈理论、不切实用之作风。黄绾《咏怀》有"志士营世业,驱役靡先闲"之句,[②]即谓此而言。王守仁一生功业彪炳,与其学术两相映衬,是以黄绾在其生前从未对其有所指斥贬低。阳明一去,王门后学之中若论功业,难有与黄绾相比肩者,而阳明门下重学理辩论、轻行履功绩之风越煽越烈,这也成为黄绾晚年反对良知之学的根本动因。

(三)晚期阶段(1529—1554):排佛明儒,标举艮止

首先应该指出,笔者将黄绾的晚期阶段断在阳明去世之年,纯粹在于叙述方便。事实上,在阳明去世之后一个相当长的时间内,黄绾仍在矢志不渝地信奉阳明学,而并没有像许多学者描述的那样,在阳明去世之时就反戈一击、叛出门墙。黄绾对于阳明学产生怀疑,是一个逐渐的、长期的过程,并无清晰之分界点。部分学者产生前述误解的原因,主要在于轻信了下面这条材料:

> 聂贞襄豹与王阳明讲学,不肯执弟子礼,至阳明殁,始为位

[①] 《石龙集》卷十六《再上西涯先生书》,明嘉靖刻本,台湾"中央图书馆"藏。

[②] 《久庵先生文选》卷一《咏怀》,明万历刻本,台湾"中央图书馆"藏。

哭，称门生。故当时有云"生称师、殁称友者，黄公绾也；生称友、殁称师者，聂公豹也。"

以上文字载于明王世贞《弇州四部稿》卷一百八十说部、李绍文《皇明世说新语》卷七，清梁维枢《玉剑尊闻》卷七亦抄录。文中称"当时有云"，则似为时人所公议，兼之黄绾力主以朋友之义为阳明服丧，更加剧了这一误解。故此，有不少学者宣称，黄绾在阳明去世后即改师为友，并拒绝以弟子身份服丧，以证明黄绾与阳明学决裂之彻底。其事不可信、其说不足取，笔者可以举四点以阐之：

其一，黄绾主张以朋友之义服丧，是出于合乎礼制的考虑。黄绾看重儒家经典，对于《礼经》颇有自己的见解，能径追周、孔古义，对汉儒之注、朱熹之传评价颇低，前文已述及。此外，黄绾又以议大礼获得帝眷，参与纂修《明伦大典》，是以对礼法之准确、可行较为看重。王门弟子王畿等人感念阳明师恩，故力主依从子贡为孔子"筑室于场，独居三年"之制。《礼记》云："事师无犯无隐，服勤至死，心丧三年。"子贡之做法，是在"心丧三年"之外而重为之，孔门之中亦独此一例，难可援此为义。不少阳明门人倍感师恩，故欲从最重之丧制，此事本无可厚非，但丧礼不可狥情逾制，亦是孔门之典，故伯鱼"期而犹哭"，夫子以之为甚。黄绾身在官场，守朝廷典章，惟丁父、母忧方可离职守孝，无丁师忧之制，势难为之；即强欲从之，"必须题本，则该部必难覆议，朝廷亦难裁决，则反为惊世骇俗，断非所以处吾党而卫斯道也"。[1] 此不可视为黄绾故作推辞，而是有切实之考虑。因此缘故，黄绾主张根据宋王柏《师友服议》之规章，为阳明服丧，"丧期各随情浅深自定，或缌、或期、或功、或三年，皆可也"。[2] 因为黄绾所主张丧制为依据朋友之义，故应典等又追问师友之别，黄绾答复："盖五伦

---

① 《石龙集》卷十八《复应天彝书》，明嘉靖刻本，台湾"中央图书馆"藏。

② 《石龙集》卷十八《复天彝问师友服制书》，明嘉靖刻本，台湾"中央图书馆"藏。

中只有'朋友'字样,故师亦在朋友之中,又何疑焉?"①因五伦(君臣、父子、夫妇、兄弟、朋友)之中并未单列师徒,故黄绾认为师徒之服包含于朋友之服,并阐释了二者的区别与联系,语义凿凿自明。无论黄绾之主张是否契合孔孟之本义,但其出发点纯粹为学理之考辨,而非"改师为友",当可确证。《阳明年谱》《丧记》等,皆云"门人侍郎黄绾等各就位哭祭",亦可佐证。

其二,阳明丧事,黄绾等以门人身份至明堂哭祭,继撰《祭阳明先生文》《祭阳明先生墓文》《阳明先生行状》,皆情感深挚、赞誉有加,并无任何质疑之意。黄绾祭文中称:"惟我先生,负绝人之识,挺豪杰之姿,哀斯道之溺,忧斯道之疵。指良知以阐人心之要,揭亲民以启大道之方。笃躬允蹈,信知行之合一;人十己千,并诚明而两至。续往圣不传之宗,救末代已迷之失。孝弟可通神明,忠诚每贯日月。试之武备,既足以战乱;用之文字,必将以匡时。"②凡此类言语,足以证明在阳明去世后,黄绾仍然维持着一贯的敬佩之情,对于阳明学核心的"良知"、"知行合一"也并未有任何疑虑,认可其功绩为"续往圣不传之宗,救末代已迷之失"。《祭阳明先生墓文》亦称此二概念"乃先生极深研几之妙得,继往开来之峻功,学者获闻,方醉梦之得醒",又称"绾等或抠趋于门墙之最久,或私淑于诸人之已深",可知其并未自居门墙之外。③ 更值得一提的是,黄绾撰写《阳明先生行状》,历时六年而后完工,可见其慎重之至。④

其三,阳明去世后不久,朝中参驳议罪,黄绾挺身而出,自居门人而不疑。据黄绾《阳明先生行状》:"讣至,桂公萼欲因公乞养病疏参

---

① 《石龙集》卷十八《复天彝问师友服制书》,明嘉靖刻本,台湾"中央图书馆"藏。

② 《石龙集》卷二十八《祭阳明先生文》,明嘉靖刻本,台湾"中央图书馆"藏。

③ 《石龙集》卷二十八《祭阳明先生墓文》,明嘉靖刻本,台湾"中央图书馆"藏。

④ 湛若水《阳明先生墓志铭》:"久庵公为之状,六年而后就,慎重也。"

驳害公,令该司匿不举,乃参其擅离职役,及处置广西思、田、八寨恩威倒置,又诋其擒濠军功冒滥,乞命多官会议。"此后吏部会廷臣议,又认为阳明诋毁先儒,立异以为名;指非朱子,诡谬以为学。嘉靖帝遂令都察院榜谕天下,严禁踵袭邪说,不准给予恤典,是诚可谓阳明学之危急存亡之时。黄绾上《明是非定赏罚疏》,为阳明辩护,且称:"臣曩与守仁为友几二十年,一日自愤寡过之不能,守仁乃语以所自得,时若有省,遂如沉疴之去体,故复拜之为师。则臣于守仁,实非苟然以相信,如世俗师友之比也。臣近日所以粗知事陛下而不敢有欺者,亦皆守仁之教耳!"①此皆阳明身后之事,则阳明于黄绾既友且师,皆不辩自明。

其四,黄绾的确不像王畿等人,在拜入阳明门下后,每次提及阳明,皆云师、先师,而一直径称阳明先生。其晚年所撰《明道编》,也只称先生、公,或仅呼阳明。但这并非体现黄绾改师为友,也并非是个案特例。对于纳贽称弟子的谢铎、李东阳等人,黄绾一样称方石先生、西涯先生,而不称师或先师。盖先生为尊称,本即有业师之意。再考虑到黄绾在拜阳明为师前,"为友几二十年",这种前后称呼上的一致性,本亦不足为奇。遍索黄绾著作文集,"先师"一词出现数次,皆谓孔子而言。黄绾毕生以追求孔门真义为目标,这种在称谓上的细致区分,或是有意为之,以凸显孔子之尊严地位。

综上所述,称黄绾在阳明去世后,即不再认可王学门人的身份,是完全站不住脚的。但黄绾对于阳明学的信奉,一直都是有选择的、有修正的,从来没有全盘、彻底接受过。黄绾与阳明为友、为徒虽久,但绝大多数时间都离居两地,对面倾谈的机会并不多,这与王畿、欧阳德、徐爱等朝夕相随、熏陶渐染的弟子有明显区别。从行文来看,黄绾并不使用阳明门下惯用的话语体系,既不强调"良知自能知是知

---

① 《久庵先生文选》之《明是非定赏罚疏》,明万历刻本,台湾"中央图书馆"藏。

非",也不宣称"心外无物"、"良知自然具足",即使在黄绾为阳明学辩护时,都是杂引孟轲、《大学》、曾点、颜渊、孔子,以证明良知学不谬于孔孟之道。换言之,阳明学夹杂的佛教、道教成份,虽然曾令黄绾一度痴迷,认可其在去人欲上的功效,甚至赞赏良知学在工夫上的简易直截,但这一切都是建立在黄绾"误认为"阳明学即先圣本来之学的基础上的。黄绾生性聪颖,曾一度对于儒家经典研读良久,后来虽然倾心阳明学,但随着学力日深、阅历日增,自然不难发现阳明学与孔孟原义存在出入。疑心一起,则阳明当年"令看《六祖坛经》"、"以《悟真篇后序》为得圣人之旨"、"以孔子《论语》之言为下学之事,非直超上悟之旨"云云,皆适为贬非良知学之处,故黄绾晚年乃有《明道编》之作。

《明道编》由黄绾子黄承德汇编而成,总计十二卷,原包含《久庵日录》与《习业录》两部分,前者为黄绾"平日用功体践之言",共八卷,并"以晚年所记六卷置诸卷首"、"以旧日所记二卷置诸卷末";后者为"诸门人原所记",共四卷。《明道编》为札记形式,分条罗列,颇能体现黄绾的思想要点,故一向为学者所看重,可惜今仅存六卷残本。今观《明道编》宗旨大要有二,其一为抨击禅学之风,其二为标举艮止执中之旨。

黄绾在晚年,深感禅学淆乱儒学之危害。《明道编》称:"然功利之害人也浅,而禅学之害人也深,予恐圣人之道日晦,故恒思有以辩之。"其念之萌,当自阳明学而起,进而上溯宋儒,直追先秦。盖阳明学以批判朱子学支离为入手处,黄绾晚年虽然批判阳明学,但并非要回归朱子学,而是立志要复原圣学之本义。阳明主张佛、道与儒道本同,黄绾自云:"予始未之信,既而信之,又久而验之,方知空虚之弊,误人非细。"其所谓"久而验之"、"空虚之弊"云云,下条详而述之:

> 《大学》之要,在"致知在格物"一句。其云致知,乃格物工夫;其云格物,乃致知功效。在者,志在也,志在于有功效也;致者,思也,"心之官则思,思则得之,不思则不得也";格者,法也,有典有则之谓也。先儒不明,乃以格物为致知工夫,故以格物为

穷究事物之理，而不知有典有则之为格物，所以求之于物，失之于外，支离破碎，而非圣人之学矣。今日君子，又不能明之，亦以格物为致知工夫，故以格物为格其非心，谓格其不正以归于正，又谓夫子教颜子克己，工夫皆在格字上用，亦不知有典有则之为格物，所以求之于心，失之于内，空虚放旷，而非圣人之学矣。此皆由其不以致知在格物之在字为志在于格物，而皆以在格物之在字为工夫在于格物，乃误认"致知"之"致"字同于下文"知至"之"至"字，故皆不谓之为功效，而皆谓之为工夫也。夫大学先务，只在于致知，圣功之本，只在于独知，故工夫皆在知字上用，而世儒之说不然，故予不暇非其他，而必欲以格物为功效。盖以圣人之学，不为则已，为之必要其成；学而不成，不如无学。故曰"五谷不熟，不如荑稗"。若无功效，更说何学？此功效所以决不可无，工夫所以决不可错用。若错用而不求功效，此所谓毫厘之差，千里之谬，所以必堕于支离空虚而无归也。予岂得已而言之哉！

认为先儒(程朱之学)"以格物为穷究事物之理"，因而"求之于物，失之于外，支离破碎"，这与阳明学对朱子学的批判是一致的，明显在黄绾这里获得了继承。但黄绾同时批判了今日君子(阳明门下)"以格物为格其非心，谓格其不正以归于正"、"工夫皆在格字上用"，"所以求之于心，失之于内，空虚放旷"。二者的弊端皆因"不知有典有则之为格物"，虽然失之内、外不同，但皆非圣人之学。黄绾认为格物为致知之功效，亦即致知之目标在于让物得法，法即有典有则之谓。黄绾指斥良知学空虚，认为其"误人非细"，关键在强调为学"必要其成"，必有效验。

平心而论，黄绾的这一指责，在某种程度上的确抓住了良知学的弊病。良知学虽然强调功用，但主要是在人格修养上的，侧重于在孝悌、廉耻面前知是知非，从善而行。阳明强调良知本来具足，心外无物，认为从政、经商乃至世间一切事务，亦不过顺从是非天理，舍此别无其他，这是阳明学的简洁处，也是它的不足处。阳明学在捍卫人伦纲常上,体系圆融无碍,具有无可比拟的优势,但一旦超出此范围,即相形见绌。许多复杂的官场事务,譬如治水、将兵、抚边、出使,都需要专业的知识背景以作支撑,若单凭一任良知天则,遇事难免彷徨失措。阳明本人军功显赫,除了天纵奇才,与其早年习读兵书、钻研用兵之道,亦脱不开干系。若无早年之积累,而临时遭遇此藩镇谋反之祸,仅靠良知知是知非,能保全自身已属不易,更何谈立此不世奇功?而绝大部分阳明门人,并没有这一番博学泛观的积累之功,上来就接触良知学,从静坐、辩论入手,以与往圣同心为功,并不注重甚至鄙弃世俗功业,以之为名利之累。官场勾心斗角、变化莫测,大批阳明门人都洁身自好,或不赴科场,或浅尝辄止,反以云游讲学为乐事。欲格己心,虽然非易,但至少主宰在己;欲格外物,则势不得不与奸佞小人相周旋,甚至有时要抑己从人、委曲求全。黄绾一生宦海沉浮,议大礼、弭江盗、抚大同,多见实学之力、学问之功,对于阳明后学空谈学理、辩论心体,自然难免视为"空虚放旷"。

良知学本有"向上一路",以"到底是空"以为极致,阳明阐之,王畿述之,考其源则始于佛学。黄绾熟知良知学,故其批判之着眼点,也重在批判心学中之禅学因素。《明道编》云:"今日君子,于禅学见本来面目,即指以为孟子所谓良知在此,以为学问头脑。凡言学问,惟谓良知足矣。……良知既足,而学与思皆可废矣,而不知圣门所谓志道、据德、依仁、游艺为何事?又文其说,以为良知之旨,乃夫子教外别传,惟颜子之资,能上悟而得之,颜子死而无传。……然实失圣人之旨,必将为害,不可不辩。"禅学渗入儒学,由来已久。而黄绾识力非凡,自阳明以上追根溯源,将宋儒也笼括在内,"开后来清初反宋儒的先路"。[①] 故《明道编》又云:"宋儒之学,其入门皆由于禅:濂溪、明道、横渠、象山则由于上乘;伊川、晦庵则由于下乘。虽曰圣学至宋倡,然语焉而不详、择焉而不精者多矣。故至今日,禅说益盛,实理益

---

① 容肇祖:《王守仁的门人黄绾》,《燕京学报》1940 年第 27 期。

失。虽痛言之,而犹不悟,其来久矣。"文中所谓"语焉而不详、择焉而不精者",在黄绾《赠王汝中序》中有详细阐释:

> 然禅皆以空为本,故其言本体也,则曰"四大非有"、"五蕴俱空";其言用功也,则曰"应无所住而生其心"、"无,无所无;无,无亦无"。其分二乘,但有自然、勉然之不同。其自然者,知其空而空之;其勉然者,必持公案而后使空之。故由二乘而来者,岂能顿舍空无哉! 所谓语焉不精、择焉不详者。①

嘉靖十三年(1534 年),王畿选南京职方主事,黄绾作此序以赠之。此序作于阳明去世之后,而序中纵论儒、禅差异,并有"汝中苟于此不爽"云云,可见黄绾此时已对王畿阐发的"向上一路"有所疑虑。序中所谓"自然"者,对应《明道编》之"上乘";"勉然"者则对应"下乘"。王畿强调心体无善无恶,属自然、上乘,正黄绾所谓不能顿舍空无者。黄绾排斥禅学之空无,而强调知觉的主动思考能力,并以此作为儒学与佛学的分界线。为此,他在序中重新拈出"独知"一词,对阳明学"良知"的定义进行修正:"夫良知者,固吾先生之教也,然亦知独知即良知,亦吾先生之教乎? ……夫独知之有知觉乃为良知,知之而思,乃为圣功之本,此乃圣学宗旨之至要。"②将良知释为"独知之有知觉",又在"知"后补"思",实际上已经背离了阳明学之旨。阳明学的良知与知觉有别,以前者为天则,自能知识知非,不假思索,本来具足。若良知独知之后,又加思考,是添加私欲干扰,即使结果符合仁义之道,也只得形似、义袭而已,所谓"若只着在事上茫茫荡荡去思,教做远虑,便不免有毁誉、得丧、人欲,搀入其中,就是将迎了。"③黄绾强调"'心之官则思,思则得之,不思不得。'得者,得其中、得其道而

---

① 《石龙集》卷十三《赠王汝中序》,明嘉靖刻本,台湾"中央图书馆"藏。

② 《石龙集》卷十八《复天彝问师友服制书》,明嘉靖刻本,台湾"中央图书馆"藏。

③ 吴光、钱明、董平、姚延福编校:《王阳明全集》,上海:上海古籍出版社,2011 年,第 125 页。

已。既得其中、得其道,即已止于至善。"①其思索之目的,在于获得中庸之道,则此中庸之道,在于人力主动之选择,而非顺从自然之天则。黄绾的这种理解,实际上变阳明"(良知)自然感而遂通,自然发而中节,自然物来顺应"为"良知能知,知之而思,思而得之",思的主体由良知自发、自然而退化为人心官能。黄绾在官场沉浮,多次陷入党争泥潭,人际关系错综复杂,许多时候与阳明门人(如邹守益等)的立场也不一致,他因此深感中庸之道非深思熟虑不能得,而学问之是非,纯空谈无益,皆在功效上才见得分明。按,黄绾的这一立场与罗钦顺的观点较为接近,阳明门人欧阳德曾对此加以驳斥,笔者将在下章中叙及。

黄绾中期倾心阳明学,其时只见到了它在去人欲之私上的杰出功效,却未能体会到这种法门源于佛教,并非儒教之本义。至其晚年标举艮止,黄绾对此已洞若观火,故反戈一击,甚为有力:

> 仆年来更涉益深,磨砺益切,历验空无之说为害,诚不可胜言,故知释老之道绝与圣人之学天渊不侔,冰炭不入。盖自唐迄宋,释道大昌其时,儒学之士无不渐染。细考先儒要领,虽有上乘、下乘之不同,其实皆由此出,传流至今,其说又炽。若仆往年所力、所说俱不免,此皆吾兄所见闻而深知者。今见朋友,要皆以此为据,但文以圣人之言,其源流所自,只本《六祖坛经》"本来无一物"一句为宗,谓心体本无意无思,一有意有思则为私,故以不起意、无声臭为真体;又说物字为私物,格字为克己工夫,必欲格去其物,放为能化而不滞于物,然后良知自明、物来顺应。殊不知"天生蒸民,有物有则","心之官则思,思则得之,不思则不得","有物有则"者,恶可使克之而无? 其当思者,恶可使之弗思也? 既无物,则良知何在? 既不用思,致知何措? 故并良知、致知皆不是,又何体用一源、知行合一、物来顺应之有? 此说溺人已深,所谓"差之毫厘,谬以千里",藏多少弊病于其间? 所以斯

---

① 《石龙集》卷十三《赠王汝中序》,明嘉靖刻本,台湾"中央图书馆"藏。

道久不大明而大行者，此也。①

黄绾在此书中，承认自己"往年所力、所说俱不免"于释老习气，对自己曾沉迷阳明学进行了全面忏悔，他甚至于在其他场合宣称"乃知平日之所谓'笃志求道、专切用工'者，皆坐释老空虚之归，而非吾圣人之所谓学、所谓道"。② 这种反省程度之剧烈，归根结底，在于黄绾不再为阳明学的效验所迷惑，而深切领悟到阳明学理论内核的佛教化。黄绾强调儒学与释老之学"天渊不侔，冰炭不入"，足见黄绾此时已完全舍弃了阳明儒、释、道三家同一的立场，倾尽全力以试图恢复儒家之本色。儒家之染于佛、道，又非始自阳明，黄绾追根溯源，发现"自唐迄宋""儒学之士无不渐染"，故黄绾之复原儒学，直趋先秦古学，力辟禅学之弊。黄绾书中所谓"今见朋友"，显指王畿"向上一路"而言。黄绾反对"心体本无意无思"，强调个人主体的思考能力，与其说他完全不懂"四无说"的真谛，倒不如说他拒绝采用禅宗化的理论体系。相比理论本身的严密性，黄绾更在意此理论究竟属儒还是属佛。阳明杂取儒、释、道三家，历尽千辛万苦，才建立起一套相对完善的体系，而黄绾欲尽去其中的释、老因素，实际上已动摇了阳明学的根基，势不能不站到阳明学的对立面。

在批判阳明学、宋儒的过程中，黄绾也逐渐开始尝试建立自己的体系。从存世的文字来看，黄绾所采取的话头也有过几次更换，而皆截取圣言为之。无论阐释宋儒或是良知学，黄绾所采用的一直都是儒家经典中的字句、概念，极少偏离文本、自创新说，抑或杂取佛、道二家言辞。黄绾称："圣贤之心，因言始见。六经四子者，言也。求心必自知言始，知言必自为己人，故昔儒者以身求遗经而得之。"③依经

① 《石龙集》卷二十《答应石门书（二首）》，明嘉靖刻本，台湾"中央图书馆"藏。
② 《石龙集》卷二十《与人论学书（三首）》之二，明嘉靖刻本，台湾"中央图书馆"藏。
③ 《石龙集》卷十一《送施生存宜序》，明嘉靖刻本，台湾"中央图书馆"藏。

立论、以身求经,这也是贯穿黄绾一生的根本原则。黄绾晚年所最终确定的话头,为"艮止"、"执中"四字。据黄岩儒学教谕、黄绾门生吴国鼎所撰《明道编·跋》,黄绾自云:"予尝与阳明、甘泉日相砥砺,同升中行,然二公之学,一主于致良知,一主于体认天理,于予心尤有未莹,乃揭艮止、执中之旨,昭示同志,以为圣门开示切要之诀。学者的确工夫,端在是矣,外是更无别玄关可入也。"《明道编》开卷亦云:"伏羲、尧舜以艮止、执中之学相传。伏羲之学具于《易》,尧舜之学具于《书》。《易》之微言,莫要于艮止;《书》之要旨,莫大于执中。自是圣圣相承,率由是道。"黄绾称"于予心尤有未莹",在叙述艮止、执中之学时,又称"轲之没而无传矣",可见他晚年的确站到了王、湛二公之学的对立面上,其自创新学之意图,当为无可辩驳之事。

"艮止"、"执中"虽为四字,而实为二字。黄绾称"尧舜执中之学,即伏羲艮止之学也",则"艮止"、"执中"实为一学,盖艮之止,即止于执中。执中之说,源自"允执厥中",为儒家之老生常谈;艮止之说,则为黄绾所首创,故学者多以此二字来概括黄绾晚年之学问。而考其情实,则艮止之说又非黄绾晚年所新得,而是早年即隐得此义,在心中盘桓良久,至晚年始拈而出之。

艮止之说,合《易经·艮卦》与《大学》"知止"之义而成之。黄绾自云"弱冠读《易》,求通辞义,探赜虽深,精蕴未得",此后"渐更世故"、"备尝险阻",至年近五十岁时,乃"始知古人作《易》之志"。[①] 此语非虚。考黄绾三十五岁时,京师朋友讨论学术同异,"乃以王伯安、魏子才为是非",黄绾遂作《复李逊庵书》,其中云:"向者公尝语绾曰:'凡遇事,须将己身放开一边,则当洒然自得其理。'绾每诵以为数字符。及读《易·艮卦》云'艮其背,不获其身;行其庭,不见其人',然后知公言之有自,实与伯安之旨无二。"[②]魏校(字子才)与李承勋(号逊

---

① 《石龙集》卷十四上《学易轩记》,明嘉靖刻本,台湾"中央图书馆"藏。

② 《石龙集》卷十七《复李逊庵书》,明嘉靖刻本,台湾"中央图书馆"藏。

庵）、余佑、胡世宁等三人素相善，相互讲学于南都，号"南都四君子"。魏校与王阳明学术观点不合，互相排摈，黄绾乃挺身而出，复信李承勋，为阳明学辩护。（按，黄绾与魏校无交往，他对于后者的了解，皆透过李承勋而得。据《复李逊庵书》云："子才，旧于公处见其数书，其人可知。"）黄绾辩论的出发点，在于认为魏、李与阳明之学术，虽然观点有异，但"大本相同"，应当相互资取，不宜有门户之见。实际上，魏校之学与阳明之学并不兼容，黄绾强调大本之同，其连接点即为《易经》，而艮卦尤为首要。《易经》的文本简短，富于意象而含糊其词，在诠释上存在着丰富的可能性。黄绾认为阳明学"每以去心疚、变气质为本"，这与李承勋的"将己身放开一边"，同为艮卦的"不获其身"、"不见其人"之意，故宗旨无二。如前所述，黄绾中期推重阳明学，所看重的正是它对于儒家典籍的诠释，以及在去人欲上的功效，而非良知学独特的逻辑、话语体系。黄绾以《易经·艮卦》强行贯穿李、王二人的学问，相对而言，这是一次较早的尝试。此后黄绾"结庐以玩《易》"，前后共历三十余年，至晚年著《明道编》，继王、湛二人之后而起，重新标举艮卦之义，自铸伟词，不过是藉此路径、推而广之而已。

黄绾晚年复王畿书，称自己"亦尝听诸公讲论，误入禅学数十年，辛勤磨砺，久之始觉其非。偶尔有见，故见得'止'字亲切，方知《书》、《诗》所云'止'字，及大《易》所示艮卦之义，皆深契于心而有不可以言语形容者"。[1] 以"数十年"而推算，则"诸公"云云，又不仅谓王畿而言，更包含阳明在内。黄绾自云"见得'止'字亲切"，因为"止"字在黄绾心中，既是儒家千古作圣之秘诀，也是释、老混入儒家之起点：

> "知止"二字，实千古作圣、心学之秘诀也。夫人之心必有所止，若非其所自止而强欲止之，思虑稍动即"憧憧往来，朋从尔思"，而不可遏矣。今欲为圣学而不得其"止"之决，则此心必不能定、能静、能安，释老空虚公案之说，恶得不为所惑而不从事其

---

① 《石龙集》卷二十《复王汝中书》，明嘉靖刻本，台湾"中央图书馆"藏。

间哉！故自昔儒先以至今日,宗旨源流,鲜不出此。①

是故释、老之能侵儒,皆因今日之欲为圣学者不知"止"之要诀,故不得不借助方外之学以求止,或静坐观心,或良知格物,而反使尧舜以来所传致知格物之学晦而不明。黄绾既以"知止"为作圣之诀,则其"艮止"说之核心,自然亦不能出此,故《明道编》又云:

> 吾学之要,在于知止。"止"字之义,本于《易》之艮。艮之义,原于伏羲、文王,而发于孔子。孔子曰:"艮其止,止其所也。"止知其所,则气理兼备,体用俱全,圣学之本在此矣。

黄绾认为"止"字之义,本于《易》之艮卦。关于此说之含义,黄绾作出了详细的解释:

> 圣人传心之学,始于伏羲八卦之艮。艮而重之,内艮之止,心也;外艮之止,背也。故文王作艮之象曰:"艮其背,不获其身;行其庭,不见其人,无咎。"不言心而言背者,内艮之一阳,不啻如粟之微,止于心窍之内;由是外艮之一阳,盎于背而洋溢,故曰"艮其背"。所以见外艮由于内艮,内艮之一阳,止于内而至静,故不外获其身而不出见其人,至静不动,故无咎也。

黄绾对于艮卦的阐释,类似汉儒解《易》之取象法,而其引申之言辞则不外乎对于卦象之附会。"内艮之一阳",即艮卦九三,阳爻,爻辞有"薰心"之语,故黄绾以之为象心,而云"止于心窍之内";"外艮之一阳",即艮卦上九,阳爻,爻辞有"敦艮"之语,故黄绾以之为象背,而云"盎于背而洋溢"。九三、上九为艮卦之仅有两阳爻,黄绾认为二者存在呼应之关系,亦即人心之微"止于内而至静",是为心体之止,而不能见;欲见之,则必于其背之用,待其"盎于背而洋溢"之时。若能一心止于至静,心不妄动,则无私欲之萌,故而无咎。其说虽新,其语虽深,然究其实,则仍不过述体、用之两端。黄绾宣称圣人传心之学始于艮卦,并将自己的学问话头最终确定为"艮止"二字,未免略有抬

---

① 《石龙集》卷二十《与人论学书(三首)》之三,明嘉靖刻本,台湾"中央图书馆"藏。

高之嫌。

三、小 结

盖儒学自先秦,而汉,而唐,而宋,而明,传注、概念、功用不断在修正,且不断汲取释、老元素,以充实丰满自己的逻辑体系。这种历史的演进,虽然让先秦之原儒面目为之模糊不清,但却适应了时代发展之要求,能让儒学有能力继续担任官方指导思想,以指导帝制社会下文化风俗之塑造,故而自有其合理性。黄绾企图以一人之力,反抗儒、释、道三家之合流,并借助《易》之艮卦,以建立起真正符合儒家本义之体系,其志气虽高,但其理论不过是拾取旧儒之零碎,又佐以个人之臆说而成,干巴而无活力。黄绾看到了宋儒、明儒皆杂以佛老,非儒家之本义,这是其高明处;但他出于对孔孟之尊崇,看不到儒家之经典本来就散碎,有若干核心概念而无严密之论证,势不得不借助佛老,这是其局限处。尽管如此,黄绾能以阳明密友、门人之身份,站出来旗帜鲜明地反对阳明学,这对于抑制阳明学"向上一路"中的禅宗空寂倾向,有着重要意义。

黄绾晚年宣扬主动思考,看重世俗功业,强调学问之功效,具有鲜明的实践主义精神。他个人能学以致用,自袭荫出仕,官至礼部尚书,并利用自己的官场身份,为阳明及其学问辩诬,为大同将士定边,为来往商船弭江盗,为拯救阳明遗孤出力,前后功业可圈可点。无论学问之高下是非,谓黄绾有大功于阳明,乃至有大功于百姓,当为不争之事实。黄绾作《东盘山墓上自铭》,谓"平生周孔,素愿匪夸,达施穷敛,易地则皆",确为其一生之写照。

第六章

恪守正学，宗师气象

——欧阳德的"向下一路"

黄宗羲《明儒学案》称："姚江之学，惟江右为得其传……阳明一生精神俱在江右。"黄宗羲之立场，在于阳明为真儒血脉，故凡阳明门人中流入禅宗者，皆认为非阳明之传。实则阳明思想兼容儒、释、道三家，而佛学尤为其思想核心之重，是以阳明在世时，良知学已分为向上、向下两路。前辈学者多以"四无说"、"四有说"作为向上、向下两路之区别，严格来说并不准确。王畿并非不主"四有说"，而是以"四有说"为基础工夫，以上达"四无说"之高深境界；钱德洪也并非否认"心之体无善无恶"，而是强调人的意念有善恶，必得下实修功夫，以复心体之无善恶，反对空说心体，乃至以心体本无善恶为工夫。①是以笔者主张以所继承之思想来区分两路：向上一路的代表为王畿、周汝登等人，所继承者以阳明思想中的佛学元素为主旨；向下一路的代表有钱德洪、邹守益、欧阳德等人，所继承者为经阳明所改造过的儒学部分。而向下一路中最具宗师气象者，当非欧阳德莫属。

---

① 钱德洪语："心体是天命之性，原是无善无恶的。但人有习心，意念上见有善恶在，格、致、诚、正、修，此正是复那性体功夫。若原无善恶，功夫亦不消说矣。"

一、欧阳德生平

欧阳德（1496—1554），字崇一，号南野，江西吉安府泰和县人。今考《邸报·明嘉靖二年进士题名碑录》，欧阳德名下注"江西吉安府泰和县军籍"，知欧阳氏旧为军籍。按明律，凡奉有特旨处罚叛逆家属子孙充军的，本犯事故，则于其所遗亲枝内勾补。欧阳德高祖欧阳源，字永清（后世避清代讳，改称允清），号松坡，曾任涞水训导，因不顺靖难之役，永乐初谪戍兴州卫。欧阳氏为军籍，当自此始，每代皆有人不得不戍边服役。至欧阳德父欧阳庸（字录之，号岩溪）时，他人无敢行者，欧阳庸故主动前往戍边。至则补迁安学生，后遭父丧归，改泰和学生，凡三试弗第。他这种屡次科举不第的经历，也直接影响到了其子的人生轨迹。

欧阳德幼年聪颖，读书数行俱下，九岁即有"神童"之称，"邑尹延见，进退如成人"，[①]这与其父欧阳庸的辛勤培养是分不开的。欧阳庸从开始教欧阳德读书开始，即坚持用雅音而不用乡语，寄希望其子未来能官至经筵学士，以之感悟人主。乡人都认为欧阳庸是狂妄大言，但他却始终坚持着这一决定。在父亲这种有意识的熏陶之下，欧阳德自然远超同侪，十三岁升为庠学弟子员，并获得督学李梦阳的赏识，遂名动三楚。正德十一年（1516年），欧阳德考中举人，时年二十一，正是意气风发的年岁。恰逢王阳明讲学南赣，而时士大夫没溺旧闻，众口相讥为禅，欧阳德独曰："此正学也！"[②]遂决定不赴会试，而裹粮赴虔台，受业于阳明先生之门。能毅然舍弃眼前的进士科举，而

---

① 其语载聂豹《资善大夫礼部尚书兼翰林院学士赠太子少保谥文庄南野欧阳公墓志铭》。按，此文实为亢思谦代作，收入《慎修堂集》卷十六。聂豹又有所润色修改，收入《双江聂先生文集》卷十。

② 徐阶：《世经堂集》卷十九《赠通议大夫吏部侍郎岩溪欧阳公神道碑铭》，明万历间徐氏刻本。

从事于圣学之路,可知欧阳德所孜孜以求的并非功名利禄。乡人哄然指摘议论,其父欧阳庸非但没有因此而产生疑虑,反而遣使次子欧阳昱也去从学于阳明,亦可见欧阳氏庭训之有法。①

欧阳德于正德十二年(1517 年)从学王阳明于赣州,时已中举,而阳明犹呼之"小秀才",欧阳德亦欣欣恭命,虽劳不息,并且连续两次放弃赴京应试,足见求学之心诚。此期阳明任都察院左佥都御史、巡抚南、赣、汀、漳等处,出入贼垒,未暇宁居,而欧阳德与诸位门人皆讲聚不散。欧阳德当时在门人中年齿最少,而阳明深器之,凡语来学者必曰"先与崇一论之"。此后五、六年间,除阳明因平宸濠之变无暇分身之外,欧阳德一直日侍讲席,从事于良知之学。因其无先入为主之旧习,又时常不离阳明左右,颇得言传心授,故而为学路径最为纯粹。

嘉靖二年(1523 年)癸未科,欧阳德考中二甲进士。时阳明学在朝中遭到排挤,会试策问心学,其意在阴辟守仁门人。门人徐珊读策问,叹曰:"吾恶能昧吾之知以幸时好!"即不答而出。欧阳德、王臣、魏良弼等门人则没有隐瞒自己的学问立场,直发师旨不讳,结果亦被取中。前人多以"进退有命"为解释,今日看来,这恰恰说明了良知学对于儒家典籍的诠释,与宋代程朱理学的诠释,单从外观上并不容易分辨。科举时文讲究代圣贤立言,同样是伟大光明、心系百姓的道德名言,借往圣之口而出,体现在一张薄薄的试卷上,其区分度并没有想象中的那样明显。当然,也不排除会试科场的背后,隐藏有各种政治势力的博弈,以至于影响了最终的结果。而从徐珊、欧阳德等人的不同选择上,既可以看出前者的洁身自好、矢志不渝,也可以看出后者的恪守正学、达观权变。科举高中,并没有改变欧阳德的往日作风,他对于酒食征逐之类的官场应酬毫不挂心,而与同年更仆共马,

---

① 以上所述欧阳庸事迹,俱载《欧阳恭简公文集》卷十七《明诰封奉直大夫岩溪欧阳先生墓志铭》,《四库存目丛书》,第 145～146 页。

讲习旧闻，邃密新学。在欧阳德身上，始终有一种罕见的少年老成之气，他总是比同龄人显得更加成熟，仪态也更加谦逊有礼。

初入宦场，欧阳德被任命为六安州知州，对于新科进士而言，这一分配并不算差。上任后，恰逢岁侵，欧阳德捐俸倡赈，随所在设粥，所活者众，已则兴罢所急，境内大治。其所为工，皆藉公使钱及其俸钱之出纳。欧阳德自云：“非以为名，吾属所自检防固当如是。”这也体现了欧阳德自我要求、自我操守之谨严。终其一生，欧阳德都是一个以清廉为己任，对于礼节纲常一丝不苟的人。但是，这种自我的节制，来自于他对于良知学的主动践行，而与宋儒的强自压抑人欲有明显区别。政事之余，欧阳德也不忘讲学。他为官数月，熟稔各项事务之后，就开始着手教化诸生。欧阳德一生为官，所到之处皆不忘讲学，但他讲学之意图却与王畿之讲学有别。王畿讲学之目的，在于传播学问，辩论义理，讲明为圣之道，是一种学问家的演讲；欧阳德的出发点，却在于熏陶后学，以改变一方之风气，使政通民和，是一种政治家的化育。

此期欧阳德寄书阳明，告之以所行诸事，以为“初政倥偬，后稍得与诸生讲学”。阳明则曰：“吾所讲之学正在政务倥偬中，岂必聚徒而后为讲学耶？”由此可知，欧阳德此时仍未能契入良知学第一义，虽然自我检点甚严，仍非心体本来工夫。对此欧阳德自己也有所觉察，所以多次寄信给阳明，请教良知与见闻、思虑、人情之细微关系，阳明遂于嘉靖五年（1526年）作《答欧阳崇一》，集中性的回答了欧阳德的各种疑问，也让这封信成为在阳明学历史上非常重要的一份纲领性文献。后来钱德洪在汇编《阳明先生年谱》时，特别摘录了此书中的精彩句子，足见其意义之重大：“良知不因见闻而有，而见闻莫非良知之用。故良知不滞于见闻，而亦不离于见闻。孔子云：‘吾有知乎哉？无知也。’良知之外，则无知矣。故致良知是圣门教人第一义。今云专求之见闻之末，则落在第二义矣。若曰致其良知而求之见闻，则语意之间未免为二。此与专求之见闻之末者，虽稍不同，其为未得精一之旨则一也。”经此一役，欧阳德对于良知与见闻不二的基本立场已彻底领悟。此后与同门乃至弟子论学，凡将良知与世间一切学问辞章、知觉感应乃至日常举止相互对立者，欧阳德都能准确指出其谬误，"二之则不对"。此实为佛门"不一不异"之要谛，王畿精研佛学，故对此一闻即悟，所取为"向上一路"；欧阳德之体悟，则为经阳明改造后的新儒学，三传之后，渐失来路。欧阳德对于佛学毫无兴趣，也正因如此，其所得在黄宗羲眼中为正宗，而其本人也从来没有怀疑过良知学之内核非儒是佛。欧阳德之关注点，在日常生活中如何履行良知，以及如何施及官务、与民惠政，而对于心体有无、义理高低之辩论，始终缺乏兴趣。

嘉靖六年(1527年)，欧阳德改六安州淫祠为龙津精舍，意欲作为诸生讲习之所，功尚未竟，即因宦绩优良擢南京刑部广西司员外郎，后调刑部广西司。十月，嘉靖帝从杨一清提议，下令"中外臣工有堪任翰林者，部院公选以请，期于众议协服，毋取备员"。诏下，吏部会同礼部、都察院共推黄绾为首选，欧阳德亦因荐改授翰林院编修，仍其五品服色俸给。次年四月，欧阳德到京谢恩供职，闲时常闭门诵读，不随众谒候。此年冬，阳明不幸去世，会葬者数千人，欧阳德作为入室弟子之一，与方献夫、黄绾等人就位哭祭。阳明殁后，同门欧阳德、薛侃、黄弘纲、钱德洪、王畿、张元冲谋成年谱，使各分年、分地搜集成稿，总裁于邹守益。阳明年谱成书坎坷，前后迭经数十年，然欧阳德的确曾参与其中，并起到过重要作用。今存《寄王龙溪》其二、《答薛中离》其三皆述及此事，商量谱式、补充材料、安排体例，可谓用心良苦。欧阳德之意见(如仿效前贤谱样、略摘书疏中语、门生不必附入、删去种种神异等)和所补充之材料(如庐陵作宰、献俘北上、遣回旗牌、焚烧谱籍等)，刊行时大多被采纳。

嘉靖八年(1529年)四月，该大学士杨一清题奏，欧阳德获准充任经筵展书及《大明会典》纂修官。此时欧阳德已卧病在床近两月，勉强力疾供事。稍后，科道官论劾党附张璁、桂萼诸臣，吏部尚书方献夫等奉旨详核，认为黄绾、欧阳德等"俱素行无玷"，帝令供职如故。而欧阳德入仕未久，骤获宠渥，心不自安，兼又患风寒咳血，遂上《患病乞复原职放回调理疏》，列举"不安于心者"四款，言辞十分恳切。虽奉圣旨"着照旧供职，不准养病"，但欧阳德不以名禄累心、欲激流勇退之状，已灼然可见。

嘉靖十年（1531年）秋，行人司司正、阳明门人薛侃上《复旧典以光圣德事疏》请于亲藩中择选一人为守城王，来日亦可辅佐太子，结果触犯帝讳，经多官廷讯，备受拷掠。欧阳德因事先与闻此事，被牵连逮系诏狱，后乃获释。次年，改南京国子监司业，日进诸生于馆下，诲以治心修身之学，闻风来者至不能容，乃辟斋宇延接环列以听。在职期间，周贫病，均劳逸，恩义兼至，士心悦服。阳明遗孤正聪尚幼，家族内争夺财产，内衅渐萌，以至于正聪在家族内难以立足。欧阳德、王艮等同门相互协商，扶助正聪往趋金陵，依岳父黄绾而居。

自阳明去世之后，学禁方严，薛侃等既遭罪谴，京师讳言学。同门归散四方，各以所入立教，合并无时。嘉靖十二年（1533年），欧阳德合同志会于南畿，季本、许相卿、何廷仁、刘阳、黄弘纲、钱德洪等人类萃群趋，或讲于城南诸刹，或讲于国子监、鸡鸣寺，倡和相稽，疑辩相绎，阳明学乃渐有中兴气象。嘉靖十四年（1535年）正月，《阳明先生文录》书成，由闻人诠初刻于苏州，欧阳德与钱德洪、徐爱等人皆任书稿编辑，对于师门事务可谓尽心尽力。同年，欧阳德迁南京尚宝司卿。嘉靖十七年（1538年），转太仆寺少卿，两年后改南京鸿胪寺卿，值父丧归。服除后，留养其母，不复出，与邹守益、聂豹、罗洪先等人聚讲于青原梅陂之上，研讨阳明心学，从学者甚众。

嘉靖二十五年（1546年）以荐起，仍旧任，欧阳德意欲疏乞终养，母不许，遂奉以行。未至，迁南京太常寺卿，寻招掌国子监祭酒，遂擢礼部左侍郎。嘉靖二十八年（1549年），改吏部左侍郎，兼翰林院学士，掌詹事府事，充《大明会典》副总裁，教授庶吉士。欧阳德认为国家选庶吉士教之，号为"储相"，不止工文词而已，故每暇辄聚一堂，析理论政，究极圣门明体适用之实际。次年主持庚戌科会试，取中传夏器等三百余人，号称得人，而寻以母丧归。嘉靖三十一年（1552年），庐墓服未阕，召拜礼部尚书，兼翰林院学士，直无逸殿。在任时，议二王建储、婚礼及康妃丧仪,惩治藩王违法逾制诸事,持论中正。当是时,欧阳德与好友徐阶、同门聂豹、程文德并居显位,且均信奉阳明学,故集四方名士于灵济宫,与论良知之学,赴者数千人,其盛为数百年所未有,"是以天下之人,识与未识,咸知有欧阳先生,翕然师尊之而无疑"。① 嘉靖三十三年(1554 年),欧阳德卒,赠太子少保,谥文庄。欧阳德自入仕至寿终,半生沉浮宦海,凡更历十一官,虽时忤上意,而终能免于罹难,学问与声望日益增加,隐然有领袖学林之势。其生平诸书信、奏疏、诗集、序记等文字,由其门人弟子汇编为《欧阳南野先生文集》三十卷传世。

《欧阳南野先生文集》已有两种整理本:其一由陈永革编校整理,凤凰出版社 2007 年出版,题为《欧阳德集》。但此整理本对于欧阳德之著作版本梳理不细致,标点亦错讹众多,难称佳本,笔者曾撰《〈欧阳德集〉指瑕》一文(刊登于《儒家典籍与思想研究》第五辑,北京大学出版社,2003 年 2 月)予以指出。其二由笔者校点整理,收入《儒藏》精华编第 260 册(北京大学出版社,2014 年 4 月),可供学者参考。

二、欧阳德著作版本

凤凰出版社整理本《欧阳德集》所依据的底本《欧阳南野先生文集》三十卷,据陈永革先生《编校说明》中声称,为"《四库全书存目丛书》集部所收者,即为北京大学图书馆所藏之明嘉靖三十七年梁汝魁刻本,但有缺页或字迹模糊之处"。② 实际上,《四库全书存目丛书》所收《欧阳南野先生文集》三十卷所采用的底本,明确标注为"北京图书馆藏明嘉靖三十七年梁汝魁刻本",即今国家图书馆所藏,而非北京大学图书馆所藏。经笔者核对,确认《四库全书存目丛书》所标注

① 梁汝魁:《南野欧阳先生文集序》,台北"中央图书馆"所藏《欧阳南野先生文集》卷首。

② 陈永革:《欧阳德集·编校说明》,南京:凤凰出版社,2007 年,第 4 页。

藏地无误。此外，陈先生还认为今国家图书馆、北京大学图书馆、中科院图书馆、故宫博物院图书馆、上海图书馆、山西图书馆、安徽省图书馆、江西省图书馆所藏皆为同一刻本，即明嘉靖三十七年（1558年）梁汝魁刻本，这一结论也并非正确，盖未曾深考而泛泛言之。

《欧阳南野先生文集》三十卷的版本源流，相对而言较为复杂，自《四库全书存目丛书》开始，所标注已有差错，此后各大图书馆的标注率沿用之，多标作嘉靖三十七年（1558 年）梁汝魁刻本，间或作嘉靖三十六年（1557 年）王宗沐刻本，承讹沿误，由来已久。造成这一错误的原因，大致有三条：一是《欧阳南野先生文集》的版本存世不多，不少图书馆所藏为残本，自难考证确切；二是台湾国家图书馆所藏本，卷首以梁汝魁序开头，此后紧接为王宗沐序，而国内各图书馆所藏皆无梁汝魁序，而以王宗沐序开头，故国内图书馆大多以台湾本为全本，而据此标注为梁汝魁本，例如《明别集版本志》，在"欧阳南野先生文集三十卷"条下，也仅标有梁汝魁本，而不及其他版本；[①]三是截止目前，有兴趣或实际上曾对此书进行版本源流考证的学者尚不多见。

笔者今所考见《欧阳南野先生文集》之版本，共有四种，列举如下：

第一种以北京大学所藏编号 LX3528 为代表，姑名之为北大甲本，此本在所有版本中为最早。其特征为卷首无梁汝魁序，有王宗沐序、徐南金序（按，王宗沐序已残，但徐南金序自第四页开始，经与各本核对，知卷首原应有三页之王宗沐序），卷末无冯惟讷后序。此本的特征是：目录卷十的末篇篇名为"策"，小注为"庚戌会试程文"，卷二十三有《瑞云楼记》一文，卷二十九有《赠吕和卿太史》一文，全书以《元相介翁一品五考》为最末一篇。

---

① 崔建英辑订，贾卫民、李晓亚参订：《明别集版本志》，北京：中华书局，2006 年，第 750～751 页。

第二种以《四库全书存目丛书》所影印底本、国图藏编号 09129 为代表，姑名之为国图甲本，北大所藏另一本编号 SB/817.64/7772 与此相同。此本《四库全书存目丛书》标注为梁汝魁本，实为标注错误，而在所有版本中为最晚。其卷首无梁汝魁序，有王宗沐序、徐南金序，卷末无冯惟讷后序。此本当为北大甲本的原板后刷增订本。与北大甲本相比，其特征为目录卷三末尾增多《寄贡玄略》一篇，为保证行格一致，故合并《答周以介》、《寄李汝贞》两篇，以双行小字的方式放在同一栏内。实际正文中在《寄贡玄略》后还增多《答郭平川》一篇，但因目录中无空栏，故未录入此篇名。目录卷四末尾又增多《寄李子实》一篇，为保证行格一致，合并《答雷古和》、《答刘华峰》两篇，以双行小字放在同一栏内。增补的篇目还不仅如此，卷二十一末增多《碧江刘氏谱序》一篇，卷二十三末增多《通津桥记》一篇，卷二十四末增多《胡祖母蔡氏孺人墓志铭》一篇，卷二十五增多《梅轩罗翁墓志铭》一篇，卷二十七增多《林背先茔碑》一篇。除增入篇目外，国图甲本还对北大甲本的部分篇目进行了抽换或次序调整：将卷二十三的《瑞云楼记》抽换为《瑞金县重修城隍庙记》；将卷二十九的《赠吕和卿太史》替换为《房母李氏挽诗》、《寿京兆戴公七十》、《廷尉石泉潘公北召》、《荣寿为周正郎题》四篇，并将《赠吕和卿太史》移至全书最末。另外，国图甲本目录卷二十九有《天真书院祭阳明先生》篇目并以小字注明"文缺"，正文卷十《林平泉赠言》又因增补条目而产生了严重的错版现象，此种情形为其所仅有。

国图甲本沿用了北大甲本的板片，除字体相符外，其余证据也颇多：原北大甲本的板裂状况，在国图甲本中仍然存在（如卷二十五第一页、卷二十九第十六页之板裂），而国图甲本又增多了不少新的板裂；目录卷十六下诸篇，北大甲本多以小字标注年月，而国图甲本将年月悉数删掉，《贺长至疏》下却余"己月"两字未删干净；国图甲本凡所增补篇目，皆为新板片刻印，字体风格与原刻有明显差异。此外，国图甲本在刷印之时，对北大甲本正文中的错误多所厘正，而改用双行小字订补错漏。如卷一第四页第八行，北大甲本作"故动无动，精而无静",国图甲本更改为"故动而无动,静而无静","而无"作二小字,占据了原来"无"字的位置。这种状况颇多,如卷二第三十七页,卷七第十六页,卷九第七页,卷十五第十一、三十页,卷二十第九页,卷二十一第十七、十八页,卷二十二第二十一、三十二、三十五页,卷二十四第九页、十四页,卷二十七第二十一页等等,也都出现了类似的双行小字挖改现象。又,国图甲本目录卷十的末篇篇名为《性学策》,小注为"庚戌程文",与北大甲本不同。

第三种以台北国图所藏本为代表,姑名之为台湾本,此本为真正梁汝魁关中刊本。卷首有梁汝魁序、王宗沐序,无徐南金序,卷末有冯惟讷后序。其特征为篇目与北大甲本接近,国图甲本所增补抽换篇目、双行小字订补皆无,正文末页有"商州知州张应时督刊"字样。台湾本并非据北大甲本、国图甲本之版片再刷印,而是覆刻新板,字体虽然非常相似,乃至接近影刻,但细考则有明显差别。如目录卷一后欧阳绍庆的跋语,其中"等"字上面两点,北大甲本、国图甲本皆左偏,而台湾版则右偏。其目录卷十的末篇篇名为"策",小注为"庚戌会试程文",与北大甲本相同,而与国图甲本不同。此外,目录卷三《寄刘晴川》一篇,台湾本讹为《寄刘晴用》;北大甲本目录卷二十三《瑞云楼记》处(国图甲本替换为《瑞金县重修城隍庙记》),台湾版为空白,无篇名。

第四种以国图藏编号17568为代表,经笔者考证,实际上为一杂配之本。其首册为介于北大甲本与国图甲本之间一版本,姑名之为国图乙本,而末册则以台湾本相配。足以证明其为配本的依据如下:首册卷首无梁汝魁序,有王宗沐序、徐南金序,而末册末尾则有"商州知州张应时督刊"字样及冯惟讷后序,但目录卷三《寄刘晴川》并未如台湾本错为《寄刘晴用》;目录卷二十九的抽换状况与国图甲本相同,亦将《赠吕和卿太史》一篇移至全书最末,但正文与目录不相符合,而以《元相介翁一品五考》为最末一篇,与台湾本相同;第一册卷一第四页第八行已出现双行小字挖补状况,而卷七第十六页、卷九第七页等等,却又无小字挖补。凡此种种,皆可知其实为以某未知版本与台湾本杂配之本,并非原貌。将国图乙本确定为介于北大甲本与国图甲本之间一版本,除上述三条理由外,还有如下依据:目录卷十末篇为《性学策》,小注为"庚戌程文",与国图甲本相同,而与北大甲本、台湾本不同;卷二十九的抽换状况与国图甲本相同,但卷三、卷四的增补状况却与国图甲本不同,而维持了北大甲本的原貌;目录卷六《家书抄》后,跋语的文字以"呜呼"开头,与国图甲本相同,而与北大甲本不同。凡此种种,皆可见国图乙本对北大甲本进行了增订,但增订之处却不如国图甲本完备。

综合诸本差异情形,可将《欧阳南野先生文集》的版本源流状况厘清如下:北大甲本为最早本,即王宗沐、徐南金刻本,刊刻时间约在嘉靖三十六年(1557年)。此后国图乙本、国图甲本依次据原板片再刷印,并对北大甲本中的错误或遗漏篇目进行了挖改和增补,个别篇目(如《瑞云楼记》)还进行了抽换。台湾本为真正嘉靖三十七年(1558年)梁汝魁关中刊本,实为据北大甲本而重刊本,板片与前三者并非同一源流。台湾本篇目与北大甲本基本一致,而于国图乙本、甲本先后增缺改漏处皆未吸取,可知其刊刻时间当比后两者再次刷印时为早。若按刊刻(刷印)时间排序,当为北大甲本、台湾本、国图乙本、国图甲本。实际上,台湾本刊刻时间仅比北大甲本晚一年,这样的先后顺序也是顺理成章的。

三、欧阳德之学术思想

(一)动荡期

细考阳明开创良知学之经历,获益于静坐处尤多,故其开宗立派之后,也往往以静坐法教授门人,以为入学门径。据阳明自云:"吾昔居滁时,见诸生多务知解,口耳异同,无益于得,姑教之静作。一时窥见光景,颇收近效。"又云:"兹来乃与诸生静坐僧寺,使自悟性体,顾恍恍若有可即者。"阳明率徒静坐之地点,既然选于佛寺之内,故仅从外观上而言，很容易与佛教之静坐法联系起来。阳明本人显然也明白这一点，故多次有意识的与佛教划清界限。正德五年（1510 年），他曾寄书冀元亨、蒋信、刘观时等人称："前在寺中所云静坐事，非欲坐禅入定也。盖因吾辈平日为事物纷拏，未知为己，欲以此补小学收放心一段工夫耳。"从概念上区分，儒家之"收放心"，其内涵自然与佛教之"坐禅入定"有区别；从功效上而言，佛教之"坐禅入定"，一样能起到"收放心"之效用。阳明使用的言辞虽然谨慎，但所教之静坐法，一样是屏息杂念以求自悟，并非舍佛教法门外别有其他方式，故谓之"收放心"抑或是"坐禅"，并无多大区别。究其实质，不外乎阳明择取了佛教坐禅的某些方法，以求对治门人之往日习气，使之能早日理解良知为自然天则、本来具足的根本要义。阳明门人王畿宣称："孔门教人之法见于礼经……未尝有静坐之说。静坐之说起于二氏，学者殆相沿而不自觉耳。"王畿能得阳明"向上一路"，静坐法真可谓功不可没，但他并未选择像阳明那样，借儒家经典中的"收放心"三字来妆点掩饰，而是直接承认"静坐之说起于二氏"，这是他与阳明在性格上的不同之处。阳明多顾忌，王畿多率直，故后者笔锋所指，实已批尽理学诸儒，甚至隐含其师在内。静坐法在王门之中曾盛极一时，阳明之重要弟子大多都有静坐观心之体验，王畿、聂豹、黄绾、钱德洪诸人皆经阳明亲授或"同门先辈有指以静坐者"。[1] 前辈研究学者多承认"静坐法"是王门之早期教法之一，并认为自阳明发现静坐之弊端，并表态追悔之后，便已不再使用。[2] 而陈来经详细考证，发现静坐法实际上贯穿阳明讲学之始末，一直都作为王学的入门之法而存在，确然

---

① 钱德洪：《刻文录叙说》，《王阳明全集》，上海：上海古籍出版社，2011年，第 1746 页。

② 《王阳明全集》："一友静坐有见，驰问先生。答曰：'吾昔居滁时，见诸生多务知解，口耳异同，无益于得，姑教之静坐。一时窥见光景，颇收近效。久之，渐有喜静厌动，流入枯槁之病。或务为玄解妙觉，动人听闻。故迩来只说致良知。'"

可从。

欧阳德于正德十二年(1517年)从学于阳明,正逢师门内静坐之风盛行之时。静坐法实为一柄双刃剑,它能让人暂时放下纷扰的念头,体会到心静处之魅力,既能有效对治知解之习气,又不免会让人"喜静厌动,流入枯槁"。佛门坐禅再久,也必有出关之日,以"入世调心"来避免此病,检验静坐体悟之成果;阳明门下,则"俟其心意稍定,只悬空静守如槁木死灰,亦无用,须教他省察克治",实有异曲同工之妙。欧阳德年岁很小,又恰逢此时,故不免染上了"沉空守寂"的弊病,其时约在嘉靖元年(1522年)左右,即在其考中进士之前。此期欧阳德不赴春官,不离阳明左右,终日在导师的指引下体悟良知。阳明自谓"此良知之说,从百死千难中得来,不得已与人一口说尽",可知着实悟透之不易。欧阳德不像师门中的年长者多已有生活历练,而是乍出书斋又入学堂,故其对于良知学之认识,均停留在言谈中,而无切身之实践,其陷于空寂亦是自然之事。嘉靖二年(1523年),欧阳德中进士,之后授官六安,官事繁冗,头绪众多,欧阳德不能不穷于应付,政务得闲后方得聚诸生讲学。为此,欧阳德遭到了阳明委婉的批评:"吾所讲之学正在政务倥偬中,岂必聚徒而后为讲学耶?"一直到嘉靖五年(1526年)为止,欧阳德仍然处于良知学与世务应对的磨合阶段,尚不能做到一任良知、动中得静。

嘉靖五年(1526年),在欧阳德生命中是至关重要的一年。至此年为止,他为官一任满期,对于学问与世务的交互对接方面有了实际的体验。阳明深知此中甘苦,故曾寄书弟子云:"入仕之始,意况未免动摇,如系在风中,非若黏泥贴网,恐自主张未得。"[①]欧阳德在六安知州任上,能克己奉公,造福一方,不失为一位好官,但他同时也开始面临对于良知学体用上的疑难困境。筹划政事,终不免于计较思量,

---

① 《与希元、台仲、明德、尚谦、原静》,《王阳明全集》,上海:上海古籍出版社,2011年,第188页。

费心劳神，然则此等思索，如何判断其是合乎天则，抑或是杂有人欲？类似的疑问萦绕在欧阳德心头，敦促他提笔写信，向阳明请教。阳明收到来书后，特作《答欧阳崇一书》，对于信中的疑问逐一作出了剖析答复。欧阳德与阳明，一个善问，一个妙答。所问之问题皆是将良知学运用于实际事务中所遭遇的疑难，又是关系到如何理解良知学的核心要点，非泛泛而问；所答之答案均从半生艰难困阻中体悟出，对症下药，鞭辟入里，绝非空洞之常谈所能媲拟。《传习录》中录阳明手书凡八篇，《答欧阳崇一书》即居其一，至谓"指'知行之本体'，莫详于《答人论学》与答周道通、陆清伯、欧阳崇一四书"，可见其价值之重要。这封书信，既是研究阳明学思想的重要文献，也是欧阳德自动荡期迈向成熟期的分界点。

《答欧阳崇一书》，《传习录》中所收未标明年月，而《阳明先生集要·理学编》所收，下注"丙戌"年份。考阳明生平仅历一丙戌年，知其作于嘉靖五年，两年后阳明即因病去世。因此，这封信的内容，也代表了阳明晚年定型后之思想。在信中，欧阳德坦然承认："师云：'……学者之敝，大率非沈空守寂，则安排思索。'德辛、壬之岁著前一病，近又著后一病。"辛、壬之岁，即正德十六年（1521 年）、嘉靖元年（1522 年），其时距欧阳德拜入阳明门下已有五、六年之久；"近"，则指嘉靖五年前后，正在六安州任上之时。今详考信中欧阳德所述之疑问，大多不离世事体认后的个中甘苦：

其一是良知与见闻之关系。欧阳德本人对于佛教、道教都毫无兴趣，同时也缺少一定程度的理解，故其不能如王畿一样，很自然地理解良知本来具足万法的特性。欧阳德仍对传统儒家博学、审思之方法念念不忘，是以不能真正发挥良知之效用。他宣称"良知虽不由见闻而有，然学者之知未尝不由见闻而发"，"若致其良知而求之见闻，似亦知行合一之功矣"，显示他对于良知学根本要义的理解仍存在隔膜。阳明针对性的答复："良知不由见闻而有，而见闻莫非良知之用，故良知不滞于见闻，而亦不离于见闻。""若曰致其良知而求之见闻，则语意之间未免为二，此与专求之见闻之末者虽稍同，其为未得精一之旨,则一而已。"欧阳德之核心错误,正在于"二之",不明白良知与见闻不一不异的道理。通行本《坛经·付嘱品第十》中,慧能曾对传法弟子陈述说法方式,谓:"先须举三科法门,动用三十六对,出没即离两边,说一切法,莫离自性。忽有人问汝法,出语尽双,皆取对法,来去相因,究竟二法尽除,更无去处。"若掌握此原则,即使平常人照方抓药,也不致偏移师门宗旨。阳明、王畿皆对《坛经》浸润许久,自然深明此理,出入即离两边。欧阳德无此认知,故对于受佛教影响极深的良知学,不能从第一义顿时契入,只能接受阳明再诠释之后的逻辑体系,这也是他不能承继阳明"向上一路",却能着实践履"向下一路"的原因所在。

其二是良知发用与私意安排的区别。欧阳德能通过思虑、判断,来行父母官所当行之事,然其发意终不是自然顺应良知天则,故心绪不免纷扰难宁。欧阳德担心,长此以往,恐不免"认贼作子,惑而不知也"。阳明答复:"沉空守寂与安排思索,正是自私用智,其为丧失良知,一也。……若是良知发用之思,则所思莫非天理矣。良知发用之思自然明白简易,良知亦自能知得。若是私意安排之思,自是纷纭劳扰,良知亦自会分别得。"欧阳德之思虑,非自良知而发,终不免于义袭而已。阳明干脆直接地指明此点,并再次强调了良知的功效,只有一任良知,才能明白简易而不纷纭劳扰。无论是发自天则,还是发自私意,其判断之标准仍然只能在良知上体认。良知既是一切符合天理的行为之来源,又是辨别一切行为是否符合天理之裁判。欧阳德虽然没有参透这一点,但凭借敏锐的直觉,他已然发现自己"著后一病",故向阳明求医问药。阳明所开之药方,是令其将心中所有之狐疑付给良知去裁决,舍此之外别无良法。

其三,欧阳德认为良知虽然能知轻重缓急,然未必能兼顾事势与精力,故虽知而未必能行,因此需要平日加以培养之功。阳明认为这是"将了事自作一事,而培养又别作一事,此便有是内非外之意,便是自私用智,便是义外,便有不得于心勿求于气之病,便不是致良知以求自慊之功矣。"按阳明之逻辑体系,真知则必能行,若不能行,只是知不够真切。欧阳德实际上将知与致知分作两事,堕入了先知而后勉力行之之俗窠。良知学主张知行合一,若先知而后行,则知与行则不免断裂,是陷入私意之阻挠,而不能贯彻天理之道。阳明强调"凡学问之功,一则诚,二则伪","君子之学终身只是集义一事",正是强调君子行所当行,若无私欲牵扯,绝无"迫于事势,困于精力"之病痛。

其四,欧阳德根据个人的生活阅历,体会到人情机诈百出,设若预先揣度防备,则已不免先有诈心;若御之以不疑,则易被人欺,又非良知之觉。他由此而检讨自己素日所行,认为合乎诈心者为数不少。欧阳德企图用人情猜度来避免欺诈,实际上是步上了一条邪路,阳明认为"只此一念,已不可与入尧、舜之道矣。"阳明进而宣称,纵然不逆不亿而为人所欺,尚亦不失为善。君子但求不自欺其良知,而未尝求先觉人之诈与不信也。而若诚致其良知,则自然先觉,自然常觉常照,则无知而无不知。此条问答,直是二人气度之差异。阳明天纵奇才,又毕生孜孜以求往圣之道,故其忠恕包容之量,自非初入仕途之后生小子所能及。而欧阳德美玉之才,再经阳明点拨,故方能追随鞍前骥后,自此一日千里。

《答欧阳崇一书》或许是阳明晚年对于欧阳德最后的教诲,但足以令后者受益终生。嘉靖五年之后,欧阳德于良知学渐趋成熟,已开始在同门中崭露头角。此书中之要义,也成为欧阳德一生中所坚持之不二法则。欧阳德后来聚徒讲学、与人论辩,皆能本于阳明所教,凡所言谈、举止均不背离良知学之本义,而细考其立论源头,大多不离于此书。

自正德十二年(1517 年)至嘉靖五年(1526 年)的十年间,欧阳德从一介普通书生到投入阳明门下,用心钻研良知学,这也正是他的学问形成期。他能在阳明学饱受攻击指摘的流言蜚语之中,毅然认定良知学为圣学,乃至孤身远赴他乡拜师求学,其眼光之犀利由此可见;他能在中举之后,果断放弃赴京应进士科举,而且放弃不止一次,不惜耗尽近十年光阴,跟随阳明左右,一心研讨学问,其志向之坚定由此可知;他能以举人的身份奉事师门长辈,人呼之"小秀才"而欣然从命,门下事务虽劳不息,其远离俗世私欲之心由此可显。凡阳明之得力门生,大多能对功名利禄淡然于心,身在官位亦能不恋于位,而一意追寻往圣之道,进而教化众生,并以此为人生之使命。王畿如是,薛侃如是,欧阳德亦如是。大凡人之为学,首要在立志,志若真切、高尚,则自能契入圣学,事半功倍。欧阳德在立志方面,展现出非凡过人之处,这也是他能最终成长为一代宗师的根本原因。

(二)成熟期

阳明门下洋溢着一股浓郁的佞佛习气,其根源在于良知学与佛学深厚的血脉关联。从佛教入手,要比从儒教入手,更容易把握和领悟良知学的精髓。王畿正因此故,能独得阳明之精魄,而以正宗衣钵传人自居。但是,儒、佛之争毕竟绵延几百年,大多数人仍然习惯于固守一派,而缺乏兼收并取的气度。也正因为如此,阳明门中的纯儒一派逐渐开始掀起了对王畿等人的批评,而这种批评更容易获得社会普遍的认可与赞许。随之而来的是纯儒派逐渐占据了声望上和人数上的优势,并被逐渐被认可为王学正宗,故明末时黄宗羲乃谓“姚江之学,惟江右为得其传”,并认为江右诸人能救补后学佞佛之弊端。

欧阳德本人对于佛教、道教几无兴趣。在官任上时,谓佛寺、道观为淫祠,多次辟之为儒家学院,以讲授孔孟之道;见人从事佛道之学,亦多劝阻之,谓“此与吾儒功稍同而志迥异,所谓‘弥近理而大乱真’者,不可不察也”。[①] 欧阳德所得良知学为“向下一路”,但他并非固步自封之人,而是主动承担起了一个缓冲的作用。他在师门内年齿较短,因此对于门内的长辈钱德洪、王畿等人都非常尊敬,也并不认为他们的主张此是彼非,而是皆认为属于阳明之真传。在阳明生前,好友湛若水就曾多次质疑阳明对于佛教的态度,并有过数次论

---

① 王传龙校点:《欧阳南野先生文集》,《儒藏》精华编第 260 册,北京:北京大学出版社,2014 年,第 118 页。

辩，现存文献中可以清楚地看到这一切。据湛若水称："往往见阳明门弟尊佛而卑圣，至谓孔子为缠头佛，佛乃上圣人，亦尝痛之，愧不尽心于知己者。"欧阳德寄信湛若水为阳明学正名，湛若水回复道："今来谕所述阳明云云，则吾不忧矣，而门弟之传云者何耶？吾辈乃时人之耳目，不可不慎也，仆当与执事其勉之！"①可知王门亲佛习气虽浓，欧阳德却能择取纯儒一脉，又能以言行维护师门之形象。在整理阳明年谱时，欧阳德建议将种种神异事迹一并削去，以为此"圣人所不语者，何为割舍不得也？"②欧阳德还同时建议年谱中不必附入门生姓名，以免引发同门间的纷争，确实能虑人之所不能虑。欧阳德视阳明如往圣先贤，故终其一生，从未对良知学产生过丝毫动摇。在他的心中，良知学就是孔孟血脉，就是古圣真义，也正是成圣之路。

嘉靖六年(1527年)，欧阳德被挑选补入翰林，从此开始官运亨通。中间虽然迭经几次波折，甚至被牵连入狱，但其处事老成，非刚强好事之人，故最终均能平安无事。翰林院别称"玉堂"，事务少而待遇优，欧阳德除了要偶尔作一些《灵雪诗(有序)》《昭格赋》之类的应制文字外，多数时间都花在与同志探讨学问上。他与徐阶等人的友谊，也正是在这时逐渐建立起来的。欧阳德善于交友，乐于交友，且一直获益于交友。他特别看重朋友之间的相互勉励、启发与论辩，并努力学习诸友的长处，进而消化吸收，以构筑起自己的学术思想。欧阳德自云："仆自问学以来，诚赖朋友讲习切磋，而后此心之是非、义利、公私、邪正、取舍渐明，而克治渐密，故尝自念，人不可一日而不求友。"③欧阳德重视朋友之间的夹持之功，所以经常担任朋友聚会的

---

①　湛若水：《甘泉先生文集》卷七《答欧阳崇一》，《四库存目丛书》集部第56册，第574页。

②　王传龙校点：《欧阳南野先生文集》，《儒藏》精华编第260册，北京：北京大学出版社，2014年，第92～93页。

③　王传龙校点：《欧阳南野先生文集》，《儒藏》精华编第260册，北京：北京大学出版社，2014年，第35页。

组织者,也热衷于参与各种讲学活动,时时唯恐自己境界不足,故博学而养之。自己能谦虚下人,人必乐于倾囊与之,是以愿与欧阳德书信往来探讨学问者日益增多,名单上不仅有刚入门的诸生,有志同道合的同年学友,也有年老根熟的耆旧宿儒,这在客观上进一步提升了欧阳德对于良知学的体悟。

从欧阳德这一时期所留下的资料来看,他已逐渐进入熟练运用良知学的阶段。加上他具有入门久、官位高、善交际的外在优势,故在师门中的影响力也日益攀升。一言以蔽之,欧阳德的学术思想创新之功少,守成之功多,而宣扬、捍卫之力尤巨。其学术之要点,可具体归纳为以下几条:

其一,良知本体不息,无动静、先后之分,反对有意为静。欧阳德称:"盖良知妙用有常,而本体不息。不息故常动,有常故常静,常静常动,故动而无动,静而无静。"①欧阳德的这一主张,非常符合马克思主义哲学对立而统一的辩证法。因为本体不息,不息故常动,所以运动是绝对的;但运动有常,有固定的规律和法则,这些规律和法则保持一贯,并不会日差月别,所以动中又有静。"动而不动于欲,则得其本体之静,非外动而别有静也。"②只要依从良知天则,不被欲望所牵扯阻碍,即得其本体之静,亦即濂溪所谓"无欲故静"。静蕴含在动中,并非外动而别有静。

欧阳德关于良知本体的这一主张,与聂豹等人的观点针锋相对。后者主张心体本寂,感于物而后发,其核心在于以归寂为本、以通感为用。为此,聂豹多次寄书欧阳德,往复辩论。聂豹虽然承认欧阳德

---

① 王传龙校点:《欧阳南野先生文集》,《儒藏》精华编第 260 册,北京:北京大学出版社,2014 年,第 37 页。

② 王传龙校点:《欧阳南野先生文集》,《儒藏》精华编第 260 册,北京:北京大学出版社,2014 年,第 38 页。

所述"与阳明先生答示大旨多同，于是见南野之独到也"，①但在核心问题上仍各执一词，难以相互认可。聂豹反驳："其谓'心无定体'一语，其于心体疑失之远矣。炯然在中，寂然不动，而万化攸基，此定体也。"聂豹与欧阳德之论辩，双方各援引孔孟、宋儒、先师阳明之语以作论据，虽然观点针锋相对，但彼此立论皆有所依，故很难互相说服。聂豹所得，是阳明要求"立本"的部分，良知是寂然大公之本体，本立之后自能感而遂通；欧阳德所得，则是阳明主张"体物不二"的部分，良知不离于见闻，不能舍物感而别寻良知本体。聂豹虽然强调"良知本寂"，但也并非全然主静，故云："仆谓归寂之功，本无间于动静，一以归寂为主。寂以应感，自有以通天下之故，应非吾所能与其力也。"可见聂豹与欧阳德，在工夫无间于动静上并无分歧，其分歧之根本在于工夫应如何做上。而工夫如何做，又直接导源于如何看待心体。以佛教作类比，归寂派类似小乘或大乘有宗，认涅槃为实相，为心之本体，究竟有佛可成；欧阳德谓心无定体，则类似大乘空宗，认涅槃即空，空性即实相，究竟无佛可成。考虑到阳明晚年有"学竟是空"、"到底皆空"等语，则显然欧阳德之理解更符合阳明之本意。

然若谓心无定体，除非如王畿一般慧根深厚，能直接以心体为工夫，否则工夫反而不易找到实下之落脚点。若谓良知本寂，则中根以下诸人皆能着实用功，反而更易操作。欧阳德识见虽高，但皆承自阳明教诲，非源于自悟，是以慧根远逊于王畿，故此立场也时常摇摆不定。他在《寄聂双江》书中云："《大学》言'知止'，止者心之本体，亦即是功夫。苟非一切止息，何缘得定、静、安固？便将见前酬应百虑，认作天机活泼，何啻千里！此某之所深悔而痛惩者，惟执事有以教之。"②此是欧阳德自我反省，认为自己修为不够，误认酬应百虑为天

---

① 聂豹：《聂豹集》卷八《答欧阳南野太史三首》，南京：凤凰出版社，2007年，第237～249页。

② 王传龙校点：《欧阳南野先生文集》，《儒藏》精华编第260册，北京：北京大学出版社，2014年，第85页。

机活泼,故反而羡慕聂豹能有实际用力之处,遂恳求对方予以指点。他暂时放下了"本体不息"、"常动常静",转而倾向于将"一切止息",割舍种种世缘人欲,作为践履良知学之工夫,以求走出这一困境,提升自己的境界。欧阳德内心之矛盾,于此可知之。值得强调的是,这并非欧阳德缺少自己的坚持,而是他能够理解对方的逻辑体系,并主动学习不同体系中的优势。欧阳德绝少有门户之见,所以他与阳明门下的重要弟子皆能相处融洽,冲突只停留在观点上,而从来不至于伤及友情。

其二,本体不学而能、不虑而知,见闻知识莫非妙用,良知不离知觉,而知觉不足以言良知。嘉靖五年(1526年)之前,欧阳德对此观点尚不甚了了,但在经历阳明指点之后,这一立场已深入其心,成为其学术思想的根基之一。从此点出发,欧阳德反对求之于外,因为"吾心不学而能、不虑而知之本体,非见闻知识之可混";[①]同时他也反对彻底抛弃见闻知识、空谈良知本体,因为见闻知识莫非良知妙用。这一立场实际上是救济良知学沦于空虚的一剂良药。欧阳德认为:"古人善恶是非之迹,亦吾心善恶是非之迹也。从事于学者,或取决于师友,或考正于《诗》、《书》,其要去吾之不善,修吾之善,学而能之而已。"[②]又云:"某尝闻学问思辨,皆明善之功。善者,人心天命之本然,所谓良知者也。"[③]这种言论,实际上将传统儒学"博学、审问、慎思、明辨"的方式,完全兼容到良知学之中,而将见闻知识作为致良知之一法。如此一来,过去古圣先贤求学是要正其心之是非,以复良知本体,与今日所从事于良知学之诸生,其最终目的并无差异。古今

---

① 王传龙校点:《欧阳南野先生文集》,《儒藏》精华编第 260 册,北京:北京大学出版社,2014 年,第 39 页。

② 王传龙校点:《欧阳南野先生文集》,《儒藏》精华编第 260 册,北京:北京大学出版社,2014 年,第 46 页。

③ 王传龙校点:《欧阳南野先生文集》,《儒藏》精华编第 260 册,北京:北京大学出版社,2014 年,第 46 页。

学问之道，在这里获得了很好的继承和扩充。

罗钦顺不明此理，而谓阳明学以良知为天理，是误认知觉为良知。欧阳德特作《答罗整庵先生寄〈困知记〉》前后三书，对其言论进行了驳斥。欧阳德强调，良知不虑而知，是"本然之善也。本然之善，以知为体，不能离知而别有体。……天理者，良知之条理；良知者，天理之灵明，知觉不足以言之也"。①　其反驳精辟有力，可谓切中罗氏要害。罗钦顺难之曰："人之知、识不容有二。孟子但以不虑而知者名之曰'良'，非谓别有一知也。今以知恻隐、羞恶、恭敬、是非为良知，知视、听、言、动为知觉，殆如《楞伽》所谓'真识'及'分别事识'者。"欧阳德承认知、识非二，但同时强调："恻隐、羞恶、恭敬、是非之知，不离乎视、听、言、动，而视、听、言、动未必皆得其恻隐、羞恶之本然者。故就视、听、言、动而言，统谓之知觉；就其恻隐、羞恶而言，乃见其所谓良者。知觉未可谓之性，未可谓之理。知之良者，盖天性之真，明觉自然，随感而通，自有条理，乃所谓天之理也。……先儒所谓视听、思虑、动作，皆天也，人但于其中要识得真与妄耳。"②欧阳德主张一切视、听、言、动皆属知觉，而惟其中合乎天理的部分，方可谓之良知。知觉有真有妄，真者方可谓之良知，亦即知觉与良知，实际上是包含与被包含的关系。接下来欧阳德还反驳了罗钦顺所谓"真识与分别事识"的类比，称"若《楞伽》所谓'真识'，则非孟子之所谓'良'者，其于恻隐、羞恶、恭敬、是非乎何有？宜不得比而同之矣"。③　罗

---

① 王传龙校点：《欧阳南野先生文集》，《儒藏》精华编第 260 册，北京：北京大学出版社，2014 年，第 45 页。

② 王传龙校点：《欧阳南野先生文集》，《儒藏》精华编第 260 册，北京：北京大学出版社，2014 年，第 48 页。

③ 王传龙校点：《欧阳南野先生文集》，《儒藏》精华编第 260 册，北京：北京大学出版社，2014 年，第 49 页。

钦顺所云《楞伽》之真识，①即"庵摩罗识"，意译"清净识"、"无垢识"，指的是未受无明习气熏染前的真如状态，若用来类比王畿所谓的"无善无恶心之体"，不能算偏离太远。但欧阳德所取并非王畿"向上一路"，他执着于良知必须具备区分恻隐、羞恶、恭敬、是非的功能，不明白善恶相对而生，良知本体若无恶，则善亦无从而称。至善之体，亦是无善无恶之体。谓良知不离于知觉，不能孤立存在，诚然；若谓良知为知觉中善的部分，实际上混淆了"良的知"（知之良）与能察善恶之"良知"，概念上含糊而错乱。良知待视、听、言、动而后见，而非待视、听、言、动而后有，若是后者，则必然不能承担察是察非之功用。欧阳德末云"先儒所谓视听、思虑、动作，皆天也，人但于其中要识得真与妄耳"，实际上等于认定真与妄皆由天赋，人生来即有善有恶，学者只能后天为善去恶而已，这与他同时主张的"性本善，非由外铄，故知本良，不待安排"，实际上有所冲突。由此亦可看出，欧阳德虽然立论宏博，逻辑流畅，但因为终未能自我体悟心体之要义，故行文之中未免微有瑕疵，这也是他比不上王畿之处。

欧阳德在信中还强调读书之功用，这在王门之中也是颇为难得的。欧阳德称："善读书者，开发良知之聪明，而磨礲之日精日密。……非外读书，而别有尊奉其良知，以从事于易简之道。"②此论虽为申辩罗钦顺指责阳明学"盖以良知为天理，则易简在先，功夫居后，后则可缓"而发，但仍然颇有积极意义。欧阳德将读书视为致良知的易简之道，是因为书中包含了前人的经验教训，可以更快速的开发聪明，这也宣布了间接经验在欧阳德思想中具有重要价值。相对于束书不观，要么静坐观心、要么洒扫应对之作法，这种处理无疑显得更

---

① 《楞伽经》版本不一，惟求那跋陀罗所译的《楞伽阿跋多罗宝经》中提到"略说有三种识"，其一为"真识"，而实叉难陀所译的《大乘入楞伽经》，菩提留支所译的《入楞伽经》，在相同段落处分别云"略则为二"、"略说有二种"，并无"真识"字样。

② 王传龙校点：《欧阳南野先生文集》，《儒藏》精华编第 260 册，北京：北京大学出版社，2014 年，第 50 页。

为稳妥。

其三,重实践履行,而轻论辩空谈。这是欧阳德思想中最为宝贵的成分。欧阳德称:"今之志于学者,往往多谈繁说,而于真心实地上,未能着实磨礲锻炼,去偏祛弊,故施为往往乖戾,反启人疑学道之无益。"①欧阳德虽然也时常参与学理论辩,但对于高下胜劣并不十分看重,即使在他有极大把握是对方之错时,他仍然言辞十分谦逊,并着重强调对方言论中的闪光点,承认对自己颇有启发。在阳明门下,若评价辩论时之态度,欧阳德无疑是最有风度的一位。"学者必问于师,必辨于友,谈论亦未为废。顾恐未必学之于己,思之于心,而徒晓晓问辨,空言无益。"②言论之高低,终归只是外在装饰,欧阳德更看重能否以身为训,是否言行相符。每当向他人陈述良知学要义之后,欧阳德必先检点自己,作言辞恳切之自我批评,认为自己尚未能尽符于此语,此又不可纯以客套之语而视之。

欧阳德强调践履,其意图正在于辟除时人只尚空谈的习气。欧阳德不但敏锐的发现了这一弊病,而且为此痛心疾首,在师门内外大声呼吁,希望唤醒时人之注意。欧阳德称:"今世学不明于天下,人人以为闲谈异论。"③又称:"良知与知识有辩,……比来同志恐亦只讲个知识耳。"④又再称:"近日知学者颇多,但未见有志向精专,若所谓'如好好色,如恶恶臭'然者。种种世缘割舍不断,假饶玄览超见,终

---

①　王传龙校点:《欧阳南野先生文集》,《儒藏》精华编第 260 册,北京:北京大学出版社,2014 年,第 54 页。

②　王传龙校点:《欧阳南野先生文集》,《儒藏》精华编第 260 册,北京:北京大学出版社,2014 年,第 55 页。

③　王传龙校点:《欧阳南野先生文集》,《儒藏》精华编第 260 册,北京:北京大学出版社,2014 年,第 58 页。

④　王传龙校点:《欧阳南野先生文集》,《儒藏》精华编第 260 册,北京:北京大学出版社,2014 年,第 59 页。

成虚想。"①阳明去世之后,王门中讲学风气极浓,然往往着意于学理之高下,而忽视个人行为之检点与世俗事业之成就。前者在本人或以为洒脱不羁,而他人视之,则不免视为文人无行;后者在本人或以为洁身自好,然不能令百姓受益之空口学问,说甚媲美往圣先儒? 学问必须扎根于坚实践履之地,方可谓之儒家本色,否则只能作一思辨之哲学而已。欧阳德称:"君子之学,要其所以用力者何如,言语不足泥也。"②其重行为而轻言论之心,昭然于是。欧阳德中年后几无喜静厌动之病,而认为对局临境,正受用得力之地。洒扫应对,莫非实学;造次颠沛,莫非乐境。离却天地、人物,亦无所谓良知矣。若不能真实践履,则种种谈论总不过虚谈光景,光景再美,终归无用。欧阳德最终能令"天下之人,识与未识,咸知有欧阳先生,翕然师尊之而无疑",其风采尽在亲行其道、言传身教之中。

欧阳德具有天地万物同一之大气魄,肯定个体之价值,认为"夫人者,天地之心,故万物皆我,天地一身,故格物所以致我之知,亲民所以明我之德,合内外、动静之道也"。③ 由于具备这一度量,故为官期间,欧阳德能从大处着意,筹划将来,所行诸务多垂为定例。徐阶与欧阳德为友,亦自承多受其教导:"公(欧阳德)时已称名德,而予才弱冠,于道未有所闻。公朝夕与予论学,所以启迪夹持者甚。……公于当世之务无不究心,其言之无不有条绪。"④观欧阳德集中《寄徐少

---

① 王传龙校点:《欧阳南野先生文集》,《儒藏》精华编第 260 册,北京:北京大学出版社,2014 年,第 85 页。
② 王传龙校点:《欧阳南野先生文集》,《儒藏》精华编第 260 册,北京:北京大学出版社,2014 年,第 57~58 页。
③ 王传龙校点:《欧阳南野先生文集》,《儒藏》精华编第 260 册,北京:北京大学出版社,2014 年,第 39 页。
④ 徐阶:《世经堂集》卷十九《明故太子少保礼部尚书兼翰林院学士文庄欧阳公神道碑铭》,明万历间徐氏刻本。

湖》诸书,不仅商量学问,还能设身处地,拳拳告诫徐阶"立身于毁誉利害之外",①知徐阶前述并非虚语。徐阶官至内阁首辅,而终能除残去秽,"虽任智数,要为不失其正"(《明史》语),背后未始没有欧阳德的佐助之力。

成熟期的欧阳德,非但对师门事务(参与阳明丧事、整理阳明遗稿、抚助阳明遗孤等)尽心尽力,随着声望日增,也逐渐开始承担会讲主盟的角色。嘉靖十二年(1533 年),欧阳德合同志会于南畿,就是一个具体的例子。此后欧阳德担任主盟的次数、时间越来越多,慢慢超越同侪,隐然已有领袖阳明后学之势。

(三)进化期

欧阳德是一个兼收并取、富有弹性的人,这一点也可以从他早期应科举试上面看出。会试试题阴辟阳明门人,徐珊拒绝作答而甩手而去,欧阳德则按师门宗旨而坦然作答,足可见不同性格下的不同选择。欧阳德并不是一位恪守自己观点、固步自封的人,这点与邹守益、黄绾等人都有所区别。欧阳德遵守"不在其位,不谋其政"的儒家准则,对于其他人所遭受到非议,亦往往能体谅其难处。轮到自己上言时,欧阳德能依从是非之心,慷慨直书,不避嫌疑,不计利害。但若皇帝反对他的奏疏,并要求以其他立场重新拟奏,欧阳德也能转换角度,重新在所限定的区域内,把事情做得尽量公允无私。在礼部尚书任上时,凡议二王建储、婚礼及康妃丧仪、惩治藩王违法逾制诸事,率多此类。欧阳德之作风在于笃实稳重,通权变,识大体,而不在于犯颜直谏、九死不悔,甚或自命清流、党同伐异。

具体到学问上,也同样是如此。欧阳德所取虽然为纯儒之"向下一路",但并不像其他人那样,逐渐开始排斥王畿所代表的"向上一路",而是随着自己修为日深,逐渐开始朝"向上一路"进化。这一进

---

① 王传龙校点:《欧阳南野先生文集》,《儒藏》精华编第 260 册,北京:北京大学出版社,2014 年,第 88 页。

化期,大致从嘉靖十五年(1536年)左右开始,一直维持到其生命的终点。其因缘,则始于欧阳德与王畿同宿砥砺之事。这一月多的晤谈,对于欧阳德震动极大。盖阳明学"向上一路",由王畿自悟而引发,其时已至阳明晚年,而阳明不久后即去世,未及与门人详释,故一概托付于王畿。欧阳德从未怀疑王畿所得不确,也没有低估过它的价值,所以能虚心闻听,并获益良多。

欧阳德并没有掩饰自己对于王畿之看重,反而在与友人的信中,屡次提及此事,极为推崇:

《答张卿理》其二:"区区近约王龙溪相与箴切砥砺,始知向来渗漏错悮,大抵嗜欲割截不尽,真机无由活泼也。"①

《寄王龙溪》:"项闻访道吴门,远想仙踪飘然,自恨宿无灵骨,不得陪奉言笑。……凡情不能割舍,真是自愚自累。即今断塞多歧,蹉踏实地,深思猛省,缜密精专,庶几不负尊教耳。"②

《寄何善山、黄洛村》:"近得与龙溪同宿数时,顿觉旧习之非。大抵此心未到澄莹精纯,便起种种作用、言说,认为真机活泼,不知里许尽是安排布置,种种作用皆为粉饰,种种言说皆为戏论。今须直下了彻,始有进步处也。龙溪直是学问透彻,直是善锻炼人,相与切磋,直是心心相契,更无许多逢迎迁就、门面折数,诚吾辈所不及。"③

《答戚南玄》:"近得与龙溪切磋,而后知猛省欲根,澄洁心源。"④

---

① 王传龙校点:《欧阳南野先生文集》,《儒藏》精华编第260册,北京:北京大学出版社,2014年,第75页。

② 王传龙校点:《欧阳南野先生文集》,《儒藏》精华编第260册,北京:北京大学出版社,2014年,第83页。

③ 王传龙校点:《欧阳南野先生文集》,《儒藏》精华编第260册,北京:北京大学出版社,2014年,第87页。

④ 王传龙校点:《欧阳南野先生文集》,《儒藏》精华编第260册,北京:北京大学出版社,2014年,第88页。

《寄横溪弟》："近与王龙溪信宿山寺，顿觉旧习之非。私意不净，种种作用虽未必苟同流俗，然毁誉利害、得丧穷通，终未免沾带不了。譬之煎银，不起金花，终非足色也。"①

《寄钱绪山》："近得与龙溪兄聚处，尽觉旧习之非。此心未到精莹澄彻，种种识鉴运用，总是自私用智，总是浮饰，始信静专动直，静翕动辟，心体本是如此。未能充实，必无光辉，分毫假借不得。自今勉力，倘有进步处。"②

《答薛中离(三)》："奉别且十年，真朋离索，所与讲习者，彼此跟脚不实，精神虚泛，意气浮动，漫溢相扇，沦胥以溺。去岁龙溪相处逾月，始觉旧习之非。新春移居道院，日与诸友求归根复命之实。细细寻求，只是声色货利斩截不断，所以放舍生产作业不下，自生缠绕，自作障蔽，种种谈仁说义只成戏论。……从前误己误人，悔之已晚。"③

与王畿的这一番会晤，对欧阳德思想之影响，不在嘉靖五年阳明《答欧阳崇一书》之下。经此一役，欧阳德对自己过去的言论、行为，进行了全面彻底的自我反省，谓之粉饰戏论，谓之自私自智，谓之误己误人，足可见其自我批评力度之强烈。与此同时，欧阳德又频繁寄书诸友，推许王畿之学，自承"吾辈所不及"，其甘拜下风之诚，亦丝毫不加掩饰。即便如此，欧阳德仍然感觉自己反省力度不够，几年后的居丧期间，又寄书王畿云："静居点检半生种种作用，与所谓'静专动直，静翕动辟'者，实相背驰。……往在南雍，兄拳拳拯我、药我，当时自是心胜，未有以承之。乃今又不得朝夕继见，念之怅然。倘便差南

<hr />

① 王传龙校点：《欧阳南野先生文集》，《儒藏》精华编第 260 册，北京：北京大学出版社，2014 年，第 89 页。

② 王传龙校点：《欧阳南野先生文集》，《儒藏》精华编第 260 册，北京：北京大学出版社，2014 年，第 89 页。

③ 王传龙校点：《欧阳南野先生文集》，《儒藏》精华编第 260 册，北京：北京大学出版社，2014 年，第 92 页。

来,索我于浩溪,幸甚。"①欧阳德对于王畿的殷切期望之情,跃然纸上。

欧阳德进入成熟期后,对于阳明素日之教已基本能融会贯通,前文已详述之。惟阳明隐而未发、王畿自悟之"向上一路",其时欧阳德不在先师左右,故未得听闻。此期经王畿阐发后,欧阳德对于心体之澄莹精纯有了更深层次的领悟,虽然因"心胜,未有以承之",然相较拒绝接受"四无说"的同门高弟,态度已自然不同。欧阳德素重践履而不泥于言论,以其之境界,自然能发现王畿"向上一路"在驱除个人私意上的功效要更为显著。而自己素日所主张,"虽未必苟同流俗",终不免牵扯毁誉利害,非足色之金。学问到得极深处,非有个人之独悟不可,否则终日阐释他人论断,纵然辩才无碍,终非自家气象。欧阳德之思想,多如蜜蜂采蜜一般,从师友处汲取化用而来,相较王畿之自悟,便有人我之隔。

毫无疑问,王畿的启发令欧阳德的修为加深了一层境界。但欧阳德的关注点,仍然是王畿之学说对于惩恶向善、割截嗜欲的功效,他本身对于"四无说"和"四有说"在学理上的高下并不关心。从欧阳德此后的言论中,我们找不到他从此信奉"四无说"的证据,他汲汲以求的,只是利用良知能知是知非的功用,继续培养、扩充,直到自己能企及王畿之境界。换句话说,欧阳德所坚持的一直都是省察克治的工夫,他从来没有像王畿那样,以本体为工夫,一悟四无,立得无穷效用。这也是欧阳德为何虽然无尽羡慕"向上一路"之光景,却仍然只能停留在"向下一路"的根本动因。阳明曾自云,"四有说"可接上接下,"四无说"只能默默保任。然则欧阳德虽未能独悟"四无说"之义理,仍在不断趋近其境界,这显然要比站到"四无说"对立面的同辈要更上一层楼。

王畿为欧阳德文选作序,称:"予不肖,辱交于南野子三十余年,

---

① 王传龙校点:《欧阳南野先生文集》,《儒藏》精华编第 260 册,北京:北京大学出版社,2014 年,第 113 页。

受益最深。师门晚年宗说，每相举证，未尝不爽然称快，以为闻所未闻，若饮醇醴，盎然且溢于面，而所谓交相益者非耶？"[①]王畿力主阳明晚年宗说，讲学几十年，自叹知己难觅，若欧阳德，实可谓能知王畿者也；而欧阳德才学厚实、识见高深，阳明后学中能拔之、益之者，舍王畿外更有何人？

四、欧阳德之影响

欧阳德之学术，虽然守成多过开创，并不像黄绾、王畿、王艮那样颇有个人色彩，但他至少承继了阳明生前的大部分核心思想，并能作具体阐发，以维系良知学之门风。能够让欧阳德具有宗师气象者，大致源于以下三个方面：

其一，应机而教。由于欧阳德师从阳明时年岁较轻，并无后天阅历之负担，故其无长者之严肃习气，能够设身处地的体会后学者的学力和心态。欧阳德教诲后学，仅以良知为话头，并不自己增添、生发见解，而时常列举先师阳明、四书五经中之文字作为论据，言必有出处，很少故作高深之语。据欧阳德门人胡直描述："先生教人，不事规条而雅善开发。"[②]欧阳德答复诸生问学之书信，用词浅显，说理透彻，能切中对方之弊病，又多勉励而少批驳，可谓因才而施教、因事而施教。如戚补之除官仅得县丞，本为官场失意之事，换做旁人，多不过好言安慰而已，欧阳德则陈述了自己心态的转变过程，以为补之之鉴："初闻海盐之除，颇讶补之乃不得府倅、县令，而顾得丞。既又思，此念犹是计较崇卑，习气所发。孔子乘田、委吏，丞不犹愈乎？则又为补之喜。官愈卑，则所事愈多……然则所以诚之于身，而动心忍

---

① 王畿：《欧阳南野先生文选序》，《四库全书存目丛书》集部第81册，第2页。

② 胡直：《欧阳南野先生文选序》，隆庆三年（1569年）周之屏刻本卷首，国家图书馆藏。

性、增益其所不能者宜何如？必不容以虚见虚说谬悠苟且，而可以获上治民者也。仆所以为补之喜者如此，想补之之心亦无异于仆所云也。"①此一段文字，非只抚慰戚补之失意之苦，又能引而申之，勉励其以此为克己修身之良机，将之导向正学，其用心之良苦、推心置腹之诚，皆历历可见。

其二，主盟会讲。嘉靖十九年（1540年）之后，欧阳德服丧在家，除丧后不复出，与邹守益、聂豹、罗洪先等人聚讲于青原梅陂之上，迭经数年，从学者人数众多，而多所启迪。嘉靖二十五年（1546年）以荐起，之后又兼翰林院学士，承担教授庶吉士之责。欧阳德改变庶吉士仅要求工文词的现状，每试暇辄聚一堂，析理论政，究极圣门明体适用之实际。欧阳德认为用人之道，不必人人如己，应该因才器使之，故对后学多所提拔、奖掖之力。此外，欧阳德还利用自己主持庚戌科会试的机会，取中传夏器等三百余人，借助官方体制来扩大阳明学之影响。在京城期间，欧阳德与好友徐阶、聂豹、程文德等人主盟，集四方名士于灵济宫，与论良知之学，赴者数千人，其盛为数百年所未有。王慎中称："自公（欧阳德）晋位列卿，同朝为学者始有主盟，天下方想见此道大明。而公复以忧去位，不知少湖与双江、松溪三公在朝倡明和集，尚能不替公之盛否也？"②由此可知，欧阳德晚年已渐被学林公认为儒学领袖之一。门人王宗沐、徐南金等嘉靖三十六年所刊欧阳德文集，"凡三十卷，四方传刻者众"。③至门人梁汝魁将文集翻刻于关中，门人李春芳等人于嘉靖、隆庆年间（1522—1572年）先后数次编刊欧阳德文选，更加扩大了欧阳德学术之影响，令穷乡僻壤无不知闻。阳明身后，良知学一度遭禁，能再度弘之、大之而不失其

---

① 王传龙校点：《欧阳南野先生文集》，《儒藏》精华编第260册，北京：北京大学出版社，2014年，第119页。

② 王慎中：《遵岩集》卷二十二，《与欧阳南野》，文渊阁四库全书本。

③ 冯惟讷：《欧阳南野先生文选后序》，隆庆三年（1569年）周之屏刻本卷末，国家图书馆藏。

本来面目者，欧阳德居一席焉。

其三，论辩风度极佳。欧阳德称："近读前辈一二辨驳之书，往往执己非人，殊甚不安。……凡有问辨，各务相下相师，见善思齐，闻过则改。其于他人所见苟有未协，则陈述所疑，忠告善道，而不敢遂以为非；己之所见，苟有自得，则倾吐底里，就人求正，而不敢执以为是。非故为是不情也，自大贤以下，学固未必尽是，不善固未必尽知，过固未必能尽见而内自讼，所资于问辨者正惟在此，非必以己为权度，而一天下之长短轻重也。况至于诋谪辨诘、如讼如仇，此中不不亦有心病？……盖虽同志同学，而端倪必不能无小异，惟取以相辅，则皆得益，苟执以相攻，则将增胜心而长己见，为害不小。且彼一是非，此亦一是非，使天下之人，无志者得藉口以自委，有志者亦皇惑而莫知所从，此其害又有不可言者。"①观此番言论，欧阳德辩论之风采不难想见。正因为欧阳德有这种胸襟、这种气度，故能与众多观点不同、甚至完全不信奉阳明学的学者作友好之辩论，并以自己的人格魅力感染对方，同时也不时获得增益之处。具体到阳明门下而言，欧阳德代表的是一种向心力，能将不同意见的门人团结到一起，求同存异，共同弘扬良知学之要义；而王畿代表的则是一种离心力，只吸引能企及、信仰自己境界的门人，而且按自己的标准给彼我双方分出了高下，乃至引发师门之纷争，大伤和气。

其四，学以致用，政绩卓著。欧阳德不仅仅是一位学者，更是一位政治家。他在官任上时，为官清廉，而屡有惠政。任六安知州时，赈灾捐俸，改建学舍，急百姓之所急，所耗费用为公使钱及私俸，不增民负。任南京国子监司业时，日进诸生于馆下，提携后进，培育良才。主管翰林时，试暇辄析理论政，使庶吉士皆能通国家之事务，化文人为能臣。在礼部时，主持祀典，议建王储，严惩宗藩，科举择贤，颁准

---

①　王传龙校点：《欧阳南野先生文集》，《儒藏》精华编第 260 册，北京：北京大学出版社，2014 年，第 195 页。

恤典,应对官政,皆能妥帖允当,深孚众望。其中严惩宗藩越关奏事、冒封袭爵、争夺乐户诸事,能扼制藩王的嚣张气焰,减少王室成员恃权为恶,对于安定地方之功劳尤巨。王畿评价欧阳德:"南野子身际圣朝,宣昭礼乐之化,过于房、杜诸贤,即其所履,益信儒者有用之学,于师门与有光焉。"①欧阳德在政局中能得心用手,正源于他为学不但强调日常修心,更强调于事上磨练。志真立则道不外求,种种毁誉利害、得失荣辱之事,一切可忧可惧、可惊可愕之变,皆能不蔽己心,然后可以任重道远。

---

① 王畿:《欧阳南野先生文选序》,《四库全书存目丛书》集部第 81 册,第 3 页。

第七章

百姓日用，上系天道

——王艮的"淮南格物"

　　明清之际，社会局势出现巨大震荡。本来被中原王朝视为"胡虏"的满清民族，竟然长驱直入，占据了整个中国，并在入侵的过程中实行了一系列野蛮的屠杀政策，令中华文物衣冠一时为之沦丧。清初的遗民知识分子，在总结明亡的教训时，大多归谬于阳明心学的"空疏"、"不学"、"不切实用"，并将矛头直接对准了其开创者王守仁。如王夫之等人对于阳明心学的痛斥，前文已多次叙及，今仅举较有代表性的陆陇其观点以阐发之："自阳明王氏倡为良知之说，以禅之实而托儒之名，且辑《朱子晚年定论》一书，以明己之学与朱子未尝异，龙溪、心斋、近溪、海门之徒从而衍之，王氏之学遍天下，几以为圣人复起。而古先圣贤下学上达之遗法，灭裂无余，学术坏而风俗随之。其弊也，至于荡轶礼法、蔑视伦常，天下之人恣睢横肆，不复自安于规矩绳墨之内而百病交作。……故至于启、祯之际，风俗愈坏，礼义扫地，以至于不可收拾。其所从来非一日矣！故愚以为明之天下不亡于寇盗，不亡于朋党，而亡于学术。学术之坏，所以酿成寇盗、朋党之祸也。"①陆氏之观点，在今日看来未免有失偏颇，但这种看法在清初文人群体中占据主流之地位，已是不争之事实。

---

① 陆陇其：《学术辨》，《三鱼堂集·文集》卷二《杂著》，清康熙刻本。

　　黄宗羲撰《明儒学案》,以阳明学为宗主,但亦不能不正视社会风气之演变,故在《泰州学案》序中宣称:"阳明先生之学,有泰州、龙溪而风行天下,亦因泰州、龙溪而渐失其传。泰州、龙溪时时不满其师说,益启瞿昙之秘而归之师,盖跻阳明而为禅矣。然龙溪之后,力量无过于龙溪者,又得江右为之救正,故不至十分决裂。泰州之后,其人多能赤手以搏龙蛇,传至颜钧、何心隐一派,遂非名教之所能羁络矣。……诸公赤身担当,无有放下时节,故其害如是。"① 显然,黄宗羲虽然肯定阳明心学对于社会道德沦丧需要承担责任,但其主要责任人不在开创者王守仁,而在于"渐失其传"、流入禅宗的王畿与王艮二人。黄宗羲又承认王畿所造成的危害性并不大,则王艮及其弟子逻辑上就成为要对此负责的主要"元凶"。一句"其害如是",足见黄宗羲话锋中所隐含之不满。

　　王艮所开创之泰州学派,《明儒学案》将其单列于王门之外,虽然名义上是因为学术宗旨之不同,考其实,则未免隐含将其逐出阳明门墙之意。因此缘故,王艮之生平与学术思想,他对阳明心学之变易与创新,以及他在阳明门人中的地位、影响力,皆有详细研究之必要。欲考察阳明心学之流衍,王艮的确是不能绕开之关键性枢纽人物。

一、王艮生平

　　王艮(1483—1541),字汝止,号心斋。初名银,后由王阳明为更今名。明成化十九年(1483 年)六月十六日巳时,王银生于泰州安丰场。据《心斋世系源流截略》②(以下简称《世系图》)所载,其父王玒,字纪芳,号守庵,一生共育有七子,分别起名为王镡、王银、王钱、王

---

① 黄宗羲著,沈芝盈点校:《明儒学案》,北京:中华书局,1985 年,第 703 页。

② 《心斋世系源流截略》,载《重镌心斋王先生全集》卷二,万历丙午冬(1606 年)耿定力、丁宾刻本。

金、王锦、王锡、王鐺，王银居次。洪武初年置两淮都转运盐使司，安丰场盐课司属泰州分司十场之一，是一个以制盐、鬻盐为主要经济支柱的产业区。安丰场的居民大多为自由民和灶户，"俗故业盐，无宿学者"。[①] 关于王玒的职业，《世系图》称"业农"，或是曲笔隐讳之语。盖灶户身份下平民一等，甚至率多以囚徒充之，而鬻盐又归入商贾之流，在重农抑商的时代备受歧视。何乔远《名山藏》称"泰俗负盐，艮父故为盐商，第名其子曰银耳"，[②]此已较为接近真相。盖商人重利，故以金、银、钱等俗字为其子起名，亦是情理中事。而所谓"盐商"云云，也并非腰缠万贯之大商贾，实际仅为灶户中之贩鬻者，还需要充丁承担各种杂役差使。《明史·王艮传》径谓其"父灶丁"，[③]可相佐证。实际上，在王银出生后的一段时间内，王家仍然非常贫困。

王银七岁入乡塾，已表露出独立思考之能力。《年谱》（下文所引《年谱》文字，除特别标明者外，皆出自《王心斋集》，南京：江苏教育出版社，2001 年，第 67～76 页，恕不再一一注明。）谓其"信口谈说，若或启之，塾师无能难者"。《年谱》由其弟子所撰，不能排除有刻意美化之嫌疑。但纵观王银（王艮）之一生，独立思考而不袭前人，的确是其为学的主要特点之一。王银在私塾中度过了四年光阴，很快就因为弟弟们相继出生，加之家境贫寒，乏束修之资，而被迫中断学业。《年谱》称其"辞塾师就理家政"，可见王银实际上承担起了出力谋生的责任。王银失学之后，实际上是开始充当灶丁，参与制盐、鬻盐等生产活动。家境拮据之时，户内的青壮劳力辍学担负生计，尤其是在一个"俗故业盐，无宿学者"的地方，这也是顺理成章的选择。李贽称

---

①　王艮小传，载邓元锡《皇明书》卷四十四及过庭训《本朝分省人物考》卷三十一，明刻本。

②　何乔远：《名山藏》卷八十五《儒林记》"王艮"条，明崇祯刻本。

③　《明史》卷二百八十三《列传》第一百七十一《王艮传》，北京：中华书局，1974 年，第 7274 页。

"心斋本一灶丁也,目不识一丁",①后半句并不准确,王银读过四年私塾,基本的字词识别应当不在话下;前半句却恰切地点明了王银的身份。灶户亦称亭户,故泰州守张骧撰王心斋奠文称:"先生(心斋)初固亭子也。"②惟董其昌《容台集》记载颇异于以上诸说:"昔王心斋先生居泰州,为贾人居停主,较然不欺,人归之如流水。"③居停主,其义近于今日之房东。按此说法,则王银所从事之职业,是供来往商人住宿、暂存货物之旅馆行业。安丰场既为重要产盐区,则来往商贾自然多为贩盐之人,谓"人归之如流水",可见王家财用日渐宽裕之状。

王银十九岁时,奉父命"商游四方",而"以山东阙里所在,径趋山东"。《年谱》对于王银"就理家政"、"商游四方"这前后约十五年的经历语焉不详,故过去的研究学者大多都怀疑王银的经商实际上是贩卖私盐。侯外庐《中国思想通史》首倡此说,谓"盐场灶民,没有别的商贩,有之,就是贩私盐"。④ 后来学者著作(如龚杰《王艮评传》等)皆沿袭此说。其主要立论依据,就在于王家家境贫寒,贩盐则属于就地取材,虽然走私非法,但是谋利巨大,这与此后王家的财用日渐宽裕相吻合。应当承认,这是一种非常合理的推测,但恐怕仍然不能阖棺定论。笔者所引董其昌的"居停主"之说,此前未被学界所留意,若此记载属实,则王银在外出经商时,王家已经有相当之财力。兼之王银弟、妹皆已长成,家中不乏丁壮之口,父亲令其与"同里人商贩东鲁间",⑤也是很自然之事。若有本金,则自可"商游四方",择取各地物

① 李贽:《为黄安二上人三首·大孝一首》,《焚书·续焚书》,长沙:岳麓书社,1990 年,第 80 页。

② 张骧:《王心斋奠文》,载袁承业辑《明儒王心斋先生遗集》卷四,宣统二年(1910 年)刻本。

③ 董其昌:《容台集·别集》卷一《杂记》,明崇祯三年(1630 年)董庭刻本。

④ 侯外庐等:《中国思想通史》卷四,北京:人民出版社,1959 年,第 959 页。

⑤ 耿定向:《王心斋传》,载袁承业辑《明儒王心斋先生遗集》卷四,宣统二年(1910 年)刻本。

产南北贩运，所贩之物未必定属私盐。又，山东临海州县颇多，洪武初年即设都转运盐使司，下辖胶莱分司、滨乐分司共计十九处盐课司，也是重要产盐大省。从产盐区贩盐至另一产盐区，其利润或未必较其他货物更为高昂。

王银的这一段"客山东"的从商经历，收获颇丰。《年谱》谓"人多异其措置得宜，人莫能及。自是家道日裕，遂推其所余以及邻里乡党"。根据马斯洛的"需要层次论"学说，当最基本的生计问题解决之后，人往往会诞生出更高的思想追求。大约在王银二十五岁时，他已处于这一向上的转变之中，其契机则在于拜谒孔孟诸圣贤之庙。《年谱》记载其事，云："客山东，过阙里谒孔圣及颜、曾、思、孟诸庙，瞻拜感激，奋然有任道之志。归则日诵《孝经》、《论语》、《大学》，置其书袖中，逢人质义。"谓"奋然有任道之志"，恐不免过誉。由于社会风气所限，商人虽然多金，生活宽裕，但并不受人尊敬。王银于此时尚未通读四书五经，甚至不明何为儒家之道，又岂会有"任道之志"？据耿定向《王心斋传》："先生入谒夫子庙，低徊久之，慨然奋曰：'此亦人耳，胡万世师之称圣耶？'"[1]考其情实，王银不过是希望自己能像孔孟诸圣贤一样流芳千古、名垂不朽而已。其出发点在于好名之心，而不在任道之志。王银好名，这是他的一大病根，从他以后的各种行事中也可以清楚地看出这一点。李贽评之云："最高之儒，徇名已矣，心斋老先生是也。一为名累，自入名网，决难得脱，以此知学儒之可畏也。"[2]

王银之"徇名"，并非徒饰外表以求名，而在于深责其实以符名。换句话说，王银虽然好名，但他希望做名实相符的真圣人，而非享有大名的伪君子。既学孔孟，自然皆依孔孟之语而行之。据《年谱》记

---

① 耿定向：《王心斋传》，载袁承业辑《明儒王心斋先生遗集》卷四，宣统二年（1910年）刻本。

② 李贽：《与焦猗园太史》，《焚书·续焚书》，长沙：岳麓书社，1990年，第308页。

载，正德三年（1508年）冬十一月，王玘赴官府户役而早起，急取冷水盥面，王银见之悲痛，曰："有子而亲劳若是，安用人子为？"遂请出代亲役。自此以后，晨省夜问皆如古礼。何乔远《名山藏》对于此事的记载，要较《年谱》为详："父将走公门，银寝而闻其号，惊起问故。父曰：'吾欲走公门，盥而不及汤，水冷吾面也。'父出，银痛哭曰：'吾已成人，令父昧爽盥寒，而尚子乎？'及暮，父归，请代父役。父曰：'役于公，当识数。汝不知也，何能吾代？'银则走学数，既习数，告父曰：'可矣。'自此，扫舍捧席、哺啜定省如礼。"①按何氏所载"役于公，当识数"之语，可以推测出，王玘所赴之户役，属于统计盐量、税课之类的杂役。而王银为代父役，还曾特意学数，足见其心诚之状。此后王银履行古礼，致孝于其父，皆是自觉遵从孔孟之礼法，亲自实践往圣之道。这既是他学作圣人的路径和方法，也是他通经书以致用的具体表现。

在亲自践履孝道的同时，王银也开始尝试"默坐体道"，凡于经书之语有所未悟，则闭关静思，夜以继日，期于有得。王银没有受过传统的儒家教育，无法像别人那样从注疏入手晓解经义，因此他反而无所系累，一切求之于己心。据《年谱》记载，经过两年多的静修，王银于二十九岁时"一夕梦天坠压身，万人奔号求救，先生独奋臂托天而起，见日月列宿失序，又手自整布如故，万人欢舞拜谢"。此梦若非后人虚构，则是王银整日求圣求名、思索太过，而不免于梦中潜意识为之尔。独力支天、手布星辰，足见其目标志向之高伟；而"万人欢舞拜谢"，亦可见其功名心之炽盛。《年谱》谓王银梦醒后"顿觉心体洞彻，万物一体，宇宙在我之念益真切不容已"，并将之作为王银"悟入之始"，"自此行住语默，皆在觉中"，可知此异梦在王银之思想历程中实为一重要转折点。从此以后，王银大抵以传道者而非学道者的身份自命，讲解经书，辨析疑难，指点他人为学之方。

---

① 何乔远：《名山藏》卷八十五《儒林记》"王艮"条，明崇祯刻本。

随着学问、资历、财物日益丰足，王银也逐渐成为王家的实际主掌者。在王银的治理之下，门庭肃然，子弟渐通礼数。各场官民遇到难以处置之事，也都会请王银代为经划。王银所行事准则，仍然一依孔孟之法。诸弟妇妆奁厚薄不均，王银令各出所有置庭中，错综归之，纷争顿息。王银称"家人离，起于财物不均"，故为之均，此实为《孟子》"不患寡而患不均"之义。里俗家庙多祀神佛像，王银劝其父焚去之，改为从朱熹《家礼》，置四代祖先神主，此实有取于儒门宗法制度。宁王之乱，武宗南巡，驻跸维扬，有嬖幸太监号佛太监、神总兵者，沿海视猎场，遍索鹰犬。王银孤身往说，称："鹰犬，禽兽也，天地间至贱者。而至尊至贵，孰与吾人？君子不以养人者害人，今以其至贱而贻害于至尊至贵者，可乎？"嬖幸感其言论丰仪，遂为罢猎。王银所陈辩词，实本于《孟子》所引周太王之语"君子不以其所以养人者害人"，而所辩论之气势，亦全凭一腔浩然之气，与孟子相类。欧阳德闻知此事后，曾大为感慨："立谈之顷，化及中贵，予不及心斋远矣！"能够遇事而发、因势利导、顷刻间化解疑难、理清繁务，这的确是王银的突出特点。但这一品格的形成，并非来自于阳明学的熏陶，而是来自于王银丰富的生活阅历，与其个人的独特体悟。

王银对于圣贤的追摹，不仅在于言辞、形式上，还在于外貌、器物上。《孟子》云："子服尧之服，诵尧之言，行尧之行，是尧而已矣。"王银则反用其意，认为"言尧之言，行尧之行，而不服尧之服，可乎？"故按《礼经》制作了五常冠、深衣、绦经、方履、笏板等一系列衣物器具，从此开始执服之。今万历刻本《心斋先生全集》中尚有以上诸物之制图，甚至注明衣服各处尺寸，可见王银于此着实费过一番心血，并非泛泛为之。身处明朝，而着先秦之服，这在当时无疑是一件非常怪异的举动，不免带上了几分哗众取宠的味道。按今日之标准，王银无疑是一个非常善于自我炒作的人。但从另一个侧面而言，王银能不顾及民众之眼光，既然下决心学圣贤，则从内到外，一切尽依圣贤之标准，这也体现了他勇猛刚强、果毅无惧的恢宏气度。黄宗羲"赤手搏龙蛇"之语，大抵即谓泰州学派此种作风而言。

王银三十八岁时，王阳明正在豫章讲授良知之学。据《年谱》记载，吉安塾师黄文刚听到王银讲说《论语》首章，遂告之曰："我节镇阳明公所论类若是。"王银听后大为讶然，云："有是哉？方今大夫士汩没于举业，沉酣于声利，皆然也。信有斯人论学如我乎？不可不往见之，吾俯就其可否，而无以学术误天下。"同样的一件事，若据日本嘉永元年（1846 年）和刻本《年谱》，所记载的王银言论却差别颇大："有是哉？虽然，王公论良知，某谈格物，如其同也，是天以王公与天下后世也；如其异，是天以某与王公也。"和刻本虽然后出，但显然别有其更早源头。而事实上也是如此，和刻本的这段文字最早见于赵贞吉所作《泰州王心斋艮墓志铭》，①时间在王艮（王银）去世后不久，其可信性并不比前者逊色。从前后两番言论来看，后者的口气无疑更加自负，言辞也更为通俗一些，或更为符合王银之身份。但无论是哪种言论，王银都是以自己之是非为学术之是非，若工阳明与之相同，自然"德不孤，必有邻"，双方皆大欢喜；若与之相异，王银便要对其纠谬补缺，以免其贻误天下。王银出身灶户，行商多年，既未中举，又非通学大儒，而王阳明此时已平定宸濠之乱，官位甚高又名满天下，两人地位相差如此悬殊，王银却欲亲身往质是非，他这种夹杂着几分狂妄的雄伟气魄，的确非常人可及。

王银之见阳明，以诗为贽，会面后而径居上坐，这属于不太礼貌的举动。阳明与论良知，王银不由叹服曰："简易直截，予所不及。"遂下拜，隅坐。告辞后，王银回想此前所论，间有不合之处，又自悔下拜太过轻易，明日复来见阳明，称："某昨轻易拜矣，请与再论。"王银又复上座，与阳明反复论难，曲尽端委。此一番论辩之后，王银因之心大服，遂下拜阳明而执弟子礼。阳明遂易王银之名为王艮，字汝止。盖阳明之学，融汇儒释道三家之要素，经历千难万苦，方由龙场顿悟

---

① 赵贞吉：《泰州王心斋艮墓志铭》，《国朝献征录》卷一百十四《儒林》，明万历四十四年（1616 年）徐象枟曼山馆刻本。

而得，悟道后又迭经数变，其理论体系之坚实、教法之简易明晰、功用之切实有效，都非王艮所能想见。王艮之学虽由独悟而来，但缺少高明指点，又不能转益多师，犹如璞玉而未经雕琢，终不为珍贵之器。令王艮拜服阳明者，为后者所创立之良知学体系，要比自己因事立教更为简便易行；令阳明接纳王艮者，为王艮身上之可贵品质——"有疑便疑，可信便信，不为苟从"，相比困于注疏、染于旧习的俗儒，王艮才是"真学圣人者"。门人或指王艮服饰为异服，阳明则答曰："彼法服也。舍斯人，吾将谁友？"足见推重之情。然阳明特为之易名，银去其金，又字以汝止，则不免亦微有规劝之意在。

王艮因有父命，故七日后辞别阳明返家，但归家未久，又请复往豫章从学于阳明。这也可以看出，王艮拜入阳明门下，并非仅取名份，而是实实在在地希望跟随阳明学习致良知之法。这段学习时间大概维持了一年多，期间阳明以外艰家居，四方来学者多至不能容，王艮还为构建书院、调度馆谷，并对初学者鼓舞开导，承担了师门中学长的角色。王艮相信致良知即往圣之道、千载绝学，故深以天下有不及闻者为憾，所以萌生了周游天下、传播此学的念头，并向阳明请教孔子当年所乘车之制法，阳明却一笑而过，并未加以理睬。从这一点，也可以体现出两位学者的性格特点：阳明是一位现实主义者，他固然相信良知学是圣贤之道，但他更清楚程朱等传统儒学的影响力绝非朝夕之间可以消除。他在传授良知学时，总是显得特别谨慎，不但编纂《朱子晚年定论》之类的书籍借力打力，以便为自己的学说争取生存空间，还刻意对良知学的"向上一路"秘而不发，因为它的内核太过接近佛学，更容易引发俗儒们的疑惧和攻讦。王艮则是一位充满自信的理想主义者，他认定自己所信奉的正是孔孟之绝学，而一切与此相违背的学问，皆属于误入歧途的异端邪说。上天既然让自己出现于世间，就是为了借自己之手，去唤醒所有错失方向的愚蒙，让天下的学术重归正途。为了实现这一目标，自己需要借助一切可能的手段，包括奇装异服、招摇过市，来唤起民众的注意，从而让他们有可能接近并了解自己的学说。

阳明的婉拒，并没有改变王艮的意图。嘉靖元年（1522年），王艮辞别阳明后，自己赶制了一辆蒲轮车，以驴骡代替马匹驱拉，并标其上曰："天下一个，万物一体。入山林求会隐逸，过市井启发愚蒙。遵圣道天地弗违，致良知鬼神莫测。欲同天下人为善，无此招摇做不通。知我者其惟此行乎？罪我者其惟此行乎？"王艮就这样着古代冠服、御自制蒲轮，一路招摇过市，直抵京师，所到之处讲论诚恳，人情大异之。王艮这一不计后果的举动，在扩大阳明学影响力的同时，也无疑在民众中引发了不好的联想。欣赏王艮才干者，或誉之为圣人重生；不屑阳明心学者，不免以之为素隐行怪。阳明门下原本潜移默化式的讲学方式，被王艮如此高调的一"搅和"，对良知学的形象塑造而言，实在很难说得上有利。同门欧阳德时在京师，力劝王艮归乡，阳明也派人寄信王玒，让他令王艮速归。王艮回到会稽，阳明连续三日拒绝见他，王艮长跪认错，阳明公依旧不予理睬，可见对其自作主张之恼火。王艮认为阳明处罚太过，乃追至庭中，厉声引《孟子》语："仲尼不为已甚！"阳明这才长揖王艮，令其起身。从王艮最开始"知我者其惟此行乎？罪我者其惟此行乎"的表态中，我们可以推知，王艮对于自己这次出行的后果应该是有所预期的，他也肯定已发现阳明并不支持他这番举动。但他还是义无反顾地做了，因为他相信"欲同天下人为善，无此招摇做不通。"王艮向阳明长跪认错，与其说是承认自己的错误，还不如说是为自己先斩后奏的鲁莽而担负责任。正因为如此，当王艮认为阳明的处罚过于严厉时，他也能毫不掩饰的指出来，从而获得阳明的原谅。

此后几年，王艮时常往居会稽，朝夕陪侍阳明，继续钻研良知学。阳明门人渐多，而高才子弟（如欧阳德、邹守益等）又多在仕途，时或有论于诸生，则令王艮代为传授。而其父王玒及诸子侄，也渐至会稽，相会于阳明门下。如王艮仲子王襞，九岁时就已从学于阳明，并多次受到阳明称赞。居家期间，王艮则贷粟赈灾、煮药驱疫，多行救济之事，声望渐隆。邹守益建复初书院于广德，王臣会诸生于安定书院，皆先后聘王艮任讲席。四十五岁时，王艮与湛若水、邹守益、欧阳德等人聚讲新泉书院，阐发天理与良知不异之理；次年，又集同门聚讲于会稽书院，阐发"百姓日用是道"之说。在这一系列的讲学过程中，王艮开始吸收良知学的要素，尝试创建自己的学术体系，同时也开始招收自己的弟子。

阳明去世后，王艮与邹守益、欧阳德、王畿等人，实际成为一方学术之领袖，各自于所在之处阐发阳明心学，并时常相会聚讲。在金陵时，欧阳德以"致良知"教人，王艮戏之曰："某近讲'良知致'。"欧阳德恪守阳明之教，师门话头自然一字不能易，闻此语果然心动，特意延请王艮连榻数宵。王艮以日用见在指点良知，与欧阳德相谈甚契。盖二人皆是王门之高才，王艮善于以眼前细务剖析良知之功用，是善教人者；而欧阳德善于发现诸人学说之长处，是善学人者。这一番相会谈讲，在阳明心学传播中亦堪称一段佳话。而阳明身后家事纷杂，遗孤王正聪处境艰险，欧阳德与王艮先后都为此出力奔走，最后携王正聪远赴金陵依岳父黄绾而安居者即为王艮。就此点而言，王艮非但为阳明生前之得意门生，也是阳明身后之家门恩人。

王艮晚年，四方来学之人益众。日后倡大泰州学派之高足（如聂静、徐樾、董燧等人），多在此时亲得王艮于日用之间提点。王艮之教法，极少空谈理论，而多取眼前之事细剖之，以见良知天理之不虚。而其所阐发之要点，多与阳明日常所云者有所差异，已渐有自成一家之气象。时人有谓王艮不依阳明教法而自立门户者，王艮闻而叹曰："某于先师，受罔极恩。学术所系，敢不究心以报？"由此可知，王艮认为他所素日讲说，皆为心学之正法，并非故造异端之论。如罗洪先所云："余两日闻心斋公言，虽未能尽领，至正心物正处，却令人洒然有鼓舞处。"

嘉靖十九年（1540年）冬十二月八日，王艮去世，终年五十八岁。王艮生前虽然多次获得官员荐举，但一生治学、教学，未曾为官一日。有人问邹元标："泰州崛起田间，不事诗书一布衣，何得闻斯道卓尔？"邹元标答曰："惟不事诗书一布衣，此所以得闻斯道也。……以泰州之天灵皎皎,既无闻见之桎梏,又以新建明师证之,宜其为天下师也。"①此诚为得味之语。

二、王艮著作版本

关于王艮的著作版本问题,前辈学者的描述多有错讹之处。如侯外庐《中国思想通史》称:"今本心斋先生全集,系万历年间王艮孙王之垣的重刻本,前有熊尚文、周汝登、陈履祥序,谅即董燧、聂静本之旧。东台袁承业编明儒王心斋先生遗集,系排印本,在王之垣刻本外,增加一庵、东崖两集。就心斋语录、论文、尺牍部分来看,二书没有什么不同;年谱大体从同,互有微小的详略。是则今日流传的两个本子,其内容仍亦有当日编集时的记忆之讹与传写之谬可知。"②其中侯氏所谓"王之垣的重刻本""谅即董燧、聂静本之旧",已然不确,二者并非同一版本,其所包含内容相差极大;而谓"是则今日流传的两个本子"亦非实情,即使不算存世的和刻本,国内仍有其他几种版本存世。龚杰在《王艮评传》中罗列王艮著作之明代刻本,又称"但明代的六种刻本,后来逐渐散佚"。③ 因龚杰所见惟袁承业本,而袁本《例言》中谓"心斋先生集前明六刻板均散失",故相沿旧误,未能改正。实则王艮著作之明刻本并非仅有六种,且仍有数种存世。

笔者在撰写本文的过程中,曾尝试对王艮的现存著作版本进行清理,今参考万历刻本《谋梓遗集尺牍》、《初刻谱录姓氏》等记载,将其结果概述如下:

1. 初刻谱录,板藏东淘王宗顺宅

参与者有门人六人:吴标(布衣)、王汝贞(布衣)、罗楫(布衣)、董

---

① 邹元标:《书心斋先生语略后》,《愿学集》卷八,清文渊阁四库全书本。

② 侯外庐等:《中国思想通史》卷四,北京:人民出版社,1959 年,第 971 页。

③ 龚杰:《王艮评传》,南京:南京大学出版社,2001 年,第 13~14 页。

高(郎中)、聂静(给事中)；子五人，俱布衣：王衣、王襞、王褆、王补、王裕；孙二人；王之垣(廪生)、王之翰(奉祀)。

按，以上罗列人数虽多，但按照古籍刻印的通规，凡家刻者通常会罗列其人子孙，多数仅为挂名而已。实际董其事者，除门人之外，仅王衣、王襞二人。所谓谱录，即指《年谱》与《语录》而言。其中《年谱》主要负责者为王衣、王襞，《语录》主要负责者为吴标。此本为王艮著作之最早刻本，错讹最多，今已散佚。

2. 刻粹语，板藏蔡衙

参与者为门人蔡国宾(兵道)。

按，名为粹语，可知此本为王艮语录之精选集，由门人蔡国宾自行选刻，未经众人之手。此本流传不广。今清初《学海类编》子部第三十册载有《心斋约言》一卷，此前未见著录，疑即此本之易名重刻本。

3. 初刻遗录于江浦，版藏本县官署

参与者为门人张峰(知县)。

按，这是遗录的第一次刊刻。此前的年谱较为述略，此次刊刻，张峰特意寄信王衣、王襞，要求详细补入王艮之生身出处事迹。今所见《年谱》，在正文后皆附出处事迹，实从此本肇始。另外，遗录不仅收年谱、语录，还增收了王艮的诗文、后人的祭文等等，内容也开始逐渐趋向于充实丰富。张峰还邀请疎山公校正了王艮的教录，内容上略有删减，并采纳了赵贞吉(号大洲)的意见，将两封奏疏列为编首。这一刻本的出现，对于遗录的最后定型非常关键。

据胡直《重刻王心斋先生遗录序》云："《心斋先生遗录》若干卷，始嘉靖间，门人张水部峰刻诸江浦。"今考张峰"(嘉靖)乙巳补任江浦"，[①]故知确切刊刻时间当在嘉靖二十四年(1545 年)之后。但此

---

① 　胡直：《水部尚书郎张玉屏先生寿藏铭》，《衡庐精舍藏稿》卷二十六《墓志铭》，清文渊阁四库全书本。

本因急于成书,卷首无序文(据张峰寄王襞书信称:"先师遗录已刻完,先送十部存览。其序文难有作者,姑俟图之。"),刻印也比较粗率,今此本已散佚。

4. 重刻年谱语录,版藏吴陵王之垣宅

参与者后学四人:程珦(宪副)、刘芠(贡士)、宋仪望(提学)、郑人逵(知县);门人四人:董燧(知府)、聂静、吴标、王贞(诸生,非汝贞)。

按,《续修四库全书》曾影印出版《重刻心斋王先生语录》,题为"据明刻本影印"。经笔者考证,即为此本。此本卷首有序,序文中称"静不敏,闻言而未悟",卷末署名"隆庆二年己巳岁孟秋之望门人吉永丰□□□□□",知作序人为聂静,籍贯亦与"吉永丰"相符。笔者查得袁承业本卷一收有《聂静原序》一篇,袁氏谓"原集(按,指清嘉庆本)无斯序,今于王氏族谱中录出",在将其与《续修四库全书》本卷首序对比之后,知实为同一篇文字,唯《续修四库全书》本序不全,残去开头一页两百余字,恰恰这部分残缺文字对于刊刻经过叙述颇详:"先生既殁,斯录乃传,初刻于江浦,继刻于漳南,记忆稍讹,传写或谬,而读者疑焉。今年夏,先生仲子宗顺携先生年谱,过永丰而梓焉。又将语录三复雠校,正讹去谬,与年谱并刻,而是录为完书也。"①由此可知,此本的主要整理者为王襞(字宗顺),刊行时间约在隆庆二年(1568 年)前后,而付印前经过多次校雠,改正了不少年谱、语录中的旧有讹误。另,此本下卷附《尺牍补遗》,可见对于王艮的书信有所增补。

5. 继刻遗录于义阳书院,版藏书院

参与者为门人张峰。

按,据胡直《重刻王心斋先生遗录序》:"《心斋先生遗录》若干卷,始嘉靖间,门人张水部峰刻诸江浦。隆庆间,先生仲子某(王襞)偕诸

---

① 《聂静原序》,载袁承业辑《明儒王心斋先生遗集》卷一,宣统二年(1910年)刻本。

门人编校《年谱》并《遗录》刻永丰,仲子尝属予序,而未之逮。今万历四年,水部重刻于家,乃亦以序见督。"胡直所谓嘉靖本即上述第 3 种;隆庆本即上述第 4 种。由此可知,此本刊刻时间在万历四年(1576 年),地点在张峰家中。今考张峰自水部离职后,曾在家乡构建义阳书院,故有再次重刻遗录之举。因嘉靖初刻遗录时无序,此次重刻,张峰乃邀请胡直作序。今此本已散佚。

6. 三刻遗录于姜堰镇,板藏本宅

参与者为门人王栋(学正)。

按,谓之三刻遗录,可知此本系据张峰本而重刻。此本已散佚。

7. 四刻谱录于海陵,版藏崇儒祠

参与者后学二人:吴一杕(扬州府推官)、陈仁(泰州知州);孙一人:王之垣(贡生)。

按,此本为谱录本,底本即上述第 4 种,而王之垣亦参与其事。第 4 种刻印之板片藏吴陵王之垣宅,疑此本即原版重刷本。王之垣为王艮宗孙,崇儒祠为祭祀王艮之祠堂,故板片自家宅而移存于祖先祠堂,亦属自然之理。

8. 五刻《重镌心斋王先生全集》于海陵,板藏崇儒祠、宗孙宅

参与者后学四人:耿定力(兵部侍郎,麻城耿天台弟)、丁宾(操江御史,浙江嘉兴人)、焦竑(编修,南京人,山东日照籍)、陈应芳(太仆寺少卿,本州人)、蒋如苹(本府清军厅同知,山东益都县人);曾孙一人:王元鼎(诸生)。

按,此本半页九行,行十八字,白口,左右双边。卷首有牌记,题"家学渊源录一集,镌心斋王先生全集,万历丙午冬南京兵部右侍郎耿、操江都御使丁重梓,吴陵乐学堂存稿,崇儒祠藏版"。卷前有万历甲辰春二月周汝登撰《重刻心斋王先生全集序》。由牌记可知,此本最初刻印于万历三十四年(1606 年)。此本最早以全集命名,今已散佚,但有后印增修本存世。

9.《重镌心斋王先生全集》之郭廷凤增修本

按,此本即上本之增修本,以原板再刷印,保留了原来的牌记和体例,而内容上有所增订。此本完整存世,北京大学古籍馆有藏,共六卷。确定北京大学所藏本为增修本的主要依据,为其卷一首页版心下题"南昌郭廷凤刊",卷二《心斋世系大纲截略图》后"孙龙"下又出现"万历四十年三月初二日生"字样,可知此本并非万历三十四年(1606年)之初刻本。此本是现存最早之全集本,卷首除荐疏外,还有遗像、冠服蒲轮制图、安丰场图、故宅图、墓图、精舍图等各种图样,卷五有门弟子、私淑弟子姓氏,卷六有宗孙小引、续谱余等等,内容十分丰富。王艮现存世版本之中,以此本内容为最全,后来诸本率沿袭此本而覆刻之。

10.《重镌心斋王先生全集》之万思增修本

按,此本存世,属郭廷凤增修本之再增修本,仍以原版再刷印,而有所增订。此本与郭廷凤本相比,卷首除周汝登序外,又增添了万历三十五年(1607年)陈履祥序、万历四十三年(1615年)熊尚文序;卷端在四代孙王元鼎后,又增加了五代孙王翘林之名;除卷一首页版心下保留了"南昌郭廷凤刊"的字样外,第十六页又增添了"南昌万思刻"的字样。侯外庐所称之"王之垣的重刻本",前有周、陈、熊三序,实即此本,非但并非由王之垣重刻(王之垣所参与之刻本,皆为谱录本而非全集本),其所云"谅即董燧、聂静本之旧",也纯属想当然之词。董燧、聂静本实为上述第4种版本,亦非全集本。

11.《重镌心斋王先生全集》之王焴刻本

《新刻王心斋先生疏传合编》之叶凤仪刻本。

按,此二本为明末刻本,存世,笔者未见。据崔建英《明别集版本志》记载,[①]《全集》半页九行,行十九字,间或半页八行,行十七字,由王艮六代孙王焴、王大任、王言纶、王震生翻刻,前有陈履祥序。

《疏传合编》包括"奏疏类编"和"别传类编"两部分,由王元鼎、王

---

① 崔建英辑订,贾卫民、李晓亚参订:《明别集版本志》,北京:中华书局,2006年,第129页。

翘林编辑，主要收录嘉靖以来表彰王艮之荐辟疏、从祀疏及翰林院所撰之传文，明天启元年(1621 年)叶凤仪捐资刻行。此类文章并非王艮本人之著作，故附全集后以并行之。

12.《心斋王先生集》之王秉谦刻本

按，此本今存世，为明崇祯四年(1631 年)泰州王秉谦刻本。辽宁大学所藏本附《疏传合编》两卷，疑即上述第 11 种之原版后印本。

13.《王心斋集》之范鄗鼎本

按，此本载范鄗鼎《广理学备考》中。《广理学备考》共四十八卷，搜列有明一代讲学诸儒之语录及诗文，王艮亦在其中。清康熙十九年(1680 年)五经堂刻，道光五年(1826 年)洪洞张恢等修补再印，今存世。

14.《淮南王氏三贤全书》本

清嘉庆年间(1796—1820 年)王艮后裔搜访遗版，并增补王襞、王栋二人遗集，合编为《淮南王氏三贤全书》，汇印百余部，由族人分藏之。

按，此本今存世，分《王心斋先生文集》六卷、《王心斋疏传合编》二卷、《王一庵先生遗集》三卷、《王东崖先生遗集》二卷四部分，共十二册十三卷，泰州图书馆有藏，总题为《三贤全集》。其种王艮部分所依据主要底本，为上述第 11 种。

15.《王心斋全集》本

嘉庆二十一年丙子(1816 年)，泰州人王沂中(世丰)根据《淮南王氏三贤全书》，而摘出有关心斋语录、荐疏、年谱、尺牍等内容，编成《王心斋全集》。惜惟印本不多，流传不广，今疑其散佚。

16.《王文贞公全集》本

道光六年丙戌(1826 年)，王艮八世孙王以钲在耿定力、焦竑原校《重镌心斋王先生全集》的基础上，重辑为《王文贞公全集》，由王荣禄题跋，乐学堂刊行。今存世。

按，此本传至日本，弘化四年(1847 年)由圣华堂重新梓行，二册五卷，卷首附潜庵源襄序，是为最早之和刻本。嘉永元年(1848 年)，日本京都出版社再版《王心斋全集》刻本，为第二种和刻本。此本已有仁博士在网络发布之校点本。

17.《明儒王心斋先生遗集》本

宣统二年（1910 年），东台学者袁承业认为《淮南王氏三贤全书》太过于芜杂，乃订正补遗，重编为《明儒王心斋先生遗集》五卷、《王一庵遗集》二卷、《王东崖先生遗集》二卷、《王东堧、东隅、东日、天真四先生残稿》一卷及《王心斋弟子师承表》一卷，今皆存世。其中《明儒王心斋先生遗集》除卷首外，五卷内容分别为语录、诗文杂著、年谱、谱余及续谱余、疏传合编（上、下）。而《王心斋弟子师承表》后来也有单行本传世，由神州国光社于民国元年壬子（1912 年）铅印发行。

18.《王心斋全集》

这是新中国成立后唯一标点整理的全集本，由陈祝生等人校点，江苏教育出版社 2001 年出版。此本据袁承业本整理，附入《王一庵遗集》、《王东崖先生遗集》，而删削底本卷首内容和《王心斋弟子师承表》，间或增添简注、补入佚文，对原书体例有所变动。

王艮之著作版本状况，大致汇总如上，另有单篇文章散收于各书中，不再一一赘述。

三、王艮之学术思想

黄宗羲谓"泰州、龙溪时时不满其师说，益启瞿昙之秘而归之师，盖跻阳明而为禅矣"，此语大可商榷。如笔者前文所述，王畿"向上一路"，实为阳明学本身所有，其旨亦不背离阳明自己之意图。黄宗羲对阳明学与佛学之密切关联处不甚了了，甚至于怀疑天泉证道之"四无说"为王畿捏造，至称"越中流弊错出，挟师说以杜学者之口"，[①]此

---

① 黄宗羲著，沈芝盈点校：《明儒学案》，北京：中华书局，1985 年，第 331 页。

已大失情理；而若谓王艮也"启瞿昙之秘而归之师"，更全是无中生有之辞。盖王畿之路径近佛，此点已被大多数学者所公认；而王艮之学术思想，几可谓与佛教毫无关系。黄宗羲力惩明末阳明后学之空疏，而一力为阳明张目，凡空疏之风皆谓后人杂于禅而起，非阳明学本有之弊端。黄氏的这一做法，在清初阳明学遭到普遍抨击，甚至被认为是导致明朝灭亡的元凶时，能够为阳明学恢复一定程度的声誉，从而获得学术生存空间，对阳明学之贡献匪浅。但既然有心祖护，难免失却客观之立场，尤其是被黄氏视为"其害如是"之泰州学派，对其创始人王艮之评价，就存在类似之倾向。

从王艮一生的经历而看，他从未沾染佛教。其所居安丰场，里俗家庙多祀神佛像，王艮还力劝其父焚而去之，而从朱熹《家礼》，改为祭祀四代之祖先牌位。对于阳明及其门人一惯宣称的三教本一的立场，王艮也表示反对。有人宣称"佛老得吾儒之体"，王艮则反驳之："体用一原。有吾儒之体，便有吾儒之用。佛老之用，则自是佛老之体也。"[①]阳明本人曾与湛若水就此论题多次论辩，阳明认为佛、老皆是儒家本来之家当，属儒家之枝叶，而湛若水则宣称："予曰同枝，必一根柢。……佛于我孔，根株咸二。"[②]在这一问题上，王艮的立场显然更倾向于辟佛的湛若水一方。晚年王艮开宗立派，其门弟子董燧瞑目趺坐，王艮还曾加以严厉斥责："青天白日，何自作鬼魅？"[③]

王艮生前，一直以追摩孔孟为毕生目标，不但从未对佛教假以辞色，甚至也从来没有阅读过任何佛学典籍。由于王艮出身灶户，受教

---

① 陈祝生等校点：《王心斋全集》，南京：江苏教育出版社，2001 年，第 5 页。

② 湛若水：《奠王阳明先生文》，《王阳明全集》卷四十，上海：上海古籍出版社，2011 年，第 1682 页。

③ 陈祝生等校点：《王心斋全集》，南京：江苏教育出版社，2001 年，第 74 页。

育的程度不高,甚至有人称其"年三十才可识字",①"乃粗识《论语》、《孝经》章句"。② 一直到王艮四十一岁时,巡抚问其读何书,惟答《大学》、《中庸》而已。巡抚问:"此外复何书?"王艮答曰:"尚多一部《中庸》耳。"③由于王艮不是传统的儒者,不能从注疏了解经义,而只能将《孝经》、《论语》、《大学》"置其书袖中,逢人质义",并亲自按照书中的字句而践履执行,以实现其成为儒家圣人之志向。在王艮初谒文成之时,曾作诗两首以为赞,自称:"孤陋愚蒙住海滨,依书践履自家新。谁知日日加新力,不觉腔中浑是春。"④可见其为学之路径。王艮既不曾亲佛,又不曾学佛,而黄宗羲却谓其"启瞿昙之秘而归之师,盖跻阳明而为禅",岂非欲加之罪?

黄宗羲将王艮之学派单列为泰州学派,而独立于阳明学之外,这一举措堪称恰当之举。王艮虽然师从阳明,并为阳明之得意弟子,但他的学术思想的确具备若干创新之处,非但与欧阳德等人的"向下一路"有所差异,即便与王畿的"向上一路"也不尽相同。若对王艮之学术思想归纳而总结之,其核心要点约有如下几条:

其一,以经解经,以意逆志。由于王艮独特的个人经历,他与平常儒生的治学路径差异很大。如欧阳德、黄绾,甚至包括阳明本人在内,凡自小业儒者,皆不能不感受到当时主流朱子学之力量。阳明甚至有很长一段时间虔诚信持朱子学,直到历尽波折,才醒悟朱子学之

---

① 凌海楼所作祠堂记,称王艮"生长灶间,年三十才可识字"。而据《年谱》记载,王艮幼时曾上过四年私塾,应该已具备识别基本字词的能力。

② 何乔远:《名山藏》卷八十五《儒林记》"王艮"条:"及暮,父归,请代父役。……父曰:'汝尚不识字。'银走之塾师习字,乃粗识《论语》、《孝经》章句,遂邈然有希古圣贤之心。"今考《年谱》记载,此事当在王艮二十六岁请代父役之后。

③ 陈祝生等校点:《王心斋全集》,南京:江苏教育出版社,2001年,第71页。

④ 王传龙校点:《欧阳南野先生文集》,《儒藏》精华编第260册,北京:北京大学出版社,2014年,第70页。

弊病，归而求之于己心。而王艮年少时为灶户，弱冠后开始赴山东经商，十几年来几乎未曾涉猎任何经籍。王艮立志学儒，由拜瞻孔孟之庙而始，此前他对四书五经尚未解义，更何论朱子之章句？明代自成祖颁定《四书大全》《性理大全》之后，朱子学成为科举之定式，凡有志于科举者皆不能全然抛弃朱子学而独自阐发新意。而王艮壮年后才粗通文墨，兼之经商致富，故从来未有过科举之念。正因此故，无论是汉儒旧注，抑或是宋代理学诸子，对王艮皆无半点束缚之能量。

王艮之解经，多以前后经文互相串解，而基本不理会前人之注疏。譬如《中庸》之"中"，《大学》之"止"，前贤多针对此核心字眼而加以引申，并阐释出若干深邃之道理，而王艮则宣称："本文自有明解，不消训释。'喜怒哀乐之未发谓之中'、'中也者，天下之大本也'，是分明解出'中'字来。'于止，知其所止'、'止仁'、'止敬'、'止慈'、'止孝'、'止信'，是分明解出'止'字来。"[1]他甚至断然宣布："《大学》乃孔门经理万世的一部完书，吃紧处惟在'止至善'及'格物致知'四字本旨，两千年来未有定论矣。某近理会得，不用增一字解释，本义自足。"[2]王艮的这种做法，虽然是其个人之选择，但实际上也暗合考据学之原则。以经文阐释经文，可以避免后人注疏掺杂己意，而更能把握到作者之本意。

对于经义有疑难，也无从前后串解者，王艮则根据个人之理解，以意逆志，推敲作者之意图。譬如《大学》谓齐家在修其身，修身在正其心，却不明言正心在诚其意、诚意在致其知，王艮就认为这是"《大学》微旨"，是"吃紧去处，先儒皆不曾细看"，因为"所谓平天下在治其国者，言国治了而天下之仪形在是矣。所谓治国在齐其家者，家齐了而国之仪形在是矣。所谓齐家在修其身，修身在正其心者皆然也。

---

① 陈祝生等校点：《王心斋全集》，南京：江苏教育出版社，2001年，第3页。

② 王传龙校点：《欧阳南野先生文集》，《儒藏》精华编第260册，北京：北京大学出版社，2014年，第33页。

至于正心,却不在诚意,诚意不在致知。诚意而后可以正心,知至而后可以诚意。……诚意固不在致知内,亦不在致知外。……知至而后有诚意功夫,意诚而后有正心功夫。却不可以诚意为正心,以致知为诚意"。①

《年谱》云:"先生(王艮)讲说经书,多发明自得,不泥传注。或执传注辩难者,即为解说明白。"此当为真实写照。但不能回避的是,王艮的这种以意逆志的做法,虽能避开后人注疏之干扰,但一切取之于己心,是非曲折皆依从个人理解而剖断,既是非常高妙之作法,也是极为危险之作法。如上述《大学》之例子,王艮之解释的确能自成一说,但是否符合《大学》之本义却无从判断。故王艮之解经,虽几乎不受旧注之束缚,其本质亦不过为后人更添一旧注而已。

其二,良知为本,闻见为末。泰州学派之末流虽然存在明显的空疏倾向,甚至束书不观、空谈良知,但这一倾向在王艮身上体现得并不强烈。王艮并不排斥多识前言往行,而将其视为"蓄德"之道。王艮甚至宣称"孔子虽天生圣人,亦必学诗、学礼、学易,逐段研磨,乃得明彻(按,此字原缺,据和刻本补入)之至",②可见他对于研读前人典籍仍然非常看重。但是,王艮的这一立场,是建立在已明确易简功夫的前提之上的。子贡多学而识之,孔子以为非,王艮称"说者谓子贡不达其简易之本,而从事其末,是以支离外求而失之也,故孔子曰:'吾道一以贯之。'一者,良知之本也,简易之道也。贯者,良知之用也,体用一原也。使其以良知为之主本,而多识前言往行以为之蓄德,则何多识之病乎?"③可见先以良知为简易之道,然后多识前言往

---

① 陈祝生等校点:《王心斋全集》,南京:江苏教育出版社,2001年,第36页。

② 陈祝生等校点:《王心斋全集》,南京:江苏教育出版社,2001年,第8页。

③ 陈祝生等校点:《王心斋全集》,南京:江苏教育出版社,2001年,第62～63页。

行以为之蓄德，才是王艮心目中无病之做法。

王艮宣称："学者初得头脑，不可便讨闻见支撑，正须养微致盛，则天德生道在此矣。六经四书，所以印证者也。若功夫得力，然后看书，所谓温故而知新也。不然，放下书本，便没功夫做。"①此可知王艮虽然不主张束书不观，但对于经书的重要性则有所保留。六经四书并不能让人领悟天德生道，而只能在学者领悟大本之后，作印证、蓄德之用。王艮不止一次宣示此意，如："经所以载道，传所以释经。经既明，传不复用矣，道既明，经何必用哉？经传之间，印证吾心而已矣。"②又如："'若能握其要，何必窥陈编'，白沙之意有在，学者须善观之。六经正好印证吾心，孔子之时中，全在韦编三绝。"③在王艮的思想体系中，经传并不是通往圣人之道的必备阶梯，而只是领悟良知体用之后的辅助补充手段。见闻知识的主要作用在于印证自己所领悟的天德生道是否正确、是否圆满，本质上是一种检验，而非领悟或开创。若道既明，则经、传皆为无用之物。王艮的这些言论本身并无大过，但若末流后学自诩明道而舍弃"无用"之经传，则很容易流入空疏不学。王艮讲学之风格与王畿相近，言论过于肆意，而对于某些语句可能被曲解及所引发之恶劣影响估计不足。在这一点上，他们要比欧阳德乃至阳明本人的谨慎态度逊色许多。

其三，安身、保身以为本。这也是王艮思想体系中非常有特色的一个方面。阳明学虽然强调良知，但仍然以无欲作为最高之目标，如阳明所言："减得一分人欲，便是复得一分天理。"门人之中无论王畿、欧阳德，还是黄绾、邹守益，皆没有违背这一原则。而在王艮的体系

① 陈祝生等校点：《王心斋全集》，南京：江苏教育出版社，2001年，第7页。

② 陈祝生等校点：《王心斋全集》，南京：江苏教育出版社，2001年，第18页。

③ 陈祝生等校点：《王心斋全集》，南京：江苏教育出版社，2001年，第10页。

中,却赋予了人欲一定的合理性,将生活需要、爱憎情感皆视为治学之必需品。王艮强调:"人有困于贫而冻馁其身者,则亦失其本,而非学也。"①显然,王艮早年贫寒的家庭状况,令他能够脚踏实地的去思考问题,而不空唱高调。在传统的儒家学者之中,颜回的"一箪食、一瓢饮",尽管生活困苦,但仍然潜心学问,一直代表者孔门弟子中最崇高之境界。而王艮却宣称"即事是学,即事是道",人若困于贫寒一样是失本、非学,这是具有突破性之见解。在这里,人类的基本生活需要,被视作为学之必备的组成部分,而不再归类于应当摒弃之人欲。王艮认为研究学问必须在满足温饱的前提之下,这与马克思主义哲学主张"人们只有在解决了生存必须的物质要素的前提下,才有可能从事科学文化活动,创造精神财富",如出一辙。这是一种中国古代朴素唯物主义的智慧。

王艮对于人类的基本情感,也给予了一定程度的肯定:"'爱之欲其生,恶之欲其死',性情之正,非惑也。既欲其生,又欲其死,中无定主,抱不决之疑,方是惑。"②今考《论语》原文:"爱之欲其生,恶之欲其死,既欲其生,又欲其死,是惑也。"显然孔子的本意是将"爱之欲其生,恶之欲其死"视为违背中庸之道、夹杂个人私欲的偏颇行为,并对这种矛盾作法的进行批判。而王艮却将原文的前、后部分断开,宣称前者是"性情之正",实际上等于肯定了人类发自内心而流露出的个人情感。尽管它会依据个人爱憎来区别对待他人,但只要是自己内心真实的想法,就不应该遭到批判。王艮的这一立场,实际上为明末心学末流(如李贽等人)肯定人类欲望,甚至将"好色"、"好货"视为"自然之理,必至之符",③打开了方便之门。

---

① 陈祝生等校点:《王心斋全集》,南京:江苏教育出版社,2001年,第13页。

② 此条见于日本嘉永元年(1846年)和刻本《王心斋全集》。而江苏教育出版社整理本则未见,疑为集外佚文。

③ 李贽:《德业儒臣后论》,《藏书》卷三十二,北京:中华书局,1959年,第544页。

安身，作为王艮思想中一个至关重要的核心概念，而被抬高到了至高无上的地位。王艮称："尧舜执中之传，无非明明德、亲民之学，孔子却于明明德、亲民中立起一个极来，故又说个在止于至善。止至善者，安身也。安身者，立天下之大本也。……是故身也者，天地万物之本也，天地万物，末也。知身之为本，是以明明德而亲民也。身未安，本不立也。"①阳明以至善为心之本体，王艮并不赞同，认为"但谓至善为心之本体，却与明德无别，恐非本旨"，②故王艮将"止至善"解释为"安身"，这也属于他自己的独特发明。《大学》虽然强调"修身以为本"，但"修身"不等于"安身"，而"止于至善"才是大学之道的最终目标。在王艮的阐释中，安身不但是明明德、亲民之极，也是立天地万物之本，更是孔子立教之核心。王艮称："身与道原是一件。圣人以道济天下，是至尊者道也。人能宏道，是至尊者身也。尊身不尊道，不谓之尊身；尊道不尊身，不谓之尊道。须道尊身尊，才是至善。"③正因为王艮将"身"拔高到与道一体的高度，所以他的"安身"概念，除了强调以修身为本外，更侧重于保身的角度，所谓："不知安身，身不能保，又何以保天下国家哉？"

王艮强调要保身弘道，看重个体的生命价值，反对无条件的为道殉身。传统儒家所一直推崇的杀身成仁、舍生取义，在王艮的体系中不再具有神圣性。王艮评论："微子之去，知几保身，上也。箕子之为奴，庶几免死，故次之。比干执死谏以自决，故又次之。孔子以其心皆无私，故同谓之仁，而优劣则于记者次序见之矣。"④孔子称"殷有三仁焉"，同谓之仁，而并未评论其高下，王艮则认为三仁有高下之次序，为道而舍身者为最低一等，知几保身者为最上。人或质问王艮：

①　陈祝生等校点：《王心斋全集》，南京：江苏教育出版社，2001年，第33页。
②　陈祝生等校点：《王心斋全集》，南京：江苏教育出版社，2001年，第37页。
③　陈祝生等校点：《王心斋全集》，南京：江苏教育出版社，2001年，第37页。
④　陈祝生等校点：《王心斋全集》，南京：江苏教育出版社，2001年，第12页。

"然则孔孟何以言成仁取义?"王艮答曰:"应变之权固有之,非教人家法也。"①此可见王艮所追求的是"道尊而身不辱"的境界。他并不主张卫道优先于保身,所以才会主张"安其身而安其心者,上也;不安其身而安其心者,次之;不安其身又不安其心,斯其为下矣。"②这实际上是一种个体意识、个体价值的觉醒,也是王艮体系中非常有创新性的一部分。明末泰州学派崛起,李贽等人鼓吹自我,强调个人私利、个人需要,实际上导源于此。

王艮曾撰《明哲保身论》一文,对此思想大力宣扬。其语云:"知保身者,则必爱身如宝。能爱身,则不敢不爱人。……如保身而不知爱人,必至于适己自便,利己害人。人将报我,则吾身不能保矣。吾身不能保,又何以保天下国家哉?此自私之辈,不知本末一贯者也。若夫知爱人而不知爱身,必至于烹身割股,舍生杀身,则吾身不能保矣。吾身不能保,又何以保君父哉?此忘本逐末之徒,其木乱而末治者否矣。"③然则王艮强调保身,因为身保才能保天下、保君父;而欲保己身,则必得爱人,否则人将报我,有害吾身。虽然保身或出于一己之私,但推己及人,人人皆欲保全己身,而不与他人结怨,最终整个人类都将趋向爱敬他人以保全己身。王艮虽然强调爱人,但显然与佛教无条件之爱人、甚至不惜为此自坠地狱有异,而更接近于儒家之教。

其四,百姓日用即天道。这是王艮思想中最核心之要素,也是让泰州学派迅速在下层民众中传播开来之根本动因。儒家的中庸之道经过后儒的一再诠释,已成为至尊庄严之准的,高妙万分,非圣贤则不可及。王艮却一反常态,把中庸之道从高高在上之供桌,直接拉至底层百姓之日用诸行中,其震撼人心之能量自然不言而喻。王艮称:"此童仆之往来者,中也。……孔子云:'百姓日用而不知。'使非中,

---

① 陈祝生等校点:《王心斋全集》,南京:江苏教育出版社,2001年,第14页。
② 陈祝生等校点:《王心斋全集》,南京:江苏教育出版社,2001年,第17页。
③ 陈祝生等校点:《王心斋全集》,南京:江苏教育出版社,2001年,第29页。

安得谓之道？特无先觉者觉之,故不知耳。若智者见之谓之智,仁者见之谓之仁,有所见便是妄,妄则不得谓之中矣。"①王艮还进一步阐释:"百姓日用条理处即是圣人之条理处。圣人知便不失,百姓不知便会失。"②所谓中道,并非君子孜孜以求之目标,而是百姓日用之条理处。百姓虽然日用,却不能自己觉知,而若有人见而谓之仁、谓之智,皆是妄语。"圣人之道,无异于百姓日用。凡有异者,皆谓之异端。"③故所谓中庸之道,不能离开百姓日用,不能异于百姓日用。"百姓日用处,不假安排,俱是顺帝之则,至无而有,至近而神。"④圣人与百姓之区别,仅在于是否知晓此理,而确保其不失。在王艮的体系中,圣人高大、博学、精妙、深邃的形象消失了,取而代之的是一个懂得日用道理的平常百姓,几乎触手可及。

王艮的观点并非全无所本,阳明曾云:"与愚夫愚妇异的,是谓异端。"⑤又云:"你们拿一个圣人去与人讲学,人见圣人来,都怕走了,如何讲得行？须做个愚夫愚妇,方可与人讲学。"⑥王艮不但全盘接受了阳明的这一立场,又宏而广之,让讲学、为学不再是儒生、学者的专利。"学是愚夫愚妇能知能行者。圣人之道,不过欲人皆知皆行,即是位天地、育万物把柄。……愚夫愚妇与知能行便是道,与鸢飞鱼跃同一活泼泼地,则知性矣。"⑦愚夫愚妇不需要通经注,也不需要学兵法,更不需要明晓治国之道,只要于日用之间能知能行,即谓知性,即是"顺帝之则"。有门人辞别王艮,以远师教为言,王艮答复他:"涂

① 陈祝生等校点:《王心斋全集》,南京:江苏教育出版社,2001年,第5页。
② 陈祝生等校点:《王心斋全集》,南京:江苏教育出版社,2001年,第10页。
③ 陈祝生等校点:《王心斋全集》,南京:江苏教育出版社,2001年,第10页。
④ 陈祝生等校点:《王心斋全集》,南京:江苏教育出版社,2001年,第72页。
⑤ 吴光、钱明、董平、姚延福编校《王阳明全集》,上海:上海古籍出版社,2011年,第121页。
⑥ 吴光、钱明、董平、姚延福编校《王阳明全集》,上海:上海古籍出版社,2011年,第132页。
⑦ 陈祝生等校点:《王心斋全集》,南京:江苏教育出版社,2001年,第6页。

之人皆明师也。"①从这里可以看出，王艮不仅推崇百姓日用，还认为这是学者所需要取法之师。可想而知，这一主张自然会获得下层百姓之欢迎。像门人朱恕，本来只是一位樵夫，因为有味于王艮之语，故每往必诣门熟听，最后终成醇儒。类似的例子在泰州学派中不在少数。正因为王艮具有这种平民化的思想，阳明学才能从仕宦、学林而最终波及到社会各阶层人士，黄宗羲称"阳明先生之学，有泰州、龙溪而风行天下"，其中王艮之力尤巨。

其五，乐是学，学是乐。王艮的思想体系中还有一点颇具特色，就是他极其强调为学之乐。门人王汝贞进学太苦，王艮提醒他："学不是累人的。"接着王艮指着旁边的斫木匠说："彼却不曾用功，然亦何尝废事？"②今日之教育界，有被广泛接受的一个理念，谓"兴趣是最好的老师"（爱因斯坦语），其意孔子早已申之，即"知之者不如好之者，好之者不如乐之者"。而王艮所谓之乐，却与此不同。王艮认为："（圣人之学）不费些子气力，有无边快乐。若费些子气力，便不是圣人之学，便不乐。"③这种乐并非由兴趣产生，而是心之本体，是自然而然之状态。《论语》有"不亦说乎"之语，王艮解之云："'说'是心之本体。"④时人为学苦而不乐，是功利陷溺人心之故，"须见得自家一个真乐，直与天地万物为一体，然后能宰万物而主经纶。所谓乐则天，天则神。学者不见真乐，则安能超脱而闻圣人之道？"⑤

"天性之体，本自活泼，鸢飞鱼跃，便是此体。"⑥王艮为宣扬此意，还特意撰《乐学歌》一首：

> 人心本自乐，自将私欲缚。私欲一萌时，良知还自觉。一觉便消除，人心依旧乐。乐是乐此学，学是学此乐，不乐不是学，不

① 陈祝生等校点：《王心斋全集》，南京：江苏教育出版社，2001年，第19页。
② 陈祝生等校点：《王心斋全集》，南京：江苏教育出版社，2001年，第73页。
③ 陈祝生等校点：《王心斋全集》，南京：江苏教育出版社，2001年，第5页。
④ 陈祝生等校点：《王心斋全集》，南京：江苏教育出版社，2001年，第8页。
⑤ 陈祝生等校点：《王心斋全集》，南京：江苏教育出版社，2001年，第19页。
⑥ 陈祝生等校点：《王心斋全集》，南京：江苏教育出版社，2001年，第19页。

学不是乐。乐便然后学，学便然后乐。乐是学，学是乐。於戏！天下之乐，何如此学！天下之学，何如此乐！①

王艮认为，乐是人心的本来状态，也是从事圣人之学的自然结果。人心不乐，是因为受到私欲束缚，而私欲一萌发，良知就自能察觉。若消除私欲，则人心重回乐的状态。因而人们在从事良知学时，不会感觉任何疲劳、困苦，反而会有无穷之乐趣。相对于欧阳德等人时刻戒慎恐惧、惟恐陷入私意之计较安排而言，王艮的教法的确要活泼、开明许多。阳明门人中的正统派（如邹守益、钱德洪、欧阳德等人）一直都是小心谨慎，时刻检点自我、反省自我的，而王艮的致良知法门，却能让修习者乐在其中，完全没有多余之负累。这种教法新颖而别致，很容易引发弟子们的向学兴趣，但也可能引发弊端，让弟子们误以为领悟圣人之道是一种简单、轻松的事情，从而终日玩弄光景，不肯实下工夫。

其六，不见人过，转移气质。王艮主张要包容别人的过失，"容得天下人，然后能教得天下人"。② 所谓"容得天下人"，即不见他人之过失。王艮称："若说己无过，斯过矣；若说人有过，斯亦过矣。"③这一立场，与孔子"攻乎异端"、孟子"吾岂好辨哉？吾不得已也"等语并不相吻合，而更接近于一种宗教性的教诲。在王艮看来，别人的恶、有过，并非来自于别人本身，而是来自于自己内心的投射，故云："凡见人恶，只是己未尽善，若尽善，自当转易。以此见己一身不是小，一正百正，一了百了，此之谓通天下之故。圣人以此修己以安百姓，而天下平。得此道者，孔子而已。"④这一立场在外表上较接近于佛教，譬如著名的寒山问拾得的偈子："'世间谤我，贱我，欺我，辱我，笑我，

①　陈祝生等校点：《王心斋全集》，南京：江苏教育出版社，2001年，第54页。

②　陈祝生等校点：《王心斋全集》，南京：江苏教育出版社，2001年，第13页。

③　陈祝生等校点：《王心斋全集》，南京：江苏教育出版社，2001年，第8页。

④　此条见于日本嘉永元年（1846年）和刻本《王心斋全集》。而江苏教育出版社整理本则未见，疑为集外佚文。

轻我,恶我,骗我,如何处治乎?'只是忍他,让他,由他,避他,耐他,敬他,不要理他,再待几年,你且看他。'"但王艮此言论并非植根于佛教教义,而是自行由儒家典籍中的字句引申而成,所以他才会声称"得此道者,孔子而已"。

王艮撰《勉仁方》一篇,对此观点进行了详细阐发,其中也交代了产生这一观点的背后缘由:"不知用力之方,则有不能攻己过而惟攻人之过者,故友朋之道往往日见其疏也。是以爱人之道而反见恶于人者,不知反躬自责故也。"①王艮之所以强调不见人过、强调反躬自责,是为了避免友朋之道日见疏远,这也是一桩相当现实的考虑。而大乘佛教的与人为善,是持戒修行、增长慈悲之所需,其立论基础是因为众生轮回不已,前世或互为父母、亲属,故视众生如一体。显然王艮之主张,实自儒家"仁者爱人"、"反求己身"而生发,与佛教之类似说法仍有根本区别。王艮强调:"夫仁者爱人,信者信人,此合外内之道也。……故爱人者人恒爱之,信人者人恒信之,此感应之道也。于此观之,人不爱我,非特人之不仁,己之不仁可知矣。人不信我,非特人之不信,己之不信可知矣。君子为己之学,自修之不暇,奚暇责人哉?"②《孟子》强调"仁者爱人"、"爱人者,人恒爱之",本意在于宣扬仁爱之价值,王艮则递进一步,视其为内外、感应之道,推导出"若人不爱己,则必是己之不仁"之结论。这一结论是否严格符合孟子本义,姑且不论,但对于缓解当时阳明门人间因为观点不同而互相指责,乃至引发派系分裂的状况,无疑具有较大的帮助。

四、学术地位及影响

关于王艮之学术思想,赵贞吉《泰州王心斋艮墓志铭》将之归纳

---

① 陈祝生等校点:《王心斋全集》,南京:江苏教育出版社,2001年,第30页。

② 陈祝生等校点:《王心斋全集》,南京:江苏教育出版社,2001年,第30页。

为"淮南格物"，与王阳明"致良知"之说并举："越中良知，淮北格物，如车两轮，实贯一毂。"①这一学术名称，已获得了目前学界之普遍认可，今日凡提及王艮之学术思想，则必谓之"淮南格物"云云。而细考此语，实源自王艮谒见阳明之前的言论："王公论良知，某谈格物，如其同也，是天以王公与天下后世也；如其异，是天以某与王公也。"在拜入阳明门下之前，王艮的确以"格物"作为话头，《语录》中也不乏类似之例子：

> 或问格字之义。先生曰："格如格式之格，即后'絜矩'之谓。吾身是个矩，天下国家是个方，絜矩，则知方之不正，由矩之不正也。是以只去正矩，却不在方上求，矩正则方正矣，方正则成格矣，故曰'物格'。吾身对上下前后左右是物，絜矩是格也。'其本乱而末治者否矣'一句，便见絜度格字之义。大学首言格物致知，说破学问大机括，然后下手功夫不差，此孔门家法也。"②

又如：

> 或问："反己是格物否？"先生曰："物格知至，知本也；诚意正心修身，立本也；本末一贯，是故爱人治人礼人也，格物也。不亲、不治、不答，是谓行有不得于心，然后反己也。格物然后知反己，反己是格物的功夫。反之如何？正己而已矣。反其仁治敬，正己也。其身正而天下归之，此正己而物正也，然后身安也。"③

王艮将"格"字解为"絜矩"，将"格物"解为"正矩"，这些解释都非常有特色，谓之"淮南格物"应当说非常恰切。但在谒见阳明后，王艮承认阳明学的简易直截非自己所能及，故毅然拜入阳明门下，并多年跟随阳明问学。此后王艮教人，多以"良知"为话头，基本上继承了良

---

① 赵贞吉：《泰州王心斋艮墓志铭》，《国朝献征录》卷一百十四《儒林》，明万历四十四年(1616年)徐象枟曼山馆刻本。

② 此条据和刻本录入。按，此条亦载于《王心斋全集》第34页，而文字有异同之处。

③ 陈祝生等校点：《王心斋全集》，南京：江苏教育出版社，2001年，第35页。

知学的话语体系，虽然其中有不少自己的发明特色，但王艮一直承认自己"于先师受罔极恩"，并以阳明学的继承人自居。如其《答朱思斋明府》称："良知天性，往古来今，人人俱足，人伦日用之间，举而措之耳。"①又如《答刘鹿泉》云："故道也者，性也，天德良知也，不可须臾离也。率此良知，乐与人同，便是充拓得开，天地变化草木蕃。所谓易简而天下之理得，而成位乎其中矣。"②类似此等语句，在王艮成为阳明弟子之后，已成为其主要之逻辑体系。

王艮晚年，话头又为之一变。《年谱》载其五十五岁时，"玩《大学》，因悟格物之旨，曰'其本乱而末治者否矣'。……故反己自修，皆是立本工夫，离却反己，谓之失本；离却天下国家，谓之遗末，亦非所谓知本。本末原是一物，是以有出为天下师、处为万世师云"。王艮寿终五十八岁，在最后的三年中，他的话头又自"良知"转变为"反己知本、本末一物"。《年谱》称"时有不谅先生者，谓先生自立门户"，正是因为他晚年不再以良知作为话头，而被认为叛出了阳明门派。观其晚年所撰《大成歌》："我说道心中和，原来个个都中和。我说道心中正，原来个个心中自中正。常将中正觉斯人，便是当时大成圣。"③此时的王艮，已能舍良知体系而自成一派，又非复固守良知学之寻常门人矣。

王艮之子王襞称其父之学凡有三变："其始也，不由师承，天挺独复，会有悟处，直以圣人自任，律身极峻。其中也，见阳明翁而学犹纯粹，觉往持循之过力也，契良知之传，工夫易简，不犯做手，而乐夫天然率性之妙，当处受用，通古今于一息，著《乐学歌》。其晚也，明大圣人出处之义，本良知一体之怀，而妙运世之则。学师法乎帝也，而出为帝者师；学师法乎天下万世也，则处为天下万世师。此龙德正中而修身见世之矩，与点乐偕童冠之义，非遗世独乐者侔、委身屈辱者伦

---

①　陈祝生等校点：《王心斋全集》，南京：江苏教育出版社，2001 年，第 47 页。

②　陈祝生等校点：《王心斋全集》，南京：江苏教育出版社，2001 年，第 49 页。

③　陈祝生等校点：《王心斋全集》，南京：江苏教育出版社，2001 年，第 55 页。

也。皆《大学》格物修身立本之言，不袭时位，而握主宰化育之柄，出然也，处然也，足之谓大成之圣，著《大成学歌》。"①王襞对于王艮晚年之境界，吹捧未免过誉，但对于其学术前后变化之剖析，基本上符合其生平实迹。王艮从早年宣扬"格物"，到后来阐释"良知"，再到晚年主张"反身知本"，其学术宗旨迭经三变。从这个意义上讲，若不考虑王艮教法的前后转变，而将其早年或晚年所讲"格物"作为其一生为学之宗旨，显然有失恰当。

王艮并非传统之学者，生平"不喜著述，或酬应之作，皆令门人儿子把笔，口占授之，能道其意所欲言而止"。②王艮之教法，重面会、心授，而轻著述、笔谈，后人谓王艮"于眉睫之间省觉人最多"，③"所引接无问隶仆皆令有省"，④是真实之语。王艮《与徐子直》称："屡年得书，必欲吾慈悯教诲，于此可见子直不自满足，非特谦辞已也。殊不知我心久欲授吾子直大成之学更切切也，但此学将绝二千年，不得吾子直面会、口传、心授，未可以笔舌谆谆也。"王艮非不欲以信札陈述自己之理论，而认为此绝学必得当面相授，所谓"纸上得来终觉浅"是也。这既是王艮教人之特色，也与他早年缺少教育之经历不无关联。因此缘故，王艮所存世之文字数量并不多，其卒后，门人弟子编辑年谱、语录传世，虽名曰《全集》，实际不足两万字而已。而王艮之生平及其学术思想，也仅能于此窥见大略。

刘宗周称"心斋言悟虽超旷，不离师门宗旨"，⑤眼光之精准实较黄宗羲更胜一筹。黄宗羲在此处却背离师说，执意要将王艮之思想归于佛教，或内心不免有极端排斥泰州学风之偏颇处。王艮之思想

---

① 陈祝生等校点：《王心斋全集》，南京：江苏教育出版社，2001年，第86～87页。

② 陈祝生等校点：《王心斋全集》，南京：江苏教育出版社，2001年，第86页。

③ 陈祝生等校点：《王心斋全集》，南京：江苏教育出版社，2001年，第13页。

④ 何乔远《名山藏》卷八十五《儒林记》"王艮"条，明崇祯刻本。

⑤ 黄宗羲著，沈芝盈点校《明儒学案》，北京：中华书局，1985年，第9页。

体系,实际并未完全脱离阳明学之框架,其立论虽高,但逻辑体系并不算严密,其所解经意亦颇多穿凿附会之处。但王艮所开启的泰州学派,着重于日用之中临机教诲门徒,闻者必有所省,却自有一种震撼人心之力量。而此派之后学诸子更为激进,敢于"赤手搏龙蛇",乃至引发了晚明思想解放之潮流。虽然明亡之后,清人普遍对泰州学派评价不高,但不可否认的是,它仍然是中国思想史上一重要流派。泰州学派扎根于中下层民众之中,尊重个人生活需要,关注个体感受,重视个人情感,强调个人意识,在某种意义上推进了学术的平民化和自由化。周汝登评价王艮"真以一篓子而立享千金,以一匹夫而坐位侯王",①可谓当之无愧。

新中国成立初期,由于马克思主义哲学被确立为官方意识形态,比较贴近人民大众,具有革命性、进步性的学说因而受到推崇。侯外庐等人所撰写《中国思想通史》,对于王艮的"进步思想及其人民性"大加赞扬,甚至称许其"坚决拒绝在统治阶级的行列里做官"之气概,认为"这种态度鲜明地表示出泰州学派跟封建统治阶级的对立"。②此种语言更像是政治定位而非学术研究。而诸如《泰州学派的思想及其阶级性与人民性》、《李贽战斗的性格及其革命性的思想》等章节,对于泰州后学之李贽、何心隐等人亦颇多颂美之词。被划为王学左派的泰州学派,经嵇文甫、侯外庐大力表彰之后,率先成为王学研究中的一大热点。曾被黄宗羲及清朝人所大力抨击之学派,反而成为新中国初期评价最高之明代学术派别,不能不说是一大异数。

改革开放之后,学术空气重新回归自由,而对王艮其人及其学术的重新评价,显得尤为紧要和迫切。从王艮著作的版本源流来看,目前仅有唯一一种全集整理本,其所据底本为清末袁承业本,刊刻时间

---

① 周汝登:《重刻心斋王先生全集序》,万历丙午冬(1606年)耿定力、丁宾刻本卷首。

② 侯外庐等:《中国思想通史》卷四,北京:人民出版社,1959年,第984~985页。

既非最早，又未曾杂取各本以作校勘，出版时甚至未能保留底本体例，恐难称善本。既然王艮之著作版本，尤其是珍稀的明代刊本，仍有若干种存于天壤间，则择取善本影印出版，以及参校诸本整理出一个相对完善的本子，都显得刻不容缓。笔者相信，王艮之全集确有再次整理出版之必要，这对于推动王艮的相关研究而言，具有极其重要之价值。

第八章

阳明学之核心属性、
分裂动因与当世价值

　　阳明学是中国儒学思想中一绝大流派。自孔子建立儒学时,尧、舜、禹、汤、文、武、周公已被公认为能够克服人类私欲之圣贤,也成为儒者治学、修身、从政而最终追逐之偶像。孔子生前将因材施教、有教无类等先进教育理念推行于中国,培育出一大批有才干之儒生。至孔子之后,其门徒弟子推崇孔子能祖述尧舜、宪章文武,遂将尊圣、征圣、述圣、成圣之概念肯定下来,成为儒学之基本理念。汉代罢黜百家、独尊儒术,再次加剧了这一倾向,也将儒家代表之孔子、孟子相继推向圣贤之坛。汉代之后,天下乍合又分,长年陷入混战之中,百姓朝不保夕、饿莩满途,佛教、道教乘时而起,儒教流布之风稍遏止之。隋唐天下大定,雄奇之才相继而起,但多以建立世俗之功业为个人追求之目的,对于追摩圣贤之兴致较为缺乏。韩愈、柳宗元等人虽然倡导儒家道统,然其着眼点仍不过改变文风,是文人而非学者。宋代理学兴起,儒生始开始人人欲为圣贤。究其原因,科举考试实为一大根本(隋、唐已实行科举制度,但入仕路径繁多,科举并非晋身之主流)。宋代前后几次变法,其设想原不过欲将皓首穷经之经生改为通晓世务之秀才,然既已将入仕之途尽揽于科举,则处于应试之指挥棒下,原本之秀才亦转而为经生,自是必然之事。理学崛起后,成圣之学问成为千古不朽之事,而世俗之功业则逐渐退居次席。程朱之学勃兴,力主向外格取事物之理,以求豁然贯通、物之表里精粗无不俱到，以此获取吾心之全体大用；象山分庭抗礼，力主求取于心，以典籍为描述吾心所本有境界，六经亦不过吾心之注脚。虽然立场不一，所论殊途，但有此两家相争之学，恰为世人作一绝佳之普及宣传。此后诸生渐起，相沿相煽，更添波澜。明代为朱家天下，前有太祖续谱朱熹之事，后有成祖颁定《五经大全》、《四书大全》、《性理大全》以为科举之程式，故明代初期之学问，皆为宗朱子学者所垄断。纵观上下几千年之学术脉络，凡民间之学问被上层阶级揽取以为官方之思想者，多逐渐丧失其活力，从光芒万丈转为色彩黯淡，再转为奄奄一息，最终成为束缚下层阶级之枷锁。故明初虽然人人谈论朱子学，然能毅然以圣贤自期，虽九死其犹未悔者，如凤毛麟角，寥寥无几。成祖革除之役，方孝孺率其门生慷慨赴死之后，更乏其人。此后几代，有志者多皆知世风之沦丧日下，而苦无良方以拯之。然阳明心学忽于此沉寂期大兴，不仅令整个社会风气为之大变，也为一众儒生指出一条成圣之新路径。阳明学简易直截，便于用功，能补救程朱学支离破碎之弊病，能堪当拯救溺陷人心之大任，然则阳明其人其功无论如何推崇亦不为过。

　　陈寅恪在冯友兰《中国哲学史》上册的审查报告中称："凡著中国古代哲学史者，其对于古人之学说，应具了解之同情，方可下笔"，"所谓真了解，必神游冥想，与立说之古人，处于同一境界，而对于其持论所以不得不如是之苦心孤诣表一种同情，始能批评其学说之是非得失，而无隔阂肤廓之论。"①先生此语，精辟独到，实为后人学术研究之基本准绳。古人治学，与今人之政治环境已自不同，其所能见到之文献材料、所面临之世俗压力、所立说之主旨意图皆与今人有异，若不能"具了解之同情"，的确不易深入其中，或陷入盲目拔高，或陷入肆意贬低。然而，若讨论古人之学说在当前时代之价值，又不得援此

---

① 陈寅恪：《冯友兰中国哲学史上册审查报告》，《金明馆丛稿二编》，上海：上海古籍出版社，1980年，第247页。

为例,切不可研究何种学说即吹捧何种学说,而要将一切了解之同情悉数摒弃,方可见其现时存在之意义与价值。阳明心学诞生至今已近五百年,其于国人之思想品德之铸就,已发挥过重要之功效,故不但在中国之思想史上有其当然之地位,在亚洲乃至世界思想史上也必将会有一席之地。而以今日之眼光来衡量这一古人之学说,则其一切内在之动荡分裂、缺陷不足,在经过时间的检验之后,会变得更为清晰;同样,其对当前社会是否仍有不可替代之功效,亦可作一前瞻性之预测。笔者不揣冒昧,试对此略加分析,以充作本书之结语。

一、阳明学之核心属性

阳明心学杂取儒、释、道三家,已是学术界所公认的事实,而探讨其理论内核的性质,实际上是研究三家之中以谁为主的问题。道教元素在阳明心学的体系之中属于从属地位,而主要体现在阳明本人的养生方式(即使是养生,阳明后期也对其进行了解构:"果能戒谨不睹,恐惧不闻,而专志于是,则神住气住精住,而仙家所谓长生久视之说,亦在其中矣。")而非理论建设上,这一点较为明显。阳明本人声称:"神仙之学与圣人异,然其造端托始,亦惟欲引人于道,《悟真篇后序》中所谓'黄老悲其贪著,乃以神仙之术渐次导之'者。"(《与陆原静书》辛巳)虽然类似的言论对于道教仍含褒扬,但也仅针对其"造端托始"的主观意图方面,而对于"神仙之术"的态度则已有所保留。而纵观道教的发展史,无论是早期昌盛的"外丹派"还是后来占据上风的"内丹派",都以炼丹修仙为核心,在理论建设上较之佛教颇为滞后和乏力。随着社会日趋进步,神仙之说被普遍认定为虚妄不经时,道教虽然表面上仍与佛教分庭抗礼,但私下却不得不大肆汲取佛教的教义与制度,以完善自身体系,获得生存下去的可能性。因此缘故,阳明心学中包含的道教元素,若再追溯其更早的根源,则往往能牵扯到佛教教义,反而与被道教强行纳入体系之内的道家经典《老子》《庄子》等关系不大。故尔,阳明心学到底是以儒家的理论为基础而杂取佛教(及道教),还是以佛教(及道教)理论为内核又以儒家理论为装饰,就成为探讨其理论属性之关键。

笔者倾向于认定阳明心学以大乘佛教理论为内核,并藉此对儒家的核心理论进行再诠释,从而将其导向经世济用的功用性。亦即,阳明心学是内佛外儒,其理论性更倾向于佛家,而功用性则完全是儒家的。对于这一论点的具体分析,笔者前文已分章阐述,并结合阳明后学重要代表人物(王畿、黄绾、欧阳德、王艮)的思想、分派,希望能展现阳明心学自身理论体系的复杂性,以及儒、佛冲突在其中的枢纽作用。此事关乎阳明心学在思想史上如何定性,不可谓不至关重大,然若要抽丝剥茧、逐一剖析明白,却也殊为不易。自阳明以下,历代学者对于心学或讥之为禅,或褒为真儒,或态度摇摆不定,或含糊谓之杂取三教,种种表述不一而足。对于心学之功用,或谓之收拾人心,有千古独得之秘,肇启明治维新之基础;或责之空疏不学,毁孔孟功业于地下,转令有明一朝亡于夷狄。究其异议之起,皆因未能准确区分何者为儒,何者为佛,故所论儒佛差别亦多隔靴搔痒,不着痛处。贬之者虽未免过苛,誉之者亦有所失衡。盖儒家有孔孟之儒,有汉唐之儒,有宋明之儒;佛教有汉晋之禅,有唐宋之禅,有明清之禅。儒、佛在隋唐之时已相互渗透,学者文人往往出仕则儒,退隐则佛、道,对个体思想之定性既十分困难,又无甚必要。单就学理辨析而言,也不可依据后世掺杂佛教坐禅修悟的理学来指认阳明心学为儒,正如不可用杂入儒家亲民孝悌的佛学来指认阳明为禅。后世学者大多通儒而不通佛,抑或反之,甚至所持之儒(佛)已掺杂佛(儒)家教义而懵然不知,反而向对方大加抨击,以己为是,要求复原儒(佛)之面目。其自身之面目既已不真,而又据此以绳人,难免纠缠不清,众口纷纭。

站在阳明本人的立场上,儒佛之争本身并不成其为一大问题。阳明本人儒佛兼通,态度豁达,极少拘限于门户之见。阳明称儒家原有"三间房",后人不学,才割让其中两间付与佛、道,而自己所弘扬的阳明心学,不过是复原儒家之本来面目。阳明实际上确立了大儒教的观念,其内核兼有儒、释、道三家,而三家之本源不异,佛、道皆为儒之枝叶。阳明心中之儒，与社会之普遍认识并非同一概念，所以阳明虽然标称心学为儒，并不能压服当时之众议，乃至有官员上书嘉靖帝，指斥其"散布伪学"，因而一度遭到禁止。早年的阳明，言论较为直截了当，甚至劝黄绾、陆元静等人参阅佛教《坛经》与道教《悟真篇后序》，认为二者"合于良知之至极"、"得圣人之旨"。后期的阳明，逐渐觉察到社会舆论之障碍，又决心将心学导向儒家经世之功用，故时常对佛、道二家的脱离俗世事务有所批评，这也在客观上造成了阳明排佛的假象。观天泉证道之公案，可知阳明渐已将心学分为上、下两路，对下根人说省察克治、为善去恶，对上根人说无善无恶、到底是空。阳明虽然以"到底是空"作为心学之最终归宿，然而却并不公开宣扬此义，只待上根人自行悟出，其用心不可谓不慎重。纵使学力厚重如湛若水，兼与阳明为多年深交之友，闻此语亦震骇不已，前后两次寄信阳明，反复询问，"颇讶不疑佛、老，以为一致，且云'到底是空'，以为极致之论"，[①] 又称："手论中间不辟佛氏及'到底皆空'之说，恐别有为，不肖顽钝，未能领高远之教。"[②] 阳明却始终坚持这一立场，所以湛若水在《奠王阳明先生文》中再次提及此语，"谓兄有言，学竟是空"，[③] 可见其耿耿于怀之情形。良知学之归宿既然为无善无恶之空，这也决定了其理论内核必然更趋向于佛教，而非传统之儒家。

从阳明心学与程朱理学的核心分歧来看，我们可以更清楚的把握到这一点。朱熹认为知与行可以分开，故称："盖心体之明有所未尽，则其所发必有不能实用其力而苟焉以自欺者；然或已明而不谨乎

---

① 湛若水：《湛甘泉先生文集》卷七《寄阳明》，《四库存目丛书》集部第 56 册，第 561 页。

② 湛若水：《泉翁大全文集》卷九《答王阳明书》，嘉靖十九年（1540 年）刻、万历二十一年（1593 年）修补。

③ 湛若水：《湛甘泉先生文集》卷三十《奠王阳明先生文》，《四库存目丛书》集部第 57 册，第 220 页。

此,则其所明又非已有而无以为进德之基。"①一个道理虽然已经明了,但仍然需要谨慎小心地加以留意,并在实际贯彻执行,否则仍"非己有",而不能真正得力。而王阳明则强调知行合一,若知而不能行,则非真知,故云:"未有真知而不能行者"。知行合一的核心是心、物合一,即王阳明所谓"心外无物,心外无事、心外无理。"只有这样,才能将主观的精神世界与外在的客观世界融合在一起,而融合的场所就是人心。强调心外无物,则必然走向佛教的"一切有为法如梦幻泡影"、"四大皆空"。假如认定外在世界是客观实在的,不以人的精神意志为转移,则外物与心内的精神世界本非一体,这种融合从根本上也就无从谈起。阳明心学的功用性在于要将民众导向恪守纲常伦理,基于这一出发点,他无法公开承认红尘世界虚幻不实,而只能接受儒家传统的世界观,承认儒家圣人(如孔子、孟子)在外在世界的教化是伟大、有意义的行动,值得后世百姓去效法。否则,人们会自然而然的沿着"心外无物"的路线领悟出,建立在虚幻地基上的纲常伦理大厦将同样是虚幻不实的。阳明本人也很清楚,他所开创心学的根基是心、物一如,若承认外在世界是一种能够脱离人心而存在的客观实在物,那么,产生于人心的知与执行于外物的行,就必然是可以先后分离的两个过程。不但"知行合一"无从谈起,"致良知"也将从心、物一贯的功夫蜕化为普通的道德修养,失去它原本最迷人的魅力所在。阳明解决这一矛盾的方法,是隐瞒了他理论中的哲学基础部分,只将它留给"上根人"(如王畿)去自行领悟,而在公开场合,则着重引导下根人(大多数弟子与民众)去贯彻省察克制的功夫,以实现其治世安民的功用性。也正因为如此,在门人王畿藉由静坐参禅而自行领悟到心之体本来无善无恶的时候,阳明才会大为赞赏,认为他是"天机发泄",并强调"我之学问原有此向上一路"。同时,他又警告王畿既然领悟这一层意思,就只能默默保任,而不可持此以教人。显

---

① 朱熹:《四书集注・大学章句》,明嘉靖戊戌年(1538 年)陈氏积善书堂刊本,第 7 页。

然,阳明本人对于自己理论的哲学根基是十分清楚的,而他也非常明白其对于心学功用性的危害。纲常伦理的道德属性,实际上是为了教化百姓而特意附加到人心之上的。人心的本来面目实际上是无善无恶、非善非恶的,亦即大乘佛教所宣称的空性。若阳明公开宣传这一教义,对于儒家核心的"性本善"是一种冲击,与他创立心学的意图不侔,所以他宁可隐藏起心学的究竟义(向上一路),而以一种遭到阉割的、对于教化民众更有效力的不究竟法门(向下一路)示人。阳明本人的确用心良苦,但与他同样有修佛经历的王畿还是凭借自己的悟性把握到了这一点。阳明本人对于王畿赞誉有加,认为这是到了"天机发泄"的时候,既可以窥见阳明内心之立场,也恰恰说明了心体无善无恶、到底是空,才是阳明心学的最终归宿。向下一路的入世法门,可以实现其理论的社会教化之功效,而对修行心学的个体而言,还需要继续朝向上一路的出世法门体悟,这才是阳明心学上下一贯的终极路径。阳明晚年宣称"学终究是空",始终不为湛若水的质疑所动摇,正是出于这一缘故。

此外,朱熹认为虽然只有一个人心,但根据"其或生于形气之私,或原于性命之正"可分为人心、道心两种性质。朱熹认为人只要有形体,就一定会有私欲,人心与道心是并存的,所谓"然人莫不有是形,故虽上智不能无人心;亦莫不有是性,故虽下愚不能无道心"。[①] 人的一切修养方法,其目的是确立道心之主导地位,让人心服从于道心行事,"从事于斯,无少间断,必使道心常为一身之主,而人心每听命焉,则危者安、微者著,而动静云为自无过不及之差矣"。[②] 王阳明的心学理论看似与此相近,但究其本质,则是一种依靠道心消灭私心的过程。王阳明强调的是"吾辈用功,只求日减,不求日增,减得一分人

---

① 朱熹:《四书集注·中庸章句序》,明嘉靖戊戌年(1538 年)陈氏积善书堂刊本,第 1 页。

② 朱熹:《四书集注·中庸章句序》,明嘉靖戊戌年(1538 年)陈氏积善书堂刊本,第 2 页。

欲,便是复得一分天理",①这并不是仅仅是要确立道心的主导地位,而是要逐渐消灭私心,最终达到纯为道心的圣人境界。显然,在阳明看来,人欲是可以通过省察克制的修养手段而逐步驱除,乃至永不萌发的。朱熹认为只要人有形体,就不能没有人心,只能做到以道心统领人心,"存天理,灭人欲"只是一种努力的方式;王阳明则认为人虽有形体,也可逐渐消灭人心,最终达到只有道心的境界,因为"学终究是空"。这一看似微小的差别,背后却体现出了巨大的价值差异。肯定人的欲望存在,而以博学、明辨、慎思、笃行的方式,将一个普通个体培养成为彬彬有礼的君子,这正是传统儒学的修养路径,也是朱熹的学说虽然与孔孟之道有相当大的差异,但其核心价值仍然属于儒学的原因。与之对立的,是阳明企图最终消除人的一切私欲,而让所有人都停留在一个理想境界的做法。虽然阳明屡次肯定良知的孝悌、慈爱、仁义等价值属性,但仍然只是类似大乘佛教修行中为善去恶的"资粮道",理想境界("究竟道")中的良知终极属性仍然是无善无恶、超越善恶之分的,亦即大乘佛教"究竟道"中的"真如"、"空性",是一种超越善、恶二元对立的"不二中道"。所谓的儒学属性,只贯彻于阳明心学的修行过程,体现在它的社会功用性上,而心学核心的佛教属性却在最终归宿的选择上彰显了出来。

空性的本质属性之一为自然具足性。万法皆空,故空能具足万法。佛教后天的修行,归根结底在于体悟空性,一旦当下顿悟,则明了众生本来成佛,空性自能生起万法,无需刻意学习,亦无从刻意学习。佛教的这一自然具足性,与传统儒家的博学、审问、慎思、明辨、笃行,存在着显而易见的巨大差异,说是判若鸿沟也并不为过。而良知学的认知体系,同样更倾向于佛教而非儒家。良知的省察克治,只是体悟良知的修行途径,但对于具体的学问知识,却是不需要刻意学习的。一旦真正领悟了良知,则自然通晓诸事、妙用无穷。是以有人

---

① 王守仁:《传习录》,《王阳明全集》,上海:上海古籍出版社,2011 年,第32 页。

问阳明"用兵有术否",阳明答曰："用兵何术？但学问纯笃，养得此心不动，乃术尔。"①阳明既然主张"心外无物，心外无事、心外无理"，又主张良知的极致是空，则只要能真正体察心之空性，达到一心不动的境界，自然万法具于一心，遇到任何事情自能大公顺应，合于圣人之道。这也是阳明心学的理论核心更倾向于佛教而不同于儒家的另一关键所在。

二、阳明学趋向分裂之动因

阳明学由王阳明所开创，故其自然也成为这一学术派别之核心人物。在阳明生前，门徒虽众，皆能虚心求学于其师，以师之判语为择取之标准。有此屹立不摇之核心，整个门派自能如磁石吸引铁粉，相抱成团，不易产生纷争。至阳明身后，门人既无此才力气魄，又无此权威影响，故终于派别分立，各择取先师之部分观点而持守。前文已择取王畿、黄绾、欧阳德、王艮等，各作为一重要倾向之代表人物而叙述之。《明儒学案》以地域划分王学门人，又于各章之下细述其学问不同之宗旨，亦足可见其分裂争斗之现实。此是阳明学之大不幸，又是万事万物运动发展之必然。细究其趋向分裂之故，则不外乎以下数点：

其一，阳明学形成源头之混杂。阳明本人既一心向儒，又浸润佛、道二家多年，而于诸子百家亦多所涉猎。其中年所创立之学说，能够兼收并取、包容诸家之精华而融汇之，实为一相当难得之事。然诸家之学说，原各有其独立之逻辑体系，亦有其自然之发展轨迹。阳明既非真正之僧人，又非纯正之道士，所读佛、道二家典籍多为杂取博览，不限于某一具体派系，故其心学体系中之佛、道因素也涉及诸

---

① 钱德洪：《征宸濠反间遗事》，《王阳明全集》，上海：上海古籍出版社，2011年，第1632页。

家。概言之，佛教则以唯识、禅宗所得为多，道教则偏向内丹导引一路。然既云心体本如太虚，无物不有而不生障蔽，却又欲时时为善去恶，是不能守道教齐万物、一是非之逻辑，必生隔膜；既云学毕竟是空，至善本无善恶，则一切学问不过无中生有、幻上修幻，而欲不陷入佛教遗弃红尘之举，终亦难矣！阳明晚年分良知学为向上一路、向下一路，而谓各有入处、各有修行法门，实已肇启身后派别分裂之机。源既不纯，则其流各有清浊，自是不难想见。王畿与钱德洪的四无、四有之争，若说是在阳明本人的首肯下从而发生并扩大，亦不为过。

其二，社会风气之逼迫。良知学诞生之时，儒门内普遍洋溢辟佛、驱老之习气，乃至将佛、老视为儒学不振之公害。阳明本人主张佛、老与儒家圣人不异，佛、老之说乃是儒家原有之家当，虽然言论新颖、境界豁达，但并未被民众所普遍信服。新生力量虽已诞生，但守旧势力并非甘愿主动退出历史舞台，官场中仍以从事程朱之学者为主流。官场中权力之明暗争夺，亦往往藉攻乎异端、维持正学之名而为之，是以阳明学几次被朝廷定性为伪学，并一度毁弃讲学之书院，明令儒生不得讲习其说。可想而知，程朱学的几次强势反扑，必然会对修习良知学的新入门生造成冲击。学林辟佛老之风气、官场路线取向之利益，令一部分弟子摇摆不定，甚至从信奉者而转变为反戈者。如黄绾，即从阳明的多年挚友、重要门徒，而转为良知学之排斥者，若究其原因，良知学对于佛教之态度实为其中重要之一环。后世所信奉良知学者，其面临之社会风气愈发不同，如日本之倒幕，令良知学倾向于事业之建立；而民国之救亡，则看重良知学之能承载西方之科技。此等学说衍分，皆与当时社会风气之逼迫难脱关系。

其三，弟子禀性之差异。阳明生前门徒数量众多，几近千人。欧阳德、聂豹等人主盟灵济宫时，所参与讲习者据载达五千人之多。如此众多之门人，必不能志向同一，而个人之性格脾气错杂纷呈，所接受之学说要点自然也五花八门、各得一偏。王畿性亲释家，故获益于静坐处犹多，其所立"四无说"即带有浓重之佛学色彩；欧阳德性不喜佛、老，其所得多于事务中锻炼，故其所立更侧重于慎独省察；王艮来自市民底层,故其说朴实无华,能于典籍之外另辟蹊径,实施于百姓日常琐事之中,别立"淮南格物"派别。凡此种种,不一而足。凡一派别之建立,多与创立者之气质有重大之关联。门人之庞大数量,客观上增加了阳明学趋向分裂之概率,实际上也的确成为派系分裂之重要原因之一。

其四,学问演进之必然。纵然没有以上三点,阳明学也避免不了其趋向分裂之命运。任何学说一经诞生,如同婴儿呱呱坠地,必然要成长、衰老,并最终迈向它的终点。阳明本人创立了一个相对圆满的体系,但任何学说都不能十全十美,仍有供后人改进之空间。况且,就算某个学说体系已完美无暇,学术仍然要日益演进,后人也必定需要书写自己这一代人贡献之空间。为此,后人是不惜把原本严密之体系重新割裂,从而断章取义,将其一偏之观点再作进一步延伸拓展的。许多宗师之学说,经后儒逐次阐述之后,其本来面目反而变得模糊不清,正因此故。更后之儒又反驳后儒之阐释,而别立新论,学术研究就在这种螺旋式的回旋中渐进,而获得更长久之生命力。

阳明学虽不能不趋向分裂,但这种分裂也包含有积极之成分。王艮所建立之泰州学派,"其人多能以赤手搏龙蛇",故能将良知之说普及至广大民众之中,成为明代中后期思想解放之极大之推动力。后起诸子,虽然未必能人人皆信守阳明之本意,然亦将良知学之知名度波及至学林之角角落落,后辈有志于学者,自不能不对此极大之学派产生兴趣,进而入其堂而窥其室。良知学之魅力,数百年来已借助几十代学者之努力,逐渐成为沉淀在民俗文化中的一份宝贵财富。从这个意义上说,良知学之分裂,也正是阳明学脉之继续延续。

三、阳明学之先天不足

阳明所建立之良知学,其堂奥之壮大华丽,其路径之坦荡简易,其陈设之瑰灿夺目,在其当时的确无其他任何一种学说能够媲美。然则历史总在进化之中,人类总能超越一座座过去以为不可逾越的高峰,而闯入一片片不可思议之新天地。今日之文化繁荣、科学倡明,明朝之儒生纵在梦中也无从构拟片段。古人所视为绝对不可失去之藩篱与绝对不可逾越之禁区者,今日或许已全部荡然,而所从事于学术研究者全然无需挂怀。以今时之眼光看待古人,尤其是在剥离掉"了解之同情"之后,原本严密宏伟之理论大厦,或许仅仅筑基于一片沙土之上,并无超越时代而普适于四海之可能。阳明学亦不外如是,其种种先天不足,虽非阳明之过错,然已违反今日之公理,不难证伪,甚至不证自伪。举其要者,约有如下数端:

其一,良知学之核心,在于为善去恶,以顺从人心之天则。而阳明门下所素日信奉之天则,不外乎专制时代之纲常礼法,如忠君、事父云云。以忠君为例:今日民主思想深入人心,几无人还相信有皇帝专制之必要。独裁之君既已不在,忠君自然亦无从谈起,然则忠君并非人心本来具有之准则,亦非良知所需要顺从之天命是非,皆不证而自明。若沿此推理更进一步,良知学既然会错认忠君为天理,则其余被视为自然天则者,亦难保其必然为天则,所谓"良知自然能知是知非"云云,亦随之失去其神圣之意义。换言之,良知学所谓天则者,不过是从当时之社会道德体系中所概括出的几个条目,既非天命所赋予人类,也不具有任何神圣意义。

其二,良知是阳明学最核心之概念,而溯其源头,则来自于《孟子》一书,谓人生来即有、不虑而知之知。阳明学在继承这一说法的基础上,又谓此知自能知是知非,常照常明,是对《孟子》概念的进一步发挥。孟子和阳明都喜欢以"今人乍见孺子将入于井,皆有怵惕恻隐之心"为例,借以证明良知这一特性。然细究此例,则并非逻辑充分之证据。谓"今人"云云,若特指成年人或至少有一定阅历之少年人,则经过社会生活之熏陶,明白生命之价值,的确皆能生怵惕恻隐之心。然若要证明此心为生来即有、不虑而知者,逻辑上只能考虑"见孺子甲入井,孺子乙是否会产生怵惕恻隐之心",才能排除后天习性干扰之因素。更进一步,良知若真能生来即有、自能知是知非,则孺子最初就不会懵懂入井,陨害自己之性命。除非我们承认,孺子之良知已被某种私欲所障蔽，而这种私欲是人生来即具有者。如此则人性本有善恶，是二元对立之矛盾体，与孟子"性善"之说又会发生不可调和之矛盾。而实际上，孟子所谓"不虑而知"之"良知"，本义只是特指某些先天本能之知识，并不承担"自能知是知非"之功能。阳明看似准确的、向前一小步的延伸，实际上已经偏离了孟子的本意。阳明学借助先贤的概念来建筑自己的学术体系，而被其采纳之概念，往往内涵已遭到扭曲、解构，实际上不再符合儒家之要义。如笔者此前章节所述，阳明学体系中的很多概念，其外形是儒家的，内核是佛家的，而其功用又重归于儒家。外形与内核不统一之矛盾，也是阳明学的致命伤。盖宋明理学皆受佛教之影响甚深，既取其主旨而又欲将之导向儒家之功用，是南辕北辙，相去愈远。

其三，阳明学认为良知本来具足，无论面对任何事物，但能依从心中良知，自然所行处处符合天则。"本来具足"一语，取自佛教，具足者为真如，为空性。阳明学不能接受大乘佛教"一切有为法如梦幻泡影"之基本立场，而欲将此"本来具足"之良知，作用于"心外无物"之物，从而不遗弃人伦物理，未免过分夸大了良知之功效。今若取一位能纯任良知之古人来此，恐亦无法解决三角函数之数学问题，无从参透飞机、核弹之基本构造。今日科学界之种种理论、实验，必得经长期之知识学习，乃至不断重复失败，始能收获点滴进步。若云一任良知，自能知是知非，而凡试验皆可成功，凡提出之理论皆可成立，此纯系脱离实际之幻想。盖良知之具足，实际并未具足，而自有其作用范围，若超出社会伦理部分，则处处如行泥沼。古人多将阳明所建立之不世军功，视为良知运用之结果，此事亦大可商榷。阳明青年时曾究心战事、苦学兵法，今亦有其所注兵书传世。若阳明无此基础，仓猝间而处于险地，仅凭一任心中之良知，能保全自己已实属不易，何从擒灭藩王、迅速平叛？

其四，阳明学虽然反对程朱学，但仍然保留了后者之基本立场，将人欲与天理对立起来，认为克去一分人欲便能复得一分天理，人欲去尽，便能成圣。其与宋代理学之立论虽有差别，但学问宗旨总归于无欲。今日社会文明程度已大为提升，在一定程度上肯定了人本来所具有之欲望，不再视其为与天理相对立之物，而是推动社会进步之原动力。人苦于长途跋涉，始有汽车、火车、飞机诸物之发明，为现代社会提供了出行便利。若将好逸恶劳之人欲一概清除干净，则人类社会恐将永远处于茹毛饮血之穴居时代，社会经济难以有快速之推进。食不果腹之下，又有几人能安心从事于高深学理之研讨？一边享受经济发展所带来的种种好处，一边又欲将人类之私欲消灭干净，是取其实而厌其名，终于不肯承当而已。口腹之欲与爱亲之性，同为人生来具有之本能，阳明学以前者为私欲，而以后者为天则，是不免于加意择取而已。盖人欲应作限制，使不至膨胀，不至为祸，而不当尽数扫尽。若以灭尽人欲为最终之目的，此是佛教无我之教，而非儒家济世之途。明末王学左派之反动，即以肯定人类之基本欲望为出发点，虽最终不免于纠枉过正，然此理实不能不宣。

其五，阳明学教导诸人皆顺从自己心中之良知，而是否顺从，却并无外在之监督手段，故其学说终不免沦为被上层阶级所利用之统治工具。良知学以纲常为天则，故在此基础上所建立的格物工夫，只是为了让民众将当时社会道德之重要条目，固化在自己的心灵当中，并自觉加以服从。统治阶级掌握了实际的世俗权力，其心中是否自觉顺从良知，外形既不可辨，其行为也无人能作约束；不肯顺从"天则"之下层民众，统治阶级却可以利用手中之权力，生杀予夺，作实际之控制。种种压迫之行径，又往往藉维护天则之名而行之。是以阳明学被确认为官方正学之后，在政治家的操纵下，亦不免步程朱学之后尘，成为一种维护专制统治之逻辑体系。

四、阳明学在当代之价值

古老的中国，在经历一连串的改革开放措施之后，正在日益焕发新的青春。但是，以经济建设为中心的基本国策，在极大的促进了社会财富的积累之后，其负面影响也在日益显现。在当前中国的体制之下,贪污腐败、骄奢淫逸相沿成习,社会道德价值正日益趋于沦丧。民众所仰慕者,不再是学富五车、甘于清贫之学者,而是家财万贯、有权有势之商人与官僚。此种不正之风甚至已蔓延到原本被视为最后一片净土的校园,学术造假屡见不鲜,招聘黑幕屡禁不止。当学者主动卸下"为天地立心,为生民立命"的重担,而将从事学术之目的转变为谋求物质财富之后,又如何能引导并改变当下之社会风气?

西方之民主观念,在今天已深入人心,其法律之精神,亦被中国所广泛借鉴。然而,依法治国,在当下之中国,仍有许多问题没有解决。一是中国的法律体系仍然很不健全,以权谋私、官官相护现象屡见不鲜,而诉诸法律之成本、时效都颇不能令人满意;二是中国人口居世界之冠,"十里不同风,百里不同俗",所产生之各类问题,不仅数量繁多,而且种类五花八门,又有非法理所能约束者。若一律归于法律体系解决,由此而消耗之庞大成本,非当下国力所能背负。而若能建立一相对完善之社会道德体系,则法律不能解决之问题,道德约束往往可收到奇效。当代许多有识之士已认识到问题的症结之所在,而回归国学、重建良心之呼声日益高涨,各地均有许多特色学校、书院相继成立,企图萃取儒学之精华,以弥补世道人心之不足。然此事诚不易为也。

五四之新文化运动,以"打倒孔家店"为口号,并最终获得全面之胜利。新中国成立后,又迭经"文化大革命""破四旧"、"批林批孔",儒学已被几次推到了历史的反动面上。今日若有人皓首穷经,民众多指以为不堪大用之腐儒。社会评价体系之不易改变,其难一也。简化字、白话文推行全国,虽然便于扫除文盲,并大幅度提升了书写之便利,但也同时切断了与古籍文字之直接联系。今日学校之教育,有数学、物理、化学、地理、生物等诸科,与儒学直接相关者仅语文、历史两科,而其中古文(文言文)又仅占一微小部分。在高考升学之考试内容未改变之前,欲令天下学子回归儒家之典籍,实为不可行之事,其难二也。儒家之救世方法,不外乎内修仁义而外从礼法。今帝制时代之礼制已全盘崩塌,宗法社会大宗、小宗之家长体制,几于无人遵守，而欲以此约束世道人心，处理民情事务，徒为一美丽空想而已。盖法律不禁则可行，人人生来即有自由平等之权力，虽父母之命亦不能主宰于子女，专制时代之纲常已遭到民众之普遍唾弃。欲藉落后于时代之礼法精神从而收拾人心，是泥古不化之行，其难三也。

综上所述，执今日之中国，而欲回归孔孟之时，颇不现实。此外，又有欲全盘引进西方哲学体系者，此种思想亦不可不辨。西方哲学之逻辑体系，诚然比中国古代哲学要更为严密，然二者之产生土壤不同，中国若施行全盘西化之路，则橘化为枳，难免有水土不服之兆。中国不能效法日本改弦易张，而只能背负先辈之无数经验蹒跚前行，若对过往之历史弃之如敝屣，不但是一种极大的浪费，民众也终难从情感上接受。中国有悠久之历史文化，荣格所谓"集体无意识"者，已盘踞国人心头非只一日。几千年之儒学教育，让儒家精神已渗透至国人之骨髓，虽不作专门研究之愚夫愚妇，亦能通晓其大义，而在实践活动中践履往圣之一言一行。是以若要重铸国人之思想与精神，舍儒学外，别无更佳之路径。

设若择取阳明学，而非孔孟之原始儒学，以作为当下中国道德建立之学说，则可避免以上众病，许多难题亦将迎刃而解。首先，阳明学属于中国土生土长之学说，其植根于中华文化之中，自无水土不服之病，从情感上更容易被国人所接收。其次，中国影响最大、基础最深厚者为儒、释、道三家，阳明学能兼取三家之有益成分，可代表古文化之精粹；其三，阳明学简易直截，便于用功，一切求之于心中良知，而能回避传统儒家穷研文字、经注之障碍，便于教育普及。最后，阳明学之影响，在古代时就已波及周边国家，并有成功推动日本趋向维新改革之案例，便于同世界文化接轨。凡此种种，皆为阳明学胜过旧儒学之优势。今日若欲复兴儒学精神，阳明学确为最合适之候选学说。

推崇普及阳明学，并非意味着我们可以照搬阳明本人之体系。阳明学的种种先天不足，在今日不能不加以重视，并提出改进之策略。至少，良知学所认定之天则，有很多已成谬论，而丧失其天赋、合理之庄严属性。笔者相信,若将阳明学所认定之纲常天则调整为今日所公认之道德标准(如将忠君更换为民主、自由等),仍可以倡导民众凭借心中之固有良知去省察体悟,进而自觉去推进与捍卫。世风纵然江河日下,但是非之心却人人未泯,此心诚千古不易。若能于此时广泛普及与宣传良知学,对于改进现代社会之道德文明体系,可收事半功倍之效。这是笔者从事阳明学研究之目的,也是笔者寄托于未来之期望。

附录一

阳明门人弟子名录

　　本文所录,为笔者所搜罗整理之阳明门人弟子名单。盖阳明后学又有亲传弟子、二传弟子、多传弟子之别,本文对亲传弟子按姓氏拼音排序,二传、三传弟子同出一门者率从属于其师名下。凡每降一代,则退格排列以示区别,并分别以②、③标注二传、三传弟子,以便识别。后学中有血缘、亲属关系者,概予以注出。三传之后,去师愈远,派系愈杂,多难以确证,故不再罗列。另,阳明学流传于国外后,所产生于异邦之门人弟子,由于皆未经亲自指授,本名单亦不再涉及。

　　本文之意图,在于为阳明后学之研究提供一份较为翔实之名单,以供研究者按图索骥,故着重考其字号、籍贯、官职,而简略于其生平事迹。凡史书已有传记者,除与师承相关之语句略作摘发外,其余内容均仅注出处,供学者自行查阅,以免文繁累牍。惟典籍记载有重大分歧者,间作注释以辨之。

　　本文主要参考文献为黄宗羲《明儒学案》、万斯同《儒学宗派》、程嗣章《明儒讲学考》、《明史》、《千顷堂书目》、《王阳明全集》、各地方志及诸焕灿《王阳明弟子考录》、王兴国《王阳明及其弟子在湖南的活动情况略考》等文,而颇多订正。其余参考资料,大多随文注明出处。由于人名清单之特殊性,同一人名往往散见庞大数量之典籍,故本文所参考之文献虽多,亦不能保其必无讹误,尚请各位方家予以批评指正。

《明儒学案·姚江学案》三人：

王守仁(1472—1529)：初名云，字伯安，号阳明，谥号文成，余姚人。曾师承娄谅，后创立阳明心学。

许璋：字半圭，越之上虞人。阳明友人。《明儒学案·姚江学案》有传。

王文辕：字司舆，一作思裕、思舆，越之山阴人。阳明友人。按，阳明弟子季本《说理会遍》卷十特立《阳明之学由王司舆发端》一文，可见其对阳明影响之深。

以下为阳明门人弟子名录。

A

艾铎：生平待考。

安如山：字子静，无锡人。官至四川参议。

B

白说：字贞夫，武进人。嘉靖十一年(1532年)进士，江西按察司佥事。按，阳明《白说字贞夫说》："白生说，常太保康敏公之孙，都宪敬斋公之长子也。"

白谊：白说之弟。按，阳明《敬斋白公墓志铭》："说、谊皆尝及门。"

C

蔡宗兖：字希渊(一作颜)，号我斋，山阴之白洋人。正德十二年(1517年)进士，《明儒学案·浙中王门》有传。按，《明儒学案》称蔡宗兖、徐爱、朱节三人"皆以丁卯来学，文成之弟子未之或先者也。"

曹煜：生平待考。

柴凤：字后愚，余姚人。主教天真书院。

柴惟道：诸生。

陈大纶(《阳明全集》误作"陈大伦"):字伯言,南宁人。州判陈琚子,陈大经弟。嘉靖八年(1529 年)进士。嘉靖二十五年(1546 年)任韶州知府,建明经书院,祀阳明。《江西通志》有小传。

陈大章:据《阳明年谱》:"福建莆田生员陈大章,前来南宁游学,叩以冠婚乡射诸仪,颇能通晓。……仰南宁府官吏即便馆谷陈生于学舍,于各学诸生之中,选取有志习礼及年少质美者,相与讲解演习。"按此,则陈大章游学于阳明之门,阳明爱其才,遂令其为诸生讲解礼仪。

陈鼎:字文相,号大竹,蓬莱人。弘治十八年(1505 年)进士,应天府尹。

陈洸(1478—1534):字世杰,号东石,广东潮阳县人。正德六年(1511 年)进士。因曾官任北京给事中,故民间俗称"陈北科"。

陈稷:按,上海古籍《王阳明先生全集》误断"陈稷、刘鲁、扶戢"三人为"陈稷刘、鲁扶戢"二人。可参考"刘鲁"条。

陈杰:字国英,莆田人。

陈介:抚州人。

陈九川(1494—1562):字惟浚,号竹亭,后号明水,临川人。正德九年(1514 年)进士,主客司郎中。据《澂源邹氏七修族谱》卷八所载邹德溥《先考太常卿颍泉府君行状》:"外祖父乃仪部郎中明水陈公,讳九川,临川人。与先大父(邹守益)同学于王文成公,最合志,以故自远缔婚媾。"聂豹有《礼部郎中陈明水先生墓碑》,记载其生平事迹颇详,可参阅。

陈炼:生平待考。

陈良臣:贵州宣慰司人。

陈善(1514—1589):字思敬,号敬亭,钱塘(一说仁和)人。嘉靖二十年(1541 年)进士,官至云南左布政使。

陈寿宁:贵州宣慰司人。

陈焯:生平待考。

陈文学:字宗鲁,贵州宣慰司人。正德十一年(1516 年)举人,耀州知府。

陈煐:生平待考。

陈宗虞:主事。

程粹:字养之。永康人。讲学以终,人称方峰先生。八十八岁卒。

程默:字子木,休宁人,广州府同知。

程尚宁:生平待考。

程文德(1497—1559):字舜敷,号松溪,谥号文恭,永康人。嘉靖八年(1529年)进士,南京吏部左侍郎。文德初学于章懋,卒业于阳明。

D

邓周:字昭文,号前川,安福人。廪生。据《邹守益集》卷二三《明故横溪邓君墓志铭》:"清陂邓生周昭文偕同志趋见阳明夫子于绍兴,比归,复卒业于复古。"又据《安福县志·文学》:"邓州,号前川,东乡清陂人。邑廪生,尝受业邹守益,研究道学。"

董道夫:辰州人。按,辰州郡守于虎溪建松云轩请王阳明讲学,董道夫曾环侍讲席,得亲炙之。

董毅:字硕甫,海宁人。董沄子,官至汉阳知县。过庭训《本朝分省人物考》卷四十三有传,谓"侍其父游会稽,扣谒阳明王先生之门。闻良知之学,精修深诣,时称高弟"。

董欧:字希永,号九宾主人。据《邹守益集·九宾主人辩》:"阳明先师倡道于虔,予与希永同闻万物一体之学。"

董沄(1457—1533):字复宗,号萝石,晚号从吾道人,海宁人。

杜应豸:生平待考。

F

范瓘:字廷润,号栗斋,山阴人。《明儒学案》称其"初师王司舆、许半圭,其后卒业于阳明。"

范希夷：贵州宣慰司人。

范引年：字兆期，号半野，余姚人。青田县教事，主讲天真书院。

　　②叶天秩：据《阳明年谱》："引年以经师为有司延聘主青田教事，讲艺中时发师旨。诸生叶天秩七十有余人，闻之惕然有感，复肃仪相率再拜，共进师学。"

方九叙：字禹绩，钱塘人。嘉靖进士，承天知府。

方献夫(1485—1544)：初名献科，字叔贤，号西樵，谥号文襄，南海人。弘治十八年(1505 年)进士，官至吏部尚书、武英殿大学士。《明史》卷一九六有传，《国朝献征录》卷一六有神道碑铭。

冯恩(1495—1575)：字子仁，号南江，松江华亭人。嘉靖五年(1526 年)进士，大理寺丞。

扶馘：生平待考。

傅凤：祁人，嘉靖进士。

傅默：抚州人。

傅颐：字师正，湖广沔阳人。嘉靖十一年(1532 年)壬辰科进士，官至户部尚书。

G

高畿：内江人，吏部郎中。

高冕：字服周，号光州，孝丰人。嘉靖二十年(1541 年)进士，官至南雄知府。

高鸣凤：贵州宣慰司人。

龚渐：生平待考。

龚溥：生平待考。

龚芝：生平待考。

谷钟秀：余姚人。嘉靖二十年(1541 年)进士，山西参政。

顾敦复：生平待考。

顾应良：生平待考。

顾应祥(1483—1565)：字维贤，号箬溪，长兴人。弘治十八年

（1505 年）进士,刑部尚书。

管登:字宏升,号义泉,雩都人。明嘉靖元年（1522 年）举人,历任广东肇庆府判、湖广岳州府同知。

管州（1497—1578）:字子行,号石屏,余姚人。嘉靖十年（1531 年）举人,官至兵部左司务。孙蒙泉《燕诒录》卷七有《兵部左司务管子行墓志铭》。

郭持平（1483—1556）:字守衡,号浅斋,万安人。明正德十二年（1517 年）进士,从学阳明于赣州。官至南京刑部侍郎。按,《邹守益集》有《明故南京刑部右侍郎浅斋郭公墓志铭》。

郭弘化（1481—1556）:字子弼,号松崖,安福人。嘉靖二年（1523 年）进士。官至巡按御史。《邹守益集》卷二二有《明故文林郎监察御史松崖郭公墓志铭》。

郭庆:字善甫,黄冈人。正德举人,清平知县。阳明《赠郭善甫归省序》:"郭子自黄来学,逾年而告归。"

郭治:字昌修,号中洲,泰和人。正德二年（1507 年）举人。从学阳明与虔台。

桂輗:诸生。

H

韩柱:生平待考。

杭二守:字世卿。

郝升之:贵州宣慰司人。

何鳌:字巨卿,山阴峡山人。正德八年（1513 年）举人,十二年（1517 年）进士,官至刑部尚书。

何春:字元之,号长松,雩都人。何廷仁之二哥。弘治十七年（1504 年）举人,历任漳州诏安县、安徽含山县、霍山县知县。

②李乔崇:字期厚,雩都人。阅邑乘,慕宋王鸿、陈维高谊,筑北郭草堂,栖息其中,号"北郭野人"。闻同乡何春得王阳明心传,执贽事之。已,复遍质有道,辨晰微芒,邹守益手书《学圣

堂箴》相勖。一日,与罗洪先论先天之学,罗洪先惊起曰:"君从何处得来?"因作诗赠,有"说向世儒浑未悟,羡君神授岂由师"之句。人称"真一先生"。

何伦:江山人,事亲不仕。

何迁(1501—1574):字益之,号吉阳,德安人,嘉靖二十年(1541年)进士,刑部侍郎。

何廷仁(1486—1551):初名秦,字性之,号善山,雩都人。嘉靖元年(1522年)举人,官至南京工部主事。

②李端仪:信丰人。

②李一龙:字子乾,雩都人。闻何廷仁讲良知之学,欣然受业执贽弟子,造诣不懈,久而有省,谓:"人情物理,皆良知之用。使弃于人情,遗于物理,即此知己非良知","良知在人,原无生灭。有生有灭,人见不同,何与于道?"何廷仁深然其说,又教以人情物理皆良知之用。其时李一龙欲入衡阳养静求道,闻何廷仁言,若更有得,遂止不行。年二十六卒。何廷仁深惜之,哭之曰:"子乾死,吾道益孤"。

②殷迈(1512－1581):字时训,号秋溟,又号白野,直隶南京人。嘉靖二十年(1541年)进士,官至南京礼部右侍郎,管国子监祭酒事。

何廷远:贵州宣慰司人。

烘熺:婺源人。

胡冲:生平待考。

胡瀚:字川甫,号今山,余姚人。以恩贡升崇明教谕。

胡经:号前冈,庐陵人。嘉靖进士。

胡希周:字文卿,号二川,余姚人。举人,福建南靖知县。

胡彦博:道州人,国学博士。

胡宗宪(1512—1565):字汝贞,号默林、海林,谥号襄茂,绩溪人。嘉靖十七年(1538年)进士,《明史》卷二○五有传。胡宗宪《阳明先生批武经序》:"余诸生时,辄艳慕阳明先生理学勋名,前无古,后无今,恨不得生先生之乡,游先生之门,执鞭弭以相从也。通籍来,幸承乏姚邑,邑故先生桑梓地,因得先生之遗像,与其门下士及子若侄辈游,而夙念少偿,可知也。一日购求先生遗书……龙川公出《武经》一编相示,以为此先生手泽存焉。……退食丙夜读之,觉先生之教我者不啻面命而耳提也。"按此,则胡宗宪当为阳明私淑弟子。《邹守益集》有《简胡默林》等文。

黄洪:生平待考。

黄弘纲(1492—1561):字正之,号洛村,雩都人,正德十一年(1516年)举人,官至刑部主事。

黄槐密:生平待考。

黄骥:字德良,余姚人。

黄嘉爱:字懋仁,号鹤溪,余姚人。正德三年(1508年)进士,钦州知州。

黄夔:字子韶,号后川,余姚人。

黄梦星:潮州人。

黄齐贤:字汝思,别号明山,余姚人。嘉靖十四年(1535年)进士,永丰县令。聂豹有《赠黄明山赴召序》,称其"尝受学于先师阳明子良知之教,其习闻矣乎?"

黄汝中:生平待考。

黄绾(1480—1554):字宗贤,号久庵、石龙,黄岩人。以荫入官,礼部尚书,曾以女妻王阳明子王正亿。本书列单章论其生平、思想。

黄文焕:号吴南,余姚人。开州学正。

黄省曾:字勉之,号五岳,吴县人。嘉靖十一年(1532年)解元,以讲学终。

黄修易:生平待考。

黄珣:余姚人。

黄銮:生平待考。

黄元釜:号丁山,余姚人。

黄直:字以方,号卓峰,金溪人。嘉靖二年(1523年)进士。《明史》卷二〇七有传。

②吴悌(1502—1568):字思诚,号疏山,谥号文庄,金溪人。嘉
靖十一年(1532 年)进士,官至南京刑部右侍郎。《明史》卷二
八三有传。

③吴仁度:字继疏。吴悌子。《明史》有传。

黄钟:生平待考。

黄宗明(? —1536):字诚甫,号致斋,鄞县人。正德九年(1514
年)进士,同年师事阳明。官至礼部左侍郎。

J

季本(1485—1563):字明德,号彭山,会稽人。正德十二年(1517
年)进士,官至长沙知府。《明儒学案》称其"少师王司舆(名文辕),其
后师事阳明"。按,徐渭《师长沙公行状》一文,记载其生平甚详。

②徐渭(1521—1593):初字文清,后改字文长,号天池山人,或
署田水月、田丹水、青藤老人、青藤道人、青藤居士、天池渔隐、
金垒、金回山人、山阴布衣、白鹇山人、鹅鼻山侬等别号,山阴
人。按,据徐渭《畸谱·纪师》:"嘉靖廿六年丁未,渭始师事季
先生。""廿七八岁,始师事季先生,稍觉有进。前此过空二十
年,悔无及矣。"今考《徐渭集》中,有《奉师季先生书》三札,又
有《奉赠师季先生序》、《先师季彭山先生小传》、《师长沙公行
状》等文多篇,可证徐渭确为季本之亲传弟子。

冀元亨(1482—1521),字惟乾,号闇斋,武陵人。正德十一年
(1516 年)举人,主讲濂溪书院。《阳明年谱》谓其"与蒋道林往师阳
明"。

②曾梦祺:字兆贤,号龙井,永丰人。嘉靖元年(1522 年)举
人。据聂豹《奉直大夫曾公墓志铭》,永丰大夫朱琎雅器之,令
梦祺从冀元亨游,"遂闻良知之学"。

姜应齐:余姚人。

江□□:青阳县人。

蒋信(1483—1559)：字卿实，号道林，常德人。嘉靖十一年(1532年)进士。《明史·儒林二》有传，谓"信初从守仁游时，未以良知教；后从若水游最久，学得之湛氏为多。"故蒋信实兼取王、湛二家之学。按，王守仁谪龙场时，因过其地，蒋信遂偕冀惟乾师事焉。时守仁尚未经龙场悟道，故蒋信初不得与闻良知教。

②贺凤梧：字松涧，益阳人。早年从蒋信游，闻求仁之学，后入太学，上《崇正还朴疏》，授陕西判官，谢归。

②向淇：字子瞻，沅陵人。少从蒋信游。官至南京户部主事。曾聚同志讲学甘泉书院，以体认为宗。按，向淇所承为蒋信侧重于湛氏一路，故亦可归之于湛氏二传弟子，而不视之为王门弟子。

金克厚：仙居人。嘉靖进士，六合知县。

金佩：生平待考。

K

况澄：字仲源(一作元)，高安人。据《江西省志》载："况澄，永乐二年进士，琛曾孙也。为诸生，嘉靖辛卯特诏，拔异才，澄膺第二。知寿张、考城二县，仕至凤阳通判。"

L

赖元，字善长，别号蒙岩，宁都人。邑诸生。时值王阳明讲学虔州，元裹粮及门，闻师训辄解语，与同门何廷仁、黄弘纲往复辩证。黄弘纲与刘龙山书曰："近得阳都朋友相次兴起，甚得力者，皆善长一人倡率之功也。"邑令陈大纶设讲堂，推元为首，学者宗之。元与同邑李经纶(号蒙泉)讲学青原，吉人称为"二蒙"。据聂豹《送李子归宁都序》、《宁都人物志》等。

蓝渠：字志张，莆田人。正德进士，兵部郎中。

李呈祥：字时龙，贵池人。正德中贡士。《江南通志》卷一百四十八《人物志》有传，谓其"谒王守仁于江西，辨析同异，深契良知之旨。

转授门徒,柯乔、丁旦皆其入室弟子。"按,李呈祥亦曾与湛若水探讨学问。嘉靖《池州府志》卷九记湛甘泉的《六字诀》:"甘泉子曰:'可以与吾随处体认天理之学者,其古源李子乎!'"可见对其评价之高。

②丁旦:生平待考。

②柯乔:字迁之,青阳人,嘉靖八年(1529年)进士,福建按察副使。

李道夫:生平待考。

李逢:字邦吉,丰城人。李遂弟。嘉靖进士,德安知府。

李琪(程烨《丧纪》误作"李洪"):字侯璧,永康人。大理寺丞,曾讲学于五峰书院。

李经纶:字成甫,别号蒙泉,宁都人。庠生。经纶与赖元(别号蒙岩)同学相交,并称宁都"二蒙"。聂豹《送李子归宁都序》称其与赖元"继闻先师良知之学,交臂以兴,遂为一邑士人之倡"。经纶从学阳明,盖出于其父云石山人李珮之意,聂豹《云石山人传》云:"(经纶)与友人赖元同受学于先师阳明子,意承考也。"

李敬:生平待考。

李良臣:贵州宣慰司人。

李遂(1504—1566):字邦良,号克斋、罗山,谥号襄敏,丰城人。嘉靖五年(1526年)进士,官至南京兵部尚书。《明史》有传。按,《明史》谓"弱冠从欧阳德学"。而《阳明年谱》正德十五年九月载"是时陈九川、夏良胜、万潮、欧阳德、魏良弼、李遂、舒芬及袭衍日侍讲席"。《顺生录》嘉靖十三年载:"三月,门人李遂建讲舍于衢麓,祀先生。"故知李遂虽初学于欧阳德,但后来确已入阳明门下,为亲传弟子。

李唯善:生平待考。

李遥:丰城人。给事中。

梁焯:字日孚,南海人。进士,职方主事。

梁谷:《阳明年谱》载其于正德七年(1512年)受业于阳明。

梁廷振:字伯纲,南海人。嘉靖进士,浙江布政使。

林楚(1509—1589):字德春,号春斋,别号玄谷老人,漳浦人。嘉靖三十七年(1558 年)顺天举人,初授应天府溧阳教谕,嘉靖四十四年(1565 年)擢湖广武昌府咸宁知县,历任判官、通判等职。万历六年(1578 年)以母老乞请归养,返乡后捐资兴学,后卒于家。刘霖撰《春斋林先生传》,可参看。

林达:莆田人。正德九年(1514 年)进士,南京吏部郎中。

林大钦:字敬夫,号东莆,海阳县人。

林典卿:生平待考。

林烈:福州人。

林讷:生平待考。

林文琼:生平待考。

林文瓅:生平待考。

林学道:字致之,莆田人。

　　②马森(1506—1580):字孔养,号钟阳,谥号恭敏,怀安人。嘉靖十四年(1535 年)进士,官至户部尚书。马森少从林学道学,为诸生时尝从欧阳德、邹守益、罗洪先等人讲学。《明史》卷二一四有传。

林以吉:莆田人。

凌世华:生平待考。

刘邦采:字君亮,号师泉(一作狮泉),安福人。刘文敏从弟。举人,嘉兴府同知,后讲学以终。

刘本:生平待考。

刘弼:万安人。

刘宾朝:字心川,安福人。据《安福县志·儒林》,宾朝师事王守仁,卒业于邹守益。

刘秉监:字遵教,号印山,安福人。正德三年(1508 年)进士。《明儒学案》有小传,谓"初学于甘泉,而尤笃志于阳明。"按,万斯同本《明史》有传,附其父刘宣之后,可补《明儒学案》之不足。

刘伯颂:阳明有《训蒙大意示教读刘伯颂等》。

刘砀:生平待考。

刘道：万安人。

刘观时：字易仲，沅陵人。郡庠生，学者称沙溪先生。康熙《沅陵县志》称其"慕王阳明致良知之学，遂辞家往从之，得其奥妙。阳明作《见斋记》以遗之。……为人刚方正直，一切声华势利，澹如也。自号沙溪先生。"

刘侯：字元道，又作原道，一字伯元，号冲庵，一号北川，浙江寿昌人。正德五年（1510 年）举人，后受业于阳明。嘉靖十三年（1534 年），受提学林云同之聘掌教天真书院，终老于该地。按，此条据项旋《浙中王门弟子刘侯考略》（《阳明学刊》第六辑，巴蜀书社，2012 年）。

刘魁（1488—1552）：字焕吾，号晴川，泰和人。正德举人，官至工部员外郎。刘魁受学于阳明，卒业于邹守益。《江西通志·人物》有传。又，《讷溪先生文录》卷七有周怡《刘晴川先生传》。按，《阳明年谱》误作"周魁"，嘉靖钱德洪《文录》本作"刘魁"。《欧阳南野先生文集》有《赠刘晴川》，可证之。

②尤时熙（1503—1580）：字季美，号西川，洛阳人。嘉靖元年（1522 年）举人。官至户部主事。《明儒学案》称其"师事刘晴川，又从朱近斋、周讷溪、黄德良"。

③陈麟：字道徵，洛阳人。嘉靖三十一年（1552 年）、三十二年（1553 年）联捷成进士。据孟昭德整理《明代洛学名儒录》："尤时熙倡道里中，麟偕谢江执弟子礼。"

③董尧封（？—1592），河南洛阳人。嘉靖中进士，历任推官、御史、甘肃巡抚、南京户、工二部右侍郎，改户部左侍郎，未任而于万历二十年（1592 年）八月初四日卒于家。赠尚书，谥恭敏。

③李根：字伯生，号育吾，孟津人。尤时熙之婿。嘉庆《孟津县志》有传，谓其"从洛阳尤时熙讲学，究心性命之旨。"

③李士元：字子仁，号春野，洛阳人。举人。据孟昭德整理《明代洛学名儒录》："会尤时熙讲业洛中，即首为依归，两人深相得也。"

③梁许:字君可,号带川,孟津人。明隆庆二年(1568 年)进士。其长子允济娶孟化鲤长女,三子允直娶李根女。

③孟化鲤(1545—1597):字叔龙,号云浦,新安人。万历八年(1580 年)进士,官至文选郎中。归而创建川上书院,并各处讲学。其门弟子众多,最著者有山西参政王以悟、予西儒宗张抱初、兵部尚书吕维祺、内阁大学士李日宣、太子少保王铎、翰林学士屠象美、大理寺卿崔儒秀等。

③王价:字藩甫,号弘宇,孟津人。康熙《孟津县志》卷三《理学》有传,谓其与李根为男女姻亲,"择吉同谒先生(尤时熙),执弟子礼,质疑问难,深契先生之旨。"

③吴道行:洛阳人。举人,受业于尤时熙。

③谢江:字仲川。少游尤时熙之门,官司谏。

刘澜:字汝观,号一斋,会昌人。以岁贡授湖广平江县知县。刘澜同雩都何廷仁、黄弘纲从王阳明学,著有《明太极图说》、《小学补义》、《莲塘杂咏》等。

刘鲁:字希曾,号玄洲,大庾人。按,考《欧阳南野先生文集》有《刘玄洲墓志铭》,载生平甚详,其中谓:"阳明先生讲学虔台时,弟子自远来,至大庾,最颖悟者两人,其一则刘君。刘君讳鲁,字希曾,今刑部侍郎雪台翁冢子也。"上海古籍《王阳明先生全集》误断"陈稷、刘鲁、扶戡"三人为"陈稷刘、鲁扶戡"二人,遂没其名。

刘勉:字和平,庐陵人。

刘起宗:字宗之,号初泉,巴县人。嘉靖十七年(1538 年)进士。《明史》卷二一〇有传。

刘潜:字孔昭,赣县人。正德八年(1513 年)举于乡,任安徽铜陵县令。值阳明誓师鹿江,刘潜赶至军前拜师。王阳明赞之云:"刘君所学,实措诸行事,犹程子令晋城也。"

刘韶:滁阳人。

刘文敏(1490—1572):字宜充,号两峰,安福人,以讲学终。据《阳明年谱》,刘文敏与从弟刘邦采于嘉靖三年(1524 年)至越城师事阳明。

②陈嘉谟(1521—1603)：字世显，号蒙山，庐陵人。官至四川按察司副使。嘉谟与好友王时槐皆以阐明良知之说为己任。

②贺泾：庐陵人。

②王时槐(1507—1605)：字子植，号塘南，安福人。嘉靖二十六年(1547 年)进士，官至陕西参政。万历二十年(1592 年)，吉安知府汪可受重建白鹭洲书院，聘其与邹元标为书院主讲。

③贺沚：字汝定，庐陵人。隆庆四年(1570 年)举人。官至苏州府同知。

③刘日升：字扶生，庐陵人。万历八年(1580 年)庚辰科进士，选福州司理。终官应天府尹。乾隆《福州府志·名宦》有传，谓其"摘发如神"，善断狱。

③康时升：衡山人。明万历十四年(1588 年)举人，知惠来县。

③聂尚恒：字惟贞，号久吾，清江人。少时入赘新淦县李姓，解任回乡后，方复聂姓。明万历十年(1582 年)举人，官至宁化县令。按，聂尚恒同时还是一位医学家，有不少中医著作传世。清人朱纯嘏评："聂尚恒以乡进士出任宁化县令，卓有政声。惜当时以儒臣显，不列名医林。"

③钱一本：生平待考。

刘岘：万安人。

刘晓：字伯光，号梅源，安福人。邦采族子。举人，新宁知县。

刘阳(1496—1574)：字一舒，号三五、三峰，安福人。嘉靖四年(1525 年)举人，官至福建道御史。少时受业于彭簪、刘晓，后至虔台拜入阳明门下。《国朝献徵录》卷六五有王时槐《御史刘先生阳传》。

②李挺：字一吾，安福人。

③李道卿：安福人。

②刘元卿：字调父，号泸潇，安福人。

刘寅：字敬甫，潜江人。嘉靖举人，山东道御史。

刘宰:字彦卿,大庾人。领嘉靖元年(1522年)乡荐。刘宰与刘鲁为同乡好友,并一起赶赴赣州,拜入王阳明门下。

刘肇衮:字内重,号石峰,安福人。阳明在虔台时师事之。《安福县志·儒林》有传。

刘中虚:万安人。

刘子和:生平待考。

刘樽:生平待考。

卢可久:字德卿,号一松,永康人。不仕,讲学五峰书院。

②杜惟熙:字子光,号见山,东阳人。《明儒学案》有传,谓其"年十七,即北面一松之门。……复至五峰,尽其道。"

③陈时芳:字仲新,号春洲,东阳人。

③陈正道:字诚源,东阳人。《明史·儒林传》谓其为"建安训导,年八十余,犹徒步赴五峰讲会。其门人吕一龙,永康人,言动不苟,学者咸宗之。"

②金万选:生平待考。

卢义之:余姚人。

陆鳌:苏州人。官至光禄卿。

陆澄:字原静,又字清伯,归安人。正德十二年(1517年)进士,刑部主事。

陆光祖:字与绳,号五台,平湖人。嘉靖进士,吏部尚书,谥庄简。

陆鸣时:新安人。

路迎(1483—1562):字宾旸(一作阳),号旸叔,汶上人。明正德三年(1508年)进士。初任南京兵部主事,旋迁入郎中。后转任襄阳、松江、淮安知府等,官至兵部尚书。

栾惠:字子仁,浙江西安人。讲学以终。

伦以谅:字彦周,伦彦式之弟。进士。阳明《答伦彦式书》:"令弟过省,复承惠教,志道之笃,趋向之正,勤惓有加。"过庭训《本朝分省人物考》卷一百十一有传。

伦以训:字彦式。正德十二年(1517年)丁丑科榜眼。《阳明年谱》："先是伦彦式以训,尝过虔中问学,是月遣其弟以谅遗书问。"过庭训《本朝分省人物考》卷一百十一有传。

罗洪先(1504—1564):字达夫,号念庵,谥号文恭,吉水人。嘉靖八年(1529年)状元,左春坊左赞善。按,罗洪先未拜阳明为师。据《明儒学案》:钱绪山曰:"子于师门不称门生,而称后学者,以师存日未得及门委贽也。子谓古今门人之称,其义止于及门委贽乎?子年十四时,欲见师于赣,父母不听,则及门者其素志也。今学其学者,三纪于兹矣,非徒得其门,所谓升堂入室者,子且无歉焉,于门人乎何有?"《阳明年谱》中改称门人,绪山、龙溪证之也。

②方一凤:字瑞甫,号丹山,黄陂人。

②郭春渠:字以寿,万安人。

②胡夷简:字近道,会昌人。以贡生授嘉善主簿,当事荐其廉能,迁长乐县知县。后升宾州知州,不赴。既归,日率其子弟与乡士大夫讲学不倦。

②乐文解:字廷冠,沙县人。

②李楷:字邦正,吉水人。由举人授汤溪知县。《明史》卷二○三有小传。

②凌儒:字真卿,号海楼,泰州人。嘉靖三十二年(1553年)进士。凌儒初为王艮门人林春弟子,据罗洪先《念庵文集》卷八《别凌海楼语》:"明年,会于玄潭,以事东城者事予","海楼以予一日之年,屈身而事之",知凌儒在任永丰知县期间,又师事罗洪先。聂豹有《赠邑侯凌海楼入觐序》,极称其政绩、为人。

②罗沨:字士雅,吉水人。太学生。据聂豹《处士罗秋湖》墓志铭,"其尝师予友念庵罗先生"。

②丘原高(因避圣讳,或作"邱原高"):字时让,漳浦人。据康熙《漳浦县志》:"丘原高……闻安成邹守益、吉水罗念庵讲学江西,徒步从之。刻志苦思,屡空自如。邹、罗二公深许之,有悟而归。"

②瞿九思:字睿夫,号慕川,黄冈人。

②万廷言：字以忠，号思默，南昌人。嘉靖四十年(1561 年)进士。《明儒学案》有传，谓"念菴之学得先生而传"。

②王事圣：字忠卿，南康人。领嘉靖三十四年(1556 年)乡荐，由武康教谕擢知华阳县，后移苏州同知。又擢守镇江，再调黎平，为嫉妒者所谗，罢归。

②王暹：王芙山之子，少孤，奉叔父王玉之命，先后师从刘烛、周子恭、谢体升、罗洪先学。据聂豹《修斋王君墓志铭》。

②尹辙：吉水人。

②曾于乾(1520—1562)：字思健，号月塘，泰和人。

②詹驭：字三畏，黄冈人。

②张秩：字以敬，安福人。张鳌山次子。据邹守益《张石磐字二子说》、《安福县志·儒林》。

②章潢(1527—1608)：字本清，南昌人。《明儒学案》称其"与万思默同业举，已而同问学。"

②赵弼：吉水人。

②周寀：字济甫，安福人。嘉靖四十一年(1562 年)进士。万历十七年(1589 年)任福建巡抚、右佥都御史，次年升漕运兵部右侍郎兼佥都御史。

骆骥：诸暨人，进士。

吕光洵：号信卿，新昌人。工部尚书。

吕畸：生平待考。

吕抒：秀水人，举人。

吕拙先：零都人。

M

马明衡：字子莘(《阳明年谱》谓字"子莘")，莆田人。正德十二年(1517 年)进士，御史。《明史》有传，谓"闽中学者率以蔡清为宗，至明衡独受业于王守仁。闽中有王氏学，自明衡始。"

毛宪：字式之，号古庵。正德进士，给事中。

梅守德(1510－1577)：字纯甫，号宛溪，宣城人。嘉靖二十年(1541 年)进士，官至云南左参政。其守绍兴时重修阳明讲堂，延龙溪主之。

孟津：字伯通，滁州人。孟源弟。举人，官至宝庆府同知。《重修安徽通志》卷二百有传。据《邹守益集》卷七《阳明先生书院记》："阳明先生官滁阳，学者自远而至，时孟友源伯生偕弟津伯通，预切磋焉。"

孟源：字伯生，滁州人。助教。《传习录》中载其问语。

穆孔晖(1479—1539)：字伯潜，号玄庵，谥号文简，堂邑人。弘治十八年(1505 年)进士，太常寺卿。

穆元晖：堂邑人。弘治进士。

N

南大吉(1487—1541)：字元善，号瑞泉，渭南人。正德六年(1511 年)进士，绍兴知府，后以讲学终。

南逢吉：字元真，渭南人。举人。

聂豹(1487—1563)：字文蔚，号双江，谥号贞襄，永丰人。正德十二年进士，兵部尚书。按，聂豹受学于阳明，而未拜师。据《明儒学案》：阳明既殁，聂豹称："昔之未称门生者，冀再见耳，今不可得矣。"于是设位，北面再拜，始称门生。以钱绪山为证，刻两书于石，以识之。

②陈庆：永丰人。嘉靖二十九年(1550 年)庚戌科进士，历官行人司行人、给事黄门。奉父陈鹗遗命，随聂豹问学，又卒业于邹守益之门。据聂豹《朴庵陈公配刘孺人墓志铭》。

②陈唐甫：字弘之，别号西川，永丰人。贡生，历官镇江府经历、蓝山县知县等。与聂豹相交五十年，而师事聂豹，聂豹谓之为"师友之间"，而"讲授经义、批抹文字，予固以师道自处"。据聂豹《奉直大夫西川陈公墓志铭》。

②戴经：字伯常，号楚望，德清人。嘉靖中官锦衣卫，聂豹以兵

书被系入狱,戴经受书于狱中。撰《燕居答述》,记录聂豹教诲之语,与《困辨录》所载多有重复。丁宿章《湖北诗征传略》卷二十五有小传。

②宋仪望:字望之,永丰人。学于聂豹,又从邹守益、欧阳德、罗洪先游。守仁从祀,仪望有力焉。

②徐阶(1503—1583):字子升,号少湖、存斋,谥号文贞,华亭人。嘉靖二年(1523年)进士,官至内阁首辅。《明史》有传。

O

欧阳德(1496—1554):字崇一,号南野,谥号文庄,泰和人。嘉靖二年(1523年)进士,礼部尚书。本书列专章陈述其生平、思想、著作版本,可参看。

②敖铣:高安人。

②贡安国:字玄略,号受轩,宣城人。贡生。《明儒学案》谓其"师南野、龙溪",故亦不妨视为王畿之弟子。聂豹《赠贡玄略升湖口学谕序》称其"尝受学于邹东廓、欧阳南野、王龙溪之门,然其晚年自得,则有不由师传者多矣"。

②何祥:号克斋,内江人。《明儒学案》将其列入泰州学案,而云:"初事南野于太学,大洲(赵贞吉)谓之曰:'如南野,汝当执贽专拜为师可也。'先生如其言,南野笑曰:'予官太学即师也,便更以贽为?'先生谓:'太学生徒众矣,非此不足以见亲切也。'南野乃受之。凡南野、大洲一言一动,先生必籍记之,以为学的。京师讲会,有拈识仁定性者,先生作为讲义,皆以良知之旨通之。"按此,则何祥虽受泰州学派之赵贞吉教诲颇多,但实当归入欧阳德门下。

②胡直(1517—1585):旧字宜举,改字正甫,号庐山,泰和人。嘉靖中进士,官至福建按察使。按,《明儒学案》有传,谓其"年二十六,始从欧阳文庄问学……年三十复从学罗文恭。"《明史》亦称其"师欧阳德、罗洪先,得王守仁之传。"则胡直可视为

欧阳、罗二家之共同弟子。

　　③邹元标(1551—1624)：字尔瞻，号南皋，谥号中介，吉水人。万历五年(1577 年)进士。《明史》有传谓"元标弱冠从直游，即有志为学。"

②沈宠：字思畏，号古林。宣城人。嘉靖十六年(1537 年)举人。官至广西参议。按，《明儒学案》有传，谓其"师事受轩……又师南野、龙溪。"则沈宠实兼师贡安国、欧阳德、王畿三人。贡安国之学亦承自欧阳德，故将其归入南野门下。

②汤宾(1524—1585)：字继寅，号交川，南皮人。嘉靖二十九年(1550 年)进士，官至郧阳巡抚、右副都御史。

②王宗沐(1523—1591)：字新甫。号敬所，临海人。《明儒学案》谓其"师事欧阳德，少从二氏而入"，又谓其辩儒佛之分"将无犹是释氏之见乎！"按，今《南野先生文集》初刻本卷前有王宗沐序，称"先师欧阳南野先生"，可佐证之。

②萧廪(1523—1587)：字可发，号兑嵎，万安人。嘉靖四十四年(1565 年)进士，官至兵部右侍郎。师事欧阳德、邹守益。《明史》卷二二七有传。《国朝献徵录》卷四一有陆可教《兵部右侍郎赠尚书兑嵎萧公廪墓志铭》。

②薛应旗(1500—1575)：字仲常，号方山，武进人。师事欧阳德，因将王畿置于察典，被认为是逢迎首辅夏言，因而"一时诸儒，不许其名王氏学"。《明儒学案》为其辩解，认为"其实龙溪言行不掩，先生盖借龙溪以正学术也"。《四库提要·方山文录》称："其学初出于邵宝，后从泰和欧阳德。德，姚江派也。又从高陵吕柟。柟，河东派也。故所见出入朱、陆之间，然先入为主，宗良知者居多。"

　　③顾宪成(1550—1612)：字叔时，号泾阳，谥号端文，无锡人。万历八年(1580 年)进士。因创办东林书院而被尊称"东林先生"。按，顾宪成虽受学于薛应旗，但晚年力辟阳明学说，其宗旨已由阳明学转向朱子学。

③顾允成(1554—1607)：字季时，号泾凡，无锡人。顾宪成之弟，"东林八君子"之一。

③薛敷教：应旗孙。

②游震得：字汝浅，号让溪、蛟漳，婺源人。嘉靖十七年(1538年)进士，官至福建巡抚。曾师事曾忭、欧阳德。过庭训《本朝分省人物考》卷三十六有传。《四库全书总目提要》称其"少与欧阳德、邹守益诸人游，故颇讲姚江之学，然《与王畿书》多所表正，犹异于末派之狂禅。"

②张雨：字惟时，万安人。嘉靖十七年(1538年)进士，历任清丰知县、云南监察御史等职。张雨奉父张天锡(初名龙，后名士优，字天锡，以字行)之命，从欧阳德问学，遂与闻良知之学。据聂豹《敕封文林郎、云南道监察御史张公墓志铭》。

②卓邦清：字若泉，福清人。

欧阳塾：泰和人。工部侍郎。

欧阳巽之：生平待考。

欧阳昱：按，明嘉靖四十三年(1564年)，敕命府丞郭汝霖、通判欧阳昱等人监筑张家湾城。

欧阳瑜：字汝重，号三溪，安福人。嘉靖七年(1528年)举人，官至四川参议。《续修安福令欧阳公通谱·理学传》、《安福县志·儒林》有传。按，南宁市青秀山上有阳明洞，石壁上镌有"阳明先生过化之地"，落款为"大明嘉靖四十年闰五月吉日左江兵备佥事门生欧阳瑜"。

P

潘仿：字景哲，河南洛阳人。明正德六年(1511年)进士。嘉靖四年(1525年)，潘仿与万潮在杭州城南拓新万松书院，王阳明特撰写《万松书院记》。

潘鸣时：字征求，海澄人。李清馥《闽中理学渊源考》卷八十二有传，谓"读书龙岭岩，得王文成《传习录》读之，遂负箧吴会，谒王龙溪畿、钱绪山德洪。归来,自以为有得也。"按此,则鸣时并未亲得阳明传授,应视为私淑弟子。

②苏攀:生平待考。

②吴道濂:生平待考。

②吴一沛:字学时,龙溪人。据《漳州府志》卷五十《纪遗》下载:"吴一沛倡芝山讲会,闻(陈)第名,延为山长。"

潘颖:海宁人。嘉靖进士,主事。

庞嵩:字振卿,南海人。嘉靖举人,曲靖知府。

彭一之:按,《江西通志》正德八年乡试榜有"彭一之",注云"安福人",疑即此人。

彭簪(1478—1550):字世望,号石屋山人,安城人。正德二年(1507年)举人,官至衡山知县。《安福县志·儒林》有传。

Q

齐升:生平待考。

戚畹:永州人。户科给事中。

戚贤(1492—1553):字秀夫,号南玄、南山,全椒人。嘉靖五年(1526年)进士,官至刑科都给事中。《明史》有传。

钱翀:生平待考。

钱大经:德洪侄,余姚人。嘉靖十年(1531年)举人。

钱德洪(1496—1574):原名宽,字德洪,后以字行,改字洪甫,号绪山,余姚人。嘉靖十一年(1532年)进士,刑部员外郎。后以讲学终。《龙溪王先生全集》卷二十载《刑部陕西司员外郎特诏进阶朝列大夫致仕绪山钱君行状》。

②程大宾:字汝见,号心泉,歙县人。官至贵州参政。

②杜质:字惟诚,太平人。

②王守胜:字以敬,德兴人。

②吴林:字用茂,歙县人。

②萧良干:字以宁,号拙斋。《明儒学案》谓其"师绪山、龙溪",

故亦不妨视为王畿之弟子。

②徐用俭：字克贤，号鲁源，金华兰溪人。嘉靖四十一年（1562年）进士。《明儒学案·浙中王门》有传。

③罗大纮：字公廓，号匡湖，吉之安福人。万历十四年（1586年）进士。《明儒学案·江右王门》有传。

②查铎：字子警，号毅斋，泾县人。嘉靖四十五年（1566年）进士。《明史》有传，谓其"缮水西书院，讲王畿、钱德洪之学，后进多归之。"则其或兼取王、钱二家之学。

③萧彦：字思学，号念渠，谥号定肃，泾县人。隆庆五年（1571年）进士，官至户部侍郎。《明史》有传，谓其"从同县查铎学，有志行"。

钱德周：德洪弟，余姚人。

钱君泽：字世思。

钱楩：字世材，又字八山，号立斋、云藏，山阴人。嘉靖五年（1536年）进士，官至刑部郎中。后弃官归里，在秦望山半岩修道，再由道入禅。按，钱楩早年曾学于阳明，后归入季本门下。据徐渭《师长沙公行状》："钱君楩，始以文章、老、释自高于世，终亦舍所集而就业于先生焉。"

钱应扬：字俊民，德洪侄，余姚人。嘉靖十四年（1535年）进士，广东巡按。

钱应元：德洪侄，余姚人。

钱仲实：德洪弟，余姚人。嘉靖二十二年（1543年）举人。

钱祚诏：生平待考。

秦鞬：生平待考。

秦金（1467—1544）：字国声，无锡人。弘治六年（1493年）进士，南京兵部尚书，谥端敏。

秦汝南：德清人。吏部侍郎。

裘衍：字汝忠，号鲁江，新建人。正德十一年（1516年）举人，官至南京工部郎中。受学于阳明巡抚南赣时。万历《南昌府志·人物》

有传。

R

饶文璧:临川人。举人。

阮鹗:字应荐,桐城人。嘉靖进士,右都御史,巡抚。

S

沈炼(1506—1557):字纯甫,号青霞,谥号忠愍,会稽人。嘉靖十七年(1538 年)进士,锦衣卫经历。《明史》有传。

沈学:山阴人。知县。

石简:字廉伯,号玉溪,宁海人。嘉靖二年(1523 年)进士,官至云南巡抚。《国朝献征录》卷六十二有章诏《都察院右都御使石公简行状》。

史际:溧阳人,吏部主事。

舒柏:字国用,江西靖安县人。正德举人,任歙县右训导,后为梧州府同知。曾先后主管紫阳、梧山、岭表等书院,两广人士多游学于此。因随从王文成平田洲之乱有功,升南京刑部员外郎,未到任,即改任两浙盐运司运同。不久改任南宁知府。

舒芬(1484—1527):字国裳(一作"国昌"),号梓溪,谥号文节,进贤人。正德十二年(1517 年)状元,翰林院修撰。

孙瑚:《阳明年谱》载其于正德七年(1512 年)受业于阳明。

孙景时:字成叔,杭州人。正德十一年(1516 年)举人,长洲县教谕。《浙江通志·儒林》有传。

孙升(1501—1560):字志高,号季泉,谥号文恪,余姚人。都御史孙燧幼子。嘉靖十四年(1535 年)榜眼,南京礼部尚书。

孙玙:一作"孙吴"。据阳明《寄梁郡伯手札》:"有庠生孙吴、魏廷霖者,门生也,未审曾有进谒者否?"

孙应奎:字文卿,号蒙泉,余姚人。嘉靖八年(1529 年)进士,右副都御使。

T

汤啈:字伯元,贵州宣慰司人,正德十六年(1521 年)进士,官至潮州知府。阳明谪龙场时,汤啈师事之,属早期弟子。过庭训《本朝分省人物考》卷一百十五有传。

唐鹏:《阳明年谱》载其于正德七年(1512 年)受业于阳明。

唐汝礼:据《阳明年谱》,唐汝礼与赵时崇、赵志皋等为兰西会,与天真远近相应,往来讲会不辍。

唐枢:字唯中,归安人。师事湛若水,而私淑阳明。《明儒学案》称其对湛、王二家之学"两存而精究之,卒标'讨真心'三字为的。"

唐顺之(1507—1560):字应德,号荆川,谥号襄文,武进人。私淑弟子。嘉靖八年(1529 年)会试第一,《明儒学案》有传,且称其"于龙溪只少一拜",则亦可视其为王畿之不记名弟子。

②姜宝(1514—1593):字廷善,号凤阿,丹阳人。嘉靖三十二年(1553 年)进士,官至礼部尚书。

③姜士昌:丹阳人。姜宝子。

②唐鹤徵:字元卿,号凝庵,武进人。唐顺之子。

③孙慎行:鹤徵甥,武进人。谥号文介。

②万士和:字思节,号履庵,宜兴人。年七十一岁。

②杨希淳:字道南,应天人。

唐尧臣:字士良,南昌人。少事阳明讲学,有才名。嘉靖乡举,授湖州府通判。官至浙江按察金事。《阳明先生别录》十卷,明嘉靖三十七年(1558 年)新安胡宗宪刻本,卷首有门人唐尧臣序。

唐翊:新淦人。

唐愈贤(《阳明年谱》作"唐俞贤"):字子充,号万阳,沅陵人。嘉靖五年(1526 年)进士,初任宁海知县,后为广东御史。康熙《沅陵县志》称其"闻阳明之学,往从之。既归,充然有得,修业桃溪山中。"

田鼇:字蒙泉,滁州人。官至汝宁府教授。《(光绪)重修安徽通志》卷二百二十一转引《滁州志》,称其为"守仁弟子"。

童世坚:字克刚,连城人。

W

万表:字民望,号九沙山人、鹿园居士,鄞县人。

万潮:字汝信,进贤人。正德六年(1511年)进士,右副都御史。

万世芳:生平待考。

万廷芳:生平待考。

万虞恺:字懋卿,号枫潭,南昌人。嘉靖十七年(1538年)进士。按,虞恺为罗洪先门人万廷言之父,少曾受业于王守仁。后于正学书院与张元冲、罗洪先、邹守益、黄弘纲等人讲论阳明学。

汪进之:生平待考。

汪汝成:生平待考。

汪原铭:贵州宣慰司人。

汪洙:生平待考。

汪□:字景颜。

王襞(1511—1587):字宗顺,号东崖。王艮子。按,王襞九岁即随父王艮谒王守仁,从学十余年。后又师事王畿、钱德洪,并随父讲学于淮南。父死,继父讲席,往来各地。因其曾亲得阳明指授,故归入阳明亲传弟子。

王臣(1493—1552):字公弼,号瑶湖,南昌人。嘉靖二年(1523年)癸未科进士。官至泰州太守,曾聘王艮为安定书院主讲。《邹守益集》卷二一有《广西参议瑶湖王君墓志铭》。

王大用:江西人,布政使。

王道(1487—1547):字纯甫,号顺渠,谥号文定,武城人。正德六年(1511年)辛未科进士。嘉靖《武城县志》有传,谓其"性恬淡夷旷,慕邵雍、司马光,而笃志力行实允蹈之。嘉靖间迁南监祭酒,经义德行各有学程。士类翕然宗之。"按,《明儒学案》载:"阳明言其'自以为是,无求益之心',其后趋向果异,不可列之王门。"王道初学于阳明,但对良知学有所怀疑,后受业于湛若水。虽"趋向果异",要之曾为王门弟子,则为一不争之事实。

王艮(1483—1541):字汝止,号心斋,泰州人。王艮虽为阳明弟子,但亦开创泰州学派,故《明儒学案》于王门学案外单列之。

②其门人单列,可参考附录二《王艮门人弟子名录及配享列传》。

王贵:字道充。清江人。

王皞:字天民,号潜潭,安福人。嘉靖元年(1522 年)举人。《安福县志·宦绩》有传。

王虎谷:生平待考。

王激:生平待考。

王玑(1487—1563):字在叔,晚号在庵,西安人。嘉靖八年(1529 年)进士。《龙溪先生全集》卷二十有《中宪大夫都察院右佥都御使在庵王公墓表》。

王畿(1498—1583):字汝中,号龙溪,山阴人。嘉靖十一年(1532 年)进士。本书列单章论述其生平思想。

②邓以赞(1542—1599):字汝德,号定宇,谥号文洁,新建人。隆庆五年(1571 年)进士。《明儒学案》有传,谓其"私淑阳明之门人,龙溪、阳和其最也。"阳和亦为龙溪门人,故将其列为王畿之私淑弟子。

②戚衮:字补之,号竹坡,宣城人。贡生。《明儒学案》谓其"初及东廓、南野之门,已受业龙溪。"

②汪尚宁(1509—1578):初姓程,字廷德,号周潭,歙县人。嘉靖八年(1529 年)进士,师事湛若水、王畿。过庭训《本朝分省人物考》卷三十七有传,称其"以副都抚南赣,为祠,祠周濂溪、王阳明,而群诸人士讲学其中"。《王龙溪先生全集》卷三有《周潭汪子晤言》,又据《水西精舍会语》,王畿"示以研幾之旨"。

②张元忭(1538—1588):字子荩,号阳和,山阴人。万历十年(1582 年)以使事至长沙并讲学岳麓书院。

③吴道行(1560—1644)：字见可，善化人。诸生。张元汴主讲岳麓，从之游，得闻良知孝弟之旨。曾任岳麓书院山长。

③曾凤仪：字舜征，号金简，耒阳人。初从学于王万善。

②周汝登(1547—1629)：字继元，号海门，嵊县人。万历五年(1577 年)进士。官至南京尚宝司卿。按，《明儒学案》谓其"供近溪像，节日必祭，事之终身"，并归之于泰州学派。《明史·儒林传》亦从之。而今日之学者，大多倾向于认定其思想属于王畿一脉。今从万斯同《儒林宗派》之例，将其划归王畿门下。

③刘塙：字静主，号冲倩，会稽人。

③陶奭龄(1571—1640)：字君奭，一字公望，号石梁，又号小柴桑老，会稽人。陶望龄之弟，万历三十一年(1603 年)举人。

③陶望龄(1562—1609)：字周望，号石篑，谥号文简，会稽人。万历十七年(1589 年)探花，官至国子监祭酒。

王嘉秀：字实夫，沅陵人。阳明在虎溪讲学时所收弟子，好谈佛道。阳明有《书王嘉秀请益卷》。

工馈：安福人。王铸兄。

王克彰：余姚人。

王昆：生平待考。

王良佩：生平待考。

王良知：生平待考。

王銮：字廷和，大庾人。正德进士，武昌知府。

王梅：安福人。据《邹守益集·著节亭记》："(王梅母)孀居三十年……抚梅而教之，补邑庠生，使从阳明先师以学。梅服其教，事之如所生。"

王鸣凤：号梧冈，大姚人。官至四川峨眉县令。《大姚县志·乡贤》有传。王鸣凤为诸生时曾师事阳明，与邹守益等人相交往。又，《重镌心斋王先生全集》将其列入《奠轴纪遗门人》，云"字号失纪"。

王念伟：生平待考。

王钦：字子懋，号柳川，安成人。《明儒学案》谓其"始受学梅源、东廓，既学于文成。"

王汝德：字性甫，滁阳人。

王时柯：字敷英，万安人。正德十二年（1517 年）进士，御史。

王世臣：贵州宣慰司人。

王守俭：阳明弟。

王守文：阳明弟。

王守章：阳明弟。

王舜鹏：字希元，万安人。以岁贡授益阳训导、沂水教谕。尝受学阳明，以其说与乡士大夫、诸博士弟子相证悟砥砺于云兴书院。据《（万历）吉安府志》。

王舜韶：万安人。

王思（1481—1524）：字宜学，号改斋，泰和人。明朝吏部尚书王直曾孙。正德六年（1511 年）登进士。按，据《明史》卷一百九十二："王守仁讲学赣州，思从之游。及守仁讨宸濠，檄思赞军议。"又据邹守益《改斋王君墓志铭》："（王思）与甘泉湛公切磋所谓动静两忘者，将融而一之，以究大业。"则王思之治学，当杂取于王、湛二家。

王天宇：生平待考。

王潼：字本澄，钱塘人。据《钱塘县志》："王阳明讲道箕山，负笈从游。"

王惟贤：生平待考。

王杏：奉化人，进士。

王修：生平待考。

王学贤：安福人，工部侍郎。

王学益（？—1561）：字虞卿，号大廓，安福县人，嘉靖八年（1529 年）进士。

王仰（1495—1533）：字孔桥，安福人。正德十五年（1520 年）师侍阳明，卒业于邹守益。《邹守益集》有《王孔桥墓志铭》。

王钊：字子懋，号柳川，安福人。按，《明儒学案》有小传，而谓王钊为安成人。安成实为安福古称，明代实无此县名。王钊受学于阳明，卒业于邹守益，《安福县志·儒林》有传。

王一为：惠州人。

王舆庵：生平待考。

王与槐：生平待考。

王元章：生平待考。

王云野：曾任宿州学正。聂豹有《赠王学正云野之宿迁序》，提及王云野为阳明高弟，并与其友青田令李邦正，时常拜访聂豹探究良知之学。

王贞善（1491—1558）：字如性，号自斋，泰和人。嘉靖七年（1528年）举人，官至海阳知县。从学阳明于虔台。《邹守益集》卷二一有《海阳令自斋王君墓志铭》。

王正思：阳明侄，余姚人。嘉靖八年（1529年）进士，建宁知府。

王正宪：阳明义子。

王正心：阳明侄，余姚人。

王之弼：诸生。

王之京：诸生。

王直：生平待考。

王洙：字一江，临海人。正德进士。

王铸：字子成，安福人。王钊弟。据《安福县志·儒林》："王铸，字子成，南乡金田人……与兄钊、镜师事王守仁，卒业于邹守益。"

魏价：生平待考。

魏良弼（1492—1575）：字师说，号水洲，谥号忠简，新建人。嘉靖二年（1523年）进士，官至太常寺少卿。

魏良贵：字师孟，新建人。良弼弟。嘉靖十四年（1535年）进士，官至右副都御史。

魏良器（1502—1544）：字师颜，号药湖，新建人。良政弟。主讲白鹿洞书院，四十二岁卒。

魏良孺：南康人。给事中。

魏良政：字师伊，新建人。良弼弟，中嘉靖四年（1525 年）解元后卒。

魏廷豹：据阳明《寄正宪男手墨二卷》："凡百家事及大小童仆，皆须听魏廷豹断决而行。"按此，则阳明在外期间，魏廷豹曾代理家务。

魏廷霖：据阳明《寄梁郡伯手札》："有庠生孙吴、魏廷霖者，门生也，未审曾有进谒者否？"

魏庄渠：余姚人。

闻人诠：字邦正，号北江，余姚人。阳明表弟，嘉靖五年（1526 年）进士，河南道御史，六十四岁卒。

闻人言：字邦允，余姚人。阳明表弟。

闻人阍：字邦英，余姚人。闻人诠弟。

翁溥（1502—1557）：字德宏，号梦山，谥号荣靖，诸暨人。嘉靖八年（1529 年）进士，官至南京刑部尚书。

翁万达（1498—1552）：字仁夫，谥号襄毅，揭阳人。嘉靖五年（1526 年）进士，兵部尚书。

吴达：海宁人，太常卿。

吴鹤：苗族，辰州府泸溪人。《乾州厅志·人物·儒行》载："吴鹤，乾州东乡宿儒也。乐道自守，闻王阳明先生讲学虎溪，心羡之，负笈从游，与辰州董道夫诸贤亲炙，得致良知之学。"

吴恺：生平待考。

吴良吉：字亦梁，黄冈人。《湖广通志》云："（吴良吉）闻阳明讲良知学，鬻产得五金，同友往从之。一日争论阳明前，气微厉，阳明以目摄之曰：'汝见盘在杯下，所以能载杯；汝见案在盘下，所以能载盘；汝见地在案下，所以能载案。'吉领其训，退而泣下，嗣是益自励。"

吴伦：按，《明诗综》有吴伦诗二首，注云"字文伯，吴人"，疑即此人。

吴仁：余姚人。嘉靖四年（1525 年）举人。按，吴仁与钱德洪同禀学于阳明。

吴文惠:万安人。

吴子金:字惟良,南昌人。为邑诸生,从阳明学。及阳明归越,子金与魏良政徒步往,从之三年,充然有得而归。嘉靖四年(1525年),同良政登乡举。《(万历)新修南昌府志》卷十九有小传。

②陈源:受学于吴子金,后师安福刘邦采而友南城罗汝芳,造诣益进。

X

席书(1461—1527):字文同,号元山,遂宁人。《阳明年谱》:"始,席元山书提督学院,问朱陆同异之辨。先生不语朱陆之学而告之以其所悟。书……遂与毛宪副修葺书院,身率贵阳诸生以所事师礼事之。"

袭衍:生平待考。

夏淳:字惟初,号复吾,余姚人。嘉靖七年(1528年)举人,卒官思明府同知。

夏敦夫:生平待考。

夏良胜:字于中,南城人。正德进士,吏部考功员外郎。

夏廷美:生平待考。

向子佩:贵州宣慰司人。

萧惠:阳明弟子,《传习录》谓其"好谈仙佛"。

萧鸣凤(1488—1572):字子雍,号静庵,山阴人。徐渭表姐夫,徐阶为其门生。正德九年(1514年)进士,广东学政。少时从王阳明游,《阳明年谱》载其于正德七年受业于阳明。

萧琦:生平待考。

萧璆:湖广人。

谢魁:字文杓,兴国人。选贡入太学,历任赣县县令、广东乐昌县令等职,后辞官归里,潜心阳明学。著有《南雍语录》。

徐爱(1487—1517):字曰仁,号横山,余姚之马堰人。正德三年(1508年)进士,曾任祁州知州、南京兵部员外郎、南京工部郎中等职务。《明儒学案·浙中王门》有传。按：徐爱为海日公王华之婿，即阳明妹婿。

徐成之：余姚人。

徐九皋：余姚人。嘉靖八年（1529 年）进士，贵州副使。

徐潞：生平待考。

徐霈：字孔霖，号蕙溪，江山人。嘉靖进士，广东布政使。

徐珊（1487—1548）：字汝佩，号三溪，余姚人。嘉靖元年（1522年）举人，辰州同知。

徐天民：诸生。

徐惟缉：诸生。

徐沂：字希曾，永康人。弘治进士，广东副使。

徐樾：字子直，号波石，贵溪人。按，《明儒学案》谓其"得事阳明，继而卒业心斋之门"，故徐樾亦可视为王艮之弟子。

　　②张后觉（1503—1580）：字志仁，号弘山，茌平人。早年受业于颜中溪、徐波石。后以取友未广，北走京师，南游江左，务以亲贤讲学为事。邹善、罗汝芳官东郡，曾为其建愿学、见大两书院作为讲席。

　　　　③孟秋：字子成，号我疆，茌平人。《明儒学案》称其"闻邑人张弘山讲学，即往从之"。

　　　　③赵维新：学者称素衷先生，茌平人。年二十从张后觉学良知之学，辑师生问答成《弘山教言》。

徐允恭：字子安，余姚人。守孝不仕。

徐祯卿（1479—1511）：字昌国，吴县人，弘治十八年（1505 年）进士，国子博士。

许台仲：生平待考。

许相卿（1479—1557）：字台仲，又字伯台，号云村、九杞。本为海宁人，因喜海盐紫云村山水胜地，徙家居村南茶磨山。《续澉水志·隐逸》有许相卿传，谓其"以诸籍乞隶海盐鲍郎场，得允，遂为澉浦人"。正德十二年（1517 年）进士，兵科给事中。

玄默:生平待考。

薛甲:字应登,号畏斋,江阴人。

薛俊(1474—1534):字尚节(一作尚哲),揭阳人。薛侃兄。弘治乡荐,国子学正。

薛侃(1486—1545):字尚谦,号中离,揭阳人。薛俊弟。正德十二年(1517 年)进士,行人司正,后以讲学终。《明史》卷二零七有传。《国朝献徵录》卷八一有黄佐《行人司司正薛侃传》。

②沈谧(1501—1553):字靖夫,号石云,秀水人。嘉靖八年(1529 年)进士。据《阳明年谱》:"谧初读《传习录》,有悟师学,即期执贽请见,师征思、田,弗遂。及闻讣,追悼不已。后为行人,闻薛子侃讲学京师,乃叹曰:'师虽没,天下传其道者尚有人也。'遂拜薛子,率同志王爱等数十人讲学于其中,置田若干亩以赡诸生。……谧起金江西,为师遍立南赣诸祠。"《江西通志》卷一七五《儒林》有传。

②王爱:与沈谧同学于薛侃。

②叶时:字允中,归善人。曾迎请薛侃讲学于惠州西湖永福寺。

②周坦:号谦斋,罗浮人。什为县令。

薛侨:字尚诚,揭阳人。薛侃弟。嘉靖二年(1523 年)进士,工部郎中。

薛尚贤:潮州人,正德进士,国子助教。

薛献夫:生平待考。

薛宗铠(? —1535):字子修,揭阳人。薛俊长子。嘉靖二年(1523 年)进士,户科给事中。

薛宗铨:揭阳人。薛俊次子。

Y

颜钥:生平待考。

严中:余姚人。

杨东明:字启昧,号晋庵,别号惜阴居士。官至刑部右侍郎。

杨骥:字仕德,南海人。

杨珂:字汝鸣,号秘图,余姚人。据《(万历)绍兴府志》:杨珂从王文成讲学,不以科举为事。擅书法,与徐渭齐名。

杨鸾:字仕鸣,又字少默,号玉林、复斋,南海人。杨骥弟。正德十一年(1516年)与兄同中举人。杨鸾师事陈明德,并同往增城听湛若水讲学。正德十五年(1520年)得见阳明,面教有领悟。

杨茂:泰和人。聋哑,以书字问学。

杨名:字实卿,号芳洲,四川遂宁人。嘉靖八年(1529年)探花。中允。

杨汝荣:湖广人。按,《江南通志》载杨汝荣,注云:"当涂人,举茂才,官都督府都事",疑即此人。

杨柯:生平待考。

杨绍芳:字伯传,应城人。嘉靖初知上虞,后擢御史。

杨仕德:名骥,潮州人。《明儒学案》谓其"初从甘泉游,卒业于阳明"。

杨仕鸣:骥弟,与兄同学于阳明。

杨思元:广人。

杨豫孙,字幼殷,华亭人。

杨柱:生平待考。

阳克慎:生平待考。

姚汝循:字叙卿,号凤麓,南京人。

叶锴:生平待考。

叶鸣:字允叙,余姚人。恩封工科给事中。

叶溥:处州龙泉人。大名知府。

叶梧:生平待考。

叶子苍:贵州宣慰司人。

易辅之:贵州宣慰司人。

易宽:字栗夫,安福人。嘉靖十四年(1535年)进士,官至提学副使。易宽初学于阳明,后师事邹守益。《安福县志·宦绩》有传。

尹一仁:字任之,号湖山,安福人。嘉靖七年(1528 年)举人,官至归德知府。《安福县志·儒林》有传。

应大桂:行人。

应典:字天彝,号石门,永康人,正德九年(1514 年)进士,历任兵部职方司主事、车驾司主事、承德郎、尚宝寺丞等职。按,《明儒学案》称其"初谒章懋于兰江,奋然有担负斯道之志。后介黄崇明见王守仁于稽山,授以致良知之学。归而讲学五峰书院。"应典曾创建丽泽祠于寿山,汇集诸生讲学。

应良:字元忠(一作原忠),仙居人。正德六年(1511 年)进士,山西副使。《明史·儒林》有小传,谓"守仁在吏部,(应)良学焉。"

②李一瀚(1505—1567):字源甫,号景山,仙居人。嘉靖十七年(1538 年)进士。一瀚为应良门人兼侄婿。光绪《仙居县志》卷一一有吴时来《明左副都御使景山李公墓表》。

应佐:生平待考。

俞大本:号思斋,余姚人。嘉靖四年(1525 年)举人。按,俞大本与钱德洪为姻亲。据《阳明年谱》,俞大本在钱德洪的带领下,正德十六年(1521 年)九月受学于阳明。

俞庆:字子有,信丰人。领正德五年(1510 年)乡举,游太学,寻没。阳明哭之曰:"呜呼,庆也! 欲寡其过而未能,盖骎骎焉有志而未睹其成也。"

余恩:生平待考。

余光:江宁人。嘉靖进士,广东巡按御史。

余胤绪:生平待考。

袁邦彦:贵州宣慰司人。

袁庆麟(1455—1520):字德彰,晚号雯峰,雯都人。《王阳明全集》误作"袁梦麟"。《朱子晚年定论》有袁庆麟跋,阳明作有《祭袁德彰文》。

月华:龙南人。赣州府禀生。阳明南赣讲学时所收入室弟子。

阳明欲将龙南县明伦堂迁往另址,更而新之,月华襄助有力焉。

越榛:字文实。据阳明《与王侍御书》:"先遣门人越榛、邹木谢罪。"按,是书载《阳明佚文稽考编年》。

Z

詹良丞:贵州宣慰司人。

章乾:生平待考。

张鳌山:字汝立,号石盘(亦作"石磐")。正德六年(1511年)进士。初师事邹贤及李宗栻,后师事阳明。《罗洪先集》卷二二有《明故文林郎监察御史致仕石盘张君墓志铭》。

张峰:应天府通判。

张瀚:仁和人。

张寰(1486—1561):字允清。归有光撰有《通政使司右参议张公寰墓表》。

张津:字广汉,博罗人。进士,户部右侍郎。

张良才:生平待考。

张时裕:贵州宣慰司人。

张思聪:赣州兵备副使。

张思钦:生平待考。

张崧:号秋渠,安福人。其弟张岩则师事邹守益。《安福县志·儒林》有传。

张元冲(1502—1563):字叔谦,号浮峰。山阴人。嘉靖十七年(1538年)进士,官至右副都御史、江西巡抚,六十二岁卒。刘蕺山《刘子全书》卷二二有《张浮峰先生墓志铭》。

张元相:字思钦,三原人。

张召:生平待考。

赵大河:江阴人。按察使。

赵锦(1516—1591):字元朴,号麟阳,谥号端肃,余姚人。嘉靖二十三年(1544年)进士,兵部尚书。

赵孟立：生平待考。

赵时崇：据《阳明年谱》，赵时崇与唐汝礼、赵志皋等为兰西会，与天真远近相应，往来讲会不辍。

赵文实：生平待考。

赵显荣：生平待考。

赵渊：绍兴人。提学副使。

赵志皋（1521—1601）：字汝迈，号瀔阳，兰溪人。隆庆二年（1568年）进士，从王阳明、钱德洪学。曾两度出任万历朝首辅。

郑骝：字德夫，江山人。进士，嘉靖十二年（1533年）知韶州府，作明经馆，与诸生课业，倡明师学。后升云南按察司副使。据《（同治）韶州府志》。阳明《赠郑德夫归省序》："西安郑德夫将学于阳明子，闻士大夫之议者以为禅学也，复已之。则与江山周以善者，姑就阳明子之门人而考其说，若非禅者也。则又姑与就阳明子，亲听其说焉。盖旬有九日，而后释然于阳明子之学非禅也，始具弟子之礼师事之。"

郑一初（1476—1513）：字朝朔，号紫坡，揭阳人。弘治十八年（1505年）进士，浙江巡按御史。正德六年（1511年）冬应新科进士陈洸所邀拜谒阳明，此年与陈洸同受业于阳明，属首批潮籍及门弟子。

郑寅：余姚人。嘉靖十四年（1535年）进士。按，郑寅与与钱德洪同禀学于阳明。

钟文奎：字应明，新建人。《（万历）新修南昌府志》卷十九有小传。

钟圆：字稚方，兴国人。嘉靖中以贡授江华县令。

周冲：字道通，号静庵，宜兴人。正德五年（1510年）举人。四十七岁卒。《明史·儒林二》称："游王湛之门，由举人授高安训导，至唐府纪善，尝曰'湛之体认天理，即王之致良知也'。与（蒋）信集师说为《新泉问辩录》，两家门人各相非笑，冲为疏通其旨焉。"《明儒学案》谓其"先从阳明，继又从于甘泉"，故亦不妨视为湛若水弟子。《传习录》有门人周仲与阳明问答。

周甸:生平待考。

周浩:生平待考。

周蕙:字迁芳,泰州人。人称小泉先生。

周积:字以善,江山人。南安府推官。

周魁:生平待考。

周麟:生平待考。

周禄:字以道,庐陵人。

周衢:生平待考。

周汝员:吉水人。嘉靖八年(1529 年)进士。嘉靖十六年(1537年)建新建伯祠于越,同年升浙江巡按御史。

周桐:据《阳明年谱》:"(嘉靖)十九年庚子,门人周桐、应典等建书院于寿岩,祀先生。"

　　②程梓:据《阳明年谱》:"(周)桐、(应)典与同门李珙、程文德讲明师旨,嵌岩作室,以居来学。诸生卢可久、程梓等就业者百有余人。"按,未知程梓受业于何人,姑系于周桐门下。

周贤宣:万安人。布政使。

周应损:生平待考。

周莹:字德纯,号宝峰,永康人。不仕,讲学于五峰书院。

周于德:余姚人。

朱篪:字守谐,号拙斋、思斋,山阴人。嘉靖五年(1526 年)进士。按,《何氏重修宗谱序》末题"赐进士出身、北畿监察御史、山阴思斋朱篪撰"。

朱得之:字本思,号近斋,靖江人。江西新城县丞。

朱绂:生平待考。

朱衡(1512—1584):字士南,又字惟平,号镇山,万安人。嘉靖十一年(1532 年)进士,官至工部尚书兼都察院左副都御使。《明史》卷二二三有传。《国朝献徵录》卷五十有于慎行《荣禄大夫太子太保工部尚书镇山朱公行状》。

朱节(1475—1523):字守中,号白浦,山阴人。正德九年(1514

年)进士,官至山东巡按,赠光禄少卿。按,朱节与徐爱与蔡宗充同举乡贡,阳明作《别三子序》以赠之。

朱守全:黄州人。

朱勋:字汝德,号逊泉,滁州人。以贡生授安福训导,掌白鹿洞书院。《重修安徽通志》卷二百二十一有传,称其"受业于王守仁"。

　　②伍思韶(1500—1588):字舜成,号九亭、鸿盘叟,安福人。嘉靖七年(1528年)举人,官至广安州知州。据刘元卿《刘聘君全集》卷八《奉直大夫广安州知州九亭伍公行状》,伍思韶欲往事阳明,"会母朱孺人讣,中道还。"恰逢朱勋任安福训导,遂师事之。

朱蕴奇:生平待考。

朱子礼:诸暨知县。

朱振:生平待考。

朱珠:生平待考。

诸偁:字阳伯,余姚人。阳明妻侄。正德十二年(1517年)进士。按察使。

诸大纲:生平待考。

诸升:字伯生,余姚人。

诸石川:字克彰,号石川,余姚人。阳明妻族叔,听讲就弟子列。

诸守忠:余姚人。

诸训:余姚人。

诸阳:字伯复,余姚人。嘉靖元年(1522年)举人,诸用明次子。

诸用明:阳明妻弟,余姚人。

诸用文:阳明妻弟,余姚人。

祝增:青阳县知县。

曾忭(1498—1568):字汝诚,号前川,泰和人。嘉靖五年(1526年)进士,官至兵科都给事中。按,据《阳明年谱》,曾忭于嘉靖三年至越城从学于阳明。《华阳馆文集》卷一一有宋仪望《明故兵科都给事中前川曾公行状》。

曾才汉:字明溪,号双溪,泰和人。罗洪先弟子曾于乾族叔。进士,曾任茶陵州及太平县令,刊印《遗言录》。

邹宾:生平待考。

邹大绩:字有成,余姚人。尽孝不仕。

邹木:字近仁,贵州宣慰司人。据阳明《与王侍御书》:"先遣门人越榛、邹木谢罪。"按,是书载《阳明佚文稽考编年》。

邹守益(1491—1562):字谦之,号东廓,谥号文庄。安福人。正德六年(1511 年)会魁,官至南京国子监祭酒。

②艾而康:字太冲,平江人。游京师时,从邹守益游,得参性命之旨。

②陈辰:莱州人。父陈宣为广德州同知,遣其从学东廓。邹守益任职广德时,陈辰曾编辑整理其文集初稿。

②程宽:字栗之,建安人。太学生。曾参与编辑《东廓邹先生文集》,卷首题"太学生门人程宽"。《邹守益集》卷十七有《寄建安程栗之上舍》。

②程清:字原静(一作"符静"),祁门人。《邹守益集》有《赠程、郑二生》、《答问图赠程原静》及为其父所作《东塘书屋记》等文。

②邓元锡(1529—1593):字汝极,号潜谷,南城人。私谥文统。嘉靖三十四年(1555 年)举人。按,《明儒学案》谓其"就学于邹东廓、刘三五,得其旨要。"故亦可视其为刘阳之弟子。

②董谋之:董欧子。据《邹守益集》卷三《赠董谋之》:"希永之冢子谋之趋而文学焉。"

②方任:字志伊,号近沙,黄冈人。嘉靖十一年(1532 年)进士。邹守益任南京礼部主客司郎中时期受学于门下。雷礼《国朝列卿纪》卷一百有传。

②傅明应:字国卿,高安人。按,《明儒学案》与《明史》均谓其从学于白沙弟子邓德昌,而康熙《江西通志》谓其"师事邹东廓、罗念庵二先生"。则傅明应或出入于王、湛二家之学。今

从万斯同《儒学宗派》例,归于邹守益门下。

③史桂芳:字景实,号惺堂。豫之鄱阳人。嘉靖三十二年(1553年)进士。《明儒学案》谓其初受教于傅明应,而归于《白沙学案》,然又谓"其后交于近溪、天台",则其虽兼取诸家,而要旨近于阳明之可知。

②郭谏:字本明,益阳人。曾任常德训导。

②贺世采:字义卿,永新人。嘉靖十六年(1537年)举人。与邹善为姻亲。《永新县志·人物志·列传》有传。

②胡良贵:泰和人。《邹守益集》卷五《南冈黄漕胡氏通谱后序》:"嘉靖辛酉春,门生胡钟英、良贵……以求终序之。"

②胡寅守(1499—1548):字化之,号两江,庐陵人。贡生,官至乳源县令。

②胡钟英:泰和人。

②黄国奎:字子聚,庐陵人。黄国用之弟。嘉靖十六年(1537年)举人。据《邹守益集·见大楼铭》:"黄子子聚以其兄义城文宗命,从予而学。与之切磋仁孝宗旨,瞿瞿有省也。"

②黄时康:庐陵人。嘉靖十三年(1534年)举人。黄国用族子。据《邹守益集·庆石屏胡宪伯平徭膺奖序》:"黄郡丞时康尝学于予。"

②李材(1519—1595):字孟诚,号见罗,丰城人。尚书李遂次子。《明史有传》。按,《明史》谓"素从邹守益讲学。自以学未成,乞假归。访唐枢、王畿、钱德洪,与问难。"《明儒学案》单列《止修学案》,称其"学致良知之学,已稍变其说,谓'致知者,致其知体。良知者,发而不加其本体之知,非知体也'。已变为性觉之说。久之喟然曰:'总是鼠迁穴中,未离窠臼也。'于是拈'止修'两字,以为得孔、曾之真传。"

③王任重:字尹卿,晋江人。

③黄克正:字世表,泰宁人。

③蒋时馨:字德夫。

③廖汝恒:衡阳人。

③吕坚:字定夫,旌德人。

②李承重:永新人。其父李俨为邹守益友,故令其从学于受益。据《邹守益集·乡会祝言》。

②廖暹:字曰佳,高安人。嘉靖七年(1528年)举人。据同治《瑞州府志》:"(廖暹)尝从邹东廓先生讲学,先生邀至其家,令诸子北面受经。暹又构西郊书屋延至先生,为筴士发明良知之旨。"邹守益《宁乡县尉澹斋廖君墓表》:"暹尝从予学,及领乡书,犹亟见而切磋焉。"

③廖性之:字道夫。廖暹子。嘉靖四十年(1561年)举人。

②彭沦(1483—1547):字丽川,号鹅溪。嘉靖十三年(1534年)师事邹守益。《邹守益集》有《明故鹅溪彭君丽川墓志铭》。

②王良臣:字汝忠,德兴人。

②王一视:王贞善子,从学于邹守益、罗洪先。

②王一俞:王贞善子,从学于邹守益、罗洪先。

②王贞启:王贞善弟,从学于邹守益。

②王贞誉:王贞善弟,从学于邹守益。

②吴春:字以容,贵溪人。嘉靖十七年(1538年)进士。内阁首辅夏言之婿,师事邹守益、王畿。

②吴珏:字汝砺,福宁人。

②夏梦夔:号云屏。《安福县志·义行》载其"从学邹守益。……佐守益剔弊除害。"

②杨科:江津人。其兄吉安知府杨彝令其从学于邹守益。《邹守益集》卷二有《送杨生归蜀》。

②张棨:字士仪,号本静,泾县人。《明儒学案》称其"先从南野,累年不归。继从东廓、绪山、龙溪。"

②张术:字景仁,泰和人。《邹守益集》有《张景仁字说》及《泰和秀溪张氏族谱序》。

②张绪:字甄山,汉阳人。

③樊玉衢：黄冈人。

③童自澄：字定夫，桐城人。

③萧逵：字文谷，汉阳人。

②张岩：字仲瞻，安福人。贡生。官教谕。其兄张崧则师事阳明。《安福县志·儒林》有传。

②章时鸾：号孟泉，青阳人。

②郑烛：字景明，歙县人。官至河间府通判。

②周儒：号东川，安福人。嘉靖十三年（1534 年）乡试解元。《安福县志·儒林》有传。

②周瑞：字大祥，别号源溪，安丰人。周儒与王艮友善，其子周士弘为王艮弟子。据《明儒周源溪、少溪、元度三先生残诗合刻序》，周瑞为"江西邹文庄之弟子，私淑王文成公"。

②周怡（1505—1569）：字顺之，号都峰、讷溪，太平人。嘉靖十七年（1538 年）进士。《明儒学案》谓其"早岁师事东廓、龙溪。"《明史》卷二零九有传。《国朝献徵录》卷七十有姜宝《提督四夷馆太常少卿前南京国子司业讷溪周公怡墓志铭》。

②周怿：字信之，太平人。

②朱调：字以相，安福人。校官。从学于邹守益、刘邦采。《安福县志·儒林》有传。

②朱叔相：字汝治，号松岩，安福人。万历《吉安府志》卷二十七有传，谓其"纳贽文庄、师泉二先生，终日端坐，研心省躬"。又，刘元卿《刘聘君全集》卷七有《朱松岩先生传》。

②邹美（1516—1565）：字信甫，号昌泉。守益次子。嘉靖四十年（1561 年）举人。其生平载《澈源邹氏族谱》卷八王时槐《明乡进士今赠中宪大夫太常寺少卿昌泉府君墓志铭》，称"文庄公每岁出游，浙江闽广皆其倡学之地，公（邹美）必侍行，学以日进。"

②邹善（1521—1600）：字继甫，号颖泉。守益第三子。嘉靖三十五年（1556 年）进士。一生以讲学为己任，在守益三子之中

最为杰出。其生平载《澉源邹氏族谱》卷八邹德溥《先考太常卿颍泉府君行状》。

③邹德涵(1538—1581):字汝海,号聚所,安福人。邹善长子。隆庆五年(1571年)进士。其生平载《澉源邹氏族谱》卷八邹德溥《伯兄汝海行状》。《明儒学案》有传,谓其"受学于耿天台,乡举后卒业太学。……以悟为入门,于家学又一转手矣。"则德涵亦可视为耿定向之弟子。

③邹德溥(1549—1619):字汝光,初号完璞,更号泗山,门人私谥达道,安福人。邹善次子。万历十一年(1583年)进士,官至太子洗马。《明儒学案》有传。其生平亦载《澉源邹氏族谱》卷八邹德泳《先兄宫洗泗山老师行状》。

③邹德泳(1556—1633):字汝圣(《江西诗征》称"字汝臣,一字潜夫"),号泸水,安福人。邹美长子。万历十四年(1586年)进士。《明儒学案》有传。其生平亦载《澉源邹氏族谱》卷八蔡懋德《明正议大夫刑部右侍郎泸水邹公墓志铭》。

②邹义(1514—1566):字敬甫,号里泉。守益长子。嘉靖二十二年(1543年)举人。其生平载《澉源邹氏族谱》卷八何子寿《明故承直郎顺天别驾里泉邹先生墓志铭》,谓其"内随文庄公于复古、复真、乐安、宜黄之间,切磋惜阴之会;外师南野欧宗伯于青原、白鹭之渚,研究绍兴之旨,冲然有得。"则邹义亦可视为欧阳德之弟子。

附录二
王艮门人弟子名录及配享列传

是篇由笔者据北京大学图书馆所藏明万历三十四年丙午（1606年）冬南京兵部右侍郎耿定力、操江都御使丁宾重梓《重镌心斋王先生全集》卷五《门弟子姓氏》、《门弟子配享列传》、《私淑弟子姓氏》等篇校点整理而成。

王艮全集整理本，今惟有江苏教育出版社于 2001 年出版的陈祝生等校点《王心斋全集》本（以下简称整理本），其底本为清宣统二年（1910 年）袁承业所编《明儒王心斋先生遗集》本（以下简称袁本）。袁本系据清嘉庆《淮南王氏三贤全书》本而重新编辑排序而成，其《例言》称"心斋先生集前明六刻版均散失"云云，知袁氏实未见明本。今幸赖天佑，万历珍本仍存世间，其所记载去时为近，且只记载门弟子及私淑弟子，又有配享诸弟子列传，其资料之可靠程度当更胜袁本，是以笔者附录于此，表而出之，以备后来学者参考。原文偶有挖缺处，今一概留存原貌，以取征实存信之意。凡原文中所残缺不全之人名、字号，可参看笔者所整理附录一《阳明门人弟子名单》和附录三《明儒王心斋先生弟子师承表》，或可收补全之功。

门弟子姓氏
四方从游甚众，世远难悉，姑以谱录所载、奠轴所纪者开列于后。
宦游维扬门人（四人）
周良相：字季翰，号合川，扬州府同知。湖广道州人，周濂溪先生后裔。

朱簦：字□□，号□□，泰州知州。浙江山阴县人。见尺牍密证简篇。

林庭樟：字□□，号□□，泰州同知。福建莆田人。见尺牍密证简篇。

傅珮：字□□，号□□，兴化县知县。见尺牍密证简篇。

四方缙绅门人（九人）

徐樾：字子直，号波石，云南左政。江西贵溪县人。配享精舍祠。

董燧：字兆时，号蓉山，南京刑部郎中。江西乐安县人。

聂静：字子安，号泉崖，兵科给事中。江西永丰县人。

张峰：字失纪，号玉屏，江浦县知县。江西泰和县人。

朱锡：字失纪，号圜泉，漳浦县教谕。镇江府丹徒县人。

殷三聘：字失纪，号觉庵，某府通判。本府江都县人。

孙云：字失纪，号淮鹤，壬子乡科。江都县人。

林春：字子仁，号东城，吏部文选司郎中。本州人。两配享精舍、崇儒祠，崇祀乡贤。

袁杉：字子材，号方洲。福同安县知县。本州人。配享崇儒祠。

张淳：字清化，号此庵，山东范县知县。本州人。配享崇儒祠。

陈苣：字贵夫，号美斋，河南新乡县学训。本州人。先生姻娅。配享崇儒祠。

王栋：字隆吉，号一庵，江西丰城县教谕，擢深州学正。先生族弟，配享二祠。

戴邦：字维新，号奎泉，江浦县学训。本州人。配享崇儒祠。

陈淑：字汝嘉，号曲塘，湖广江陵县县丞。本州人。

刘启元：字善甫，号中桥，湖广松滋县知县。本州人。

黄鹗：字子荐，号竹冈，户部员外。本州人。

宗部：字尚恩，号凡斋，王府审理。草堰场人。配享精舍祠。

朱轵：字惟实，号平斋，高阳县知县。草堰场人。配享精舍祠。

耆儒修士门人（四十四人）

罗楫：字汝用，号济川。江西南昌县人。

程伊：字失纪，号鹿坡。南昌县人。

程俸：字号失纪。鹿坡弟。

喻人俊：字失纪，号同川。南昌县人。

喻人杰：字号失纪，同川弟。

黄文明：字号失纪。南昌县人。

张士贤：字希圣，号完初。贵溪县人。

颜钧：字子和，号山农。永新县人。罗近溪及门师事焉。

胡太：字号失纪。会昌县人。

丁惟宁：字怀德，号明吾。会昌县人。

董高：字号失纪。徽州府婺源县人。

程弘忠：字□□，号天津。徽州府歙县人。著《雅音集》行世。

陈应选：字号失纪。歙县人。

汪朴、汪廷相：字号失纪。祁门人。

王汝贞：字惟一，号乐庵。宁国府泾县人。配享精舍祠。郝桐浦及门师事焉。

吴标：字从本，号竹山。泾县人。

吴柄：字号失纪。竹山弟。

吴怡：字号失纪。镇江府丹徒县人。

陈佐：字号失纪。丹徒县人。

卢先瑞：字号失纪。新金人。

王俊：字失纪，号绿湖。扬州府江都县人。

王志仁：字居淑，号小山。本州人。

李珠：字明祥，号天泉。本州人。配享精舍祠。

田汝登：字荐甫，号南园。本州人。

李才：字宗德，号中庵。住中村镇。

李瑶：字君祥，号怀泉。本州人。天泉弟。

李玺：字季祥，号友泉。天泉弟。

蒋勤：字失纪，号拙斋。本州人。

许凤：字鸣周，号竹冈。如皋县人。

朱恕：字光信，号乐斋。草堰场人。业樵。配享精舍祠。

崔赟：字国然，号决斋。富安场人。

崔便：字邦济，号两泉。

崔殷：字邦实，号北洋，先生姻娅。配享精舍祠。著《渔响集》行世。

梅月：字子恒，号鹤皋，州庠生。先生姻娅。配享精舍祠。以上俱富安场人。

周盘：字崇寿，号西野。本场人。先生妹丈。

周魁：字文魁，号南泉。配享精舍祠。

季宦：字存海，号东洲。

周延年：字文长，号近渠。

徐相：字来聘，号龙湖。

周佐：字邦臣，号小塘。

季伯：字存爵，号渠麓。以上俱本场人。

王社：字宗宜，号瀛槎，山东鲁府典膳。先生从侄。

王枢：字成之，号怀堂。先生族侄。

王卿：字守爵，号小山。先生族侄孙。

奠轴纪遗门人（七十三人，字号土著失纪）

刘登瀛

朱相之

徐贤

陈茂

王贞

袁楫

方颖

郑子珞

郑相

郑潭

郑洁

郑缙

喻兰

胡琇

龚邦佐

卢大旅

卢化

卢皞

周钧：字重夫，号东沙。

周侃

周钟

崔藻

崔鹏

崔舜

周澄

崔贺

崔鹇

崔希孔

崔希麟

童开尧：号静轩。

宦宗仁

宦宗义

王绍

王鸣凤

王恭

王澡

王嘚

王相

王式

陆位

陆儒

李彬

李敬

李栻

吴昱

吴承宗

韩章

韩登

方一纯

雷泰

雷柯

朱露

朱克悌

涂卿

彭楫

永伦

马恕

林晓：字□□，号仰城。东城长子。

冯濂

缪洧

高恩

喻鸣凤

戴恩

夏鹍

黄应龙

徐勋

刘世禄

唐实

梅值

丁荣

杨南金

私淑缙绅门人（四人）

罗汝芳：字惟德，号近溪，云南左参政。江西建昌人。师事永新县颜山农。

杨起元：字贞复，号复所，礼部侍郎。湖广□□人。师事建昌府罗近溪。

陈履祥：字光庭，号文台，贡士。徽州府祁门县人，师事罗近溪。

郝继可：字汝极，号桐浦，泰州学训。直隶和州人。师事泾县王乐庵。

私淑耆儒门人（九人）

韩贞：字以中，号乐吾。陶人。本府兴化县人。师事先生仲子东崖。崇祀乡贤。

唐珊：字可珍，号一桥，后改灵台。本州人。师事本州陈美斋。

林讷：字公敏，号白宇。福建莆田县人。师事兴化县韩乐吾、仲子东崖。

周思兼：字绍旦，号得斋，郡庠生。本场人。师事仲子东崖。

陈魁类：字明德，号乐天。江西清江县人。师事祁门县陈文台、本州唐灵台。

吴士贤：字与斋，号斗瞻。本州人。师事陈文台、□□岳石帆。

汪有源：字维清，号崑一。宁国府太平县人，宣城县籍。师事陈文台。

施弘猷：字允升，号中明。宁国府宣城县庠生。师事陈文台。

吴光先：字孝昭，号天我，本府庠生，休宁县籍。师事陈文台。

东淘精舍祠配享（十五人）

林春

徐樾

朱轵

朱恕

李珠

宗部

崔殷

梅月

王栋:族弟。

王襞:仲子。

韩贞

林讷

周魁

周思兼

王褆:四子。

吴陵崇儒祠配享(十四人)

林春

王栋

袁彬

陈苣

张淳

李珠

戴邦

王衣:长子。

王襞:仲子。

罗汝芳

陈履祥

郝继可

王补:四子。

王之垣:宗孙。

配享列传

两祠计二十五人，倡学安丰则祀之精舍祠；倡学泰州，则祀之崇儒祠。私淑者身先生之道以开来学，祀亦如之。惟林子春、王子栋及门最久，阐著益大，故兼祀之。以至为子若孙者，必品粹论定，或独得家传，或濬发宗旨，或阐释《书》《易》而恪遵庭训，或节义自持而敦睦族人，皆光先之器也，并祀之，以励后人。

林春：字子仁，泰州千户所人，登嘉靖壬辰科会元。为诸生时，食贫，织履供，朝夕取与不苟。游师门，心地大开，任笔行文不费思索。擢南宫第一，仕至文铨郎。归养母三年，未尝以事于州郡，馈遗非礼者弗受。岁入不能赡，而好赒与。与乡人处，恂恂如故儒生也。起，卒于官，得橐金四两，其清介如此。毗陵唐荆川为之志，曰"子仁为人，非心斋不师，非龙溪不友"云。所著《东城文集》行世。

猗欤子仁，师门赤帜。隐居清操，弗縻于仕。堂堂官箴，烈烈斯志。并祀乡贤，可风叔世。

徐樾：字子直，江西贵溪人，由进士历官淮南，执弟子礼，倡师学风有位。后子嶜官两淮运，同师事仲子宗顺。父子不挟贵如此。尝题师墓，作别传。仕至云南左布政，擒苗兵倡乱，苗以象攻，躏跞焉，悲夫！所著《日省》《仕学录》，藏于家。

嗟彼子直，贵产之英。宦色都去，肩道是承。世不挟贵，庭训兢兢。云苗构祟，无忝尔生。

朱轼：字惟实，草堰场人，由乡贡仕高阳县尹。为诸生时，宿春联榻安丰，寒暑不间，必尽得师传后已。以故草堰斥卤皆知北面安丰，其朱为之倡也哉！

相彼惟实，犹吾灶丁。惟实人杰，堰乃地灵。安丰一脉，草堰与京。朱氏之著，令鸣学鸣。

朱恕：字光信，草堰人。受廛安丰，日樵荛易麦糈，择精者供母，而裹糠秕为糗以樵。一日，过师闾而行吟曰："离山十里，薪在家里。离山一里，薪在山里。"师闻而奇之，谓门弟子曰："小子听之，迩言可省也。道病不求，求则得之，不求则近非己有也。"樵味师语于心，每往必诣门熟听,饥取水和糗以食,倦委樵芫趺坐。先,师门有宗姓者,惠数十金代莞苦,樵手其金,徐大恚曰:"子非爱我。我目此,此衷经营,憧憧起矣,不几断送我一生哉!"力却之。后成醇儒,学使胡植氏数欲召见之,不得。楚耿司马为之传。

卓哉光信,闻道尤奇。一樵之子,识者颇希。偶吟过间,天启其机。豁然而悟,圣胎贤胚。

李珠:字明祥,江西李乐庵仲子,世居泰州。幼习儒,少为里金充农民,事州大夫王公瑶瑚臣,闻学有感,遂弃吏游师门。勇决嗜学,孝友异闻。后精医,所受治病仪物,悉奉母,给诸昆妇。年三十有九而卒。事亲极孝,母殁,贫不能葬,及期数日前,启圹得天全钱百缗。李号天泉,适与钱合,人皆以为孝感。

明祥李子,芳行可传。萧曹弃业,孔孟决源。笃生友孝,俗垢靡挛。异哉葬母,圹钱天全。

宗部:字尚恩,草堰人。业儒,奉例某王府审理,素性磊落好施。闻师学,解官,一切世味不挂胸臆,粗衣粝食,有从游四方之志。生平喜怒不形于色,尝赠金樵朱,朱麾之,为之给衣食,供朝夕如常。治家有法,迄今凛然。

审理尚恩,是谓知务。道德以荣,禄爵弗鹜。赠金樵者,麾之不顾。赠者怡然,友共忘怒。

崔殷:字邦实,富安场人。业儒,赋性刚毅,制行朴稚。少闻师讲学,执贽就见,随悟随行,不事口耳,师称以大器。扃户浩歌诵读,暮年不倦。嗟司周海门公造庐请益,旌其门曰笃学真修居士。初,与仲子宗顺友善,顺念良厚开家,以子妻其子希翰。

懋哉虎墩,邦实彬彬。师友姻娅,一脉海滨。所谓大器,惟崔是因。淮南之绪,岂曰无人!

梅月:字子恒,富安人。年十八,游郡庠,闻师"乐学勉仁"之训,大有契悟,夷然闾修鲦居半世,行年八十,一言一动允协乡评,嗟司周公雅重之。

虎墩之丘,乃生梅子。占彼梅氏,子恒之齿。少采苹泮,鸿操可止。冈陵德邵，惟天眷只。

王栋：字隆吉，二世祖国瑞六代孙，先生族弟，析居泰州姜堰镇。由岁贡出身，历江西南丰丰城学训，升山东深州学正。身明家学，出处一心。振铎豫章，两聘主鹿洞正学书院，筑讲院于南台，士民兴起。擢深州，乞休创归。裁草堂，倡族人，建宗祠，明谱系，年七十有九。议入乡贤。所著《一庵遗集》行世。

斯文崛起，毓秀吾宗。东淘祥发，三水景从。一脉伯仲，千载志同。兄师弟弟，掌握群蒙。

王襞：字宗顺，先生仲子，师事浙江龙溪王公畿、绪山钱公德洪。年九岁，从先公游学江浙，阳明见而奇之，卜其有载道器。性敏慧，五经群书靡不详说冲和。洒落纯粹，中正倡明，家学独得其传，昭阳李太师、海陵凌都宪交荐隐逸。开门授徒，启韩贞等诸子，恍若先公。辑先公语录、年谱，晚年倡族人立宗会，明谱牒，年七十有七。议入乡贤。所著《东崖遗集》行世。

秣陵太史焦公赞：夫君起东海，高论锵琳球。陈义狎六籍，浩气吞斗牛。片言指顾间，四座皆回头。

韩贞：字以中，兴化县人。居蓬屋三间，陶甓为生，常假贷于人。为甓，甓坏为雨坏，负不能偿，并蓬屋失之。居破窑中，闻樵者朱氏风，从之学，卒业于仲子宗顺，渐识字。粗涉文史，尝自咏曰："三间茅屋归新主，一片烟霞是故人。"箪瓢屡空，衣若悬鹑，晏如也。年三十始娶，与其妻买蒲织盐囊，易糗给朝夕。学有得，毅然以倡道化俗为己任，无问工贾佣隶咸从之，化而善良者以千数，县尹屡举乡饮，锡深衣幅巾，匾额门闾。年七十有七，祠于乡，春秋特祀，从祀乡贤。耿司马为之传，所著《乐吾诗集》行世。

于维韩子，崛起昭阳。河滨是业，陶甓生光。闻樵风起，作圣升堂。于千配祀，云胡可忘？

林讷：字公敏，福建莆田人。初卜贾淮南，占者曰："此去平平，乃有奇遇。"林异之，遂往。始事昭阳韩以中，肆陶业，食贫，有韩氏风。当嘉靖甲寅，倭寇闽，举家就烬，无所归，卒业于仲子宗顺，独得其传。

倡学海甸,老而忘倦,年八十有四,卒于东台场。门人刘源宅、门人王嘉第、王元鼎谋葬安丰里季子宗饬墓侧。所著有《渔樵答问遗集》行世。

伟哉公敏,毓秀蒲闽。海滨托迹,狎主道盟。岂曰无家,道宅是凭。宁曰无后?弟子亭亭。

周魁:字文魁,周公鲁五代孙。本场人。业儒,素性醇厚,居乡以和,绝尘嚣,教子侄有礼。闻师学,启侄周思兼读书当法孔孟。幼多弱疾,得道勿药,年九十有一。仲子宗顺以诗挽之曰:"忆昔师门抱病趋,跻年九十不筇扶。应知此学能康寿,不独先生善保躯。秋满虚堂孤夜月,林空万木叫双乌。一生消受终归尽,问尔行持今在无。"

绰彼文魁,混焉人类。众多不醒,尔独不醉。周有杰才,祀禋堪配。登之俎豆,受之无愧。

周思兼:字绍旦,周公鲁六代孙,文魁嫡侄,师事仲子宗顺,主会精舍祠,毅然以正己率物为己任。处子侄,和乡人,绰有叔父风。阐格物宗旨,褫时论不顾。年六十有□。所著遗集、编校公鲁诗行世。

周有绍旦,志壹姬公。数千余岁,谁接厥宗?续兹正学,万世攸同。从今想像,绍旦在躬。

王褆:字宗饬,先生三子。业儒,师事浙江龙溪王公畿,性孤高,行峻绝处,末俗激不能容。有友目之曰:"宗顺一个明道,宗饬一个伊川。"不虚云。体父志,荐年鬻产捐赈,创义仓,倡宗会。得嗣最脱,以妻姜妒,一时并去,乡人啄舌。年六十有九,所著遗录、私绎诗集行世。

子贤父圣,师友一堂。伊川节概,宗饬多方。浑然明道,宗顺洋洋。弟惟伊川,明道增光。

袁杉:字子材,泰州人。年十二岁游郡庠,三十领乡荐。性梗直,刚介不诡随时好,敦廉耻,振士风。孝继母,事独兄,葬祭一遵古礼。出宰同安,留去思,闽中推清白吏。归隐村墅,崇节义,乡评称烈丈夫,倡师学,范浇俗。年七十三。屡举乡饮大宾。

子材足法,堪为后模。刚直其性,孝友居多。惠施司牧,筹节同柯。孝廉再起,屈指匪它。

陈芭:字实夫,本州千户所人,由岁贡授河南卫辉府新乡县学训。弱冠入庠,素厌温饱之志,闻师道,深探乐学之源,文行俱优,生徒尤众。任官阐大儒体仁、格物于两河,居乡启唐珊正己、率物于奕世。蚤年与长子宗乱友善,嘉其世克家学,以子妻其子王之垣焉。年六十有一,卒于官,新乡诸生为之悲悼。所著《论孟类聚》行世。

吴陵毓秀,间生实夫。不侈稽古,磊落为徒。一透师学,醇乎其儒。王庭有贡,居然苏湖。

张淳:字济化,泰州人,领嘉靖丙午乡荐,筮仕松滋县尹。心坦夷行,端谨甘贫,嗜学孝亲,庐墓有朱鹊、奇卉之瑞。处弟义让,泣不异居。仕以国课未满,谪判河南许州,寻转兰阳县令,以亢直忤当轴,复调山东范县,遗去思碑。归隐,仕治士民时通省讯,明师学、得民心如此。

济化张子,青紫之英。安贫乐道,时流讶惊。当官亢直,喜怒不形。贤哉令尹,勖我后生。

戴邦:字维新,本州人,由岁贡授应天府江浦县学训。讲明正学,透悟良知,端严律身,和厚御众。善事兄,见奖抚台;能课士,留芳浦庠。恬退闾里,扁称林下一人,遗论脍炙士口。

相彼维新,惟其知学。贡髦云夥,亦多寂寞。耻为乡人,必学先觉。淡淡青毡,声施灼灼。

王衣:字宗乱,先生长子,以师事父。天性刚方,存心仁厚。幼奉庭训,悟物有本末之物,启先公之首肯;长游越中,会知必良知为良,动阳明之契重。不阿谄,绝外诱,甘恬退,励清修,君子路上人也。先公殁,率诸弟群聚讲学,会友四方,不堕家声。精楷书,法帖阳明。督耕煎,裕家计,供父游瞻之需。有友目之曰:"宗乱心斋一个孝子,宗顺心斋一个肖子。"不虚云。先公做物有本末之学,无宗乱是不治生而冻馁其身者有之矣。年五十有五,弟宗顺为之志铭。

格物一窍,宗乱启聪。内顾弗厘,熟虑以从。不有克孝,克肖将庸。卓哉宗乱,孝友兼隆。

罗汝芳：字维德，江西建昌人，由进士历官宁国知府。师事永新颜子和，学宗易简，发明孝弟。慈兼善天下，不问工贾佣人隶，无一人不鼓荡飞跃；时与讲席，同堂如坐春风中。仕至云南左参政，谥文恭。公传道杨贞复、陈履祥，祠祀金陵。所著《罗子全集》、《仁孝》、《仕学训》诸书行世。

鱼跃鸢飞，生生趣味。挺生罗子，悠然独会。甘雨和风，祥云日瑞。盱江发源，淮南之汇。

陈履祥：字光庭，祁门人。师事罗惟德，学主见性，教著大成。阐淮南一脉，辙迹几遍宇内；辑陈子九经，门徒盈半尼丘。自许再来，东西南北一人，人称天学老人、千秋素相。居九龙山，学者称九龙先生。由岁贡特选于部，文江邹尔瞻思聘主白鹿洞，教未授，年七十卒于京师。归葬于家，门弟子携衣冠葬云山洞，祠之生前遗《九经翼》，于金陵雨花创依仁斋于耿公祠。所著《九经翼》、《四书会通》、《龙华密证》诸书行于世。

天生光庭，新都突起。接派盱江，淮南其委。大成之教，九经翼纪。关闽重开，濂洛洞启。

郝继可：字汝极，直隶和州人。年十四，师事泾县王惟一，嗣师秣陵焦弱侯。为人严毅沉雄，律身森然。处世坦如，取与不苟。耻混流俗，学宗东越，教本淮南。由岁贡授泰州学训，立会崇儒祠，阐明师学，视同志如父子，辨学旨若鞫讼。官仅千日，未尝干渎有司，辞寒士之贽，绝私交之馈，吴陵啧啧称曰："郝公居官倡学，酷肖林东城公也。"无何，亦卒于官。永决之日，遗训同志两子，士林如丧考妣，通国咸动悲哀。乡达刘公时雍私谥文节先生。年六十有四，太史焦公为之墓表。生前自题小像云："粤惟郝生，发短心长，气雄性烈。蚤志圣贤之学，而独得其宗；壮抱匡济之才，而未酬其策。不磷不淄，无反无侧。节松仅比其坚刚，寒潭仅似其清澈。有英契而六菱之旨归益明，双眸豁而百代之藩篱顿撤。非佛非仙，非杨非墨。星斗在怀，乾坤是握。汪洋万顷，洙泗一脉。呜呼！生既无生，去复何说。独往独来，浩然与天地日月而常存，是谓郝生之大归结。"所著《桐浦集》行世。

咄咄汝极，峻绝其操。秋潭霜肃，甘霖春膏。介石之贞，力砥波涛。咄咄汝极，水长山高。

王补：字宗完，先生四子，业儒，师事镇江朱公圃泉。赋性敏捷，器宇俊雅。蚤年撰安丰场城池图，请赈救荒。纂族谱，明天文星宿图考，精易学，闲诗歌。享年五十。所著《周易解》、诗集行世。

父作子述，济济贤良。兄明弟秀，宗完递昌。地舆星宿，撰纂精详。《周易》遗解，述继之光。

王之垣：字得师，先生宗孙，父师仲子宗顺。廪郡庠，性生轩朗，骾介不随。持节义，不惴势位，敦伦纪，力回浇风室瞀。蚤世鳏，不再娶。临贡能让，薄视功名。学使屡举行优，当道交旌门额，嘉其克绍道脉、敦义崇让。暮年纂修族谱，明世系以竟先志。享年七十。会友吴公士贤，私谥孝义先生。所著《性鉴摘题》，子元鼎为之印《心行概》行世。

粤维得师，居然孔伋。行多孝义，盖可思绎。梁鸿之操，恭叔可及。用之光先，后开赫赫。

附录三

明儒王心斋先生弟子师承表

　　是篇由笔者据清宣统二年（1910 年）袁承业刊行《明儒王心斋先生遗集》后所附《明儒王心斋先生弟子师承表》（一卷）校点整理而成。据袁承业《序》所云："余于丁未重编订乡先哲王心斋、一庵、东崖三先生遗集时，见心斋、东崖集尾各附弟子姓氏录两叶（一庵原集目录中载有《弟子姓氏录》，久已损失，惜哉！），姓氏下有详载事实者，有不详者。初拟照原钞录，仍附于集尾，厥后校勘心斋等集，参阅群书，每见心斋弟子及私淑弟子往往出于原录，留心采摘，日积月累，竟成一册，较诸原录增广数倍，特编一表，定名曰《心斋弟子师承表》，以翼诸集之行。表分五传，传各有所据。间有据而未确者，即于传中注一'附'字以别焉。"袁氏在整理王艮等人遗集时，所据底本为嘉庆刊本《淮南王氏三贤全书》，所谓集后所"附弟子姓氏录两叶"，即《淮南王氏三贤全书》中之内容。袁承业虽然并未获睹更早的明代刻本（万历耿定力、丁宾重梓《重镌心斋王先生全集》卷五附有《门弟子姓氏》、《门弟子配享列传》、《私淑弟子姓氏》等篇，笔者已校点整理为《王艮门人弟子名录及配享列传》一篇，参见本书附录二），但他耗费心力搜罗群书，共编录心斋五传弟子四百八十七人，已在前人的基础之上大幅度地扩充了数量，至今仍然是最为详备的心斋弟子师承表，对于研究泰州学派的流衍具有重要价值。

　　江苏教育出版社 2001 年出版陈祝生等校点《王心斋全集》，虽然以袁承业《明儒王心斋先生遗集》为底本,但对于所附《明儒王心斋先生弟子师承表》却弃而未取,颇有遗珠之憾。笔者特校点整理此表,附于此处,以备后来者参考。惟原书为表格形式,一人之事迹往往占据数页,颇觉不便,故稍加变通,改为分段格式。师承关系,分别以②、③、④、⑤等标明为二传、三传、四传、五传弟子,并退格排列以作区分。同一师承者仍排列于师名之下,尽可能维持原作之体例。原作文字中或有明显错讹者,笔者间下按语以析之。

王　艮　字汝止,号心斋,明泰州安丰场人,今安丰隶东台县。先生言行事实悉载集中,兹不赘述。

林春:字子仁,号东城,泰州千户所人。家贫,佣,王氏见其慧,使与子共学。嘉靖壬辰会试,登进士第一,除户部主事,调吏部,进吏部文选司郎中,卒于官,年四十四。发其箧,仅存白金四两。门人出赀殡殓,扶枢归葬。先生为诸生时,仍食贫织屦供朝夕,取于不苟。自游师门,心地大开,以讲学为己任。在京师,率缙绅数十辈讲学旅馆,曾及第,归养母三年,教及里党,恂恂如故儒生。《明史》称志行敦实,推林春、罗洪先,可见当时与念庵齐名。毗陵唐荆川为墓志曰:"子仁为人,非心斋不师,非龙溪不友。"著有《东城文集》行世。配享东淘精舍祠、崇儒祠、泰州乡贤祠。

王栋:字隆吉,号一庵,泰州姜堰镇人。心斋族弟。嘉靖丙午岁贡,授南城训导,转泰安,升南丰教谕,擢山东深州学正,并署州事。致仕归,清贫如洗。既归,见归裁草堂,并创水东会,日聚讲学,来学无算。主讲海陵安定书院,先生受业心斋,为最切,身明家学,出处一心,振铎豫章,两聘主讲鹿洞、正学等书院,筑讲院于南台,于太平乡等处集布衣为会,以讲学化俗为己任。士民兴起,咸铭感之。万历五年卒,年七十九。著有《一庵会语》正、续集行世。余今编附《心斋集》并梓焉。惜卷后弟子录残佚,尚待搜补。先生配享东淘精舍、崇儒祠、乡贤祠。

②汤有光:江西南丰人。户部主事。

②李樴:南丰人。

②吴星:南城人。

以上据《一庵集》。

张淳:字济化,号此庵,泰州人。嘉靖丙午举人,任松滋县尹,迁河南许州判,转兰阳县令,以抗直忤当道,改授山东范县知县,有政绩。民感其德,立去思碑以报。致仕后,士民时通讯问,其得民心如此。先生心坦夷,行端谨,贫嗜学,孝亲庐墓有朱雀奇卉之瑞。处弟义让,终不异居。若不明师学,何至此耶?配享崇儒祠。

李珠:字明祥,号天泉,江西李乐庵仲子,迁居泰州。幼习儒,少为里金,以农民报州,充州吏事。州守王瑶湖闻学有感,遂令弃吏,从心斋游。勇决嗜学,躬体实践,久之,名闻远迩。士大夫异其为人,争相褒美,珠逊谢不居,惟以导人为善为功课,一时州县皂快感化迁善者甚众。先生孝友异闻,母殁,穷不能葬,及期日前,启圹得天泉钱百缗。先生号天泉,适与钱合。人皆以孝感所致。年三十九卒。配享东淘精舍祠、崇儒祠。

陈苎:字实夫,号美斋,泰州千户所人。以岁贡授河南卫辉府新乡县训导。素厌温饱之志,闻师道,深探乐学之源,文行俱优,生徒尤众。与心斋长子宗乾友善。年六十一卒于官。新乡诸生为之悲悼。著有《论孟类聚》行世。配享崇儒祠。

以上五人于嘉靖五年十月从心斋学。

②唐珊:字可珍,号一桥,后改号为灵台,泰州人。师事美斋。据《心斋弟子录》。

③陈魁类:字明德,号乐天,江西清江人。初师事陈文台,后卒业唐灵台。据《心斋弟子录》。

王俊:号绿湖,江都人。

宗部:字尚恩,号丸斋,泰州草堰场人。官益王府审理,迁南京兵马司指挥。素性磊落好施。从心斋后即解官,一切世味不挂胸臆,粗衣粝食,有从游四方之志。生平喜怒不行于色,尝赠金朱樵,朱麾之,复以衣食供朝夕，其于友笃如此。配享东淘精舍。

朱轼：字维实，号平斋，泰州草堰场人。性恂恂，不喜华耀。正德十四年举人，与林春同游心斋之门。嘉靖壬辰，计偕入都，共客邸。礼部放榜，春第一，先生下第，笑谓春曰："今而后子之学庶几益信于人矣！"春无仆从，先生为经理其事，夷然不以介意。先后七上公车，卒不第，乃谒选，历知高阳、盐山二县。时巡按御史某以威焰凌郡县，先生抗辩之，御史竟无以罪。未几，投劾归。卒之日，贫不能具棺殓。盐大使陶悦治其丧。先生曾游师门，联榻安丰，寒暑不间者阅数年，必尽得师传而后已。尝赋诗曰："身在名利中，心在名利外。仰高颜氏子，不求亦不爱。"于此概见先生之志矣。配享东淘精舍。参《盐法志》、《东台县志》。

朱恕：字光信，号乐斋，草堰场人。性刚不阿，少孤贫，日樵荛易麦糌，精者供母，自裹糠粃为糗以食。及长，闻心斋讲学安丰，毅然以袋贮熟麦面往从之。每心斋退食，先生取水调面啖焉。面尽，仍为樵薪易麦，有余，再往学焉。一日担薪过心斋间而行吟曰："离山十里，薪在家里。离山一里，薪在山里。"心斋闻而奇之，谓门弟子曰："小子听之！迩言可省也。道病不求，求则得之。不求则近非己有也。"因味师语，每日必诣门听讲。一日晨至，师门未启，樵荛倦委，趺坐师门外，有同学宗部者，见而怜之，惠数十金，招而款语曰："志子雅志，愿奉此为生理，计免樵作苦，且令吾得旦夕相从商切，幸甚！"先生手其金，俛而思，徐大恚曰："子非爱我。吾兹目衷此经营，念憧憧起矣！是子将此断送我一生哉？"遂掷还之。天寒甚，先生衣无袭，行吟自如。有同里孝廉袁林雅重之，乃解衣遣仆于暮夜密与之。先生曰："此贤者之赐也。当昼衣之，以彰君惠。奈何欲教恕为伪耶！"遂不受。其廉介如此。先生卒业后，尝喜为诗曰："明暗若违还伪学，鬼神如在是真修。"又曰："邪思乱性伤生药，笃志为仁切己谋。"皆心得语。学使胡植闻之，忻甚，数召，不往。以事役之，不得已乃勉用齐民礼服，短衣徒跣以往。庐山令人扶之，入而加服焉，乃得一见，与之成礼而退。其卒也，耿恭简定向为之传。配享东淘精舍祠。葬草堰东里许,濒小海引河,碑载万历癸卯季春树,国朝江苏学使汤金钊表其墓曰:"立千百世下,过墟凭吊,亦知所兴起也哉!"余少时走拜墓下,仰慕高风,令我神往,知汤公兴起之言当不谬也。参嘉庆《盐法志》、《东台县志》、《明儒学案》、《李二曲集》、《兴化县志》。

②钱元士:字介石,镇江人。万历时为访书来东台,遂卜居焉。师事光信,与同志倡学海甸,务在躬行实践,寄业于医,贫者不取,且捐钱以助。年八十卒。据《东台县志》。

殷三聘:江都人。嘉靖三十一年壬子举人。兴化府通判。参康熙《江都县志》。

以上五人于嘉靖六年十一月从心斋学。

俞文德:永丰人。初入山习静,心斋闻之,恐其歧学,故作书招出。先生得书即出山受学。此嘉靖七年事也。

徐樾:字子直,号波石,江西贵溪人。嘉靖七年十一月从心斋学,居安丰年余。十年十一月复来学。心斋一夕步月下,指星文与语,先生应对间若恐失所持循,心斋厉声曰:"天地不交,否!"又一夕出游,至小渠边,心斋跃过,顾谓先生曰:"汝亦轻快些!"持益谨,若遗一物。先生过渠,既而叹曰:"从前孤负此翁,为某费却许多气力!"继而卒业,操存过苦,刻刻简默。每有疑,必上书请问心斋。往来书札,均成名言。十一年,成进士,授部郎,出任藩臬。三十一年,升云南左布政使。沅江府土酋那鉴反,先生战死城下,弟子颜山农寻其骸骨以归。诏赠光禄寺卿,予祭葬,祀云南忠节祠,并配享东淘精舍祠。先生善书,尝见题心斋墓坊,小篆似李阳冰,真楷似右军父子。先生为心斋作别传,构思十年,撰成千言,尚未及半而卒,读者惜之。其尊崇师道有如此者。著有《日省仕学录》,藏于家。据《心斋弟子录》、《明史》、《江西通志》、《明儒学案》。

②颜钧:字子和,号山农,江西吉安永新人。从徐波石学,得心斋之传。先生好游侠,能急人之难。有同学赵大洲者,赴贬所,先生偕之行,大洲感之次骨。业师波石战没沅江,先生寻其骸骨以归,颇欲有为于世,以寄民胞物与之志。善诗歌,世人见其张皇,无贤不

肖皆恶之。当道诬以他事,下南京狱,必欲杀之。弟子罗汝芳为之营救,得减戍,继赦归。先生承师学,直接孔孟、俟诸后圣,断断不惑。卒年八十余。据《明儒学案》、《心斋弟子录》。

③罗汝芳:字维德,号近溪,江西南城人。五岁,从母授孝经、小学诸书。嘉靖三十二年,成进士。授知太湖县,擢刑部主事,出守宁国府,补东昌府,移云南屯田副使,转参政。先生在太湖,召诸生讲学,公事多决于讲座。在宁国建水西书院,祀心斋像,集诸生会文讲学,立乡约为治,并开元会,使罪囚亦随众听讲,令讼者跐趺公庭,敛目观心,用库藏充馈遗,归者如市,一时顽民尽化矣。在东昌、云南,置印公堂,于事立判立行。入觐,观徐阶聚四方计吏讲学,开大会于灵济宫,听讲者数千人,又进表讲学广慧寺,朝士多从之。江陵恶焉,遂劾之,勒令致仕归。与门下士走安成,下剑江,趋两浙、金陵,往来闽、广,益张皇其学。万历十六年,从姑山崩,大风拔木。刻期以九月朔观化,诸生请留一日,明日午刻乃卒。年七十四。先生年二十六受业山农,学宗易简,发明孝弟慈谦,兼善天下,如在春风和煦中。事山农为圣人。其后山农以事系南京狱,先生尽鬻田产脱之,侍养狱中,六年不赴廷试。先生归田后,身已老,山农至,先生不离左右,一茗一果必亲进之。诸孙以为芳,先生曰:"吾师非汝辈所能事也。"其尊崇师道如此。著有《罗子全书》、《仁孝仕学训》、《儒学经翼》诸书。祠祀南京,并配祀泰州崇儒祠。据《明史》、《明儒学案》、《理学宗传》、《扬州府志》、《心斋弟子录》等书。

④杨起元:字贞复,号复所,广东归善人。年二十一举乡试第一,万历丁丑成进士,授编修。历国子监祭酒,礼、吏两部侍郎兼侍讲学士,年五十三卒。天启初,追谥文懿。父传芬,名湛氏学,故幼熏染。读书白门,由建昌黎允儒汲引,受业近溪。时近溪致仕归,先生叹曰:"吾师且老,今若不尽其传,为终身之恨。"因访从姑山房而卒业焉。生平孝友,厚宗族间党,于近溪无须臾忘。近溪卒,图小像悬于堂,出必告,反必面,岁时约

同志祭奠所居以为常。四方受学者,时满户外。先生随机指授,人人跃然以明德、亲民、止至善为宗。顾泾阳曰:"近溪以山农为圣人,复所以近溪为圣人。"其感应之妙,锱铢不爽如此。著有《证学》、《杨子学解》、《论学存笥稿》、《白沙语录注》、《四书说评》、《古孝经翼》。据《明儒学案》、《理学宗传》、《心斋弟子录》。

④周汝登:字继元,号海门,浙江绍兴嵊县人。万历丁丑进士,授南京工部主事,历兵、吏二部郎官,至南京尚宝司卿。先生有从兄周梦秀,闻道龙溪,先生因之遂知向学。年稍长,师事近溪,向学不厌。后供近溪像,节日必祭,事之终身。南都讲会,先生括《元泉证书道》一篇相发明,同会者许敬庵等多悦服。先生官泰州,重建社学,置田产、备图书,构泰东书院,召四方耆英硕士及童冠辈讲学论文,声歌教礼,致祭于心斋祠下,见其颓圮,捐俸修葺。未几,先生升官去,遗爱殷殷,父老率共为生祠,以禧公王应宗为碑记。先生著有《圣学宗传》若干卷,尽采先儒语类编辑成成书。盖万历时士大夫讲学,多本于此。据《明史》、《明儒学案》、《理学宗传》、《东台县志》、《心斋弟子录》。

⑤陶望龄:字周望,号石篑,绍兴会稽人。万历己丑进士,以探花授编修,转太子中允,右谕德,兼侍讲,升国子祭酒。先生生平明大义,决大疑,定大难。妖书之役,挺身赴救得免,遂以母病不出。未几,卒,谥文简。先生师事海门,其学多宗之。据《明儒学案》。

⑤陶奭龄:字君奭,号石梁,与兄望龄自相师友,学者称"二陶"。万历癸卯举于乡,授吴宁学博,迁肇庆推官,遂不起,与刘宗周讲学阳明祠,曰证人。会宗周赴名,奭龄致书曰:"愿先生安其身而后动,易其心而后语,俾天下实受其福。若矜名节如雕雕鹗,横秋紫臣之所为,非大臣事。"将没之夕,犹讲《卫风》一章,然而游。所著有《迁改格》、《喃喃

录》、《今是堂集》。

⑤刘塙：字主静，号冲倩，会稽人。赋性任侠，慨然有四方之志。寻师问友，以意气相激发。周海门曰："吾得冲倩而不孤矣！"海门主盟越中，先生助之接引后进。学海门之学者甚众，而入室推先生。先生由诸生入太学，七试场屋不售而卒。著有《证记》行世。据《明儒学案》。

④蔡悉：字士备，合肥人，受业罗近溪。嘉靖三十八年进士，擢南京吏部主事，累官南京尚宝司卿，移国子监。为人清操亮节，淮西人士多宗之。据《明史》。

④焦竑：字弱侯，号澹园。南京旗手卫人，原籍山东日照县。万历己丑进士第一，授修撰。简为东宫讲读官，升南京司业。先生积书数万卷，览之略遍。金陵，人士辐辏之地，先生主持坛坫，如水赴壑，士庶听讲者数千人。其以理学倡率，名绝一时。泰昌元年卒，年八十一。卒赠谕德。崇祯末，补谥文端。梨洲谓先生师事天台、近溪，想先生初事耿天台，卒业近溪，当编列近溪派下也。据《明儒学案》、《儒林宗派》。

⑤夏廷美：字云峰，繁昌农夫也。一日，听张甑山讲学，于是兴起，乃之楚访耿天台。天台曰："焦弱侯可师也，无庸舍近而求远。"归，从弱侯游。先生未尝读书，弱侯授以四书，乐诵，久之咸有所得。是时士大夫多知重学，于白下开讲会，递迎挺美莅会，至则因人开发，多所兴起。天台一日问之曰："子得此学，如何作用？"对曰："我一农夫，有何作用？然至于表正乡间，则不敢让。"耿为之憬然。弱侯称为"挺特丈夫"。及卒，四方会葬者甚众。后从祀乡贤祠。据《明儒学案》、《李二曲集》。

⑤郝继可：字汝极，号桐浦，和州人。年十四，师事泾县王惟一，嗣卒业焦弱侯。为人严毅沈雄，耻混流俗，学宗东越，教本淮南。由岁贡授泰州学训，刻心斋石像于东淘精舍，立会崇儒祠，阐明心斋之学，视同志如父子，辞寒士之贽，绝私交

之馈。吴陵啧啧称曰："先生居官倡学，酷肖林春。"年六十四，卒于官。永诀日，遗训同志，殷殷厚望，士林如丧考妣。乡达刘时雍私谥曰文节先生。弱侯为之墓表。先生生前自题小像云："粤惟郝生，发短心长，气雄性烈。夙志圣贤之学而独得其宗，壮抱匡济之才而未酬其策。不磷不缁，无反无侧。节松仅比其坚刚，寒潭仅似其清澈。有英契而六艺之旨归益明，双眸黯而百代之藩篱顿撤。非佛非仙，非杨非墨。星斗在怀，乾坤是握。汪洋万顷，洙泗一咏。鸣呼！生既无生，去复何说？独往独来，浩然天地日月而常存，是谓郝生之大归结。"著有《桐浦集》行世。配享崇儒祠。据《心斋弟子录》、《泰州志》。

⑤张尚儒：和州人。湖广荆州府归州知府。据题《心斋疏传合编》称"澹园焦师之诲"。

④陈履祥：字光庭，号文台，祁门县文堂人。万历中岁贡。少喜负笈访道，闻罗汝芳开讲南都，往从之，与杨起元称罗门高足。复事耿定向于金陵。定向见其性地莹徹，辞不敢当，曰："此吾老友也。"学主见性，教著大成，阐淮南一脉，辙迹几遍宇内，门徒盈半尼丘，自许再来东西南北一人，世称天学老人、千秋素相。居九龙山，学者称九龙先生。文江邹尔瞻慕其学，聘主鹿洞教，未授，年七十卒于京师，归葬于家。门弟子携其衣冠葬云山洞，祠之生前遗《九经翼》于雨花台，创依仁斋于金陵耿定向祠。著《九经翼》、《四书会通》、《四书翼》、《易会通》、《龙华密证》、《圣学统宗》等书行世。配享泰州崇儒祠、金陵耿公祠，宛亦祠焉。据《心斋弟子录》、嘉庆《扬州府志》、康熙《安徽府志》。

⑤汪有源：字维清，号昆一，宁国太平县人。原籍宣城。

⑤施弘猷：字允升，号中明，宁国宣城县诸生。

⑤吴士贤：字与齐，号斗瞻，泰州人。

⑤吴光先：字孝昭，号天我，扬州诸生。休宁籍。

以上四人，俱受业文台。据《心斋弟子录》。

⑤王元鼎：字调元，号天真，心斋嫡曾孙。年弱冠，补州学生员，受业文台，有所得，遂游学四方，表彰先德。嵊县周汝登器重之，赠序，率浙东人士以送之。归则睦宗族，敦伦纪，于友道为尤笃。有东崖弟子福建林讷倡学海甸，贫老无归，卒东台门人刘源家，先生迎葬安丰里叔祖王宗饬墓侧，其义概可见也。晚年著有《大学泄臆》、《投壶谱内外品》、《演王文成文贞寓庸小传》，书多散佚，今仅得诗稿数篇。今编附《心斋集》后，并撰传以传之。据《王氏家乘》、《心斋集》。

⑤徐心绎：字纯之，江都北湖人，今属甘泉。从文台游，得心斋学。先生生儿子，长宗麟，崇祯武进士官，杭州游击，擢副将。国变归隐，久征不出。次子石麟，名理学，好著书。入国朝，隐居不仕，惟与兄子辈倡和自娱，王渔洋屡召不见。若非得先生之教，安得高尚名节如此耶？据嘉庆《扬州府志》。

⑤孙经：字阿麟，宣城人。

⑤王念祖：字台文，吉水人。

⑤杨逊：字子顺，宁国人。

以上三人，据《儒林宗派》称履祥门人。

④曾朝节：字直卿，号植斋，桂阳临武人。万历丁丑进士，以探花授编修，官至礼部尚书，三典试京畿大科，门生达者数十人，交无私焉。神宗以为老成可重任，既立太子，以先生充侍讲。太子以宾礼尊隆有加，常问圣学之要，先生对以博约为功，博则六艺、九能、百行、万善是也，约则归于正心、去谗、远色是也。神宗闻其忠勤，益眷之，命入阁，以疾辞。三十二年薨于位，两宫震悼非常，赐祭葬，赠太子太保，谥文恪。辑有《天津文集》行世。据《永州府志·徐文科传》称先生为近溪之门人，然先生充翰林馆课座师时，以心斋学行令新科翰林各撰以传，选其精切者为之刊印行世，其表师德，为万世扬芳崇拜若此，

当不愧为私淑也。据《明史》、《永州志》、《桂阳州志》、《心斋集》。

⑤曾可前：字长石，湖广石首人。甲午举人，万历辛丑探花。

⑤曾六德：字心蘂，福建浦城人。庚子举人，辛丑庶吉士。

⑤许獬：号钟斗，福建同安人。丁酉举人，辛丑会元，庶吉士。

⑤眭石：号东苏，丹阳籍赵州人，辛卯举人，辛丑庶吉士。

⑤吕邦耀：字九如，北直锦衣卫籍丽水人。丁酉举人，辛丑庶吉士。

⑤王衡：字缑山，太仓人。戊子解元，辛丑榜眼，授编修。

⑤李胤昌：号集虚，昆山人。庚子解元，辛丑庶吉士。

⑤蔡毅中：号中山，河南光山人。己卯举人，辛丑庶吉士。

⑤薛三省：号天谷，浙江定海人。庚子举人，辛丑庶吉士。

⑤文在兹：号少元，陕西三水人。甲午举人，辛丑庶吉士。

以上十人均据《心斋集》后《疏传合编》所载。余阅诸先生所撰心斋之传，崇拜心斋至真至切，虽为直卿举业门人，然向学之忱于此概见，安能湮没？姑附此以待正焉。

⑤王元翰：字聚洲，辛丑庶吉士。据《心斋续谱余》载，万历二十九年辛丑十一月，曾植斋以《心斋传》考馆课，先生撰文未编入《疏传合编》，或因之已编《谱余》以免重复。今既得前十人附入其中，先生亦当附此耳。

④邓元锡：字汝极，号潜谷，南城人。十五岁丧父，水浆不入口十七日。行社仓法，惠其乡人。已为诸生，游罗汝芳门。嘉靖三十四年举于乡，不复会试，杜门著书，踰三十年，五经皆有成书。数为当路荐举，均未就。万历癸巳七月十四日卒，年六十六。乡人私谥曰文统先生。据《明史》。梨洲编入《江右王门》者，或因先生出之江右也。

④黎允儒：建昌人。师事近溪，据《明儒学案·杨起元传》。

④胡宗正：楚人。据《明儒学案·汝芳传》称其门人宗正也。

④李东明：字勿（按，疑原本缺一字），临川人。

④聂良杞:字子实,金溪人。

④王岳:字邵武。

④梅鼎祚:字禹金。宣城人。

④郭忠信:字希曾。

④游于诗:字二南,怀宁人。

④郑宗化:字尚德,上元人。

④陈王道:字仁甫,广济人。

以上八人据万斯同《儒林宗派》称罗汝芳派下。

③梁汝元:字夫山,其后改姓名为何心隐,吉州永丰人。少补诸生,师事山农,得心斋之学,构萃和堂以合族,身理一族之政。邑令有赋外之征,先生贻书诮之。令怒,诬之当道,下狱中。程后台在胡总制幕中,檄江抚出之。总制得心隐,语人曰:"斯人在左右,令人神王耳。"已同程后台入京师,与罗汝芳、耿天台游。一日遇江陵于僧舍,先生以正语刺之,江陵视为仇。先生辟诸门会馆,招四方之士,方技杂流无不从之。是时政由严氏,忠臣坐死相望,卒莫能动。有蓝道行者,以乩术幸上,先生授以密计,侦知嵩有揭帖,乩神降语:"今日一奸臣言事。"上方迟之,上由此疑嵩之奸,以致嵩败矣。心隐逸去,从此踪迹不常,所游半天下。江陵当国,有某某攻之,皆吉安人也,江陵因仇吉安人,而心隐故尝以术去宰相,江陵不能无心动。先生方在孝感聚徒讲学,遂令楚抚陈瑞捕之。先生对楚抚曰:"公安敢杀我?亦安能杀我?杀我者,张居正也。"遂冤死狱中。程学博等经理其丧葬事。先生之学,不随影响,有是理则实有是事。无声无臭,事藏于理;有象有形,理显于事。顾端文谓其一种聪明,人有不可到之处。黄梨洲以为非其聪明,正其学术也。据《明儒学案》。

④钱同文:字怀苏,福建兴化人。知祁门县,入为刑部主事,累转至郡守。梨洲列入泰州派下,尚未言师承何人。李二曲《心斋传》后何心隐,之后怀苏、后台,当有所本。今以二曲之说为准,故列心隐传下。

④程学颜：字二浦，号后台，孝感人。官至太仆寺丞。心隐死，其弟学博曰："梁先生以友为命。友中透于学者，钱同文外，独吾兄耳，魂魄不应去吾兄左右。"乃开后台墓，合葬焉。

④方与时：字湛一，黄陂人，诸生。梨洲本弇州《国朝丛计》列入泰州派下，并未道出师承何人，只言与心隐、后台最友善。其学相近而已。余今编此表，何敢弃而不录？姑附之，以待考焉。

③曹惟立：字宗南，号荷塘，泰州梁垛场人。王东崖之姻娅。先生受业山农，据《东崖行状》所载也。考《东崖弟子录》亦有先生名列于其间，想亦初事东崖，卒业山农矣。

③邹德渭：安成人，庶吉士。山农高弟子。据《东淘周氏家乘》。

②赵贞吉：字孟静，号大洲，蜀之内江人。生而神颖，六岁诵书，日诵数卷。登嘉靖十一年进士，授编修。因上惑方术，疏请敷求真儒，不报，折中即有心斋名列其间。二十九年，京师戒严，嫚书要贡，集百官议阙下，日中莫发一论。先生出班大言曰："城下之盟，春秋耻之！"连上策以图之，升左春坊左谕德，兼江南道监察御史。先生意气太高，一日谒相严嵩于西苑直中，嵩辞不见，先生怒叱门者，会通政赵文华趋入，顾谓先生曰："公休矣，天下事当徐议之。"先生愈怒，骂曰："汝权门犬，何知天下事！"嵩闻，大恨，欲败其事，遂不与督战事权，以谗进上。上怒，诏锦衣卫逮杖。有同学颜山农者，偕入贬所，屏当一是。旋谪广西荔波县典史，移徽州通判，迁文选司主事，进郎中，升光禄寺卿，户部右侍郎，皆在南京。四十始入为户部右侍郎，又以忤嵩罢。隆庆改元，起吏部侍郎兼詹事府事。上幸学，命出为南京礼部尚书，召拜文渊阁大学士。万历四年三月十五卒，年六十九。赠少保，谥文肃。据《明儒学案》，谓先生之学得之波石。耿天台为《心斋传》曰："波石乘其学，传赵文肃。"且先生为心斋撰墓志铭，自谓向往甚勤，心斋之念先生亦切，其非私淑者欤！《儒林宗派》谓林春门人。先生著述甚富，作《二通》以括古今之书，内篇曰《经世通》，外篇曰《出世通》。并著有《真儒实用》、

《大洲集》行世。

　　③何祥：字克斋，四川内江人，官至郎中。先生之学，得之大洲。耿定力曰："大洲法语危言，砭人沉痼。先生温辞粹论，补人参苓。其使人反求而自得于本心，一也。"著有《四书讲义》行世。据《明儒学案》。

②张后觉：字志仁，号弘山，山东茌平人。父文祥由乡举官广西知县，先生生有异质，事亲孝，居丧哀毁，三年不御内。早岁闻良知之说，遂精思力践，偕同志讲习，已而贵溪徐樾以阳明再传弟子来为参政，先生率同志往师之，学日有闻。久之，以岁贡生授华阴训导。地大震，人多压死，上官令署县事，救灾扶民，咸悦之。致仕归，士民泣送载道。罗近溪官东昌府，邹颖泉官提学副使，为先生两建书院，曰愿学、曰见大，俾六郡人士师事焉。先生与近溪、颖泉时相讨论，犹以取友未广，南结会于香山，西结会于丁块，北结会于大云，东结会于王遇，务以亲贤讲学为事，门弟子益进。凡吏于其土及道经茌平者，莫不造庐问业，学者称弘山先生。年七十六，以万历六年卒。梨洲著《明儒学案》，自姚江以下分别其王门者，大概因其弟子所出之地而分类居多，故列先生于《北方王门》。余著斯表，以师承为主义，考诸《明史》，先生以波石为师，即为波石弟子，当编入波石传下，又乌足疑？凡先生之门弟子，亦都列下方。《儒林宗派》谓先生王栋弟子。

　　③赵维新：茌平人。闻弘山讲良知之学，遂师事之，次其问答为《弘山教言》。性纯孝，居丧五味不入口。乡人欲举其孝行，力辞之。丧偶，五十年不再娶。尝筑垣，得金一箧，工人持之去，先生不问。家贫，或一日一食，或併日而食，超然自得。以岁贡为长山训导，年九十二，无疾终。据《明史》。

　　③孟秋：字子成，号我疆。登隆庆五年进士，为昌黎知县，有善政。迁大理寺评事，去之日，老稚载道泣留。以职方员外郎督视山海关，致仕。起刑部主事、尚宝司卿而卒，年六十五。许孚远尝过其庐，见茆屋数椽，叹曰："我疆风味，大江以南未有也。"既

没,廷臣为请谥,章数十上。天启初,谥清宪。据《明史·弘山传》称其门人孟秋、赵维新为最著也。梨洲亦云受业弘山。据《明儒学案》、《明史》。

张士贤:字希圣,号完初,贵溪人。嘉靖十月,偕同里徐樾来从心斋学。

周良相:字季翰,号合川,湖广道州人。宋濂溪先生之裔孙。嘉靖十年举人,官泸州牧,历建昌、桂林、扬州等郡丞,多惠政。泸、扬二州皆祠祀之。数从心斋游,仕不废学。既归,愈笃。蔬粥晏如,自谓气感神交,旁通自得。盖所得于心学者粹矣。著有《经说》。祀乡贤祠。据《永州府志》。

吴标:字从本,号竹山,泾县人。与同门王汝贞、罗楫、董高、聂静等初刻《心斋谱录》。

王汝贞:字惟一,号乐庵,泾县人。

程伊:字鹿坡,南昌人。

程俸:鹿坡弟。

以上五人,系嘉靖十一年春同游心斋之门。

丁惟宁:字怀德,号明吾,会昌人。嘉靖十二年从心斋游。

吴怡:丹徒东乡人。嘉靖十三年五月偕数友同游心斋之门。

董燧:字兆时,号蓉山,江西安乐县人。南京刑部郎中。著《蓉山集》行世。嘉靖十五年春,先生与聂子安同自金陵台来游心斋之门。迨心斋卒后三十年,与聂静、程振之、刘茂时校雠《心斋年谱》锓梓行世。

聂静:字子安,号泉崖,江西永丰人。官兵部给事中。

董高:字希登,徽州婺源县清华人。官郎中。幼家贫,与昆弟竭力事亲,乡党称孝焉。少闻心斋学,即负笈从游,历数载卒业归。迨心斋卒,先生偕其同学王汝贞、朱锡、李珠、罗楫、朱恕等治丧,四方经纪其家,毕葬事,久之乃散。先生尝与友人登张公山,会友人与山人俱病,先生悉力扶持。山人死,负其骨葬之。友夜渴甚,出汲饭之,虎迹交道不怖。后侨寓金陵卒。同志告之督学耿定向,醵金葬于新泉馆下。参康熙《安徽府志》。

朱锡:字纯斋,号圆泉,镇江丹徒人。世居润州圆山,学者称圆泉先生。以选贡授闽县训导,迁湖州训导,升漳州教授,荣府纪善。归,卒于家,年七十二。先生曾应贡京师,见徐波石,以师礼之,寻因师事心斋,居四年,卒业归。先生官闽中时,有举业师唐顺之与徐波石殁,两弃官奔其丧。先生谈论娓娓,肺肠如直绳,可一引而尽。焦弱侯为之墓志铭。参《丹徒县志》。

②王补:字宗元,号东日,心斋四子。赋性敏捷,器宇俊雅。年十七,父卒,诸兄议从圆泉游。卒业归里,其请学如父兄,其安危定难、请赈救荒亦如父兄。纂修族谱,明天文星宿图考,精《易》学,善诗歌,年五十卒。著有《周易解》、诗集,惜散佚。余搜罗诗歌数章,编附《心斋集》印行,并撰传以表彰之。据《心斋集》、《王氏家乘》。

喻人俊:号同川,江西南昌人。

喻人杰:同川弟。

罗楫:字汝用,号济川。

以上五人,于嘉靖十五年八月同游心斋之门。

张峰:号玉屏,江西泰和人。官江浦县。两刻《心斋语录》。

胡大徽:会昌人。

秤弘忠:字汝一,号天津,徽州歙县人。先生得心斋学为最深切,倡学湖南,从游者甚众。人士咸称大儒。著有《音雅集》行世。

陈应选:歙县人。

陈佐:丹徒人。

以上五人嘉靖十七年同游心斋之门。

右三十二人,悉依《心斋年谱》诸公来学次序编列。

朱簦:浙江山阴举人,嘉靖十八年知泰州。考《扬州府志》,簦无传。

林庭樟:福建莆田人,官泰州同知。考《扬州府志》系此廷字。

傅佩:杭州进士。嘉靖十九年官兴化县。

孙云:号淮鹤,嘉靖三十四年己卯举人,江都人。参《江都县志》。

袁彬:字子材,号方洲,泰州人,官福建同安县。年十二,补州学生员,三十举于乡。性刚直,敦廉耻,振士风,孝继母,事独兄,葬祭一遵古

礼。出宰同安,闽中推清白吏,民立去思碑,永感其德。归隐村墅,崇
节义,乡评称烈丈夫。倡师学,范浇俗,屡举乡饮大宾。年七十三卒,
配享崇儒祠。

戴邦:字维新,泰州人。由岁贡授江浦县学训,讲明正学,透悟良知,
端严律身,和厚御众,善事兄课士,流芳浦庠。恬退表正,乡里大吏奖
以匾额,称林下一人,遗论脍炙士口,配享崇儒祠。

陈淑:字汝嘉,号曲塘,泰州人。官湖广江陵县丞。

刘启元:字善甫,号中桥,泰州人。官湖广松滋县。

黄鹗:字子荐,号竹冈,泰州人。官户部员外郎。

黄明文:南昌人。

胡太:会昌人。

汪朴:祁门人。

汪廷相:祁门人。

吴柄:吴竹山弟。

卢先瑞:新金人。

王志仁:字居淑,号小山,泰州人。

田汝登:字荐甫,号南园,泰州人。

李才:字宗德,号中庵,泰州中村镇人。

李瑶:字君祥,号怀泉。珠弟也。

李玺:字季祥,号友泉,亦珠弟也。

蒋勤:号拙斋,泰州人。

许凤:字鸣周,号竹冈,如皋人。端凝持重,究心理学,著《言性录》一
卷,吕先孝为之志,楚南姜寿为撰碑,均称心斋高第弟子。参《如皋县
志》。

崔赟:字国然,号决斋,泰州富安人。

崔便:字邦济,号两泉。

崔殿:字邦实,号北洋,富安场人。赋性刚毅,制行朴雅。少闻心斋讲
学,执贽就见,随悟随行,不事口耳,师称以大器。扃户浩歌诵读,耄
年不倦。周汝登官泰州,造庐请益,旌其门曰"笃学真修"。与东崖最

友善。先生与东崖合像犹存其斋。著有《渔响集》行世，今散佚。配祀东淘精舍祠。

②崔希翰：北洋子，王东崖女婿。克承家学。据《崔殷家传》。

梅月：字子恒，号鹤皋，富安场人。游郡庠，闻心斋《乐学歌》勉仁之训，大有契悟。夷然阐修，鳏居半世，一言一动允协乡评。年八十卒，配享东淘精舍。

周盘：字崇寿，号西野，安丰场人，心斋妹婿。性聪敏，八岁能诗。稍长，受业心斋，悟良知为性天作用，随处皆可时习之。语心斋，喟然叹曰："起予者，童子也，始可与言一贯矣。"因以圣贤自期，至老不倦，卒为醇儒。著有《文庄集》行世。参邑乘、《周氏族谱》。

周魁：字文魁，号南泉，安丰场人，乡先正沂五世孙。素性醇厚，居乡以和，绝尘嚣，教子侄有礼。幼年多弱疾，自从心斋游，以学代药，未几而愈。年九十一卒。东崖以诗挽之，诗见《东崖集》。配享东淘精舍祠。

季宦：字存海，号东洲，安丰人。少随父为商，有牙侩以金寄其舍，遇盗入，尽攫其室中资，而寄金在他室独存。其人至，立还之，其不欺如此。既而曰："谋食不如谋道。"遂师事心斋。卒之日，东崖以诗四章哭之。参嘉庆《盐法志》。

②季柱：字守国，号忆山，存海侄。克承家学，有守有为。生嘉靖四十三年，卒于天启二年正月也。据《季氏家乘》。

③季来之：原名应甲，字大来，号绮里，忆山长子。崇祯十五年壬子举人，鼎革后弃之，潜居一楼，不下者十余年。终身服先朝之服，未尝薙发。著书盈箧，不以示人。惟同里吴嘉纪、王大经、沈开聘、周京等数人得共谭论，余勿见焉。时有非类者，多忌讳，先生即迁仇湖，绝尘俗，去市井，遂不复出。其自决诗云："两大君亲总未酬，一身抛却义全收。时人莫笑书生拙，留得衣冠葬古丘。"康熙六年卒，年七十五，葬仇湖。先生得心斋学为最深切，邑乘称先生一夕梦心斋与语，遂署其居曰诚心堂。其蹈履名节，理固宜然。先生著述多散佚，今仅得诗文共二十余篇，编辑一

卷,首撰其传,并摹其像,已印入《国粹学报》行世矣。

④宫伟鏐:字恕堂,一字紫悬,号紫阳,泰州人。明孝廉鸶邻子,与师大来同举于乡。崇祯十六年进士,授检讨。入国朝,曾举鸿博不就,筑春雨草堂于城内岳墩下,为隐居之地。一时名士,如毛西河、陈其年辈,皆觞咏其地,与如皋水绘园相埒。先生以著书为事,著有《春雨草堂集》五十卷。据嘉庆《扬州府志》。

周延年:字文长,号近渠。

徐相:字来聘,号龙湖。

周佐:字邦臣,号小塘。

季倌:字存爵,号渠麓。

王社:字宗宜,号瀛槎,官山东鲁府典膳。心斋从侄。

王枢:字成之,号怀堂,心斋族侄。

王卿:字守爵,号小山,心斋族侄孙。

右七人,俱安丰场人。

自朱簦至王卿三十六人,均依《心斋弟子录》次序编列。

王衣:字宗乾,号东堧,心斋长子。赋性方刚,存心仁厚。少随心斋游会稽山、阳明山中诵读。善正草书,绝肖王文成体,并与越中会学,文成器之。生平不阿谄,绝外诱,甘恬退,厉清修,卓然君子人也。文成起南征,心斋归里省亲,先生亦随之而归理家政。督耕煎,裕生计,供父游览之资。未几,四方志士从学于心斋之门日众,先生供茗馔,设坐具,无所不至。心斋颇虑先生为家累夺其向学之志,时道州周合川来从心斋学,数年不去,与先生旦夕切磨甚洽,益骎骎乎其入道矣。心斋殁,率诸弟讲明先人格物致知之说,不堕家声。卒嘉靖四十一年八月十五日,年五十五。著述多散佚,余得诗文九篇,编附《心斋集》印行,并撰传以表彰之。

王襞:字宗顺,号东崖,心斋次子。身长七尺九寸,貌骨奇古。年九岁,从心斋游浙江王文成之门,至二十归。娶不半载,又过文成门下八年。迨文成薨于师,遂归,随心斋倡学东淘精舍。心斋卒后,克承先业,开门授徒,海内响应者恍若心斋在焉。当道聘主教者沓至,罗近溪聘之宁国,主讲水西书院;蔡春台聘之苏州;李文定聘之兴化;宋阳山聘之吉安;李皋华、樊养凤聘之真州;董燧聘之建宁;耿恭简聘之金陵,主讲之地殆难悉数。归则随村落大小,扁舟往来,歌声与林樾相激发,闻者以舞雩之风复出。至是,风声彬彬盈宇内矣。凌都宪儒、李文定春芳交荐于朝,均未就。暮年别号天南逸叟。万历十五年十月十一日卒,年七十七。焦弱侯为之墓铭。崇祀乡贤祠,配享东淘精舍祠、崇儒祠。著有《东崖集》二卷,今编附《心斋集》后行世。

②朱孔阳:字卦洲,福建福州人。为巡按直隶监察御史,尝致文馈礼物于心斋。嘉靖二十八年受业东崖。据《东崖年谱》。

②韩贞:字以中,号乐吾,兴化县东乡韩家窑人。世以陶瓦为业,年二十五,慕樵者朱恕学,因受业东崖三年,卒业归。久之,觉有所得,遂以化俗为己任,随机指点,农工商贾从之游者千余人。秋成农隙则聚徒讲学,一村既毕,又之一村,前歌后答,弦诵之声洋洋,与棹音款乃相应和,睹闻者欣赏,若群仙嬉游于瀛阆间也。先生贫居茅屋三间,因雨坏其邻甍,负不能偿,即鬻屋以偿,移居破窑中。自咏曰:"古今乾坤几换肩,眼前得失不须怜。三间茅屋归新主,一片烟霞是故人。世事浮云无定在,人生何地不悠然。广居才是吾家物,自古求安愧圣贤。"箪瓢屡空,衣若悬鹑,晏如也。年三十八始娶,东崖倡义,属门徒醵金助之。妻杨氏甚贤,以织蒲包易糈以供朝夕,始终如宾。先生安贫乐道以终其身,万历十三年卒,年七十。配享东淘精舍,著有《乐吾集》二卷行世。

　　以上二人,嘉靖二十八年十一月从游东之崖(按,"之崖"二字似当互乙)门。

　　③赵来翔:字千仞。

　　③邵云鹤:字公序。

　　③王允士:字简生。

　　③顾图:字天苞。

　　③查滇:字仲会。

③周鲸:字石麟。

③杨士望:字黄舆。

③凌云:字汉瞻。

③吴炎:字令章。

③陆梦桂:字云梯。

③袁淑觉:字民先。

③沈永昌:字宗文。

③傅城:字青琮。

③朱焜:字灿如。

③刘淑:字子贞。

③朱鼎祚:字铭新。

③朱成祚:字壿公。

③朱文炳:字闇然。

③王世铭:字清瑶。

③赵履谦:字进修。

③沈峻:字德符。

③陈一贯:字秀生。

③王上任:字藩长。

③戎驱:字蕙生。

③解泽馨:字闻远。

③翁桂贞:字协甫。

③杨廷极:字子用。

③赵午

③陆玑

③赵士乾:字六阳。

以上三十人均据《乐吾集》、《弟子姓氏录》,其爵里事,录原未详载。

②周思兼:字绍旦,号得斋,庠生。文魁犹子。自师事东崖,毅然以正己率物为己任,处宗族、和乡人绰有叔父风。阐格物宗旨,褫时

不顾。年六十八卒。所著文集已佚。配享东淘精舍祠。先生于嘉靖四十四年受业东崖。

②陈九叙：字尔缵，号文溪，福建漳平人。官杭州知府，途次论学谩记，行于世。

②陈采：字汝亮，号惠畴，后改念斋，泰州人。美斋长子，官宁国府泾县教谕。

②梅圣：字成之，号古渔，安丰场人。师事东崖，东崖将卒，门人有询后事者，第令先生雅歌其侧，盖见重师门如此。参《东台县志》。

　　以上三人，嘉靖四十五年受业东崖。

②林讷：字公敏，号白宇，福建莆田人。初卜贾淮南，占者曰："此去平平，乃有奇遇。"林异之，遂往。途逢韩贞，听其语有契，于是再拜受学。当嘉靖甲寅，倭寇扰闽，举家就烬，无所归。乐吾因先生学有所得，引至东崖门下，卒业东崖，独得其传。倡学海甸，老而忘倦。万历二十二年，年八十四卒于刘源宅。门人王嘉第、王元鼎迎葬安丰里心斋四子宗饬墓旁。因宗饬在日，与先生为莫逆交，故葬其侧。配享东淘精舍祠，著有《渔樵问答》遗集行世，今佚。余少时得诵诗文一篇，系先生为心斋侄孙士闲所撰状文也，真朴古郁，今人多不及也。据《心斋集》后附传，李二曲亦本于此，编入集中。今又参《王氏谱》及《东崖年谱》，始得其详焉。

　　③刘源：东台人。据《林讷传》。

②储岐：字秀夫，号翠峰，泰州人。

以上二人，隆庆六年从游东崖之门。

②徐鳌：号肖波，江西贵溪人。心斋弟子徐波石之子。官两淮运同，万历六年受业东崖。

②聂扞：江西吉安府永丰县人。

②蔡国宾：福建漳州人，官兵备道，初刻《心斋语录》。

②李采：号知吾，湖广麻城人。独得师传，风传宇内。

②喻都：号野阳，江西人。

②喻部：号历溪，江西人。

②陆泮：字允升，号璧水，盐城县冈门镇人，诸生。

②王淑昇：号海襟，武进人。

②王得亲：庐州府英山县人。

②顾一龙：号丹泉，镇江人。

②王兆鸾：字士卜，号忆竹，仪真人。

②刘崇正：号文冈，仪真举人。

②王晓江：仪真人。

②沈闻：字鸣皋，号南圃，扬州兴化人。

②孙玉峰：兴化人。

②张楜：字小塘，如皋人。

②乔岳：号龙河，如皋人。

②刘理：字朝裕，号恒斋，兴化人。

②袁中行：字与之，号思洲，诸生。心斋弟子方洲子。

②陈杕：字汝器，号东畴，改号凤洲。心斋弟子美斋次子。

②唐瓒：字可荐，号素琴。

②陈枢：字汝忠，号西畴。

②万璧潭

②冯一龙：号云江。

②吴轩：字尚贤，号见川，泰州姜堰镇人。初师事王一庵，卒业东崖。曾藏《心斋遗录》。

②徐琨：字子玉，号小池。

②顾廷翰：字子贞，号南桥。

②丁尧年：字绍村，东崖女婿。

②陈良能：号体庵，住姜堰镇。

②缪埠：字维□，号春泉，拼茶场人。

②殷税：字子实，号乐川，梁垛场人。

②崔旦：号嗣泉，富安场人。

②梅商周：字一阳，号绍溪，富安场人。

②陈九经：号豫所，又号虚竹，后改更斋，盐城伍佑场人。嘉靖庚戌

进士斗南从子,郡庠生。力学敦行,恬淡寡营,屡举行优,不应。耿定向校士南畿,拔之,趣入乡闱,九经不赴。焦竑怪,问之,答书曰:"九经家世谨厚,自叔斗南登第,家风遂衰,此非吾叔意,盖人心凭藉恣肆,有浸溃而不自觉者。有识者方代为抱恨,敢助其澜而扬其波?"学道终身,绝意进取。耿定向、焦竑益重之,旌其门曰"一代高士"。参乾隆《淮安府志》、《盐法志》、光绪《盐城县志》。

②周智远:号怀坤,东崖姻娅,梁垛场人。

②周扬:字国启,号前溪,师事东崖三十年,深得理学奥旨。后进多所引诱。年八十九卒。

②孙钿:字子颜,号仰桥。

②周遐:字惟庆,号古畦。

②黄钟:一名钰,字子元,号龙田。著有《考槃集》行世。

②唐果:字成之,号思墅。

②许文简:字应可,号怀谷。

以上七人俱梁垛场人。

②孙宗源:字与达,号盈川,庠生,泰州人。

②徐懋勋:字子元,号观湖,后改海日,庠生。恪守师训,纂《徐氏族谱》以明宗法,课督启迪无虚日。

　③徐命时:字柱石,一字联孙,原名国光,明诸生。幼失怙,受业伯父懋勋。懋勋攻苦丧明,先生以舌舐之,得复视。痛母煮孀,孝养不遗余力。于诸弟文行相砥砺,兄弟自为师友,和谐一堂。里人袁汝楠以非辜陷大辟,其叔袁泗乞先生谋救之,未得,会恤刑使者至,先生挺身出,代白其冤,得释归。袁尚未知也。子二,长我达,顺治朝进士,官长沙知府,有学行;次我选,邑乘称孝子。参嘉庆《盐法志》。

②周逊:字文让,号伴樵。

②季寅:字存威,号小泉。少年膂力过人,喜骑射搏击,从兄宦劝之向学,乃折节读书,从东崖讲习。尝咏灶夫居苦数章以讽蓻司,有风人之旨焉。参《东台县志》。

㉒吴亢：字允果，号学庵。

㉒韩琢：字国模，号莲塘。

㉒吴旦：号小山。家贫好学，不治生计，一室萧然，弦歌自乐。参《东台县志》。

㉒周左：字邦臣，号小墀。

㉒陈宪：字尚德，号云泉。

㉒韩一阳

㉒吴璧山：字士贤，号连城。

㉒吴士杰：号石居。

㉒周爱：号养潜。

㉒周让：号龙溪，西村子。面貌魁梧，衣冠整饬，为人廉倨，无杂宾。风神开朗，不交俗辈。声如洪钟，多峭岸之色。里人望而生畏，见则恂恂奉命，谦退不遑，有先民之矩范，凛凛足钦也。参《周氏家乘》。

㉒杜芳：号宾墅。

㉒杜植

㉒杜渭：号少堤。

㉒季守重：号梅津。

㉒邹应乾：字汝源，号龙渊。

㉒丁九思：字允贤，号省吾。

㉒季永休：字小洲，庠生，东洲子。

㉒曹相：字良辅，号鹤洲。

㉒徐文贵：字近溪。

㉒王辉：字月塘。

㉒周士弘：字正夫，号少溪，庠生。父源溪与心斋友善，受业江西邹守益，为王文成私淑弟子也。先生少乘家学，长卒业东崖，与韩贞、朱恕、刘有光、吴尤、程泮等为道谊交，四方来学甚众，名重一时。文成孙承勋官漕抚军门，旌其庐曰"东海人龙"。御史孙之益疏荐于朝，勿就，寿百岁而终。乡人私谥文端。著有《志学堂稿》，藏于

家,今归余箧,已编校,同源溪、元度稿合刻矣。

③周庄:字元度,一字蝶园,少溪孙也。二岁丧母,祖母抚之,祖
父课之。五岁能识字作对,十三岁为名诸生,性豪侠,崇祯时拟
《中兴十策》,未及上而国际大变。鼎革后,弃诸生,克承家学,与
同里孝廉季来之等味道讲学,私淑心斋,遂终身不出。年七十
卒。著有《桴窝草》《蝶园诗钞》,俱藏于家,已校附源溪、少溪稿
后矣。

③周应选:诸生。据《周氏家乘》。

②周坫:字汝爵,号一山。

②鲁继祖:字守之,号海泉。

②吴本元:号伴鸥。

②任友贤:号仰庵,贡生。

②鲁继学:字守禄,号东山。

②徐治:字景文,号南野,住新灶。生平醇谨,与物无竞。父死,庐
墓三年,乡里称孝。参天启《中十场志》。

②韩琼:号仰桥。

②韩杲:号乐亭。

②朱应奎:号思怡。

②杜槚:字邦彦,号美斋,儒生。

②万邦孚:字仪文,号萃吾,庠生。

②吴玨山:号三峰,庠生。

②王佐:字大器,号心吾。天器(按:当作启)元年岁贡生。据康熙
《盐法志》。

②鲁应凤:号竹冈,海泉长子。

②鲁应麟:字歧冈,海泉次子。

以上三十九人,俱安丰产也。

②王钱:字汝良,号一山,心斋四弟、东崖之季父也。有志向学,痛
兄已卒,因侄得其真传教,师事之。东崖避不敢当,遂持东崖衣冠
拜受焉,其诚笃如此。遗像已摹刻《心斋集》弁。

②王弘器:字宗妙,号少厓,东崖从弟。

②王谒:字逊夫,号拙材,东崖从兄。

②王熙:字宗阁,号鹤楼。

②王弘道:字宗性,号文溪。一以恬道自守,不令子弟违义谋生。计虽一室,萧然讲习,雅歌之声不辍。参《东台邑志》。

②王枢:字成之,号怀堂。

②王让:字本盛,号西村。

　以上四人俱东崖从弟。

②王俏:字德宪,号海汀。寿九十二卒,恩受寿宰。

②王士闲:字养中,号麓野。方垂髫,刻苦于学,至老不倦。年七十八卒,同门友林讷撰《行状》以治其丧。

②王修:字德能,号庚怀。

②王侪:字德齐,号仰堂。

②王年:字守国,号玉溪。

②王伍:字德英,号近溪。

②王颁:字德行,号丸斋。喜捐财以济贫者,尝得遗金,访还其人。里中疫,大施棺药。

②王良卿:字文山。

②王迎:字守义,号两桥。

②王述:字守义,号南桥。

　以上十一人系东崖从侄。

②王交:字子功,号龙冈,海汀长子。

②王京:字子极,号会所。

②王嘉第:字来凤,号在吾。初师事林讷,卒业东崖。校刻《东崖集》。在乡党,恂恂如也。能诗歌,善谈论。

②王商:字子秀,号晓冈。

　以上四人系东崖从侄孙。

　以上诸先生次序,悉依《东崖集·弟子录》列之。

②王榕:一名雍,字宗化,号渔海,心斋五子也。幼慧敏,过目成诵,

十岁能属文。甫成童,克任家学,撰《周易笺注》六卷,其书久佚。生嘉靖六年十一月,年十八卒,诸兄哀哭之声不绝于耳。临卒,自题小像云:"此处是我形影子,留与家人作哀伤。一十八年原寄住,清风明月是吾藏。"闻者皆惜之。据嘉庆《盐法志》、《扬州府志》、《东台县志》、《王氏族谱》。

②王之垣:原名士蒙,字得师,号印心。岁贡生,东堧子,心斋孙也。赋性耿介,制行端方,克绍家学,笃于伦纪。师仲父东崖,娶陈氏,目双瞽。陈欲为立妾,先生力辞之,未几,生子元鼎。陈早卒,鳏居二十四年,题其寝室曰:"松作正人,不妨霜雪;莲为君子,亦自污泥。"遂终不娶。尝游闽粤、吴楚之间,访先人讲学之迹,每于学谊无不友善。永丰何心隐,即梁汝元,尝以正言责江陵,以术去严嵩。后江陵当国,仇视吉安人,故迁怒心隐,令楚抚捕之。时心隐讲学孝感,先生适过其门,楚抚未获心隐,大索不已。先生挺身就捕者曰:"吾愿代之。"既心隐闻信,犇易。后心隐冤死狱中,先生为之营葬,痛愤次骨,遂终身不复出。呜呼!先生为夫也节,为友也义,若不承家学立本之旨,安得如斯?盐法御史彭端吾表其堂曰"敦义崇让"。按院高攀枝尚其谊,请于朝,岁给米帛。著有《印心行概》、《性鉴摘题》行世,今佚。寿七十卒,万历三十八年六月也,友人私谥曰孝义先生。据《心斋弟子录》、嘉庆《盐法志》、《东台县志》。

②陆表:字鹤衢,岁贡生,泰州海安人。参嘉庆《扬州府志》。

②葛雷:字应龙,号禹川,泰州庠生。受业东崖,有所得,著《问心集》。据康熙《盐法志》。

　③葛天民:字田纯,应龙子。以贡生官福清县丞,转广东卫经历,不就。克承家学,父子先后主讲泰东书院,倡学会,启迪后进。著有《世德录》藏于家。殁,葬东台武庙后,里人以砖甃其墓,题曰明儒葛先生墓。参《东台县志》、嘉庆《盐法志》。

②王宏毅:师事东崖,讲明良知之学,晚年怡情于诗歌,节操凛然。

②吴凤仪:字守来,号海居,泰州庠生。博贯群书,精研明理,与东崖同里,少东崖二十年。弱冠,从其游,老年授学里中,后进弟子多

所成就。生五子,俱能学,惟五子一辅为尤笃。万历三十七年三月卒,年七十一。据《吴氏钞谱》。

③刘国柱:字则鸣,本江西人。少负大志,遍游四方,访明儒宿学,以资见闻。一日来安丰,慕心斋学,因师事守来。适学使按试泰州,与考,即冠其曹,遂为泰州庠生,续以梁垛为家焉。未几,主讲安丰社学十年。先生博涉群书,自经史子集旁及医卜无不通晓,尤长《易》,撰《易宗》二卷,一洗训诂旧习。又著《三通衷略》、《四书学史》、《私史》诸书,贫不能付梓,故世未有知者。年八十余卒,门人吴嘉纪以诗哭之。据康熙康熙《中十场志》、《东台县志》、《陋轩集》。

④吴嘉纪:字宾贤,号野人,守来孙,一辅五子也。幼负异姿,成童时习举业,操觚立就,见地迥出人意表。州试第一人,国朝辄弃去曰:"男儿自有成名事,何必区区学举业也?"自是专工为诗,历三十年,绝口不谈仕进。隐居海滨,家贫,破屋数椽,不蔽风雨,蓬门蒿□,乐以忘饥,颜其门曰陋轩,苦吟其中。久之,声闻海内,钜公名流咸乐与交,为两淮盐运使周亮工、扬州推官王士正所知,再三强召,始肯一出,未几辞归。由是,东南名士先后造访,邮筒无虚日,争识其人以为快,如三原孙枝蔚、邵阳王又旦、休宁汪楫、广东屈大均、歙县郝士仪、程琳等屡造其门。有同里同隐者孝廉季来之、处士沈聃开、王言纶、王衷丹、王剑、周庄、程岫、周京等得共谈论,称莫逆交,其他多不得而见也。先生崇孝弟,敦伦纪,交友无间死生。程琳死扬州,王衷丹死富安,二人皆无后,先生不惮跋涉,为经理其丧葬,并以诗哭之,其高义多类此。康熙二十二年五月卒,年六十九,葬梁垛之开家舍,程岫、汪楫经理其葬事。岫嘱其子曰:"吾死,当附葬于此。"后果如之。先生气节、文章当时无辈,善书法,宗六朝碑,余曾见先生题袁右川传赞,郁朴古劲,令人神逸。著有《陋轩集》行世。纯庙读"白头灶户低草房"绝句诗,发国币恤灶。同郡阮文达奏入国史馆《文苑列传》。参康熙

《盐法志》、《中十场志》、《东台县志》、《国朝先正事略》、《吴氏家乘》。

②耿定向：字在伦，一字楚侗，号天台，楚之黄安人。嘉靖丙辰进士，擢监察御史，迁右佥御使（按：当作史），晋左副，转刑部侍郎，简福建巡抚，升南京左都御史，以南京户部尚书总督仓场事，告归，家居七年薨，年七十三，赠太子少保，谥恭简。先生初以显宦著天下，自官南京，私（按：疑当作始）得私淑心斋，于道大明。至是，倡学东南，海内从游者无虑千百数。先生曾为心斋作传文曰："余徙白下，遇李士龙、杨道南、焦弱侯，俱与莫逆，因得私淑心斋焉。"又焦弱侯为东崖作墓志云："天台耿师问道东崖，而东崖对甚精确，余师大赏其言，定为石交，即聘东崖督建泰州安定书院及主讲之。隆庆元年，督学泰州，立心斋木主，并祀安定书院。越八年，官南京户部尚书，又聘东崖主会南京。"先生之学得之东崖多矣，然先儒黄梨洲编入《泰州学案》，虽未著出师事何人，或亦当以此为印证，未可知也。今编斯表，姑附东崖门下，以俟四方贤者续考正焉。参《明史》。

③潘士藻：字去华，号雪松，徽州婺源县桃溪人。万历癸未进士，司理温州，入为监察御史，晋南京户部主事，改尚宝司丞，升少卿，累官俱有政绩。卒年六十四。先生一日出京，别天台，天台曰："至淮，谒王敬夫。入安丰，访王东崖。此老颇奇，即戏语，亦须记。过金陵，再叩焦弱侯。只此便是博学之处。"先生一一如教，始觉宇宙之无穷，遂道成矣。著有《闇然堂日录》、《洗心斋易述》等书。据《明儒学案》、康熙《安徽府志》。

③王懋：字德孺，芜湖人。据《明儒学案·祝世禄传》暨《儒林宗派》。

③祝世禄：字延之，号无功，江西鄱阳人，或曰德兴人。由进士万历乙未考选为南科给事中，擢知休宁县。性清廉，不受一文，造还古书院讲学。善擘窠大字，尝为人题扁联，悉珍为拱璧。尝赴休绅临溪程廷策席，程势力方焰，先生至临溪，径造张复庐剧谈，终日速客者屡至，不一顾。最后，程不堪，使人觇之，方与复共食

炒米一盂,迨暮始就程宴,三爵而反,其风概如此。升南京御史,历尚宝司卿。耿天台倡道东南,海内云附景从,其最知名则新安潘去华、芜阴王德孺与先生也。盖先生终身不离讲席,天台以"不容已"为宗,先生从此得力,"身在心中"一语发先儒所未发,是为天台嫡传也。据《明儒学案》、康熙《安徽府志》。学案称鄱阳人,府志称德兴人,均录之待考焉。

③耿定力:字叔台,天台三弟。隆庆中进士,除工部主事。万历中累官右金御使(按:当作史),迁南京兵部侍郎,卒赠尚书。承兄之学,名操一时,曾与大学士宫保丁宾校刻《心斋集》行世。

③管志道:字登之,号东溟,苏州太仓人。隆庆辛未进士,擢兵、刑两部主事,后以老疾致仕。万历戊申卒,年七十三。师事天台,著书数十万言。据《明儒学案》。

③林曜:据天台《祭东崖文》"遣门人林曜往代鸡帛之奠"云。

③詹轸光:字君衡,婺源县庆源人。万历己卯举人,戊子公车北上过金陵时,耿定向讲道金陵,遂留受业。或劝计偕在迩,宜亟行,先生笑谢之。与定向印可语,汇为一编,名曰《天关证学录》,后署亳州教谕,历升平乐知府,解组归,著书自见,名《清隐山书》,又著有《蓟门草》、《浮海寓言》、《会讲百八十箴》与《白门草》、《逃禅剩语》、《垩几稗语》、《阳春别墅录》、《狂夫之言》等书。据康熙《安徽府志》。

③李渭:字湜之,号同野,思南人。

③李登:字士龙,上元人。

③王一凯:字君华,号岐石,黄陂人。

③刘承烈:字拙斋,麻城人。

③黄奇士:字守拙,号武滨,彦士弟。

③张四维:黄安人。

③潘丝:字朝贤,婺源人。

以上七人悉据《儒林宗派》节录天台传下。

②邓豁渠:初名鹤,号太湖,蜀之内江人,诸生。据《明儒学案》云:

"先生访东崖于泰州。"黄梨洲编列《泰州案》内，当有所本。今姑编
列东崖门下待考焉。

　　③耿定理：字子庸，号楚倥，天台之仲弟。少时读书不成，父督过
　　之，自是静坐一室，终岁不出。或求友访道，累日不归。始事方
　　堪一，最后卒业于邓豁渠，得一切平淡之旨，能收视返听。学成，
　　以布衣终。据《明儒学案》。

　　④方学渐：字达卿，号本庵，桐城人。少而嗜学，长而益敦，老
　　而不懈，一切归而证诸心，为诸生祭酒二十余年，遂以明经终。
　　黄梨洲谓先生在泰州一派别出一机轴矣。

②遗弟子九十二人：余案《东崖集》后有《弟子姓氏录》数页，录后有
纪遗弟子九十二名，地址、事实均失考。今照原编，列一综传，以附
其传。

陆凤诏、彭世龙、赵锐、唐潮、黎献、刘中文、陆期闵、许明、姚禹、赵
拯、周宣、朱道、吉和、刘举、朱玺、沈果、高登、姚谟、徐旦、沈坦、江
德、刘木、沈概、江禄、刘礼、蒋劝、常完、冯纪、刘萱、刘梓、朱先、欧
铭、孙继麟、张范、欧宗文、叶应芳、罗祚、卢涧、唐维新、凌时、刘昆、
刘理、林椿、凌松、李春农、汪涞、顾天祥、汪显义、黄一中、冷可为、
姜田、孙本爵、徐珠、凌桥、吴应霞、钟相、周承业、周任、丁相、周颂、
韩辙、周承茂、冯守业、朱概、周承印、吴中翰、周信、易乾、翟良、董
伸、盛宾、朱枰、魏螯、卫鉴、陈洗、陆期高、贺缙、张绍、罗奇、王学
儒、蒋贤、孔易、徐评、王敕、袁芩、袁仁、夏渊、朱果、周谦、陈义、袁
右、顾基。

王襌：字宗饬，号东隅，心斋三子也。幼与诸兄奉庭训，稍长，随父游
浙江。于是，从山阴王龙溪学，阅数年归。先生赋性方刚，接人严介，
善诗歌，精翰墨，乐天伦。兄倡弟和，师友一堂，时时有济人利物之
怀。隆庆三年大水，作《水灾吟》，劝募殷富以赈，民咸称颂焉。万历
十五年十月卒，年六十九，配享东淘精舍。先生初事龙溪游，然承父
教居多，仍列心斋传下。生平著述甚富，今今存诗稿数十章，余编附
《心斋集》，并撰传以彰其行。

胡秉观：字尚贤，桂阳州人。明正德中诸生，师事心斋三年，卒业归。心斋以诗送之，谓"闻尧舜之道，明孔孟之学"，所称许其期望如此。归后，筑一室，毅然以倡学自任。是时程天津、湛若水皆未至衡州，湖南州郡无言良知者。先生以新学发论，风动遐迩，临武刘尧海、彭望之来从先生游。自是生徒日盛，达官显者造门延礼无虚日。著有《横江遗略》，学者称横江先生。嘉靖中卒。参《桂阳州志》。

②刘尧海：字君纳，桂阳临武人。弱冠举于乡，喜心斋学，因胡尚贤亲受心斋之门，遂师事焉。嘉靖癸丑进士，授江西新喻知县，以治行高等擢南京刑部给事中。抗疏，罢官，后起上海同知，迁尚宝司丞，补顺天府丞，晋金都御使（按：当作史），巡抚福建、江西，迁两广总督，晋南京都御史，补户部尚书，改兵部尚书。有谤为张居正交，自陈乞归衡阳为家焉。万历中薨，年六十五，以例赐葬。上查有廉绩，加太子少保，入祀乡贤祠。历官时，以讲学自任。官两广时，居正檄天下撤毁书院，先生曰："此非盛世事。"遂不遵。独两广书院存而不废者，先生之力也。晚年自号凝斋，著述甚富，多散佚。据《桂阳州志》。

②彭望之：临武人，与尧海同学于尚贤。据《桂阳州志》。

费柏：江华人，志尚性学，尝受业心斋之门。嘉庆（按，当为嘉靖）四十三年举人，任知县，清廉无辈，遗爱甚深，民咸感之。归则绝迹公门，闭户著书，人士宗仰之。据《永州府志》。

周钧：字重夫，号东沙，安丰人。参嘉庆《盐法志》。

周恂：字静夫，与兄钧同受业心斋之门。参嘉庆《盐法志》。

宗节：草堰场人。曹州吏目，与其弟部同受业心斋之门。据嘉庆《两淮盐法志》。

袁袾：字子立，号怀堂。嘉靖七年举人，初官江西平抚，吉安知府。巨寇不以兵，其民建生祠以报，迁南昌袁州知府。年五十九卒，祀江西名宦祠。先生一游心斋之门，即与同里宗部、朱轼齐名。少与李春芳为同学友，偕春芳造心斋门请益，三阅月而回。据嘉庆《两淮盐法志》、《袁氏家乘》。

林晓：号仰城，林春长子。

周可宗：字子善，太平人。据《儒林宗派》称心斋门人。

纪遗弟子六十九人：余按《心斋集》后有《弟子姓氏录》数页，录后有纪遗弟子六十九人，字号、事实、地址均失考，今照原录编一综传，以附其传。

刘登云、朱相之、徐贤、陈茂、王贞、袁楫、方颖、郑子珞、郑相、郑潭、郑洁、郑瑨、喻兰、胡琇、龚邦佐、卢大旅、卢化、卢皞、周侃、周种、崔藻、崔鹏、崔舜、周澄、崔贺、崔鹓、崔希孔、崔希麟、童开尧、宦宗仁、宦宗义、王鸣凤、王恭、王澡、王嶀、王相、王式、陆位、陆儒、李彬、李敬、李栻、吴昱、吴承宗、韩章、韩登、方一纯、雷泰、雷柯、朱露、朱克悌、涂卿、彭楫、永伦、马恕、冯濂、缪有、高思、喻鸣凤、戴恩、夏鹍、黄应龙、徐勋、刘世禄、唐实、梅值、丁荣、杨南金、王绍。

参考文献

古籍类

1.《欧阳南野先生文集》(三十卷),明嘉靖三十六年(1557年)王宗沐刻本,北京大学图书馆藏。

2.《欧阳南野先生文集》(三十卷),明嘉靖三十七年(1558年)梁汝魁刻本,台湾中央图书馆藏。

3.《欧阳南野先生文集》(三十卷),明嘉靖年间重印本,国家图书馆藏。

4.《重镌心斋王先生全集》(六卷,附疏传合编两卷),万历三十四年(1606年)耿定力、丁宾刻本,北京大学图书馆藏。

5.《明儒王心斋先生遗集》,清宣统二年(1910年)袁承业刊本,北京大学图书馆藏。

6.《石龙集》(二十八卷),明嘉靖年间刻本,台湾"中央图书馆"藏。

7.《久庵先生文选》(十六卷),明万历间刻本,台湾"中央图书馆"藏。

8.《儒林宗派》(十六卷),民国二十三年(1934年)四明张氏约园《四明丛书》本。

出版书籍

1. 王守仁撰,吴光、钱明、董平、姚延福编校:《王阳明全集》,上海:上海古籍出版社,2011 年。

2. 陈荣捷著:《王阳明传习录详注集评》,上海:华东师范大学出版社,2009 年。

3. 钱明著:《王阳明及其学派论考》,北京:人民出版社,2009 年。

4. 欧阳德撰,陈永革编校整理:《欧阳德集》,南京:凤凰出版社,2007 年。

5. 王传龙校点:《欧阳南野先生文集》,《儒藏》精华编第 260 册,北京:北京大学出版社,2014 年。

6. 王畿撰,吴震编校整理:《王畿集》,南京:凤凰出版社,2007 年。

7. 聂豹撰,吴可为编校整理:《聂豹集》,南京:凤凰出版社,2007 年。

8. 徐爱、钱德洪、董澐撰,钱明编校整理:《徐爱 钱德洪 董澐集》,南京:凤凰出版社,2007 年。

9. 罗洪先撰,徐儒宗编校整理:《罗洪先集》,南京:凤凰出版社,2007 年。

10. 王艮著,陈祝生等校点:《王心斋全集》,南京:江苏教育出版社,2001 年。

11. 钱茂伟著:《姚江书院派研究》,北京:中国社会科学出版社、文化艺术出版社,2005 年。

12. 黄绾著,刘厚祜、张岂之标点:《明道编》,北京:中华书局,1959 年。

13. 姜国柱著:《中国思想通史·明代卷》,武汉:武汉大学出版社,2011 年。

14. 张宏敏著:《黄绾生平学术编年》,杭州:浙江大学出版社,2013 年。

15. 张卫红著：《邹东廓年谱》，北京：北京大学出版社，2013 年。

16. 刘聪著：《阳明学与佛道关系研究》，成都：四川人民出版社，2009 年。

17. 秦家懿著：《王阳明》，北京：生活·读书·新知三联书店，2011 年。

18. 束景南撰：《阳明佚文辑考编年》，上海：上海古籍出版社，2012 年。

19. 蔡仁厚著：《王学流衍——江右王门思想研究》，北京：人民出版社，2006 年。

20. 陈来著：《有无之境——王阳明哲学的精神》，北京：三联书店，2009 年。

21. 徐儒宗著：《江右王学通论》，北京：中国人民大学出版社，2009 年。

22. 钱明著：《浙中王学研究》，北京：中国人民大学出版社，2009 年。

23. 吕妙芬著：《阳明学士人社群——历史、思想与实践》，北京：新星出版社，2006 年。

24. 黎业明撰：《湛若水年谱》，上海：上海古籍出版社，2009 年。

25. 汤一介、李中华主编，张学智著：《中国儒学史·明代卷》，北京：北京大学出版社，2011 年。

26. 朱思维著：《王阳明巡抚南赣和江西事辑》，南昌：江西人民出版社，2010 年。

27. 黄宗羲著，沈芝盈点校：《明儒学案》，北京：中华书局，1985 年。

28. 邓艾民注：《传习录注疏》，基隆：法严出版社，2000 年。

29. 陈荣捷著：《王阳明传习录详注集评》，台北：学生书局，2006 年。

30. 张学智著：《明代哲学史》，北京：北京大学出版社，2000 年。

31. 侯外庐主编：《中国思想通史》，北京：人民出版社，1959 年。

32. 侯外庐、邱汉生、张岂之主编:《宋明理学史》,北京:人民出版社,1984—1987年。

33. 张岂之主编:《中国思想学说史》,桂林:广西师范大学出版社,2007年。

34. 张岂之主编:《中国学术思想编年》,西安:陕西师范大学出版社,2005年。

35. 尹继佐,周山主编:《中国学术思潮史》,上海:上海社会科学院出版社,2006年。

36. 姜林祥主编,苗润田著:《中国儒学史·明清卷》,广州:广东教育出版社,1998年。

37. 姜国柱著:《中国思想通史·明代卷》,武汉:武汉大学出版社,2011年。

38. 范寿康著:《中国哲学史通论》,武汉:武汉大学出版社,2008年。

39. 陈永革著:《阳明学派与晚明佛教》,北京:中国人民大学出版社,2009年。

40. 严绍璗著:《日藏汉籍善本书目》,北京:中华书局,2007年。

41.《王心斋先生年谱》,北京图书馆编《北京图书馆藏珍本年谱丛刊》第45册,北京图书馆出版社,1999年。

42. 方祖猷著:《王畿评传》,南京:南京大学出版社,2001年。

43. 谢无量:《阳明学派》,北京:中华书局,民国十七年(1928年)。

44. 钱明主编:《阳明学新探》,杭州:中国美术学院出版社,2002年。

45. 牟宗三著:《从陆象山到刘蕺山》,台北:学生书局,1979年。

46. 朱谦之编著:《日本的古学及阳明学》,北京:人民出版社,2000年。

47. 章亦平主编:《名城名贤研究文选》,杭州:浙江古籍出版社,2006年。

刊 物

1.《阳明学刊》(1—6),贵州大学中国文化书院主办,贵阳:贵州人民出版社。

2.《国际阳明学研究》(1—3),中国社会科学院历史研究所国际阳明学研究中心、余姚市人民政府、国际阳明学研究中心主办,北京:中国社会科学出版社。

论 文

1. 钱明:《王阳明迁居山阴辨考——兼论阳明学之发端》,《浙江学刊》2005 年第 1 期。

2. 钱明:《王阳明史迹论考》,《国学研究》第十一卷,北京:北京大学出版社,2003 年。

3. 钱明:《王家衰落的过程及其成因——王阳明家事辨考》,《浙江学刊》2007 年第 6 期。

4. 诸焕灿:《王阳明弟子杂考》,《浙江学刊》1999 年第 5 期。

5. 张显清:《论王阳明鼓吹蒙昧主义的反动性》,《山东师院学报》1979 年第 1 期。

6. 彭国翔:《当代中国的阳明学研究:1930—2003》,《哲学门》第五卷第一册,2004 年。

后　记

　　本书是在我北京大学博士学位论文基础上补充修改并最终完成的。在厦门大学师资博士后工作站期间，我先后获得了第57批中国博士后科学基金面上资助（一等）、厦门大学哲学社会科学繁荣计划资助，终于令此书得以顺利出版，这实在是一件很幸运的事情。

　　回想十多年前，我刚从清华大学物理系本科毕业，当时懵懵懂懂，对自己未来的人生毫无规划。虽然心中充满对于中国古代文化的热情，但却误以为这只是我的业余爱好，而只想找一份理工科的工作养家糊口，然后闲暇时间品读古籍，与古人作心灵之交流。几年后，由于偶然的契机，我才幡然醒悟，自己一直想做的竟然是古典文献学的研究。"自从一见桃花后，直至如今更不疑。"古典文献学，从我的爱好变成了我的专业，也成了我生命中不能分割的一部分。

　　在华南师范大学读硕士期间，有幸跟随左鹏军老师学习，左师言传身教，令我受益匪浅。之后我又考入北京大学读博士，有幸投在孙钦善老师门下，继续从事中国古典文献学的研究，更让我度过了一段非常幸福的时光。孙师对于弟子非常爱护和提携，让我备受感动，而许多同门师兄、师姐早已经学业有成、为人师表,晚入门的后学小子见贤思齐,同时也倍感压力。所幸自己早已经度过了那段茫然的阶段,既然决定了未来的路该怎样走,剩下的就是努力去走好,再累也不会放弃。

选择"阳明学派"作为我博士学位论文的研究对象,则是另外一件很幸运的事情。阳明先生的良知学不是一种僵硬、死板的学问,而是一种简易直截、"活泼泼的"修行方式,至今仍然有旺盛的生命力。我不仅仅是在研究良知学,也是在亲自体悟并受用良知学。尽管中国历史上曾诞生过无数位有卓越之见的圣贤,但其为学功夫要么凛然高妙而只能体悟,要么繁琐坚固而需要持久累积,真正称得上简易直截而又能接上、接下的功夫唯有良知学而已。常人习此,即时便可受用;慧人习此,终生亦受益无穷。良知学虽由阳明先生发之,而此理实早存于天地之间,凡对于生命本来意义不懈追索者,自能悟得、证得之。

阳明之才足以全体大用,然惜后学弟子各得一偏,导致学派不能不趋向于分裂,而这也是历史演进之必然。由于个性与专业的关系,我对于纯哲学概念的辨析(如理一分殊、有我与无我、性与情、寂感与体用等)兴趣不大,而更侧重对于阳明学派著作、思想的考据与征实。我希望每陈述一个观点,背后都有足够的文献学证据支撑,而尽可能避免哲理上的过度阐释与延伸。因此凡是文中所涉及的阳明学派的研究对象,我都将他的生平著作仔细地品读过,然后从原典文本出发加以分析,尽可能不剽袭前辈学者的只言片语。我所写的,就是我想写的,也是我所相信的,没有拘束也没有顾忌,更没有多余的私心杂念。我私下觉得,唯有如此,方能体现我对于阳明先生的敬意,也才能符合我心中天然之良知。

在博士学位论文的写作过程中,除了获得了孙师的悉心指导之外,李中华老师、魏常海老师、漆永祥老师、顾永新老师、张丽娟老师等等,都曾提供了宝贵的修改意见,对我帮助很大,在此感谢各位老师！北京大学《儒藏》编纂中心的各位编辑老师，态度热情，平易近人，给我提供了很多古籍书稿的校对、审查机会，让我能够在实践中磨砺和提高自己的古籍阅读理解能力，在此也一并致谢。最后，我还要感谢爱妻吴聃，若没有她在感情上的支持和生活上的照顾，我的求学之路恐怕会更为孤独和落寞，绝不会像现在这样怡然安宁。

伟哉阳明，壮哉良知！其人虽亡，其说仍在。

其魂已去，其神未灭。先生之风，山高水长。

后人企之，高山景行！

王传龙

乙未夏日书于厦大白城

图书在版编目(CIP)数据

阳明心学流衍考/王传龙著.一厦门:厦门大学出版社,2015.10
ISBN 978-7-5615-5796-9

Ⅰ.①阳… Ⅱ.①王… Ⅲ.①王守仁(1472～1528)-心学-研究
Ⅳ.①B248.25

中国版本图书馆 CIP 数据核字(2015)第 255687 号

官方合作网络销售商: dangdang.com 亚马逊amazon.cn JD.com京东

厦门大学出版社出版发行

(地址:厦门市软件园二期望海路 39 号 邮编:361008)
总 编 办 电 话:0592-2182177 传真:0592-2181406
营销中心电话:0592-2184458 传真:0592-2181365
网址:http://www.xmupress.com
邮箱:xmup @ xmupress.com
厦门市明亮彩印有限公司印刷
2015 年 10 月第 1 版 2015 年 10 月第 1 次印刷
开本:880×1230 1/32 印张:12.25 插页:2
字数:330 千字 印数:1～2 000 册
定价:36.00 元
本书如有印装质量问题请直接寄承印厂调换